国家社科基金重大项目（批准号：19ZDA321）
“百年中国共产党新闻政策变迁研究（1921—2021）”

传颂百年伟业 书写时代辉煌

中国共产党百年新闻思想与新闻实践学术研讨会论文集

中国共产党百年新闻思想与新闻实践学术研讨会组委会
广西大学新闻与传播学院
◎编

郑保卫◎主编

图书在版编目（CIP）数据

传颂百年伟业 书写时代辉煌：中国共产党百年新闻思想与新闻实践学术研讨会论文集 / 郑保卫主编 . —北京：五洲传播出版社，2023.4
ISBN 978-7-5085-5035-0

I. ①传… II. ①郑… III. ①中国共产党－新闻工作－文集 IV. ① G219.2-53

中国国家版本馆 CIP 数据核字 (2023) 第 068112 号

传颂百年伟业 书写时代辉煌

中国共产党百年新闻思想与新闻实践学术研讨会论文集

主　　编／郑保卫
责任编辑／秦慧敏
设计制作／北京原色印象文化艺术中心
出版发行／五洲传播出版社
地　　址／北京市海淀区北三环中路 31 号生产力大楼 B 座 6 层
邮　　编／100088
发行电话／010-82005927, 010-82007837
网　　址／http://www.cicc.org.cn http://www.thatsbooks.com
印　　刷／中煤（北京）印务有限公司
版　　次／2023 年 6 月第 1 版第 1 次印刷
开　　本／787x1092mm 1/16
印　　张／27
字　　数／450 千字
定　　价／98.00 元

论文集编辑部

主编：

郑保卫

副主编：

王　辉

成员：

丁　骋：广西大学新闻与传播学院副院长

李仕生：广西大学新闻与传播学院副教授

党　琼：广西大学新闻与传播学院助理教授

尹延永：广西大学马克思主义学院2019级博士生

目 录

第三篇　中国共产党百年红色新闻足迹

第四篇　中国共产党百年新闻政策变迁与发展

第五篇　其他

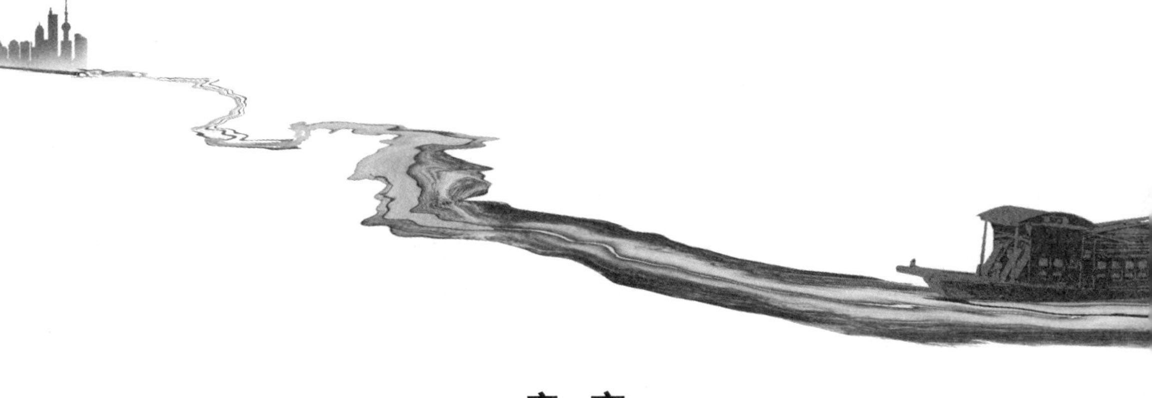

序　言

传颂百年伟业　书写时代辉煌

——写在中国共产党百年新闻思想与新闻实践学术研讨会论文集出版之际

中国共产党走过长达一个世纪波澜壮阔、艰苦卓绝的奋斗历程，迎来了百年华诞。百年风雨路，中国共产党走得不容易；世纪斗争史，中国共产党谱写了精彩华章。在庆祝党的百年生日之际，回顾党从小到大，由弱到强，不断成长壮大的奋斗历史，我们会发现，始终与党同生同在同向同行的党的新闻事业，在党的百年发展历程中扮演着至关重要的角色，发挥着举足轻重的作用。

百年来，中国共产党始终把党报党刊作为强大的“思想武器”和重要的“政治阵地”，可以说如果没有党的新闻事业，中国共产党就无以成功地宣传、鼓动和组织群众，就无以有力地揭露、批判和打击敌人，就无以有效地反映、表达和引导舆论，就无以顺利地指导、推动和开展工作，就无以取得革命、建设和改革开放各项事业如此辉煌的成绩、成果和成就！

伴随着党的新闻事业形成与发展的百年历程，中国共产党新闻思想不断得到丰富和发展，不仅创立了中国无产阶级党报学说基本理论，搭建起中国社会主义新闻理论基本框架，而且探索了中国特色社会主义新闻学基本内容，推动了马克思主义新闻观中国化历史进程，为世界新闻学的丰富发展作出了独特贡献。

在中国共产党成立百年之际，回顾和总结中国共产党百年新闻思想的形成与发展，探索和研究中国共产党百年新闻思想的核心与精髓，有助于我们

牢记传统、不辱使命，守正创新、继续前进，为最终建构一个能够真正体现马克思主义新闻观基本原理，反映我国社会主义新闻工作基本经验，既具有学术和理论价值，又富有实践和现实指导意义，能够经得起实践和历史检验的中国特色社会主义新闻学科学体系增强理论自信，提供政治定力，引领学术方向。

为庆祝党的百年华诞，教育部社会科学委员会语言文学、新闻传播学和艺术学学部和广西大学新闻与传播学院，经与中国人民大学、中国传媒大学、复旦大学、清华大学、北京大学、武汉大学、华中科技大学、上海交通大学、暨南大学等全国 31 个省区市 60 余所高校的新闻与传播学院和研究机构协商，于 2021 年 5 月 22—23 日在广西南宁共同举办了“中国共产党百年新闻思想与新闻实践学术研讨会”。我们希望通过学术研讨与经验交流，为深化中国共产党新闻思想与新闻实践研究，推动马克思主义新闻观中国化作出新的贡献。

研讨会举行的前一周，我跟广西大学新闻与传播学院的党委书记唐兴一起前往桂林的全州，参观了 4 月 25 日习近平总书记刚考察过的红军长征湘江战役纪念馆，心灵上受到强烈震撼！当年数万名红军战士冒着敌人的枪林弹雨视死如归，英勇战斗，血染湘江，终于突破了 30 万国民党军队设置的封锁线，闯开了一条生命通道，谱写了红军长征史上的壮丽诗篇，也书写了党的百年历史厚重的一页。

特别是看到当年担负掩护红军主力和中央纵队渡江的年仅 29 岁的红五军团第 34 师师长陈树湘，在完成掩护任务突围失败陷入敌人魔爪后，为了不当俘虏，他将手伸进受伤的腹部扯出肠子绞断而光荣牺牲的事迹时，十分感慨。我想正是无数共产党人和革命志士用青春与热血铸就了党的百年历史的辉煌！

在党成立百年之际，回顾中国共产党百年艰苦奋斗的辉煌历史，总结中国共产党新闻事业百年艰苦创业的光荣传统，阐释中国共产党新闻思想百年形成发展的理论精髓，阐述马克思主义新闻观中国化百年传承发展的历史贡献，是献给中国共产党百年华诞的最好礼物。为此，我们联系了全国 60 余所高校新闻院系和研究机构共同主办了此次研讨会。

研讨会荣幸地邀请到中央马克思主义理论研究和建设工程咨询委员会主任徐光春同志，为大家作题为《怎样学习研究践行马克思主义新闻观》的主旨报告。徐光春同志担任过新华社上海和北京分社社长、《光明日报》总编辑、中宣部副部长、国家广播电影电视总局局长，后来又当过河南省委书记，有着丰富的新闻实践经验和领导宣传思想与意识形态工作的经验。他的报告对深入研究中国共产党新闻思想和推进马克思主义新闻观教育有着重要启示和指导意义。

研讨会还邀请到当年轰动海内外的著名报道《东方风来满眼春》一文的作者，原《深圳特区报》总编辑陈锡添同志，他与我们分享了当年采访邓小平考察南方活动，写作《东方风来满眼春》报道的感悟和体会。从他的报告中我们能够体会到一篇成功新闻报道的强大舆论引导力和社会影响力，体会到怎样才能成为一个不负党和人民期待，能够立于时代前沿、把握时代脉搏、记录时代风云的新闻工作者。

新华社副社长兼常务副总编辑马胜荣同志，向大家介绍了中国共产党1931 年在瑞金建立的新华社，90 年来与党同在同行发展壮大的历程，特别是做好参考报道的经验。广西日报社副总编辑黎攀同志介绍了他们如何以毛泽东致广西省委领导信为引领，数十年如一日，办好党报的做法与体会。

研讨会还邀请到一些在中国共产党新闻思想与新闻实践和马克思主义新闻观研究领域硕果累累的专家，与大家分享了他们的研究成果。

此次研讨会专门设置了一个题为“中国共产党红色新闻足迹”的专场论坛，请了 6 位老师，分别代表五四新文化运动和马克思主义传播发源地北京、中国共产党诞生地上海、毛泽东《湘江评论》创办地长沙、井冈山革命根据地和中央苏区所在地江西、抗日战争时期党中央所在地延安、解放战争时期党中央驻地西柏坡，介绍当年党领导的新闻媒体在这些地方的战斗经历及其独特贡献。

研讨会还为共同主办单位的院长书记设置了两场论坛，请他们谈谈在推进党史及党的新闻思想史学习教育活动，以及开展马克思主义新闻观教育和中国特色社会主义新闻学学科建设方面的做法及经验，使大家受到很大启发。

研讨会把“传颂百年伟业，书写时代辉煌”作为主题词，是想表达这样一个理念：中国共产党新闻事业百年来在传播党的政策主张、记录时代风云、推动社会进步和守望公平正义方面作出了巨大贡献。今后面对百年未有之大变局，立身风云变幻的新时代，处在“两个一百年”奋斗目标的交汇点，要继续传颂党的百年伟业，书写新时代的历史辉煌，在党的第二个百年奋斗目标开始之时，为实现国家富强、民族复兴、人民幸福的中国梦，为世界和平和人类发展作出新的更大的贡献！

研讨会开得很成功，受到了与会领导、专家学者和老师同学的认可与肯定。人民网、新华网、光明网、中国社科网、中国理论网以及《广西日报》、广西广播电视台、广西云等许多中央和广西壮族自治区媒体作了充分报道。为了总结和宣传研讨会所取得的理论成果，我们从大会发言和专家学者所提交的论文中选择了一部分编辑出版该论文集，希望能给读者以启迪和思考。

由于篇幅所限或其他原因，一些专家学者的发言和论文没有收入，在此谨致歉意。我们特将所有提交研讨会的与会议主题相关的论文篇目，以及个别没有提交发言稿的专家学者的发言题目附在后面，供大家分享。

再次感谢参加研讨会的各位领导、嘉宾和老师、同学，感谢在大会发言和提交论文的专家、学者！

郑保卫

2021.8.28 于广西大学

第一篇

马克思主义新闻观及其中国化

- 怎样学习研究践行马克思主义新闻观
- 马克思主义新闻观中国化的当代探索
- 推进社会主义理论宣传的科学化

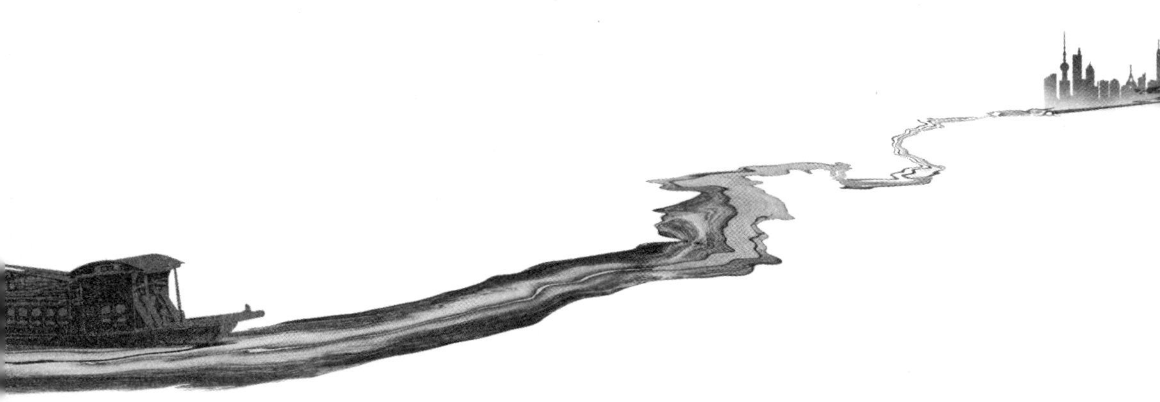

怎样学习研究践行马克思主义新闻观

徐光春

内容提要：本文阐释了马克思主义新闻观的理论内涵及主要特点，梳理了马克思主义中国化新闻观的形成和发展过程；论述了新时代怎样学习、研究和实践好马克思主义新闻观；强调要坚定对马克思主义的信仰、对社会主义共产主义的信念、对中国共产党的信任、对中国特色社会主义的信心，要真正学懂、弄通、做实马克思主义新闻观特别是马克思主义中国化新闻观的主要精神和基本内容；要把重点放在学习、研究、践行习近平新时代中国特色社会主义思想关于新闻观的重要论述上来。

关键词：马克思主义新闻观；学习；研究；践行

中国共产党创建党的新闻工作、新闻事业伴随着党百年成长发展史，从小到大、从弱到强发展起来，也走过了百年历程。党的新闻工作、新闻事业百年发展史揭示了一个根本道理，即没有我们党对马克思主义新闻观的坚持和发展，就不可能有党的新闻事业的蓬勃发展。因此，习近平总书记强调指出，“新闻观是新闻舆论工作的灵魂。要深入开展马克思主义新闻观教育”[①]。正确认识马克思主义新闻观，认真学习、研究、践行马克思主义观，是新时代学习、研究、践行马克思主义新闻观必须首先解决的重要问题。

① 习近平：《坚持正确方向创新方法手段 提高新闻舆论传播力引导力》，《人民日报》2016 年 2 月 20 日，第 1 版。

一、马克思主义新闻观是什么？

1. 马克思主义新闻观是从属于马克思主义的、关于新闻的观念。它姓“马克思主义”，不是其他什么主义的新闻观，也不是信奉其他什么主义的人都认可都使用的新闻观。它是马克思主义思想理论体系的重要组成部分，是马克思主义政治立场、革命理想、价值意识、辩证思维、科学方法在新闻领域的集中反映，是马克思主义关于共产党领导的无产阶级、社会主义新闻工作、新闻事业性质、功能、使命、原则、目的、方法、规律的总体认识，是无产阶级、社会主义新闻工作、新闻事业的思想灵魂和行动指南。

2. 马克思主义新闻观是紧紧围绕共产党人的新闻工具是揭露、推翻旧世界的“批判武器”这个主题展开的。马克思主义新闻观的主要内容是：①共产党领导的无产阶级、社会主义新闻工作、新闻事业是党的工作、党的事业不可缺少的重要组成部分，是党进行革命的重要思想批判武器和政治斗争阵地。②党领导的无产阶级、社会主义新闻工作、新闻事业是无产阶级和人民大众根本利益的真正代表者和坚定捍卫者，把为党的事业奋斗与捍卫人民利益统一在新闻工作、新闻事业的全部理论和实践中。③党的新闻工作者是党的工作者，要有高度的无产阶级、社会主义的政治觉悟、努力地为无产阶级和人民大众服务的精神品质，要忠诚地为党领导的无产阶级革命、社会主义事业奉献力量。④共产党组织要加强对新闻工作、新闻事业的领导和监督，要有力指导新闻工作、新闻事业的开展。

3. 马克思主义新闻观的主要特点是：①鲜明的政治性。强调党领导的无产阶级、社会主义新闻工作、新闻事业，与资产阶级、资本主义的新闻工作、新闻事业有政治上的质的区别，带有深刻的阶级属性。②坚定的人民性。强调党领导的新闻工作、新闻事业是为无产阶级和人民大众的根本利益服务的，要运用新闻工作这一武器坚定捍卫无产阶级和人民大众的利益。③科学的真理性。马克思主义新闻观充分反映了马克思主义对人类社会发展规律、科学社会主义发展规律以及共产党的工作和发展规律的科学认识，成为共产党人革命和执政特别是引领新闻工作、新闻事业发展的真理。④有力的指导性。马克思主义新闻观的核心主题和主要内容，构成了科学完整的思想体系和行动纲领，正确地有力地指导党的新闻工作、新闻事业卓有成效地开展，在革命和建设中发挥重要的思想引领和行动指南作用。

二、马克思主义中国化新闻观的形成和发展

中国共产党是马克思主义坚定的信仰者、顽强的坚持者和积极的发展者，在继承中创新马克思主义，使马克思主义正式诞生 170 多年来仍然焕发出强烈的真理光芒，保持着旺盛的生命力和战斗力。其中对马克思主义新闻观的坚持和发展就是其中突出的范例。

1. 马克思主义中国化新闻观的形成和发展。马克思主义新闻观产生和形成于中国共产党领导的革命斗争年代。中国共产党领导革命斗争 28 年，团结带领全国各族人民推翻三座大山，建立新中国。在这浴血奋斗的革命历程中，以毛泽东同志为主要代表的中国共产党人把马克思主义基本原理和中国革命的具体实际结合起来，形成了马克思主义中国化的最早理论成果——毛泽东思想，为马克思主义中国化奠了基、开了路。毛泽东思想就包含着马克思主义中国化新闻观的产生和形成。

毛泽东思想新闻观紧紧围绕党的新闻工作是党进行革命斗争的重要思想武器这一主题展开。这一思想集中体现在毛泽东同志强调指出的革命靠两杆子，一是枪杆子，一是笔杆子，是对马克思、恩格斯提出的有关“批判的武器和武器的批判”的思想的继承和发展。所谓笔杆子就是思想教育和新闻工作。毛泽东同志还就对思想教育和新闻工作如何认识、如何运作、如何领导、如何管理讲了很多重要的新思想、新观点，并亲自为通讯社、党报党刊、电台撰写社论、评论、新闻报道，不仅成为马克思主义中国化新闻观的创始人，也成为马克思主义中国化新闻观的践行者。

进入社会主义革命和建设时期，毛泽东同志又提出马克思主义要与中国实际进行“第二次结合”，形成了党指导社会主义革命和建设的一系列理论、路线、方针、政策。其中也产生和形成了马克思主义中国化新闻观的新思想、新观点，从中国当时的实际出发，提出一系列新闻工作和新闻事业发展的新要求、新思路。这一时期马克思主义中国化新闻观的主题思想是毛泽东同志提出的新闻工作作为党宣传政策、教育人民、推动工作的重要工作，要发挥“组织、鼓舞、激励、批判、推动”的作用。这一思想提出，为这一时期党的新闻工作、新闻事业的发展发挥了重要的指导和推动作用，也有力地保障了社会主义革命和社会主义事业取得成功，也是这一时期党的新闻工作、新闻事业本质特征的集中体现。

进入改革开放新时期，以邓小平同志为主要代表的中国共产党人把马克思主义基本原理和中国改革开放的实际结合起来，坚持和发展马克思主义，继承和创新毛泽东思想，创立邓小平理论，开创了中国特色社会主义道路，形成一整套解放思想、改革开放的建设中国特色社会主义的理论、路线、方针、政策，开展一系列建设中国特色社会主义的伟大实践。在这个过程中，为了推进和保障改革开放、中国特色社会主义建设的顺利进行，产生和形成了马克思主义中国化新闻观的新内涵，成为邓小平理论的重要组成部分。这一时期马克思主义中国化新闻观是紧紧围绕在改革开放新时期党的新闻工作、新闻事业“要成为全国安定团结的思想上的中心”[①]这一主题展开的。这一思想是基于邓小平同志提出并由党中央制定的社会主义初级阶段“一个中心、两个基本点”的基本路线和邓小平同志提出改革开放新时期党和国家的工作“要两手抓、两手都要硬”的要求而形成的，也是这一时期党的新闻工作、新闻事业本质特征的集中体现。这以后，以江泽民同志为主要代表的中国共产党人，以胡锦涛同志为主要代表的中国共产党人，根据时代的发展、社会的需求在中国特色社会主义事业不同的发展时期，对马克思主义中国化新闻观分别作了创新性发展，先后形成了以坚持正确舆论导向为主题，以加强舆论引导能力建设为主题的马克思主义中国化新闻观的新概括、新论述，分别形成“三个代表”重要思想和科学发展观的重要组成部分，进一步丰富和发展了马克思主义新闻观，也丰富和发展了毛泽东思想、邓小平理论的新闻观，有力保障了中国特色社会主义的不断推进。

进入中国特色社会主义新时代，以习近平同志为主要代表的中国共产党人承前启后，继往开来，在坚持和发展马克思主义的同时，坚持和发展中国特色社会主义，用创新发展的马克思主义、创新发展的中国特色社会主义理论体系，来指导和引领中国特色社会主义的坚持和发展，实现了深刻的历史性变革，取得了全方位的历史性成就。这一新时代创新发展的马克思主义、中国特色社会主义理论体系的最新成果就是习近平新时代中国特色社会主义思想，这一时期产生和形成的马克思主义中国化新闻观就是习近平新时代中国特色社会主义思想中有关党的新闻工作、新闻事业的重要论述。这些重要论述是紧紧围绕新时代党的新闻工作要坚持党媒姓党、人民至上、创新发展这一主题展开的。具体内容集中体现在习近平总书记对新时代党的新闻工作、新闻事业的性质、使

① 邓小平：《邓小平文选》（第 2 卷），北京：人民出版社，1994 年，第 255 页。

命、职责、内容、方法、手段等方面系统深入的阐述中。他强调党的新闻舆论工作是党的工作的重要组成部分。他提出48个字的有关使命职责的要求："高举旗帜、引领导向，围绕中心、服务大局，团结人民、鼓舞士气，成风化人、凝心聚力，澄清谬误、明辨是非，联接中外、沟通世界"[①]。他指出要遵循新闻传播规律，创新方法手段，建立对外传播话语体系，增强国际话语权。他还特别强调指出："新闻观是新闻舆论工作的灵魂。要深入开展马克思主义新闻观教育，引导广大新闻舆论工作者做党的政策主张的传播者、时代风云的记录者、社会进步的推动者、公平正义的守望者。"[②]这些重要论述，充分显示了新时代党的新闻工作、新闻事业、新闻舆论工作者的新使命、新担当、新职责、新要求，回答了新时代党的新闻工作、新闻事业是什么性质的工作和事业，怎样做好新时代党的新闻工作、新闻事业，新时代新闻舆论工作者应有什么样的素质、品行和能力，以及如何开创新时代党的新闻工作、新闻事业新局面等一系列重大的理论和实践问题，不愧是马克思主义中国化新闻观最新最重要的发展成果，是当代中国特色社会主义新闻事业发展壮大的理论指导和行动指南，必将有力地保障"两个一百年"奋斗目标和中华民族伟大复兴中国梦的实现，有力推动中国全面建设社会主义现代化国家的进程。

2. 马克思主义中国化新闻观的主要特点。马克思主义中国化新闻观是建立在马克思主义新闻观的基础上，从中国的实际和时代特征出发创新发展了的马克思主义新闻观，它从属于马克思主义新闻观的范畴，又不完全同于100多年前逐步形成的马克思主义新闻观的视角视野、概括表述、具体的工作内容和工作方法，是坚持和发展了马克思主义新闻观。其主要特点：一是继承性。马克思主义中国化新闻观继承了马克思主义新闻观中体现出来的理想信念、革命精神、政治立场、科学方法，并在继承的过程中从中国的具体国情和时代发展的需要进行了创造性转化。二是坚持性。马克思主义中国化新闻观坚持马克思主义新闻工作、新闻事业的基本原理、基本立场、基本观点和基本方法，并在坚持的进程中从中国的具体国情和时代发展的需要进行了创新性发展。三是民族性。马克思主义中国化新闻观把马克思主义新闻观的基本原理、基本立场、

---

① 习近平：《坚持正确方向创新方法手段 提高新闻舆论传播力引导力》，《人民日报》2016年2月20日，第1版。

② 同上。

基本观点、基本方法和中国的具体国情、党情、民情结合起来，制定每一个历史时期具有鲜明中华民族特色的新闻工作、新闻事业发展的理论、路线、方针、政策、方法、途径，充分显示了这是中国工人阶级的先锋队、中华民族的先锋队——中国共产党的马克思主义新闻观。四是时代性。马克思主义中国化新闻观是一个完整的科学的马克思主义中国化理论体系，是在革命斗争年代、社会主义革命和建设时期、改革开放新时期、中国特色社会主义进入新时代这样几个不同时代产生和形成的。这不同时代的马克思主义新闻观深深地打上时代的烙印，使党的新闻工作、新闻事业不仅顺应时代的发展、回应时代的呼唤，而且引领时代的进步，成为推动时代发展进步的强大精神动力和引路指南。五是创新性。马克思主义中国化的最大特点是创新发展。这些创新发展不仅是在把马克思主义基本原理和中国实际相结合的过程中进行的，更是立足中国实际、着力推动发展、放眼世界变化、谋求人民幸福、实现民族复兴、追求世界大同，不断地推进理论创新和实践创新的丰硕成果。在这个过程中产生和形成的不同时代的马克思主义中国化新闻观拥有一系列既带有中国特色，又带有时代特征，还带有大众特点的新理论、新思想、新路线、新方针、新政策、新方法、新要求。创新是不同时代马克思主义中国化新闻观产生和形成的重要前提，创新是党的新闻工作、新闻事业不断发展壮大的强大动力，创新也是马克思主义新闻观与时俱进、始终保持强大生命力和战斗力的源泉活水。

三、新时代怎样学习、研究和实践好马克思主义新闻观

学习、研究、践行马克思主义中国化新闻观，事关党的新闻工作、新闻事业的前途命运，也事关每一个新闻舆论工作者的人生价值。因此，习近平总书记对新闻工作、新闻事业、新闻舆论工作者提出“要牢牢坚持马克思主义新闻观”的希望和要求。

新时代如何牢牢坚持马克思主义新闻观？如何学习好、研究好、践行好马克思主义新闻观特别是马克思主义中国化新闻观？关键是要做到：一是要坚定对马克思主义的信仰、对社会主义共产主义的信念、对中国共产党的信任、对中国特色社会主义的信心。坚持这四个“信”，是坚持马克思主义新闻观特别是坚持马克思主义中国化新闻观，学习好、研究好、践行好马克思主义新闻观的根本前提和思想政治基础。二是要真正学懂、弄通、做实马克思主义新闻观特别是马克思主义中国化新闻观的主要精神和基本内容。现在教育界、学术

界、新闻工作部门的一些人并没有在学懂、弄通、做实上下功夫，有的甚至把马克思主义新闻观与其他主义的新闻观混为一谈，于是在学习上、研究里、践行中出现这样那样的问题，既影响学习的进步，也影响研究的正确，还影响践行的成效，结果走上弯路，甚至走上歧路。这是值得我们高度重视的问题。三是要把重点放在学习、研究、践行习近平新时代中国特色社会主义思想关于新闻观的重要论述上来。习近平新时代中国特色社会主义思想是马克思主义中国化最新理论成果，是当代中国的马克思主义，是 21 世纪的马克思主义，是中国实现“两个一百年”奋斗目标和实现中华民族伟大复兴中国梦、推进全面建设社会主义现代化的理论指导和行动指南。一句话，是新时代的马克思主义，对新时代中国特色社会主义的坚持和发展具有最现实、最具体、最有针对性、最有成效的新的指导思想。作为这一新思想中的新闻观，对于新时代党的新闻工作、新闻事业的发展，同样是最现实、最具体、最有针对性、最有成效的新的指导原则。所以，在学习、研究、践行马克思主义新闻观、马克思主义中国化新闻观的工作中，要把学习好、研究好、践行好习近平新时代中国特色社会主义思想中关于新闻观的重要论述放在突出的重要位置上。四是要善于识别、批判、抵制西方资产阶级新闻观的错误影响。西方资产阶级新闻观主张的客观、公正、民主、自由的新闻思想和新闻行为，极具虚伪性和欺骗性，其本质是打着客观、公正、民主、自由的旗帜，行维护资本家和财团以及资产阶级政客利益之实，从历史到现实已有足够的案例说明这一点。因为党的新闻工作、新闻事业从来都是为政治服务的，为社会服务的。党领导的无产阶级、社会主义新闻事业是为无产阶级、社会主义政治服务的，而这个政治服务，是把人民的立场作为自己的根本政治立场，是把维护和捍卫人民的利益放在至高无上的位置的，是把为人民谋幸福、为民族谋复兴、为世界谋大同作为自己的使命和职责的。而西方资产阶级的新闻观不敢公开讲它们的媒体是站在资产阶级立场上为资产阶级政治服务的，因为这样就暴露了它们为资产阶级利益、为资本主义社会服务的本性，因而只笼而统之、堂而皇之地讲客观、公正、民主、自由，其实在全体人民面前、在全社会面前，它们根本无法也根本不愿做到这一点。这是我们当代新闻学习者、新闻研究者、新闻实践者必须弄清和把握的大问题。五是要把握新形势、分析新情况、研究新对策、破解当前新闻舆论工作面临的重大理论和实践问题，在理论和实践创新中推进马克思主义中国化新闻观新发展。进入新时代新阶段，无论是新闻媒体的业态、新闻工作面临的舆论场，还是新闻从业人员的构成、新闻受众的信息需求等等都发生新的重大变化。这些重大变化既有理论问题，也有实践问题，要在研究和破解这些问题的过程中，进一步推进马克思主义中国化新闻观新发展。

（作者徐光春系中央马克思主义理论研究和建设工程咨询委员会主任，中宣部原副部长，国家广电总局原局长，中共河南省委原书记）

（本文刊于《广西大学学报》2021年第3期，收人论文集时有改动）

马克思主义新闻观中国化的当代探索

雷跃捷 王娜

内容摘要：马克思主义新闻观中国化，是把马克思主义基本原理同中国的新闻实践相结合的产物，是马克思主义中国化的重要组成部分。马克思主义新闻观中国化的当代探索，凝聚了几代中国共产党人对党的新闻舆论工作的艰苦探索和党的新闻工作者新闻实践的成果；在继承和发扬党的新闻工作的优良传统的基础上，开拓创新，体现了与时俱进的理论品格和实践特征。实践将把马克思主义新闻观中国化的当代探索不断地推向更加广阔的思想空间和更高的理论境界。

关键词：马克思主义新闻观；中国化；当代探索

马克思主义新闻观中国化，是把马克思主义基本原理同中国的新闻实践相结合的产物，是马克思主义中国化的重要组成部分，是中国共产党人的伟大创举，凝结为中国共产党百年新闻事业最宝贵的理论和实践成果。

一、马克思主义新闻观中国化的发展历程

马克思主义新闻观中国化起源于五四新文化运动。五四新文化运动开启了马克思主义在中国传播的崭新气象。1919 年 9 月、11 月，李大钊在《新青年》第 6 卷第 5、6 号上发表《我的马克思主义观》一文，将马克思社会主义的理论分为三个部分：一为关于过去的理论，就是他的历史论，也称社会组织进化论；二为关于现在的理论，就是他的经济论，也称资本主义的经济论；三为关于将来的理论，就是他的政策论，也称社会主义运动论，就是社会民主主义[①]。

---

① 孙郁主编，季水河编：《新文化运动史料丛编（马克思主义传播卷）》，北京：人民文学出版社，2019 年，第 79 页。

同时，李大钊认为马克思学说是“有机的有系统的组织”，并以《哲学的贫困》《共产者宣言》《经济学批评》序言等著作为例全面详细地介绍了马克思的“唯物史观”“阶级竞争说”“经济论”（包括“余工余值说”和“资本集中说”）等，也就是我们现在所说的唯物史观、政治经济学说和科学社会主义理论。随着马克思主义研究和传播在中国的开展，各地共产主义小组相继创办了《共产党》月刊及《劳动界》《劳动音》《劳动者》等工人阅读的报刊。1920 年 12 月，陈独秀在《新青年》第 8 卷第 4 号上发表《关于社会主义的讨论》①的 13 篇文章，通过报刊动员了关于社会主义的大讨论。在传播介绍马克思主义和社会主义思潮之外，新文化运动中一群先进青年也开始结合报刊手段分析中国问题，向中国工农传播新思潮和动员中国革命，毛泽东、周恩来、邓中夏、蔡和森、恽代英、瞿秋白、赵世炎、陈潭秋等人也逐渐成为马克思主义的革命者和理论家，并将马克思主义作为投身革命，改变国家命运的理论武器，积极运用到现实斗争中。他们创办或参与主编了《湘江评论》、《天津学生联合会报》、《新社会》旬刊、《向导》、《先驱》等一系列革命新闻报刊，报道革命形势、宣传政治主张。这类报纸的特色，从毛泽东在《湘江评论》创刊宣言中可见一斑，面对世界浩浩荡荡的新思潮，“如何承受他？如何传播他？如何研究他？如何施行他？是我们全体湘人最切最要的大问题，即是《湘江》出世最切最要的大任务。”②可见，紧密切合形势和时代要求，通过报刊等新闻手段介绍宣传新思想，解决核心问题，这是马克思主义新闻观中国化初始阶段所呈现的基本特点。

在中国新民主主义革命和社会主义革命和建设实践中，以毛泽东同志为主要代表的第一代中国共产党人，创造性地开展了马克思主义中国化的伟大实践，创立了毛泽东思想的伟大理论成果，这其中也包含了马克思主义新闻观中国化的实践和理论两方面的内容。“红中社”、《红色中华》、《新中华报》、《解放日报》和抗战时期延安、解放战争时期解放区新闻界整风等新闻实践，既是马克思主义新闻观与中国共产党领导的新闻事业的结合，也是对马克思主义新闻观的中国化的探索。这一时期，以毛泽东同志为主要代表的中国共产党人对无产阶级和人民大众的新闻事业的性质和任务做了科学化、时代化和大众

① 孙郁主编，季水河编：《新文化运动史料丛编（马克思主义传播卷）》，北京：人民文学出版社，2019 年，第 192 页。

② 湖南学生联合会、新湖南社、湖南自修大学编：《湘江评论 新湖南 新时代》，长沙：湖南师范大学出版社，2009 年，第 6 页。

化的阐释。在继承和发扬马克思、恩格斯、列宁的党报思想的基础上，创造性地提出了“全党办报”“群众办报”的思想原则、为中国共产党在边区和解放区执政提供了传达政令、联系群众，提升党和边区、解放区政府的治理能力和水平发挥了巨大的作用。在长期的无产阶级和社会主义新闻实践中形成的毛泽东新闻思想，在领导中国新民主主义革命和社会主义革命与建设时期的党的新闻事业上，发挥了巨大的指导作用。毛泽东新闻思想主要包括：1. 强调忠于事实的办报原则。他在《〈政治周报〉发刊理由》中写道“我们反攻敌人的方法，并不多用辩论，只是忠实地报告我们革命工作的事实”[①]。2. 对党报功能作用作出明确阐释。毛泽东认为：“报纸的作用和力量，就在它能使党的纲领路线，方针政策，工作任务和工作方法，最迅速最广泛地同群众见面。”[②]“一张省报，对于全省工作，全体人民，有极大的组织、鼓舞、激励、批判、推动的作用。”[③]3. 对于社会主义新闻事业的性质作出了明确的界定。毛泽东指出：“这是因为在社会主义国家，报纸是社会主义经济即在公有制基础上的计划经济通过新闻手段的反映，和资本主义国家报纸是无政府状态的和集团竞争的经济通过新闻手段的反映不相同。”[④]4. 对于新闻工作坚持党性原则提出明确要求，“各地党报必须无条件地宣传中央的路线和政策”[⑤]。5. 提出了“要政治家办报”[⑥]的重要思想。6. 强调坚持实事求是、深入实际调查研究。1930 年，毛泽东在《反对本本主义》中就提出了“没有调查，没有发言权”[⑦]，而后，又提出“不做正确的调查同样没有发言权”[⑧]。7. 倡导坚持群众路线。“我们的报纸也要靠大家来办，靠全体人民群众来办，靠全党来办，而不能只靠少数人关

① 中共中央文献研究室、新华通讯社编：《毛泽东新闻工作文选》，北京：新华出版社，2014 年，第 2 页。

② 同上书，第 188 页。

③ 同上书，第 254 页。

④ 《建国以来毛泽东文稿》（第 6 册），北京：中央文献出版社，1992 年，第 508 – 509 页。

⑤ 中共中央文献研究室、新华通讯社编：《毛泽东新闻工作文选》，北京：新华出版社，2014 年，第 194 页。

⑥ 同上书，第 271 页。

⑦ 同上书，第 17 页。

⑧ 同上书，第 36 页。

起门来办”[1]。8. 注重文风建设，重视文章的“准确性、鲜明性、生动性”[2]，提倡“新鲜活泼的、为中国老百姓所喜闻乐见的中国作风和中国气派”[3]。毛泽东新闻思想，是第一代中国共产党人探索马克思主义新闻观中国化的集体思想结晶，为马克思主义新闻观中国化作出了开创性的伟大贡献。

当中国的历史航船驶入改革开放和社会主义现代化建设新时期，以邓小平同志为核心的党的第二代中央领导集体，将马克思主义原理和中国社会主义建设事业的实际相结合，成功地开辟了中国特色社会主义的新道路。创造性地提出了中国特色社会主义理论。在中国特色社会主义理论建设中，包含了中国共产党领导的社会主义新闻事业对马克思主义新闻观中国化在当代的艰辛探索。探索的理论结晶形成了改革开放新时期邓小平新闻思想。总结概括起来，有以下八个方面的主要内容：1. 要使“党的报刊成为全国安定团结的思想上的中心”[4]；2.“必须大力加强党对思想战线的领导”[5]；3. 新闻宣传工作要坚持实事求是的思想路线和思想方法，“无论是开会发言、写文章，都要进行充分的说理和实事求是的科学分析”[6]；4. 新闻工作要发扬“批评与自我批评”[7]，加强社会主义民主和法制宣传；5. 新闻宣传要改进作风与文风，他强调要“调查研究，反复讨论，少说空话”[8]；6. 新闻宣传工作要以社会效益为唯一准则，“思想文化教育卫生部门，都要以社会效益为一切活动的唯一准则，它们所属的企业也要以社会效益为最高准则”[9]；7. 要加强对外报道，展示中国良好形象；8.“思想战线上的战士，都应当是人类灵魂工程师”[10]，新闻工作者也要做人类灵魂的工程师。改革开放新时期邓小平新闻思想，坚持实践是检验真理的唯一标准

① 中共中央文献研究室、新华通讯社编：《毛泽东新闻工作文选》，北京：新华出版社，2014 年，第 189 页。
② 同上书，第 258 页。
③ 同上书，第 106 页。
④ 新华社新闻研究所编：《邓小平论新闻宣传》，北京：新华出版社，1998 年，第 114 页。
⑤ 同上书，第 154 页。
⑥ 同上书，第 155 页。
⑦ 同上书，第 41 页。
⑧ 同上书，第 51 页。
⑨ 同上书，第 32 页。
⑩ 同上书，第 149 页。

这一马克思主义的基本原理，结合中国改革开放这个最大的实际，继承和发展了马克思主义新闻观，将马克思主义新闻观中国化推向了中国特色社会主义建设事业的新高度。

进入世纪之交，中国面临的国际国内形势发生了巨大的变化。伴随着苏联和东欧解体，全球化浪潮也呼啸而来，此时，国内的改革也进入了深水区，由各种社会矛盾引发的舆情、舆论，通过互联网和新媒体平台出现，倒逼新闻事业反映舆论、引导舆论的功能被不断增强和放大。如何正确引导舆论，统筹国内国际两个大局，以服务于党和国家长治久安的需要，作为一个时代的新问题被严峻地摆在继邓小平同志之后的党的领导集体面前。以江泽民同志为核心的中国共产党第三代中央领导集体和以胡锦涛同志为总书记的中共中央审时度势，将党的新闻思想由新闻宣传思想转变为新闻舆论思想，提出坚持正确舆论导向、提高舆论引导能力、新闻工作要实行“三贴近”原则、新闻传播要统筹国内国际两个大局等一系列的新闻舆论思想。为马克思主义新闻观中国化在新世纪的新探索，提供了新思路和新内容，发展和丰富了马克思主义新闻观中国化的理论成果。

二、习近平关于党的新闻工作的重要论述

党的十八大以来，以习近平同志为核心的党中央带领全党和全国人民，奋力将中国特色社会主义事业推向了新时代。在新时代“我们党坚持以马克思列宁主义、毛泽东思想、邓小平理论、‘三个代表’重要思想、科学发展观为指导，坚持解放思想、实事求是、与时俱进、求真务实，坚持辩证唯物主义和历史唯物主义，紧密结合新的时代条件和实践要求，以全新的视野深化对共产党执政规律、社会主义建设规律、人类社会发展规律的认识，进行艰辛理论探索，取得重大理论创新成果，形成了新时代中国特色社会主义思想。”①习近平新时代中国特色社会主义思想，是全党和全国亿万人民通过不懈的奋斗，在鲜活生动的中国特色社会主义实践基础上，形成的理论结晶，同时也与习近平同志

① 习近平：《决胜全面建成小康社会 夺取新时代中国特色社会主义伟大胜利——在中国共产党第十九次全国代表大会上的报告（2017年10月18日）》，《人民日报》2017年10月28日，第2版。

数十年的成长经历、家庭境遇、实践摸索和理论思考紧密相连。习近平总书记新闻工作重要论述，是习近平新时代中国特色社会主义理论的重要组成部分，概括起来，具有以下主要的内容：

（一）治国理政、定国安邦：新时代新闻工作的顶层设计和原则导向

习近平同志指出，“党的新闻舆论工作是党的一项重要工作，是治国理政、定国安邦的大事”，“做好党的新闻舆论工作，事关旗帜和道路，事关贯彻落实党的理论和路线方针政策，事关顺利推进党和国家各项事业，事关全党全国各族人民凝聚力和向心力，事关党和国家前途命运”。[①]可以看出，习近平同志对新闻舆论工作的地位作用和职责使命，并非仅从新闻工作本位层面来论述的，而是从党的工作全局和治国理政大局来论述的，更是从维护党和国家的意识形态安全的角度来阐述的。

习近平同志从全党全国工作大局出发，结合时代发展及媒体格局、舆论环境的变化，对党性原则做了进一步强调。他指出：“党的新闻舆论工作坚持党性原则，最根本的是坚持党对新闻舆论工作的领导。党和政府主办的媒体是党和政府的宣传阵地，必须姓党。”[②]除了党直接掌管的媒体，习近平同志进一步提出把各级各类媒体都置于党的领导之下，“要把党管媒体的原则贯彻到新媒体领域，所有从事新闻信息服务、具有媒体属性和舆论动员功能的传播平台都要纳入管理范围，所有新闻信息服务和相关业务从业人员都要实行准入管理。”[③]在这些论述中，新闻事业党性原则内涵在新的媒体环境和舆论格局下得到丰富和发展，并逐步体现到媒体融合实践中，“要抓紧做好顶层设计，打造新型传播平台，建成新型主流媒体，扩大主流价值影响力版图，让党的声音传得更开、传得更广、传得更深入。”[④]

---

① 习近平：《坚持正确方向创新方法手段 提高新闻舆论传播力引导力》，《人民日报》2016 年 2 月 20 日，第 1 版。

② 同上。

③ 习近平：《坚持党的新闻舆论工作的正确政治方向》，中共中央党史和文献研究院编：《十八大以来重要文献选编》（下），北京：中央文献出版社，2018 年，第 214 页。

④ 习近平：《推动媒体融合向纵深发展 巩固全党全国人民共同思想基础》，《人民日报》2019 年 1 月 26 日，第 2 版。

习近平同志指出："只有坚持党性原则，坚持以人民为中心的工作导向，才能确保新闻媒体始终为人民服务，而不是为少数人服务。"[①]"要树立以人民为中心的工作导向……多宣传报道人民群众的伟大奋斗和火热生活，多宣传报道人民群众中涌现出来的先进典型和感人事迹，丰富人民精神世界，增强人民精神力量，满足人民精神需求"[②]，"要转作风改文风，俯下身、沉下心，察实情、说实话、动真情，努力推出有思想、有温度、有品质的作品。"[③]习近平提出的新闻舆论工作"以人民为中心的工作导向"就是他一贯强调的党的全心全意为人民服务的宗旨和群众路线在新闻舆论工作中的反映和体现。

习近平同志也详细阐述了新闻舆论工作中的党性和人民性相统一的原则，"坚持党性，新闻舆论工作才能有明确的立场和指向；坚持人民性，新闻舆论工作才能获得活力源泉和动力根基。"[④]实际上就是主张在新闻工作中把体现党的主张和反映人民心声统一起来，把对党负责和对人民负责统一起来，既不能因为片面强调体现党的主张而影响和妨碍反映人民心声，也不能因为片面强调反映人民心声而忽视和削弱体现党的主张，二者并重，不可偏废。

（二）把握时代性 掌握规律性：新时代新闻工作的传播战略和发展路径

在哲学社会科学工作座谈会上，习近平同志把新闻学与哲学、历史学、经济学、政治学、法学等学科并列为"对哲学社会科学具有支撑作用的学科"并构成"具有中国特色和普遍意义的学科体系"[⑤]的一部分，这表现出习近平同志对新闻学学科及其科学性的重视。在对新闻舆论工作的重要论述中，他特别强调要遵循新闻舆论传播规律。

面对新的传播格局和舆论生态，习近平同志提出要遵循新兴媒体规律和媒体融合规律，如"科学认识网络传播规律，提高用网治网水平"[⑥]，"研究

---

① 习近平：《坚持党的新闻舆论工作的正确政治方向》，中共中央党史和文献研究院编：《十八大以来重要文献选编》（下），北京：中央文献出版社，2018 年，第 213 页。

② 习近平：《习近平谈治国理政》，北京：外文出版社，2014 年，第 154 页。

③ 习近平：《坚持正确方向创新方法手段 提高新闻舆论传播力引导力》，《人民日报》2016 年 2 月 20 日，第 1 版。

④ 习近平：《坚持党的新闻舆论工作的正确政治方向》，中共中央党史和文献研究院编：《十八大以来重要文献选编》（下），北京：中央文献出版社，2018 年，第 213 页。

⑤ 习近平：《在哲学社会科学工作座谈会上的讲话》，《人民日报》2016 年 5 月 19 日，第 2 版。

⑥ 习近平：《举旗帜聚民心育新人兴文化展形象 更好完成新形势下宣传思想工作使命任务》，《人民日报》2018 年 8 月 23 日，第 1 版。

把握现代新闻传播规律和新兴媒体发展规律，强化互联网思维和一体化发展理念”[①]，并多次强调舆论引导的根本任务是壮大主流思想舆论，习近平同志认为思想舆论领域大致有红色、黑色和灰色三个地带，不同地带要采取不同的新闻舆论应对策略，“红色地带是我们的主阵地，一定要守住；黑色地带主要是负面的东西，要敢于亮剑，大大压缩其地盘；灰色地带要大张旗鼓争取，使其转化为红色地带。”[②]

习近平同志遵循唯物辩证法对立统一规律来分析新闻事业的舆论监督职能，他认为：“舆论监督和正面宣传是统一的。新闻媒体要直面工作中存在的问题，直面社会丑恶现象，激浊扬清、针砭时弊，同时发表批评性报道要事实准确、分析客观。”[③]

（三）四向四做 守正创新：加强新闻队伍建设和本领武装

习近平同志说：“媒体竞争关键是人才竞争，媒体优势核心是人才优势。要加快培养造就一支政治坚定、业务精湛、作风优良、党和人民放心的新闻舆论工作队伍。”[④]他特别强调要加强马克思主义新闻观教育，并且提出了新时代新闻舆论工作者职业角色定位。他指出，“新闻观是新闻舆论工作的灵魂”，并对新闻工作者提出四点希望：“一是要坚持正确政治方向，同党中央保持高度一致，坚持马克思主义新闻观，坚守党和人民立场，坚持中国特色社会主义，做政治坚定的新闻工作者。二是要坚持正确舆论导向，深入宣传党的理论和路线方针政策，深入宣传全国各族人民为实现‘两个一百年’奋斗目标、实现中华民族伟大复兴中国梦进行的奋斗和取得的成就，弘扬主旋律，释放正能量，做引领时代的新闻工作者。三是要坚持正确新闻志向，提高业务水平，勇于改进创新，不断自我提高、自我完善，做业务精湛的新闻工作者。四是要坚持正确工作取向，以人民为中心，心系人民、讴歌人民，发扬职业精神，恪守职业道德，勤奋工作、甘于奉献，做作风优良的新闻工作者。”[⑤]

---

① 习近平：《坚持军报姓党坚持强军为本坚持创新为要 为实现中国梦强军梦提供思想舆论支持》，《人民日报》2015 年 12 月 27 日，第 1 版。

② 习近平：《习近平谈治国理政》（第 2 卷），北京：外文出版社，2017 年，第 328 页。

③ 习近平：《坚持正确方向创新方法手段 提高新闻舆论传播力引导力》，《人民日报》2016 年 2 月 20 日，第 1 版。

④ 同上。

⑤ 习近平：《做党和人民信赖的新闻工作者》，《人民日报》2016 年 11 月 8 日，第 1 版。

回顾和总结党的十八大以来党的新闻舆论工作，可以发现：以习近平同志为核心的党的新一代中央领导集体，把党的新闻舆论工作摆在治国理政的重要位置，创造性地提出了新时代党的新闻事业的新任务和新要求，领导我国广大的新闻工作者创造了新闻舆论工作的新经验、新理论，在丰富生动的中国特色社会主义伟大新闻实践基础上形成的习近平总书记新闻工作的重要论述，将中国共产党的新闻思想推进到了中国特色社会主义的新时代，为马克思主义新闻观的中国化、时代化和大众化谱写了新的篇章。

三、马克思主义新闻观中国化的实践路径

马克思主义新闻观中国化的当代探索，凝聚了几代党的领导人对于党的新闻舆论工作的艰苦探索、凝聚了千千万万党的新闻工作者艰苦卓绝的新闻实践；马克思主义新闻观中国化的当代探索，在继承和发扬党的新闻工作的优良传统的基础上，开拓创新，体现了与时俱进的鲜明的理论品格，马克思主义新闻观中国化的当代探索，坚持问题导向，立足解决党的新闻舆论工作面临的新挑战和新问题，遵循了一条从实践中来，到实践中去的实事求是的马克思主义的思想路线。具体分析马克思主义新闻观中国化的当代探索所遵循的实践路径，可以归纳为以下四个方面：

（一）马克思主义新闻观中国化的当代探索，是在对于马克思主义基本原理的深刻理解中展开的

在马克思主义基本原理中，物质和意识的关系，经济基础和上层建筑的关系问题，是辩证唯物主义和历史唯物主义探讨的最基本的问题。马克思主义认为："不是人们的意识决定人们的存在，相反，是人们的社会存在决定人们的意识"。[①]"随着经济基础的变更，全部庞大的上层建筑也或慢或快地发生变革。"[②]

"政治、法、哲学、宗教、文学、艺术等等的发展是以经济发展为基础的。但是，它们又都互相作用并对经济基础发生作用。"[③]新闻传播是一种特殊的信息传播活动，新闻舆论是一种特殊的舆论形态。舆论是一种特殊的意识形态。

① 《马克思恩格斯文集》（第2卷），北京：人民出版社，2009年，第591页。
② 同上书，第592页。
③ 《马克思恩格斯文集》（第10卷），北京：人民出版社，2009年，第668页。

因此新闻事业隶属于上层建筑的意识形态领域。准确地把握马克思主义这些基本原理，是准确把握马克思主义新闻观要义的关键。马克思主义新闻观中国化的当代探索，就是紧紧围绕如何深刻理解马克思主义的基本原理，并将其和当代中国的新闻传播活动的实际紧密结合而开展的探索。新中国成立之后，随着战争时期暴风骤雨般的阶级斗争逐渐停息，人民内部矛盾逐渐上升为社会发展的主要矛盾。在如何正确处理人民内部矛盾的构想中，毛泽东同志以很大的精力关注和研究新闻舆论问题。他提出了“舆论一律”和“舆论不一律”的著名观点。即“我们的舆论，是一律，又是不一律。在人民内部，允许先进的人们和落后的人们自由利用我们的报纸、刊物、讲坛等等去竞赛，以期由先进的人们以民主和说服的方法去教育落后的人们，克服落后的思想和制度”。[①]毛泽东同志提出的要“政治家办报”的观点，是对新闻舆论工作具有强烈的意识形态性质，对于经济基础具有巨大的反作用的深刻认识。这个观点批驳了资产阶级鼓吹的报刊是超阶级、无党派的“社会公器”的自欺欺人的观点，也改造了中国传统的“文人论政”的内涵，将旧时报人标举的文人“清谈”和“清议”式的“同人办报”思想，改造成为无产阶级新闻事业毫不隐晦自己鲜明的党性原则思想。这是马克思主义新闻观中国化当代探索的伟大创举，为社会主义革命和建设时期的新闻舆论工作，奠定了坚实的理论基石。

在深刻理解马克思主义基本原理的基础上，党的第二代和第三代中央领导集体，继承和发扬了毛泽东新闻思想，在建构中国特色社会主义新闻理论的过程中，高度重视新闻舆论工作在推动党的各项事业中的巨大作用。无论是邓小平同志提出的要使“党的报刊成为全国安定团结的思想上的中心”[②]，还是江泽民同志提出的“党的新闻事业与党休戚与共，是党的生命的一部分”[③]，都是对新闻舆论这种特殊的意识形态对于经济基础具有巨大的反作用这一马克思主义基本原理的深刻理解和与时俱进的认识。

实事求是是马克思主义的精髓，表现在如何看待真理问题上，即坚持实践是检验真理的唯一标准。正是一场真理标准问题的大讨论，掀起了“文革”

---

① 中共中央文献研究室编:《毛泽东年谱(1949—1976)》(第2卷),北京:中央文献出版社,2013年,第390页。

② 新华社新闻研究所编:《邓小平论新闻宣传》,北京:新华出版社,1998年,第114页。

③ 江泽民:《舆论导向正确是党和人民之福》,《江泽民文选》(第1卷),北京:人民出版社,2006年,第564页。

刚刚结束时中国的思想解放运动，打破了个人迷信的僵局，开启了中国共产党领导的“以经济建设为中心，坚持四项基本原则、坚持改革开放”的新征程。在改革开放新时期，党的领导集体始终坚持实事求是的思想路线，正确揭示新闻舆论工作要为经济建设保驾护航的功能和任务，党的新闻舆论工作沿着正确的路线开展。在国内发生“六四”政治风波、苏联和东欧发生剧变、国际社会主义运动遭受严重挫折的时候，以江泽民同志为核心的党的第三代中央领导集体吸取国内外深刻教训，提出了坚持正确舆论导向的时代命题。并对于正确舆论导向的标准，做出了“五个有利于”的判断。中国特色社会主义进入新时代以来，习近平总书记对正确舆论导向的标准，做了进一步阐发：“所有工作都有利于坚持中国共产党领导和我国社会主义制度，有利于推动改革发展，有利于增进全国各族人民团结，有利于维护社会和谐稳定。”①这些建立在中国特色社会主义事业这个最大实际之上的标准，是实事求是的思想路线在新时代党的新闻思想中生动和具体的体现。

（二）马克思主义新闻观中国化的当代探索，是在对于时代特征、新闻传播规律的深入认识和正确把握中展开的

马克思主义新闻观的中国化不是观念自身内在的、抽象的逻辑演化，而是具有鲜明的时代性和强烈的实践性，反映了“客观的真理性”②。一百年来，马克思主义新闻观的中国化进程，从一开始就直面中国的重大现实问题，并且根据重大的时代变革和新闻实践，探索党领导的新闻事业的性质、任务、功能、作用，探索中国特色新闻学的命题、范畴、内涵、方向和方法等逻辑线索和发展规律。在新民主主义革命到社会主义革命、建设、改革、发展和为新时代实现中华民族伟大复兴而奋斗的历程中，马克思主义新闻观中国化的当代探索，继承、发展和创新了“党性原则”“为人民服务”“新闻本源”“新闻真实性”“群众路线”“政治家办报”“思想中心”“舆论导向”“以正面宣传为主”“舆论监督”“三贴近”“社会效益”“媒体融合”“传播力引导力影响力公信力”“时度效原则”等一系列概念、命题、范畴和原则，努力探索什么是中国特色的新闻学，什么是中国特色社会主义新闻学。马克思主义新闻观的中国化进程，是

① 习近平：《坚持党的新闻舆论工作的正确政治方向》，中共中央党史和文献研究院编：《十八大以来重要文献选编》（下），北京：中央文献出版社，2018 年，第 215 页。

② 《马克思恩格斯文集》（第 1 卷），北京：人民出版社，2009 年，第 500 页。

把握世界发展大势，深刻体察中国的国情、社情、民情和舆情，并将中国共产党领导新闻事业的创造性与新闻舆论传播的规律性不断结合的过程，其重要成果就是初步构建了符合历史逻辑、理论逻辑和实践逻辑的中国特色社会主义新闻学的学术体系、学科体系和话语体系。中国特色社会主义新闻学的建构，不仅为当代中国新闻工作者开展新闻实践提供重要的理论依据，也为世界范围内的新闻学学术宝库，贡献了来自当代中国的新闻实践经验和理论成果。

（三）马克思主义新闻观中国化的当代探索，是在对于形形色色的错误新闻观点开展批判中展开的

针对西方资产阶级新闻学鼓吹的新闻事业是“超阶级”“无党派”的抽象的“无冕之王”，毛泽东指出：“在阶级消灭之前，不管通讯社或报纸的新闻，都有阶级性。资产阶级所说的‘新闻自由’是骗人的，完全客观的报道是没有的。”[①]邓小平指出：“党报党刊一定要无条件地宣传党的主张。”[②]江泽民在视察人民日报社时指出：“旗帜鲜明地坚持党性原则，坚持以邓小平建设有中国特色社会主义理论和党的基本路线为指导，不管在什么时候、什么情况下，都要在思想上政治上同党中央保持高度一致”[③]。胡锦涛强调，新闻宣传工作“必须坚持党性原则，牢牢把握正确舆论导向”[④]。习近平提出：“我们必须高度警惕，切实增强政治意识，大局意识、责任意识，增强识别和抵制西方资产阶级新闻观侵蚀的能力，始终保持政治上的清醒和坚定，旗帜鲜明地坚持马克思主义的新闻观和新闻的党性原则，牢牢把握正确的舆论导向。”[⑤]在坚持理论联系实际，实事求是、维护新闻真实性原则的问题上，毛泽东强调：“假话一定不可讲。”[⑥]“无产阶级的最尖锐最有效的武器只有一个，那就是严肃的战斗的科学态度。共产党不靠吓人吃饭，而是靠马克思列宁主义的真理吃饭，

① 中共中央文献研究室、新华通讯社编：《毛泽东新闻工作文选》，北京：新华出版社，2014 年，第 244 页。

② 新华社新闻研究所编：《邓小平论新闻宣传》，北京：新华出版社，1998 年，第 19 页。

③ 江泽民：《在视察人民日报社时的讲话》，《人民日报》1996 年 10 月 21 日，第 1 版。

④ 胡锦涛：《在人民日报社考察工作时的讲话》，《人民日报》2008 年 6 月 21 日，第 4 版。

⑤ 习近平：《2004 年 8 月 4 日在省委新闻宣传工作座谈会上的讲话》，《干在实处 走在前列——推进浙江新发展的思考与实践》，北京：中共中央党校出版社，2013 年，第 308 页。

⑥ 中共中央文献研究室、新华通讯社编：《毛泽东新闻工作文选》，北京：新华出版社，2014 年，第 269 页。

靠实事求是吃饭，靠科学吃饭。”[①]他批评“不调查，不研究，提起笔来‘硬写’”的不负责任的态度[②]。针对新媒体迅速崛起，传媒生态环境急剧变化，自媒体和社交媒体的一些虚假信息泛滥的情况下出现的所谓要求重新定义新闻信息真实性的论调，习近平多次论述维护新闻真实性的重要性。他强调："真实性是新闻的生命。要根据事实来描述事实，既准确报道个别事实，又从宏观上把握和反映事件或事物的全貌。”[③]

（四）马克思主义新闻观中国化的当代探索，是在对于当代波澜壮阔、丰富多彩的中国特色社会主义新闻实践做理论总结升华中展开的

“实践的观点，就像一根红线，贯穿在马克思主义新闻观从起源到发展过程中的始终。实践是马克思主义新闻观的理论源泉，实践还是马克思主义新闻观发展的动力。”[④]从完善传统媒体时代的新闻手段到尊重互联网媒体的传播规律，马克思主义新闻观中国化的当代探索始终反映中国特色社会主义新闻实践的前沿。当前，以移动互联为代表的媒介技术的演进和国际秩序与传播格局的变化引发了我国新闻传播实践的巨大变革，从治国理政的工作大局和世界发展总体趋势出发，习近平总书记对新闻传播、舆论引导、新兴媒体、媒体融合、提升国际传播能力等方面作了深入地探讨，他还深刻阐述了新时代新闻舆论工作对于开展文化强国建设、推进国家治理体系和治理能力现代化、防范化解重大风险，维护国家安全及推动构建人类命运共同体等治国理政理念、实践及目标的重要作用，体现了马克思主义新闻观中国化在当代中国探索的实践创新和理论创新。

---

① 毛泽东：《毛泽东选集》（第3卷），北京：人民出版社，1991年，第835－836页。

② 同上书，第844页。

③ 习近平：《坚持正确方向创新方法手段 提高新闻舆论传播力引导力》，《人民日报》2016年2月20日，第1版。

④ 雷跃捷：《实践是马克思主义新闻观的理论来源与发展动力》，《中国广播电视学刊》2018年第4期，第26－30页。

四、结语

在继承、发扬和践行毛泽东新闻思想、邓小平、江泽民、胡锦涛和习近平关于新闻舆论工作的重要论述基础上，初步形成的中国特色社会主义新闻学，为马克思主义新闻观中国化的发展作出了巨大贡献，是马克思主义新闻观中国化在当代探索的伟大成果。这些成果弥足宝贵，值得总结和珍惜：

必须坚持以马克思主义为指导，坚持以马克思主义新闻观武装新闻工作者的头脑，这是建设中国特色社会主义新闻事业的理论基础；

必须坚持中国共产党的领导，坚持党管媒体的原则，这是建设中国特色社会主义新闻事业的组织保证；

必须坚持以人民为中心的工作导向，坚持为人民服务，为社会主义服务，这是建设中国特色社会主义新闻事业的基本方针；

必须坚持新闻舆论工作的社会主义方向，大力宣传社会主义核心价值体系，这是巩固全党全国人民团结奋斗的共同思想基础，也是建设中国特色社会主义新闻事业的共同思想基础；

必须坚持正确的舆论导向，不断提高新闻舆论工作的传播力引导力影响力和公信力，这是建设中国特色社会主义新闻事业的使命和职责；

必须坚持实事求是，为维护新闻报道的真实性原则不懈奋斗，这是建设中国特色社会主义新闻事业的思想路线；

必须坚持遵守新闻舆论工作的基本规律，不断探索新闻事业出现的新情况、面临的新问题，这是建设中国特色社会主义新闻事业的基本要求；

必须坚持以社会效益为最高准则，坚持社会效益和经济效益的有机统一，这是建设和发展中国特色社会主义新闻事业的有力保障；

必须坚持以正面宣传为主，坚持团结、稳定、鼓劲的新闻宣传基调，这是新闻舆论工作为中国特色社会主义建设事业保驾护航的工作方针；

必须坚持统筹国际国内新闻舆论宣传两个大局，树立中国良好的国际形象，讲好中国故事，这是建设中国特色社会主义新闻事业的基本方略；

必须坚持开展社会主义新闻法治建设，发挥党领导下的社会主义民主和法治建设的优势，这是建设中国特色社会主义新闻事业的有效途径；

必须坚持抓好新闻队伍建设，这是保证中国特色社会主义新闻事业持续发展的前提条件。

马克思主义新闻观中国化的当代探索是建立在当代中国新闻工作实践基础之上的。实践是马克思主义新闻观的理论来源，实践推动了马克思主义新闻观中国化在当代的创新和发展，实践将把马克思主义新闻观中国化的当代探索不断地推向更加丰富广阔的思想空间和更加高远深邃的理论境界。

（作者雷跃捷系湖南大学马克思主义新闻观研究中心主任，中国传媒大学传播研究院教授、博士生导师；王娜系中国传媒大学传播研究院2020级博士研究生）

（本文刊于《现代传播》2021年第9期，收入论文集时有改动）

推进社会主义理论宣传的科学化

刘建明

内容摘要：国内外一些媒体不断出现对我国社会主义制度的非议，歪曲我国的社会主义道路。我国媒体上的澄清文章，有的回避要害问题，局限于空洞的说教。媒体全面宣传社会主义的原则与特征，有勇气回答中国特色社会主义正是当代的科学社会主义，是推进社会主义理论宣传科学化的关键。

关键词：理论宣传；中国特色社会主义；科学社会主义；习近平的理论创新

中国共产党自建党那天起，就把实现社会主义、最终建立共产主义社会作为基本纲领和最高纲领。从邓小平提出“建设有中国特色的社会主义”到习近平新时代中国特色社会主义理论的形成，我国的社会主义实践发生了深刻的飞跃，但国内外媒体仍不时出现否定我国社会主义制度的谬见。习近平同志指出：“近些年来，国内外有些舆论提出中国现在搞的究竟还是不是社会主义的疑问，有人说是‘资本社会主义’，还有人干脆说是‘国家资本主义’、‘新官僚资本主义’。这些都是完全错误的。”习近平同志强调：“中国特色社会主义，是科学社会主义理论逻辑和中国社会发展历史逻辑的辩证统一，是根植于中国大地、反映中国人民意愿、适应中国和时代发展进步要求的科学社会主义。”[①]驳斥对我国社会主义制度的种种臆断，深入宣传科学社会主义理论，是我国媒体坚持党的基本纲领的重要前提。

① 习近平：《关于坚持和发展中国特色社会主义的几个问题》，《求是》2019年第7期。

一、国内外媒体对我国社会主义制度的歪曲

西方媒体对中国社会主义制度的诋毁，主要来自右翼学者的理论文章。伦敦亚当·斯密研究所研究员蒂姆·沃斯塔尔（Tim Worstall）2015 年在福布斯网站发表题为《中国现在是地球上最邪恶的自由市场经济》的述评，认为中国经济成分有很大一部分是资本主义，也有一部分是社会主义。“与欧洲或美国相比，在中国，你可以以闪电般的速度改变你正在做的事情和你如何去做。这就是为什么我说这是一个邪恶的自由市场。”①把中国的高速发展同邪恶画等号，是一种奇怪而卑劣的逻辑，这种竭尽攻击之能事，倒是一种不折不扣的邪恶。美国社会观察家费迪南德·巴达（Ferdinand Bada）2019 年 3 月在《世界事实》（World Facts）杂志上发表《中国是什么性质的经济》一文，认为中国经济是国家资本主义，而不是社会主义市场经济，“这个体系鼓励资本主义，存在私有制，允许私人持有股份，这种不稳定的资本主义形式不可能是社会主义市场经济。”②这种怪论违背社会主义原理和现代企业制度，股份制作为现代经济发展的普遍组织形式和有力手段，③不是资本主义所专有，资本主义国家可以用，社会主义国家同样可以用，据此否定中国的社会主义性质是站不住脚的。

西方一些民主社会主义的信奉者阉割马克思主义理论体系，引用马克思、恩格斯和列宁的论断公然指责我国已经变成帝国主义国家。美国的西方马克思主义者维阿维沃（Wiawimawo）2017 年 10 月在网络日志上发表《中国 2017：社会主义还是帝国主义？》一文④，断然宣称，中国对外输出商品和向外投资，已经纳入国际帝国主义体系，同美英法德日等帝国主义“共同对经济不发达国家进行掠夺，共同剥削全世界的劳动人民”。⑤他强调，中国除向非洲投资，向拉丁美洲的直接投资占该地区所有外来投资的 87%，“这违背列宁对帝国

---

① Tim Worstall, China’ s The Most Viciously Free Market Economy On The Planet Right Now, Aug 19, 2015. https://www.forbes.com.

② Ferdinand Bada, What Kind Of Economy Does China Have? World Facts, March 2019.

③ 参见盛慕杰：《马克思、恩格斯是怎样论述股份制及有关问题的》，《金融研究》2017 年第 11 期。

④ Wiawimawo, China 2017: Socialist or Imperialist? Oct 12, 2017. https://www.prisoncensorship.info.

⑤ N.B. Turner, et al. Is China an Imperialist Country? considerations and evidence, Kersplebedeb, 2015, p.8.

主义的定义——资本输出成为极其重要而有别于大宗商品出口”的帝国主义经济特征。[①]由此他得出的荒谬结论是“中国是地地道道的帝国主义国家”。维阿维沃对现今国际贸易规则和经济全球化毫无所知，篡改列宁关于帝国主义性质的主要论断，即帝国主义已经“形成垄断组织、金融寡头统治、瓜分殖民地、具有侵略性和寄生性”[②]等主要特征，断然攻击我国的对外贸易政策，已经到了捏造事实的地步。中国在国际贸易中既没有建立垄断组织、成为金融寡头，又没有侵略他国、瓜分殖民地，怎么成了寄生性的帝国主义国家呢？！可见，维阿维沃的结论纯属别有用心的蛊惑!

美国左翼作家阿斯彭·米勒(Aspen Miller)2014年在“反帝”网站上发表《中国是社会帝国主义》一文，[③]公然指责中国的改革开放使“代表新兴资产阶级利益的技术官僚、工程师和红色专家”走上领导岗位，他们的工资和地位远远高于工人，中国出现了阶级分化。他说，这种修正的社会主义在口头上承认无产阶级专政与阶级斗争，实际上却否定工人阶级专政。米勒的断言充满无知的自信，对马克思主义阶级斗争与无产阶级专政的学说一知半解，匆忙得出的危言耸听的结论纯属诡辩。

国内部分社交媒体也经常出现否定我国社会主义制度的博客、微博和微评，同国外不同的是，这类言论不是出自专家、学者或社会观察家的笔下，而是来自个别独立撰稿人或网络用户的“睹物伤情”。这类文字充满主观臆想，语言粗俗，多带有情绪发泄的口吻。持有这些观点的人客观上成了西方污名化中国社会主义的义务宣传员。对这类重大理论是非，我国媒体应当给予旗帜鲜明的解答，并对中国特色社会主义就是科学社会主义作出正确、深刻的阐释。无论理论刊物还是党报的理论版，对我国社会性质的任何错解或挑战都应及时发声，大力宣传中国特色社会主义制度的科学性与优越性，发挥重大的舆论引导作用。

---

① V.I. Lenin, Imperialism: The Highest Stage of Capitalism, International Publishers: New York, 1939(1917) , p.89.

② 《列宁全集》(第27卷)，北京：人民出版社，2017年，第401页。

③ Aspen Miller, China: Socialism and Imperialism, Mar 7, 2014. https://www.anti-imperialism.org.

二、正确阐释中国当代科学社会主义的基本原则

长期以来，部分媒体对社会主义本质与特征存在不恰当的宣传，主要表现为，认为“社会主义消灭了私有制”“实行无产阶级专政长期不变”“不应出现两极分化”，这类结论在一定程度上成为歪曲我国社会主义制度的口实。马克思、恩格斯向来主张，在共产主义社会私有制必须废除，在社会主义社会不能一下子消灭私有制。1847 年恩格斯在《共产主义原理》一文中，有人问及社会主义能不能一下子消灭私有制？恩格斯明确回答：“不，不能，正像不能一下子就把现有的生产力扩大到为实行财产公有所必要的程度一样。因此，很可能就要来临的无产阶级革命，只能逐步改造现存社会，只有创造了所必需的大量生产资料之后，才能废除私有制。”马克思、恩格斯在《共产党宣言》中强调，在共产主义社会要消灭资产阶级所有制，宣言全文找不到“社会主义要消灭私有制”的说法。列宁在 1921 年 3 月提出的“新经济政策”允许建立私营企业，让农民占有土地，欢迎英美资本家到苏俄投资，这同我国今天的推行的政策极其相似。

无产阶级夺取政权，剥削阶级的生产资料被剥夺或赎买，成为自食其力的劳动者，剥削制度也就被消灭了，作为占有生产资料的社会集团的阶级也随之被消灭，无产阶级专政就失去了对象。正如马克思恩格斯说，无产阶级将取得国家政权，首先把剥削阶级的生产资料变为国家财产，这就消灭了阶级对立，也消灭了无产阶级自身，成为无阶级的社会。[①]无产阶级专政不过是达到消灭一切阶级和进入无阶级社会的过渡。[②] 1875 年马克思在《哥达纲领批判》一文再次强调，实现社会主义必须经历一个过渡时期，过渡的起点是无产阶级夺取政权，终点是社会主义制度的建立。只有在同这个时期相适应的政治上的过渡时期，才实行无产阶级的革命专政。[③]大力宣传在社会主义社会无限期地实行无产阶级专政，公民的政治与经济平等权利就可能被剥夺，压迫和暴力现象随时都会出现。这样的社会不可能是社会主义社会。

列宁在苏维埃政权建立后指出：“假使人们拒绝用法令指明道路，那我们就会是社会主义的叛徒。”[④]“有人滥用革命暴力，滥用专政，我要警告你

① 《马克思恩格斯文集》（第 3 卷），北京：人民出版社，2009 年，第 561 页。
② 《马克思恩格斯选集》（第 4 卷），北京：人民出版社，1995 年，第 547 页。
③ 《马克思恩格斯选集》（第 3 卷），北京：人民出版社，2012 年，第 21 页。
④ 《列宁全集》（第 36 卷），北京：人民出版社，1985 年，第 188 页。

们防止这种违法乱纪的现象。”[①]社会主义社会存在危害公共利益的犯罪行为，也有复辟旧制度的破坏活动，对这类罪犯实行专政大都属于法治范畴，不是一个阶级对另一个阶级的斗争。阶级斗争和无产阶级专政是推动资本主义向社会主义转变的强大动力，不是社会主义漫长历史时期的制度要素。这个专政实施多长时间，要看剥夺剥削者、镇压剥削阶级反抗需要多长时间。过去的理论宣传把阶级斗争与无产阶级专政视为贯穿整个社会主义历史阶段，这种理论混乱在某些人的头脑里，一直延续到今天。

1955—1956 年我国实行了农业合作化和工商业社会主义改造，建立起社会主义制度，1978 年党中央果断地抛弃了无产阶级专政下继续革命的“左”的错误，摒弃了以阶级斗争为纲，转向改革开放、以经济建设为中心，进入全面建设中国特色社会主义阶段。党媒应当有勇气回答：我国当前的政治和经济制度不是资本社会主义，更不是国家资本主义或官僚资本主义，而是适合中国国情的当代科学社会主义。马克思指出：“‘科学社会主义’也只是为了与空想社会主义相对立时才使用。因为空想社会主义力图用新的幻想欺蒙人民，而不是仅仅运用自己的科学认识去探讨人民自己进行的社会运动。”[②]科学社会主义不是建立在空想基础上，而是建立在实际可能的前提下，是能够在实际生活中实现的社会主义。习近平说得非常明确：“中国特色社会主义，既坚持了科学社会主义基本原则，又根据时代条件赋予其鲜明的中国特色。”“一个国家实行什么样的主义，关键要看这个主义能否解决这个国家面临的历史性课题。”[③]宣传科学社会主义理论，说清楚我国社会主义坚持的原则要适合中国国情，才能体现科学社会主义的本质与特征。

第一，坚持中国共产党的领导，实行人民代表大会和多党协商合作的政治制度，实现人民当家作主，是当代中国科学社会主义的政治原则。中国共产党的一党执政、多党参政能够排除各种干扰，有效统揽全局，协调各种力量，使全国人民形成高度的凝聚力投入社会主义建设，是战胜各种困难和风险的保证。西方多党制的民主社会主义，不是科学社会主义，因为各种政党纷争不止、恶斗不断，任何有利于人民的国策很难贯彻。社会民主党上台可以推行一些社会主义政策，当它在竞选中失败，右翼政党上台，这些社会主义政策就可能被

① 《列宁全集》（第 36 卷），北京：人民出版社，1985 年，第 134 页。

② 《马克思恩格斯选集》（第 2 卷），北京：人民出版社，1972 年，第 638 页。

③ 习近平：《关于坚持和发展中国特色社会主义的几个问题》，《求是》2019 年第 7 期。

推翻，实现社会主义的努力陷入反复和内耗，人民当家作主始终是一种空想。

第二，“坚持公有制为主体、多种所有制经济共同发展，毫不动摇巩固和发展公有制经济，毫不动摇鼓励、支持和引导非公有制经济”[①]；“建立全国统一开放的市场，国内市场与国际市场相互衔接，完善产权制度和要素市场化配置”[②]，是中国科学社会主义的经济体制和经济发展的重要方针。按照恩格斯的观点，即使在发达的资本主义基础上建立社会主义制度，也不可能很快消灭私有制。只要存在商品货币，不仅私有制不能废除，以市场经济调节庞大的生产和消费也不能取缔。在小农经济广阔、工业落后的国家取得社会主义革命胜利，不可能采取单一公有制的经济模式，鼓励每个有能力的人建立民营和个体企业，全力发展生产，才能让全体人民尽快摆脱贫困。“社会主义就是发展生产力，贫穷不是社会主义”的结论，正是基于这一原理。苏联、中国、古巴等国家 70 多年的实践证明，实行大一统的公有制和计划经济，严重阻碍了生产力的发展，公有制和计划经济的程度越高，社会资源配置和商品流通的效率越低，生产发展越缓慢。我国在提倡“一大二公、跑步进入共产主义”的年代，正是经济发展迟缓、全国人民缺吃少穿的岁月。认为我国存在大量私有企业就是资本主义，以公有制为主体是“国家资本主义”，是对社会主义的僵化认识。媒体的理论宣传要讲清楚这样一条基本道理。

第三，坚持共同富裕的道路，同时承认收入差距，这是社会主义实行按劳分配的结果。社会成员的能力、智慧和贡献不同，劳动所得不可能没有差别，少数创造财富奇迹的人（比如科技发明专利所得、销售畅销品获得高利润、参与股票和期货交易短时间暴富）可能极为富有。只要有智慧和才干，人人都可能发财致富，这是公平合理的，不是什么奇怪的现象。即使共产主义社会的按需分配，由于社会成员的职业不同，工作的艰苦程度与劳动条件不同，人们的物质需要也会不同，工作待遇就有差异。媒体宣传科学社会主义理论，恰恰要阐述社会主义不是均富，富裕程度的差异是不可避免的，但要防止由于剥削造成的两极分化。阶级的划分不是以按劳分配的收入差距为标准，而是以剥削手段占有生产资料多寡的不同为依据。以自己的聪明才智、艰苦劳动和科技发明

① 《中共中央关于制定国民经济和社会发展第十三个五年规划的建议》，《人民日报》2015 年 11 月 4 日。

② 《中共中央关于建立社会主义市场经济体制若干问题的决定（1993 年 11 月 14 日）》，《十四大以来重要文献选编》（上），北京：人民出版社，1996 年。

而富有的群体，不是同工人群众对立的资产阶级，在我国今天有大量工人的收入超过知识分子，这是他们极其艰苦的劳动获得高收入的结果。习近平指出，“消除贫困、改善民生、实现共同富裕，是社会主义的本质要求，是我们党的重要使命。”[①]但“共同富裕”不是传统意义上的“均富”“共富”，“坚持按劳分配为主体、多种分配方式并存的制度，把按劳分配和按生产要素分配结合起来。这就要充分体现按劳分配，多劳多得、少劳少得、不劳不得。同时，无论是劳动、资本、土地，还是知识、技术、管理，都应该按各自的贡献获得相应回报。”[②]在这种分配制度下，社会主义社会在很长时期内会存在两极分化，宣传现在就要消灭两极分化，实行平均富裕，恰恰是违背社会主义原则的。消灭两极分化需要一个过程，消灭两极分化不是要消灭合理收入的差距。在社会主义社会应当合理控制富裕程度的畸形化，比如不允许建立“个人庄园”“商业帝国”或以高利贷敛财等豪奢、暴敛行为，制定法律限制一切对社会财富的掠夺，等等，媒体没有进行深入宣传。

第四，抑制资本剥削，保证民营企业职工获取合理的收入和福利，是我国科学社会主义的重要原则。曲解中国搞资本主义的一个依据是，民营企业主成为资本家，占有工人创造的剩余价值，我国出现了“剥削”。以《人民日报》为代表的党的媒体，多年来就民营企业对国家的贡献不断作全面的报道和分析。我国现有1096万家民营企业，绝大多数是在改革开放后的市场经济中闯荡出来的（极少数人以权谋私者除外），大量民营企业家的巨额财富与资本是通过自己的劳动和智慧创造出来的。民营企业除了留有发展资金、工人工资和福利支出，在劳动与商品交换中遵循的是等价原则。政府以提高税收和规定员工的最低工资线，对剥削行为加以抑制，对个别民营企业的非法经营、垄断市场，国家及时采取严格措施加以管束，剥削制度难以形成。如果工人对民营企业家取多予少，对利润共分共享，大家坐吃山空，企业只能走向破产，最终导致工人失业。我国社会主义制度下的非公有制，不是损公肥私、不择手段地追求个人发财致富，而是具有利国利民的社会主义性质。2020年共有11万家民营企业捐款捐物350亿元支持疫情防控，有12.3万家企业精准帮扶13.72万个

① 《习近平论扶贫工作——十八大以来重要论述摘编》，《党建》2015年第12期。

② 习近平：《坚定不移推进供给侧结构性改革 在发展中不断扩大中等收入群体》，《人民日报》2016年5月17日，第1版。

村庄。据 2019 年数据，民营企业从业人员达 2.28 亿人，吸纳了 70% 以上的农村转移劳动力，提供了 80% 的城镇就业，90% 的新增就业。我国民营企业贡献了 50% 以上的税收，60% 以上的国内生产总值，70% 以上的技术创新成果，80% 以上的城镇劳动就业，90% 以上的企业数量。各级媒体要把宣传民营企业的社会贡献，引导民营企业家合法经营，作为宣传科学社会主义理论的重要内容。

第五，阐释社会主义的法制理论和依法治国的理念，使社会主义民主制度化、法律化，严格实施依法治国，是媒体宣传科学社会主义原则的突破口。无产阶级夺取政权后铲除了剥削阶级、消灭了剥削制度，人人成为公民，在法律面前人人平等，国家管理机构转化为公共权力，成为“以维护法律为职责的机关”[①]。社会主义将不存在任何压迫和专横，更不存在超越法律的组织和个人。“一切公务人员在自己的一切职务活动方面都应当在普通法庭上按照一般法律向每一个公民负责。”[②]为维护社会公平正义，对侵害公共利益和他人利益的犯罪行为诉诸法律，铲除人治的封建余孽，是科学社会主义的重要原则。邓小平针对严酷的历史教训强调：“为了保障人民民主，必须加强法制。必须使民主制度化、法律化，使这种制度和法律不因领导人的改变而改变，不因领导人的看法和注意力的改变而改变。”[③]破坏社会主义法治的罪恶现象长期存在于苏联等所谓社会主义国家，个人独裁的官僚体制抹黑和改变了社会主义的性质。对此，邓小平曾一针见血地指出：“把领导人说的话当作‘法’，不赞成领导人说的话叫‘违法’，领导人的话改变了，‘法’也就跟着改变，所以，应该集中力量制定刑法、民法、诉讼法和其他各种必要的法律……做到有法可依，有法必依，执法必严，违法必究。”[④]媒体要一丝不苟地宣传，社会主义国家必须是真正的法治国家，具备完整严密的法律体系与严格的执法程序，任何人都不能超越法律、横行无忌。

---

① 《马克思恩格斯全集》（第 19 卷），北京：人民出版社，1963 年，第 7 页。

② 同上。

③ 邓小平：《邓小平文选》（第 2 卷），北京：人民出版社，1994 年，第 146 页。

④ 同上。

三、系统宣传习近平对科学社会主义理论的杰出贡献

习近平针对我国社会主义建设的实践，对科学社会主义学说提出一系列深刻而丰富的论断，不仅发展了马克思主义传统的社会主义理论，而且创立了严密的当代科学社会主义的思想体系。他强调：“社会主义并没有定于一尊、一成不变的套路，只有把科学社会主义基本原则同本国具体实际、历史文化传统、时代要求紧密结合起来，在实践中不断探索总结，才能把蓝图变为美好现实。”[①]2007年党的十七大报告中首次使用了“科学社会主义的基本原则”的提法，2012年党的十八大报告揭示了“科学社会主义”的内涵，即它是“反映中国人民意愿、适应中国和时代发展进步要求”的社会主义。2013年和2018年习近平强调指出：“科学社会主义基本原则不能丢，丢了就不是社会主义。同时，科学社会主义也绝不是一成不变的教条。”列宁曾提出：“对俄国来说，根据书本争论社会主义的时代已经过去了，我深信已经一去不复返了。今天只能根据经验来谈论社会主义。”[②]党媒对党的基本纲领的理论宣传，首先要介绍和阐释习近平关于科学社会主义与时俱进的理论，让21世纪中国的马克思主义展现出更强大、更有说服力的真理力量。

习近平深刻论述了我国科学社会主义的当代性、民族性、实践性、文化性和规律性，开辟了社会主义发展的新境界。他指出：“我们要坚持用马克思主义观察时代、解读时代、引领时代……不断深化对共产党执政规律、社会主义建设规律、人类社会发展规律的认识，不断开辟当代中国马克思主义、21世纪马克思主义新境界。”[③]中国当代科学社会主义理论具有丰富的文化属性，因为“中国特色社会主义文化，源自于中华民族五千多年文明历史所孕育的中华优秀传统文化，熔铸于党领导人民在革命、建设、改革中创造的革命文化和社会主义先进文化，植根于中国特色社会主义伟大实践。”[④]中国坚持的科学社会主义，是由中国特色社会主义道路、理论、制度、文化构成的“四位一体”的社会主义，也是统揽伟大斗争、伟大工程、伟大事业、伟大梦想的社会

① 习近平：《在纪念马克思诞辰200周年大会上的讲话》，《人民日报》2018年5月5日。

② 《列宁全集》（第34卷），北京：人民出版社，1985年，第466页。

③ 习近平：《在纪念马克思诞辰200周年大会上的讲话》，《人民日报》2018年5月5日。

④ 习近平：《决胜全面建成小康社会夺取新时代中国特色社会主义伟大胜利》，北京：人民出版社，2017年，第41页。

主义。这就要求媒体的理论宣传，立足于中国共产党与中华民族传统意识和长期革命经验之上，推进我们从事的伟大实践与前沿理论创新。

习近平为建成社会主义制定了高效能的经济发展方略，提出一系列科学的经济发展方针。他创立了经济发展的新常态理论，以供给侧结构性改革为重点，指明建立现代化经济体系的方向。在党的十八届五中全会上，习近平确立了创新、协调、绿色、开放、共享的新发展理念，推动经济更有效率、更加公平、更可持续的发展，由高速增长转向高质量发展。2019 年 9 月，他要求各省市和部委处理好顶层设计和分层对接的关系，使经济结构不断优化升级，把要素驱动、投资驱动转向创新驱动。2020 年习近平又倡导以国内大循环为主体、国内国际双循环相互促进的新经济发展格局，形成国家强大的生产能力，具备覆盖全球的经贸动力和经济配套实力。多年来，习近平从全面建设小康社会的宏伟目标出发，提出“促进现代化建设各个环节、各个方面协调发展，不能长的很长、短的很短”[①]，“要从人民群众迫切需要解决的突出问题着手，既补硬短板也补软短板，既补发展短板也补制度短板”[②]。“把生态环境保护摆在更加突出地位，绝不能以牺牲生态环境为代价换取经济的一时发展”，推进新型工业化、信息化、城镇化、农业现代化的同步发展，重视美丽乡村建设。媒体宣传这些正确的论断，不仅适合中国社会主义发展的需要，也符合发展中国家发展的一般规律。

习近平认为，中国特色社会主义最本质的特征就是坚持中国共产党的领导，只有在中国共产党的领导下才能“不断推进我国社会主义制度自我完善和发展，赋予社会主义新的生机活力”。实践证明，坚持科学社会主义的一系列原则，党的领导是根本原则。宣传党的领导，要把党的自身建设放在首位，重点阐述“党要管党，首先是管好干部；从严治党，关键是从严治吏”。习近平指出：“各级党政机关和每一位领导干部、每一位工作人员都要增强法治观念、法律意识，坚持有法必依，善于运用法治方式开展工作，让人民群众在日常生产生活中都能感受到公平正义。对有法不依、执法不严、徇私枉法的要严肃问责、依法惩治。”科学社会主义的重要标志之一，是领导这一伟大事业的执政党应是人类有史以来最廉洁、最奉公的政治组织，决不允

① 转引自《坚持协调发展——“五大发展理念解读”》，《人民日报》2015 年 12 月 21 日。

② 《习近平在中央经济工作会议上发表重要讲话》，新华网，2016 年 12 月 18 日。

许任何腐败、奢靡、堕落的现象存在于共产党内。坚决揭露和抨击干部的腐朽糜烂，是社会主义社会理论宣传的重要任务，也是捍卫科学社会主义纯洁性的历史使命。习近平在反腐败斗争中，思想凌厉、措施果断，受到全国人民的尊重和拥护。习近平指出，不论什么人，不论其职务多高，只要触犯了党纪国法，都要受到严肃追究和严厉惩处。要保持惩治腐败的高压态势，做到有案必查、有腐必惩。让人民监督权力，让权力在阳光下运行，确保国家机关按照法定权限和程序行使权力，要从源头上有效防治腐败。中国共产党坚决打击侵吞国家和人民财富的腐败分子，彻底批驳了中国的社会主义是“权贵社会主义”“新官僚社会主义”的谰言。

习近平把发展科学技术视为建设社会主义强国的头等大事，要求“在独创独有上下功夫，勇于挑战最前沿的科学问题，提出更多原创理论，作出更多原创发现，力争在重要科技领域实现跨越式发展”。[①]在智能化生产力日益发达的今天，媒体宣传大力推进科技创新，加快发展数字经济、智能制造、生命健康与新材料等战略性新兴产业，是形成更多新的增长点、打造发展新优势的关键。习近平认为，“国家科技创新的根本源泉在于人，全部科技史都证明，谁拥有一流创新人才、拥有一流科学家，谁就能在科技创新中占据优势”。媒体宣传科学社会主义理论，要引导各级管理部门尊重人才成长的规律和科研活动的自身规律，进一步深化科技体制改革，为科技人员创造良好的科研条件。媒体的理论宣传要深刻阐述这样一条真理，一个社会的科学技术水平在一定意义上标志这个社会的进步程度，标志这个国家的科技体制和社会管理体制是否科学。

科学社会主义的最终目标是为人民创造美好的生活，让每个公民在政治、经济和思想领域获得解放，为过渡到共产主义创造条件，因此以“人民为中心”是科学社会主义的首要价值追求。为此，习近平把党的“为人民服务”的宗旨提升到“以人民为中心的工作导向”的高度，又把“以人民为中心”落实到“改善民生”“脱贫攻坚”“让人民有获得感”的切身利益上，保证人民平等参与、平等发展的权利。媒体宣传科学社会主义，关键要宣传党的各级干部是不是立党为公、执政为民，这既是科学社会主义的基本原则，又是党的伟大历史使命，也是无产阶级政党的根本标志。所以习近平强调：“检验我们一切工作的成效，

① 习近平：《为建设世界科技强国而奋斗》，《人民日报》2016 年 6 月 1 日。

最终要看人民是否真正得到了实惠，人民生活是否真正得到了改善，人民权益是否真正得到了保障。”“人民是我们党的工作的最高裁决者和最终评判者。”媒体报道提高人民福利事业的状况和要求，指出如何解决人民群众的疾苦和安危问题，让人民群众有获得感、幸福感和安全感，是判断真假社会主义的重要标准。

人类的最终奋斗目标是进入自由人联合体的共产主义社会，在资本主义和社会主义并存的今天，习近平创造性地提出建设“人类命运共同体”的思想，为过渡到马克思、恩格斯对未来共产主义“共同体”“联合体”的设想架起一道宏伟的桥梁。媒体阐述“人类命运共同体”的世界性命题，围绕当代人类社会面临的种种坎坷，指明各国人民走向美好未来的必由之路。“人类命运共同体” 把“全世界无产者联合起来”提升到全人类休戚与共的高度，指出的国际社会结构形态完全不同于西方霸权主义推行的以强凌弱的国际主仆关系。我国媒体的国际报道和对外宣传，要及时揭露和抨击帝国主义和霸权主义不断对一些弱小国家发起的战争挑衅和制裁，号召所有受到威胁的国家共同维护世界和平，实现经济的互联互通，关注和改善世界人民的共同命运。习近平提出的“和平、发展、合作、共赢”的国际关系准则成为时代潮流，是当代科学社会主义主导性的国际政策。国家不分大小，一律平等互信，建立多边主义，实行两种制度的长期合作，是构建人类命运共同体的重要基础。我国对外贸易的商品价格低廉，向外投资的回报率远远低于西方发达国家，经常给贫穷落后国家提供无偿援助，同污蔑我国是帝国主义的构陷恰好相反。一些国家破坏和终止我们的援建工程，借贷长期不还，给我国造成严重的损失。我国的善良和善意，是西方帝国主义分子及其仆从们不可理解的。我国媒体宣传“人类命运共同体”，要围绕“尊重各国人民自主选择发展道路的权利，反对干涉别国内政，维护国际公平正义”，深入阐释习近平提出的“国家之间要对话不对抗，结伴不结盟，尊重彼此核心利益，坚持共建共享，通过协商对话解决分歧，建设一个普遍安全的世界”，把尊重各国主权、维护世界和平、合作共赢作为处理国际关系的准则。

四、注重科学社会主义理论宣传的系统性和实践性

宣传当代科学社会主义理论，引导人们全面、客观地认识今天的中国和世界，需要系统分析这一理论形成的时代背景和实现的目标。我国是在经济落

后的条件下开创了这一理论的发展道路，许多思想成果纵横交汇在一起。系统阐述它的全部命题，首先需要媒体的理论编辑细化选题，厘清主次，抓住一个个关键性论题作出全面、确凿的论证，让人们全面认识我国当代科学社会主义的理论体系。电视理论节目、党报理论版和理论刊物，每期围绕一个重要话题说深说透，连续刊载若干篇文字，才能达到较好的宣传效果。习近平指出："坚持和发展中国特色社会主义是一篇大文章，现在我们这一代共产党人的任务，就是继续把这篇大文章写下去。"①

宣传当代科学社会主义理论，要回答人们提出的现实问题，从历史与实践两个方面化解人们的种种疑问，有力反驳来自西方媒体的攻击和蛊惑。当代科学社会主义理论是现时代中国实践的产物，许多理论创新即使阅历深厚的理论工作者也感到陌生，因为这些来自实践的创新性观点，是在中国社会主义建设和改革中提出来的，又是在解决实际问题过程中形成某些原理的。因而，宣传当代科学社会主义一定要有强烈的问题意识，针对人们存在的许多疑惑阐述那些被实践证明的某些论断。习近平在《中共中央关于全面深化改革若干重大问题的决定》的说明中，提醒理论宣传工作者及各级管理干部："要有强烈的问题意识，以重大问题为导向，抓住关键问题进一步研究思考，着力推动解决我国发展面临的一系列突出矛盾和问题。"把研究和阐释重大现实问题作为主攻方向，澄清国内外的错误认识，是媒体宣传科学社会主义理论的出发点和落脚点。

发展理论是十分复杂的理性思维，前人的研究成果已经被历史和实践证伪，许多人却不顾这些佐证照旧空谈过时的概念和原理。这既不是坚持正确的理论，更不是在发展理论，而是不顾现实的变化照本宣科。在实践上行不通的"社会主义"，搞了几十年国家仍旧贫弱落后，人民仍然过着苦日子，那就是假社会主义。媒体宣传科学社会主义理论一定要根据人民的反复实践，把那些行不通、说不通的结论纠正过来，勇于坚持真理，果断修正错误。真正的马克思主义不是重复本本上的词句，而是在实践中发现新的趋势，实事求是地反映和说明实际。电视理论节目或党报理论版发现有些理论文章观点不符合实际，除了对恶意攻击和造谣污蔑的不实之词给予否定外，对种种误解、错解或过时的观点，要联系实际给予系统的解答。这就要以辩证唯物主义和历史唯物主义

① 习近平：《关于坚持和发展中国特色社会主义的几个问题》，《求是》2019 年第 7 期。

为指南，坚持解放思想、实事求是、与时俱进，以促进人民利益的实现为标准，求真务实地论证社会主义的新发展。媒体选择理论稿件要按照这个标准，衡量稿件中提出的论题是否正确也要遵循这个标准。

历史不会停步不前，人类的实践活动不断有新的发现，理论宣传要能说服人，打开人们长期固守的禁区，就要以确凿的论据演绎新的真理。一些理论文章空洞、虚无，把一大堆“正确的废话”堆积起来，展示“无用的大话”，让读者提不起兴趣。这种无用的理论宣传，没有挖到理论深处，也没有触及深层次的社会症结，不可能触动和启迪人们的思想。我国的社会主义实践正在进入深水区，新问题层出不穷，媒体的理论宣传要围绕各种新现象、新关系的交汇点，找准穴位，以彻底的论断说服人、征服人。有深度的理论宣传不是从本本到本本，从结论到结论，而是深入现实生活的土壤，抓住事物的根本，通过不可动摇的事实和严密逻辑，唤起读者的认同。

宣传我国当代科学社会主义理论，要重视数据的运用，那些否定我国社会主义的非议就会立刻崩溃，广大人民群众则会增强信心。据国家统计局网站发布，2020 年我国 GDP 突破 100 万亿人民币，人均 GDP 达 1 万美元，城镇家庭人均年度可支配收入超过 6000 美元，折合人民币 43834 元。农村居民人均可支配收入达到 17131 元。除去价格因素，我国 GDP 和居民收入人均超过 1980 年近 100 倍。2020 年全民医疗国家报销的比例平均达到 70%—80%。《2019 年中国城镇居民家庭资产负债情况调查》显示，我国城镇居民住房拥有率高达 96%，户均总资产为 317.9 万元。商务部消费促进司披露，2020 年我国汽车保有量已超过美国，全国居民每百户拥有家用汽车达 37.1 辆（40 年前没有一户拥有私人汽车）。如果不实行多种所有制和市场经济，我国绝不会有今天的经济成就，城乡居民也不可能过上今天这样好的生活。习近平深刻指出：“中国特色社会主义是不是好，要看事实，要看中国人民的判断，而不是看那些戴着有色眼镜的人的主观臆断。中国共产党人和中国人民完全有信心为人类对更好社会制度的探索提供中国方案。”[①]

（作者刘建明系清华大学新闻与传播学院教授）

① 习近平：《在庆祝中国共产党成立 95 周年大会上的讲话》，《求是》2016 年第 8 期。

第二篇

中国共产党百年新闻思想与新闻实践

- 论中国共产党百年新闻思想的核心与精髓
- 与时俱进的百年中国共产党新闻思想
- 马克思主义在中国的早期传播及其新闻思想的形成
- 百年寻根：中国共产党新闻舆论工作党性原则的确立
- 论中国共产党新闻思想百年发展的历史进程
- 百年党刊：中国共产党思想建党的主阵地
- 学习实践、继承发扬党的新闻工作的群众路线
- 中国共产党“党管媒体”思想的百年实践与历史经验
- 中国共产党互联网思想的形成与发展

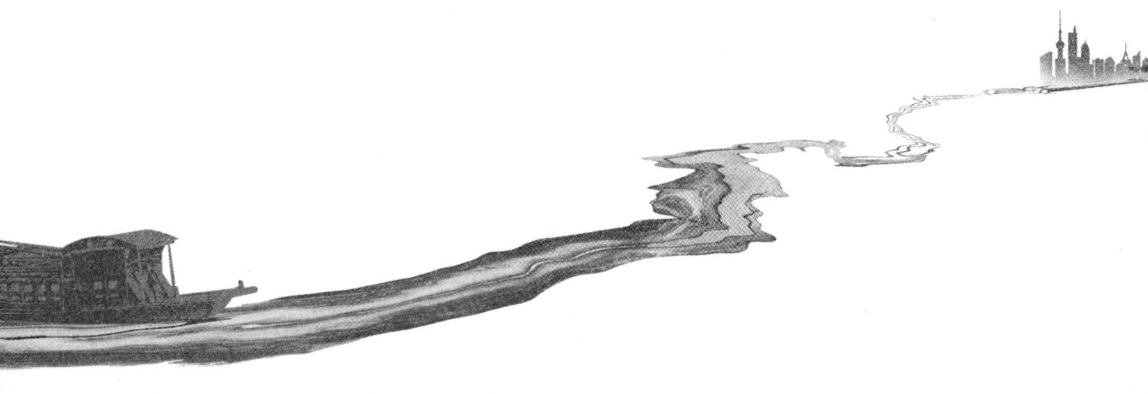

论中国共产党百年新闻思想的核心与精髓*

郑保卫

内容摘要：文章认为百年来中国共产党新闻思想围绕解决“为什么办报”“为谁办报”“办什么样的报纸”和“怎样办好报纸”这几个核心问题不断丰富、完善和创新、发展，形成了独特的理论内涵与思想精髓。文章把“党管媒体”“人民中心”“正确导向”“正面宣传”和“全党办报、群众办报”概括为中国共产党百年新闻思想的精髓。文章提出，认识和把握中国共产党百年新闻思想的核心与精髓，有助于我们牢记传统、不辱使命、守正创新、继续前进，为繁荣发展中国特色社会主义新闻事业、着力构建中国特色社会主义新闻学科学体系、丰富发展世界新闻学作出新的更大贡献。

关键词：中国共产党；百年新闻思想；核心观点；思想精髓

中国共产党走过长达一个世纪波澜壮阔、艰苦卓绝的奋斗历程，迎来了百年华诞。百年风雨路，中国共产党走得不容易；世纪斗争史，中国共产党谱写了精彩华章。在庆祝党的百年生日之际，回顾党从小到大，由弱到强，不断成长壮大的奋斗历史，我们会发现，始终与党同生同在同向同行的党的新闻事业，在党的百年发展历程中扮演着至关重要的角色，发挥着举足轻重的作用。

百年来，中国共产党始终把党报党刊作为强大的“思想武器”和重要的“政治阵地”，可以说如果没有党的新闻事业，中国共产党就无以成功地宣传、鼓

* 本文系国家社科基金重大项目资助课题“百年中国共产党新闻政策变迁研究（1921—2021）”的阶段性成果，项目批准号为：19ZDA321。

动和组织群众，就无以有力地揭露、批判和打击敌人，就无以有效地反映、表达和引导舆论，就无以顺利地指导、推动和开展工作，就无以取得革命、建设和改革开放各项事业如此辉煌的成绩、成果和成就！

伴随着党的新闻事业形成与发展的百年历程，中国共产党新闻思想不断得到丰富和发展，不仅创立了中国无产阶级党报学说基本理论，搭建起中国社会主义新闻理论基本框架，而且探索了中国特色社会主义新闻学基本内容，推动了马克思主义新闻观中国化历史进程，为世界新闻学的丰富发展作出了独特贡献。

在中国共产党成立百年之际，回顾和总结中国共产党百年新闻思想的形成与发展，探索和研究中国共产党百年新闻思想的核心与精髓，有助于我们牢记传统、不辱使命，守正创新、继续前进，最终建构起一个能够真正体现马克思主义新闻观基本原理，反映我国社会主义新闻工作基本经验，既具有学术和理论价值，又富有实践和现实指导意义，能够经得起实践和历史检验的中国特色社会主义新闻学科学体系，增强理论自信，提供政治定力，引领学术方向。

一、中国共产党百年新闻思想的核心

在中国共产党百年新闻实践中，众多革命先驱和党的领导人，不断总结运用新闻媒体指导建立政党、武装斗争、根据地政权建设、社会主义革命和建设，以及改革开放事业的经验，逐渐形成了以毛泽东新闻思想为理论基础的中国共产党新闻思想，成为马克思主义新闻学宝库中的重要内容，为实现马克思主义新闻观中国化作出了巨大的历史贡献。

纵观历史，中国共产党百年新闻思想所关注和解决的核心问题始终围绕"为什么办报""为谁办报""办什么样的报纸"和"怎样办好报纸"这几个核心问题。换言之，中国共产党人正是在思考和解决这几个核心问题的过程中，不断丰富完善和创新发展自己的新闻思想的。

（一）"为什么办报"：解决办报宗旨和任务问题

中国共产党人为什么要办报，概而言之"为了革命"，这是毛泽东在《政治周报》发刊理由中的明确回答。那么为什么要革命？毛泽东回答说："为了使中华民族得到解放，为了实现人民的统治，为了使人民得到经济的幸福。"①

① 中共中央文献研究室、新华通讯社编：《毛泽东新闻工作文选》，北京：新华出版社，1983 年，第 3 页。

历史告诉我们，中国共产党人在战争年代办报是为了民族解放、国家独立和人民翻身，在社会主义时期办报是为了民族复兴、国家富强和人民幸福。让中国人民从站起来，到富起来，再到强起来，是中国共产党人始终不渝的奋斗目标，也是其办报要实现的目标。

（二）“为谁办报”：解决党报服务和依靠对象问题

“人民”在党的心目中有着至高无上的地位。从毛泽东把“为人民服务”作为党的最高宗旨，并将其写入中共七大通过的党章之中，到习近平提出要坚持“以人民为中心的工作导向”，百年来中国共产党人的所有奋斗目标和工作任务都是为了服务人民。同样，共产党人办报也是为了人民，为了人民更好地借助新闻传播实现自己的翻身、解放和幸福。因此“人民至上”的理念深深扎根在中国共产党人的脑海中，落实在中国共产党人的行动上。1956 年 7 月 1 日，《人民日报》在其改版社论中明确表示自己“是党的报纸，也是人民的报纸”[①]。

在我国，人民是报纸的主人、报道的主体和新闻的主角。当年毛泽东在延安亲自主持党中央机关报《解放日报》改版，其核心就是要解决党报如何更好地服务边区人民群众的问题。他还把“办好报纸，把报纸办得引人入胜，在报纸上正确地宣传党的方针政策，通过报纸加强党和群众的联系”，看作是“党的工作中的一项不可小看的、有重大原则意义的问题”。[②]

习近平在 2013 年的全国宣传思想工作会议上系统阐释了人民性的深刻内涵，他指出，“坚持人民性，就是要把实现好、维护好、发展好最广大人民根本利益作为出发点和落脚点，坚持以民为本、以人为本”，要求宣传思想战线“要树立以人民为中心的工作导向……多宣传报道人民群众的伟大奋斗和火热生活，多宣传报道人民群众中涌现出来的先进典型和感人事迹，丰富人民精神世界，增强人民精神力量，满足人民精神需求”。[③]

（三）“办什么样的报纸”：解决党报性质和功能定位问题

“办什么样的报纸”，是中国共产党人在办报过程中时刻思考的问题。在不同历史时期，中国共产党人对报纸有不同的定位。在建党时期，强调要办

---

① 《致读者》，《人民日报》1956 年 7 月 1 日，第 1 版。

② 中共中央文献研究室、新华通讯社编：《毛泽东新闻工作文选》，北京：新华出版社，1983 年，第 149 – 150 页。

③ 习近平：《胸怀大局把握大势着眼大事 努力把宣传思想工作做得更好》，《人民日报》2013 年 8 月 21 日，第 1 版。

政治机关报，这是对党所创办的党报的性质和身份的明确定位；在国内革命战争时期，强调要办能够联合一切革命力量的革命报刊，这是对党所创办的各种革命报刊的性质和任务的定位；在抗日战争和解放战争时期，致力于创办和发展根据地党报，以服务革命战争和根据地建设的需要；在社会主义革命和建设时期则以创建社会主义新闻事业，全面推进和发展社会主义新闻宣传事业为定位；到了改革开放时期和新时代的目标定位，则是要推进中国特色社会主义新闻事业，促进国家的全面改革与发展。

中国共产党人对党报性质所作的一个最基础的定位，就是将其视为党的“机关”，要创办“机关报”。陈独秀将《新青年》改组为上海早期共产党组织的机关刊物，他主持创办了中共中央第一份政治机关报《向导》，瞿秋白筹办了中共中央理论机关刊物《新青年》季刊，主编了中共中央政治机关刊物《前锋》月刊等，为中国共产党创办党报积累了丰富经验。

百年来，中国共产党人曾用过各种形象比喻，来对党报性质作出不同定位：“罗针”“指针”“号角”“工具”“喉舌”“耳目”“武器”“阵地”等。而党报功能的定位，在革命战争时期从“传播文化、启蒙思想”“宣传真理、唤起民众”，发展到“组织斗争、抗击敌人”“夺取政权、改造社会”，到了社会主义时期的定位则是“发展经济、建设国家”“宣传改革、富民强国”和“治国理政、定国安邦”等。

当年陈独秀在《青年杂志》（《新青年》的前身）中的《敬告青年》一文中，向青年人提出了六点希望：自主的而非奴隶的，进步的而非保守的，进取的而非退隐的，世界的而非锁国的，实利的而非虚文的，科学的而非想象的[①]，为新文化运动提出了“德先生”（Democracy）和“赛先生”（Science）的口号。这个来自新文化运动的呐喊，让处在迷茫中的中国知识分子看到了新生活新道路的曙光。

可以说没有陈独秀和他创办的《新青年》就没有新文化运动，没有新文化运动就没有五四运动，而没有五四运动就没有中国共产党的成立。因为正是陈独秀在《新青年》的呐喊，唤醒了李大钊、毛泽东、瞿秋白、周恩来等这样一批被新文化思潮激励起来的有志青年，为中国共产党的成立奠定了思想和组织基础。

---

① 陈独秀：《敬告青年》，《独秀文存》，合肥：安徽人民出版社，1987 年，第 3 － 9 页。

同样的道理，没有李大钊和他与陈独秀共同编辑出版的《新青年》和《每周评论》，就没有马克思主义在中国的传播，就没有对于列宁领导的俄国十月社会主义革命及其革命道路的宣传，就没有学习俄国、走俄国道路的选择，也就没有中国共产党的诞生。李大钊发表的《庶民的胜利》《布尔什维主义的胜利》《我的马克思主义观》等文章，最早在中国传播马克思列宁主义和宣传俄国十月革命，为处于彷徨中的中国知识分子和广大工农群众指出了一条用马克思主义指导建立共产党组织和学习俄国，学习列宁，走俄国人之路的光明大道，并预言“将来的环球，必是赤旗的世界！”[①]

而毛泽东在《湘江评论》中提出的“世界什么问题最大？吃饭问题最大；什么力量最强？民众联合的力量最强”这两个世纪之问，其思想内涵迄今依然是我们当代人需要时时思考的问题。毛泽东提出“天不要怕，鬼不要怕，死人不要怕，官僚不要怕，军阀不要怕，资本家不要怕”的“六不怕”，也成为激励和鼓舞中国共产党人和亿万人民群众艰苦奋斗的惊世之言。[②]这就是革命报刊的功能和作用、影响和威力！

从建党前后《新青年》《每周评论》，以及《向导》《湘江评论》等报刊创办后所发挥出的功能和作用可以看出，没有中国共产党成立前一批共产主义者创办的革命报刊，就没有马克思主义的传播，就没有中国共产党的成立，就没有中国民众的大联合，也就没有后来在中国共产党领导下百年中国革命、建设和改革开放事业的成功与胜利。

（四）“怎样办好报纸”：解决办报的路径方法和原则策略问题

解决了“为什么办报”“为谁办报”和“办一张什么样的报纸”这些涉及办报宗旨和任务、党报服务和依靠对象及其性质和功能等问题之后，最终要解决的是“怎样办好报纸”，即办报的路径方法和原则策略问题。

百年来，中国共产党在指导党报党刊新闻实践过程中积累了丰富的办报经验，特别是以毛泽东为代表的一代代党的领导人，及时总结对党报工作的理论思考，形成了许多办报理念，提出了许多办报路径方法和原则策略，大大丰富了中国共产党的新闻思想，促进了马克思主义新闻观的中国化。

---

① 李大钊：《Bolshevism 的胜利》，《李大钊全集》，石家庄：河北教育出版社，1999 年，第 110 页。

② 毛泽东：《〈湘江评论〉创刊宣言》，《毛泽东早期文稿（1912.6—1920.11）》，长沙：湖南出版社，1990 年，第 292 页。

例如毛泽东提出的“政治家办报”和“全党办报、群众办报”；邓小平提出的党报要成为“全国安定团结的思想上的中心”；江泽民提出的党报要做“党、政府和人民的喉舌”，要坚持正确舆论导向；胡锦涛提出的党报工作要坚持“以人为本”，坚持“贴近实际、贴近生活、贴近群众”等，都是做好党的新闻宣传工作的思想指南和理论向导。

特别是党的十八大后，习近平总书记在总结党的新闻工作近百年实践经验和理论成果基础上提出的“三个坚持”（即“坚持党的领导、坚持正确政治方向、坚持以人民为中心的工作导向”）和“四个牢牢坚持”（即“牢牢坚持党性原则、牢牢坚持马克思主义新闻观、牢牢坚持正确舆论导向、牢牢坚持正面宣传为主”），更是做好新时代新闻工作的有效路径和根本遵循。

中国共产党新闻思想正是在解决上述问题的过程中不断丰富、完善和创新、发展，并成为马克思主义新闻观中最具中国特色的理论成果的。

二、中国共产党百年新闻思想的精髓

中国共产党新闻思想经过百年发展，成果丰硕、理论精深，无不显现出其独特的理论内涵和思想精髓，这从毛泽东等党的领导人的新闻思想及其有关新闻论述中可得到有力证明。

（一）“政治家办报”：毛泽东新闻思想的精髓

“政治家办报”，是世界无产阶级新闻事业的办报传统，也是其根本原则。马克思、恩格斯和列宁等国际共产主义领袖都是无产阶级革命家和政治家，他们的办报实践是“政治家办报”的典范，他们所办的报纸也都是“政治性机关报”[①]。恩格斯曾提出，党报必须由“站在党的中心和斗争的中心”[②]和“真正具有革命思想和无产阶级思想”[③]的人来编辑。1848 年，马克思作为世界上第一个用科学社会主义理论指导下的无产阶级政党——共产主义者同盟中央委员会主席，创办了中央机关报《新莱茵报》，并亲自担任总编辑，恩格斯作为中央委员协助他办报。在他们的努力下，该报成为“革命年代德国最著名的报

① 《马克思恩格斯全集》（第 34 卷），北京：人民出版社，1956 年，第 360 页。
② 同上书，第 396 页。
③ 同上书，第 372 页。

纸”[①]。1900 年，列宁作为俄国社会民主工党领导人创办了中央机关报《火星报》，同样担任了报纸总编辑，将该报办成了党的“思想中心”。

毛泽东年轻时代便投身革命，成为革命家、政治家、宣传家和报刊活动家。他在任职北京大学图书馆管理员时曾参加过北京大学新闻学研究会举办的新闻培训班，听过徐宝璜和邵飘萍的课，可谓“科班出身”。他不仅是办报的行家里手，更是运用报刊宣传革命、组织斗争、发动群众、指导运动的高手。毛泽东从 26 岁在长沙创办《湘江评论》，到后来主编《政治周报》，再到后来在中央苏区倡办《时事简报》，积累了丰富的办报经验。特别是他能够娴熟地运用报刊、广播等新闻手段组织舆论、指导斗争、推进工作，为全党树立了政治家办报的典范。

作为从战争年代到新中国成立后几十年间的党的最高领袖，毛泽东的新闻思想主要解决的是如何运用新闻媒体和舆论手段，创建党的组织、开展政治斗争、武装夺取政权、建立革命根据地、创建人民民主专政国家以及进行社会主义革命和建设的问题，也正是在解决这些问题的过程中，毛泽东形成了自己的新闻思想，并且开启了马克思主义新闻观中国化的历史进程。

毛泽东对如何办好党报有许多深刻思考，提出了许多重要观点，强调“政治家办报”是其新闻思想之精髓。“政治家办报”，是毛泽东一生从事新闻实践和思考党的新闻理论的经验结晶。从创办《湘江评论》起，他就提出要把“传播新思潮”，作为《湘江评论》“最切最要的大任务”[②]，这是他给报纸作出的政治定位。1931 年他把《时事简报》看作是“重要武器”，也是从政治角度阐述报纸在提高群众斗争情绪方面所肩负的使命与任务。1948 年他在对《晋绥日报》编辑人员的谈话中对报纸任务的定位，即“报纸的作用和力量，就在它能使党的纲领路线，方针政策，工作任务和工作方法，最迅速最广泛地同群众见面”[③]，说的也是党报的政治功能和作用。总之，他一生都是从政治角度来认识报纸，来论述报纸的使命任务和功能作用的。

---

① 《马克思恩格斯全集》(第 21 卷)，北京：人民出版社，1965 年，第 21 页。

② 毛泽东：《〈湘江评论〉创刊宣言》，《毛泽东早期文稿 (1912.6—1920.11)》，长沙：湖南出版社，1990 年，第 295 页。

③ 中共中央文献研究室、新华通讯社编：《毛泽东新闻工作文选》，北京：新华出版社，1983 年，第 149 页。

毛泽东明确提出“政治家办报”，是在1959年。那年他在多个场合谈及这一问题。例如6月间他在跟时任新华社社长兼《人民日报》总编辑吴冷西谈话时明确提出：“搞新闻工作，要政治家办报。”他反对“书生办报”，认为其“最大的缺点是多谋寡断”和“没有要点，言不及义”，他主张办报要学曹操，要“多谋善断”，要“一下子看到问题所在”。[①]

毛泽东强调“政治家办报”，是指办报的人要有政治意识、政治头脑、政治眼光和政治远见，要善于从政治上观察和思考问题，从政治上总揽工作全局，要能够抓住事情要害，紧密配合国内外政治形势，以使新闻工作更好地为全党和全国工作大局服务。

为了确保实现“政治家办报”，就需要党报工作者始终坚持党性原则，无条件地宣传中央的路线和政策，决不允许出现同党闹“独立性”的问题，对此毛泽东有许多相关论述。另外他还从新闻工作的政治谋略和宣传策略角度谈到，新闻报道要把握“快”与“慢”的节奏，要处理好“新闻”“旧闻”和“不闻”的关系。他指出，“有的消息，我们就不是快登慢登的问题，而是干脆不登”[②]。按照毛泽东的观点，办报要讲政治谋略和宣传策略，什么新闻可以报道，什么新闻不可以报道，要从政治上考虑，该抢则抢，该压则压，有些新闻如果抢发不利，就放一放再说，还有一些新闻从政治和大局考虑，则以不发为好。

正是出于“政治家办报”的要求，毛泽东1958年在写给广西省委两位领导刘建勋和韦国清的信中，提出省委领导要认真研究报纸，而且要求第一书记挂帅动手修改一些重要的社论。在信中他概括的党报的“五大作用”——“组织、鼓舞、激励、批判、推动”[③]，也是从政治的角度提出的。

毛泽东的另一个重要办报主张是“全党办报、群众办报”。1948年他在同《晋绥日报》编辑人员的谈话中指出，党报“要靠大家来办，靠全体人民群众来办，靠全党来办，而不能只靠少数人关起门来办”[④]。这也是从党报作为政治报纸，需要从政治角度办好党报提出的要求。因为唯有全党都重视党报工作，唯有广大群众都来关心报纸，党报才能办好。

---

① 中共中央文献研究室、新华通讯社编：《毛泽东新闻工作文选》，北京：新华出版社，1983年，第216页。

② 同上书，第193页。

③ 同上书，第202页。

④ 同上书，第150页。

毛泽东的“政治家办报”思想内涵十分丰富，可以说是集中体现其办报思想的核心观点与精髓所在。正因为此，后来中国共产党的一代代领导人，从邓小平、江泽民、胡锦涛，到习近平都重申“政治家办报”的重要性，都强调要将其作为我国新闻工作必须遵循的基本方针和重要原则。

（二）党报要成为“思想中心”：邓小平新闻思想的精髓

邓小平不但是我国改革开放总体规划与宏伟蓝图的总设计师，而且是从思想上把全党和全国人民聚合起来，共同建设社会主义现代化国家的领路人。党的十一届三中全会后，他一方面致力于指导我国新闻事业在宣传和推进改革开放事业，坚持和维护四项基本原则，维护国家安定团结方面发挥积极作用；另一方面则致力于积极恢复党的新闻工作的优良传统，匡正党的新闻宣传的基本理论，同时根据进入改革开放新时期后时代发展、形势变化和新闻宣传实际工作需要，提出了许多新的思想和理论观点。

邓小平在1923年旅欧勤工俭学期间，曾经参与过周恩来创办的旅欧共青团机关刊物《少年》（后更名为《赤光》）杂志的编辑工作，1933年8月至1935年1月在中央苏区时期曾经担任过红军报纸《红星》报的主编，有着丰富的新闻实践经验。1950年5月16日，他在担任中央西南局第一书记期间曾就如何办好报纸作过一个专门报告，阐述了办好地方党报的“三个条件”：结合实际——适应地方工作需要；联系群众——更切合群众需要；批评与自我批评——报喜也报忧。[①]后来在改革开放时期，邓小平在指导党的新闻宣传工作过程中也有许多相关论述，这些形成了他的新闻思想。

邓小平新闻思想中最具代表性的是其“思想中心”说。这是他新闻思想的精髓所在。1980年1月，他在《目前的形势和任务》的讲话中提出：“要使我们党的报刊成为全国安定团结的思想上的中心”[②]。邓小平在当时强调党报党刊要无条件地宣传党的主张，要旗帜鲜明地宣传四项基本原则，要成为全国安定团结的思想上的中心，有其特殊背景和意义。

党的十一届三中全会后，我国开始实行改革开放，并确立了“以经济建设为中心”的思想。随着改革开放的不断深化，我国意识形态领域出现了一些不和谐的声音。对此，党中央发出一系列指示，要求思想文化战线扫除这些“精

① 邓小平：《邓小平文选》（第1卷），北京：人民出版社，1994年，第146－150页。

② 邓小平：《邓小平文选》（第2卷），北京：人民出版社，1994年，第255页。

神污染”。邓小平连续作了《关于思想战线上的问题的谈话》《党在组织战线和思想战线上的迫切任务》《旗帜鲜明地反对资产阶级自由化》等讲话，党中央发布了《关于当前反对资产阶级自由化若干问题的通知》《关于坚决、妥善地做好报纸刊物整顿工作的通知》《关于改进新闻报道若干问题的意见》等文件。

在此背景下，如何正确看待当时形势，成为关系社会稳定大局的重要问题。邓小平认为，要真正实现以经济建设为中心，搞好改革开放，完成社会主义现代化建设大业，必须有一个稳定的政治、经济和社会环境。因此，在现阶段，稳定是压倒一切的任务。正是出于这一考虑，他反复强调，党报党刊一定要旗帜鲜明地宣传四项基本原则，要坚决维护国家的政治、经济和社会稳定，要成为全国安定团结的思想中心，要坚持正确的舆论导向。而他的这些观点的提出，对于当时党和国家坚持四项基本原则，排除资产阶级自由化思想的干扰，稳定群众的思想情绪，维护全党的思想统一，确保宣传思想战线不偏离社会主义的政治方向，发挥了极其重要的作用。

为此，邓小平在《目前的形势和任务》的讲话中强调：“没有一个安定团结的政治局面，就不能安下心来搞建设。”他希望“报刊、广播、电视都要把促进安定团结，提高青年的社会主义觉悟，作为自己的一项经常性的、基本的任务”，要“对安定团结的必要性进行更多的思想理论上的解释”，要成为“全国安定团结的思想上的中心”。[①]

在邓小平“思想中心”这一观点引领下，当时全国媒体大力宣传社会主义的优越性，宣传马克思列宁主义、毛泽东思想的正确性，宣传党的领导、党和人民团结一致的威力，宣传社会主义中国的巨大成就和无限前途，宣传为社会主义中国前途而奋斗是当代青年最崇高的使命和荣誉，激励广大群众，特别是青年人坚定理想信念，拥护党的领导，自觉投身社会主义现代化建设等，形成了共同奋斗的强大力量，真正发挥了新闻媒体作为“思想中心”的功能和作用，为全党和全国人民“同心干四化”营造了良好的舆论氛围，从而确保了我国新闻媒体能够紧紧围绕党和国家改革开放总方针和经济建设中心任务，发挥思想引导和政治保障作用。

邓小平的“思想中心”说是中国共产党人结合新形势和新实践作出的重要理论总结，是马克思主义新闻观中国化的重要成果。

---

① 邓小平：《邓小平文选》（第2卷），北京：人民出版社，1994年，第255页。

（三）坚持正确舆论导向：江泽民新闻观的思想精髓

党的十三届四中全会后，江泽民从党和国家政局稳定和事业发展大局，以及新闻工作改革创新发展的需要出发，对社会主义新闻事业在改革开放深入发展尤其是实行社会主义市场经济体制条件下的社会地位、使命任务、工作原则等作出许多新的理论阐释，解决了当时新闻界对一些新闻基本理论问题的模糊认识，为中国共产党新闻思想进一步继承传统开创了新的局面，形成了他具有明显时代特征的新闻观。

1989 年 11 月 28 日，江泽民在全国新闻工作研讨班的讲话中指出："新闻宣传一旦出了大问题，舆论工具不掌握在真正的马克思主义者手中，不按照党和人民的意志、利益进行舆论导向，会带来多么严重的危害和巨大的损失。"[①]讲话针对当时新闻界的思想状况，就大家所关心的一些重大理论与实践问题，特别是如何坚持正确舆论导向问题代表中央阐述了明确意见。

此后，他在全国宣传思想工作会议、全国宣传部长会议等一系列会议，以及考察人民日报社和解放军报社时都发表了重要讲话。这些讲话内容丰富，涉及社会主义新闻事业的性质地位、任务作用、方针政策、原则方法，以及新闻工作与党、政府和人民的关系，与经济、政治和文化的关系，与内政、外交和国防的关系，新闻队伍建设和党对新闻事业的领导等一系列问题，既有理论认识方面的问题，也有思想方法和行动原则方面的问题，构成了江泽民新闻观的基本内容。

江泽民的新闻观涉及党的新闻工作的许多基础性和根本性问题。例如他把新闻工作定位为"党、政府和人民的喉舌"，强调新闻工作应当"坚持以正面宣传为主"的方针；应当坚持真实性原则，力求从总体上、本质上以及发展趋势上把握事物的真实性；[②]应当坚持党性原则，坚持政治家办报，坚持用正确的舆论引导人；应当实行正确的新闻批评和舆论监督；应当坚持新闻改革，力求既满足受众需求，又实现正确舆论导向等。[③]

---

① 江泽民：《关于党的新闻工作的几个问题——在新闻工作研讨班上的讲话提纲》，《人民日报》1990 年 3 月 2 日，第 1 版。

② 同上。

③ 江泽民：《在视察人民日报社时的讲话》，《人民日报》1996 年 10 月 21 日，第 1 版。

江泽民新闻观的思想精髓是“舆论导向”观。他指出：“党的新闻事业与党休戚与共，是党的生命的一部分……是党和国家的前途和命运所系的工作”，并且提出“要把握好报刊、通讯社、广播电台、电视台、出版社的宣传方向，把这些阵地牢牢地掌握在我们党的手里，掌握在马克思主义者手里”。[①]他还用“祸福论”，即“舆论导向正确，是党和人民之福，舆论导向错误，是党和人民之祸”来强调舆论导向的重要性，并据此提出了要建设一支“政治强、业务精、纪律严、作风正的新闻队伍”的目标，要求新闻工作者要打好“五个根底”，即“理论路线、政策法律纪律、群众观点、知识、新闻业务”；发扬“六大作风”，即“敬业、实事求是、艰苦奋斗、清正廉洁、严谨细致、勇于创新”[②]等。

江泽民的“舆论导向”观，深刻反映了我国新闻工作要坚持正确舆论导向的使命担当及工作要求，成为中国共产党新闻思想中的重要内容，丰富和发展了马克思主义新闻观。

（四）坚持“贴近实际、贴近生活、贴近群众”：胡锦涛新闻观的思想精髓

党的十六大后，以胡锦涛同志为总书记的党中央，面对的主要问题是进入新世纪和战略转型期的中国共产党人如何提高执政能力，确保国家经济社会持续、稳定、健康发展。在新闻宣传领域，他要着重解决的是党和政府如何运用新闻媒体改善执政环境，提高执政能力，增强执政效果，促进国家各项事业科学发展的问题。正因为此，他把新闻宣传工作看作党的执政资源，看作是“关系人心向背，关系事业兴衰，关系党的执政地位”[③]的大事，而且提出了“舆论引导正确，利党利国利民；舆论引导错误，误党误国误民”[④]等重要观点。

胡锦涛在指导新闻宣传工作过程中，始终坚持以“三个代表”重要思想为统领，坚持科学发展观，实行了许多新的政策调整和改革举措，提出了许多新的新闻理念。特别是根据新媒体出现后媒体格局和舆论格局发生变化的新情

① 中共中央文献研究室编:《十四大以来重要文献选编》(中),北京:人民出版社,1997年,第1672页。

② 江泽民:《在视察人民日报社时的讲话》,《人民日报》1996年10月21日,第1版。

③ 中共中央文献研究室编:《十六大以来重要文献选编》(上),北京:中央文献出版社,2005年,第535页。

④ 胡锦涛:《在人民日报社考察工作时的讲话》,北京:人民出版社,2008年,第4页。

况，他强调要“用时代要求审视新闻宣传工作”，积极探索“信息化时代新闻传播的新特点和新规律”[①]，要考虑到新兴媒体出现后所引发的舆论格局的变化，并且要“从社会舆论多层次的实际出发，把握媒体分众化、对象化的新趋势”，要“以党报党刊、电台电视台为主，整合都市类媒体、网络媒体等多种宣传资源，努力构建定位明确、特色鲜明、功能互补、覆盖广泛的舆论引导新格局”[②]，他还强调要遵循新闻传播规律做好新闻工作，等等。这些观点具有强烈的时代感，成为中国共产党新闻思想的最新成果。

胡锦涛新闻观的思想精髓是他提出的“三贴近”原则，即“贴近实际、贴近生活、贴近群众”。党的十六大后，胡锦涛把“立党为国、执政为民”和“以人为本”作为新的执政理念，强调要做到“权为民所用、情为民所系、利为民所谋”[③]，并据此提出了“贴近实际、贴近生活、贴近群众”的“三贴近”的理念，将其作为新闻宣传工作的重要指导方针和工作原则。

2008 年 6 月 20 日他在考察人民日报社时指出，新闻宣传工作“必须坚持以人为本，增强新闻报道的亲和力、吸引力、感染力”；要“多报道人民群众的工作生活，多反映人民群众的利益要求，多宣传人民群众中涌现的先进典型”，他还提出要“把体现党的主张和通达人民心声统一起来”，“把坚持正确导向和反映社情民意统一起来”。[④]为了将“以人为本”的执政理念更好地落实到新闻宣传实际工作和新闻工作者的实际行动之中，他提出要坚持“贴近实际、贴近生活、贴近群众”。

为了全面贯彻这一方针，中共中央先后发布了三个关于改进新闻工作的专门性文件：《关于进一步改进会议和领导同志活动新闻报道的意见》《关于进一步改进和加强国内突发事件新闻报道工作的通知》和《关于进一步加强和改进舆论监督工作的意见》，此外国务院还发布了《中华人民共和国信息公开条例》，为新闻界更好地贯彻落实“三贴近”方针，深化新闻改革创造了条件。

“三贴近”方针，是胡锦涛从“以人为本”的新的执政理念角度提出来的，具有新的思想内涵和理论价值，处于新闻工作指导方针的重要地位，是对中国共产党新闻思想的丰富与发展，也是马克思主义新闻观中国化的重要成果。

---

① 郑保卫：《论胡锦涛新闻思想的理论贡献》，《新闻界》2011 年第 3 期。

② 胡锦涛：《在人民日报社考察工作时的讲话》，北京：人民出版社，2008 年，第 6 – 7 页。

③ 胡锦涛：《胡锦涛文选》（第 2 卷），北京：人民出版社，2016 年，第 106 页。

④ 胡锦涛：《在人民日报社考察工作时的讲话》，北京：人民出版社，2008 年，第 1 – 8 页。

（五）“党媒姓党”“人民至上”“党性人民性相统一”：习近平新闻观的思想精髓

党的十八大以来，习近平总书记作为党中央的领导核心，所要解决的主要是新闻媒体如何牢牢把握时代脉搏，积极回应时代关切，顺应时代传播技术变革大潮，在新的时代条件下更好地服务于治国理政、定国安邦的战略任务，服务于“两个一百年”奋斗目标，更好地发挥新闻宣传和舆论导向功能和作用的问题。

党的十八大以来，习近平总书记从党和国家事业发展全局和治国理政、定国安邦整体布局的战略高度，就宣传思想、新闻舆论、网络传播、文化出版、理论研究等工作发表了一系列重要讲话，提出了许多重要观点。特别是2016年2月19日，习近平总书记在党的新闻舆论工作座谈会上对新闻舆论工作的性质地位、功能作用、职责使命、指导方针、工作原则，以及人才培养、队伍建设和党的领导等一系列事关新闻舆论工作根本性、战略性、全局性的重大理论与实践问题作了全面、系统、深刻的阐述，形成了他独特的新闻观，成为马克思主义新闻观中国化的最新理论成果，大大丰富和创新了中国共产党的新闻思想。

习近平总书记提出，“新闻观是新闻舆论工作的灵魂。要深入开展马克思主义新闻观教育，引导广大新闻舆论工作者做党的政策主张的传播者、时代风云的记录者、社会进步的推动者、公平正义的守望者”①。同时，用“48字”概括了党的新闻舆论工作的职责和使命：“高举旗帜、引领导向，围绕中心、服务大局，团结人民、鼓舞士气，成风化人、凝心聚力，澄清谬误、明辨是非，联接中外、沟通世界”②。“48字”高度凝练地对党的新闻舆论工作的六项职责和使命作了准确定位。习近平总书记总结了新闻舆论工作的“八个讲导向”，即“各级党报党刊、电台电视台要讲导向，都市类报刊、新媒体也要讲导向；新闻报道要讲导向，副刊、专题节目、广告宣传也要讲导向；时政新闻要讲导向，娱乐类、社会类新闻也要讲导向；国内新闻报道要讲导向，国际新闻报道也要讲导向”③。特别是他强调的“三个坚持”和“四个牢牢坚持”，是对党百年来所坚持的新闻舆论工作方针与原则的高度概括和科学总结，成为他新闻观的核心内容。

①②③习近平：《坚持正确方向创新方法手段 提高新闻舆论传播力引导力》，《人民日报》2016年2月20日，第1版。

全面总结和分析习近平总书记的新闻观，我们认为其思想精髓可以概括为“党媒姓党”“人民至上”和“党性人民性相统一”。“党媒姓党”，强调的是党的领导、党性原则和党管媒体；“人民至上”，强调的是“以人民为中心”和为了人民、服务人民、依靠人民；“党性人民性相统一”，强调的是不能把党性和人民性割裂开来、对立起来，而是要坚持其一致性和统一性。

一是坚持党媒姓党。习近平指出：“党的新闻舆论工作是党的一项重要工作，是治国理政、定国安邦的大事。”做好党的新闻舆论工作“事关旗帜和道路，事关贯彻落实党的理论和路线方针政策，事关顺利推进党和国家各项事业，事关全党全国各族人民凝聚力和向心力，事关党和国家前途命运”。正因为此，他提出要做到的四个“牢牢坚持”，第一个就是“牢牢坚持党性原则”。他强调“党的新闻舆论工作坚持党性原则，最根本的是坚持党对新闻舆论工作的领导”[①]。可以说，党性原则和党的领导是新闻舆论工作最基本和最重要的原则。

围绕坚持党性原则问题，习近平提出了“党媒必须姓党”这一重要话题。他指出：“党和政府主办的媒体是党和政府的宣传阵地，必须姓党。”接着又提出了“三个都要”：一是都要体现党的意志、反映党的主张，维护党中央权威、维护党的团结，做到爱党、护党、为党；二是都要增强看齐意识，在思想上政治上行动上同党中央保持高度一致；三是都要坚持党性和人民性相统一，把党的理论和路线方针政策变成人民群众的自觉行动，及时把人民群众创造的经验和面临的实际情况反映出来，丰富人民精神世界，增强人民精神力量。[②]

二是坚持人民至上。“人民至上”，是对习近平近年来提出的坚持以人民为中心的工作导向和发展理念的一种高度概括和形象表述。

党的十八大以来，习近平多次表示要“把人民放在心中最高位置”，强调中国共产党是全心全意为人民服务、代表中国最广大人民根本利益的马克思主义政党；中国共产党来自人民，为了人民，依靠人民而生存发展，因此总是把全心全意为人民服务作为根本宗旨。

① 习近平：《坚持正确方向创新方法手段 提高新闻舆论传播力引导力》，《人民日报》2016 年 2 月 20 日，第 1 版。

② 同上。

坚持人民至上，就是要始终坚持以人民为中心的工作导向，做到立足人民、服务人民、依靠人民，要真正把为人民群众提供信息传播、舆论表达和社会生活服务作为新闻工作的根本任务，把一切新闻资源和成果让人民充分享用，要把让人民群众真正成为“媒体主人”“报道主体”和“新闻主角”作为新闻工作的基本要求，要让人民群众成为新闻传播效果和新闻工作质量的检验者。

三是坚持党性人民性相统一。习近平在 2013 年 8 月 19 日的全国宣传思想工作会议上的讲话中，专门就党性和人民性的关系问题作了系统阐述，并且鲜明地提出了“党性和人民性从来都是一致的、统一的”[①]。

人民性是党性的深刻内涵，党性寓于人民性之中。坚持党性就是坚持人民性，坚持人民性就是坚持党性，没有脱离人民性的党性，也没有脱离党性的人民性。习近平强调党性和人民性都是整体性的政治概念，党性是从全党而言的，人民性也是就全体人民而言的，不能简单地从某一级党组织、某一部分党员、某个党员来理解党性，也不能简单地从某一阶层、某部分群众、某一个具体人来理解人民性。因此只有站在全党的立场和全体人民的立场上，才能真正把握好党性和人民性。这些观点深刻揭示了人民性和党性的内涵及实质，科学阐释了两者之间的辩证统一关系，是对丰富中国共产党新闻思想和马克思主义新闻观所作出的重要理论贡献。

按照这一认识，新闻舆论工作要始终坚持对党负责与对人民负责的统一，要把宣传党的主张与反映人民心声统一起来，把坚持正确舆论导向与反映社情民意统一起来，把引导群众和服务群众结合起来，尤其要注意在政府关心和群众关注的问题上多下功夫，真正使党的新闻宣传和舆论引导工作能够让人民认可、欢迎、满意和信赖。

站在“两个一百年”的交汇点上，习近平的新闻观是对党的百年新闻思想的回望、思考与总结，是中国共产党百年新闻思想的集成与概括，是当代马克思主义新闻观的最新理论成果，是奉献给中国共产党百年诞辰的最好礼物。

---

① 习近平:《胸怀大局把握大势着眼大事 努力把宣传思想工作做得更好》,《人民日报》2013 年 8 月 21 日,第 1 版。

三、总结与思考

综上所述，百年来中国共产党人在思考和解决“为什么办报”“为谁办报”“办什么样的报纸”和“怎样办好报纸”等几个核心问题的过程中，不断丰富完善和创新发展了自己的新闻思想。中国共产党一代代领导人用他们对党的新闻工作的经验总结和理论思考，实现了中国共产党新闻思想的系统化和科学化，为创建中国特色社会主义新闻理论，构建中国特色社会主义新闻学作出了重大贡献。

在中国共产党新闻思想百年形成与发展的过程中，毛泽东用自己丰富的新闻实践，以及对战争年代和社会主义革命与建设时期党的新闻工作的深刻思考，创立了无产阶级党报理论，丰富了中国社会主义新闻理论，奠定了中国共产党新闻思想的理论基础。邓小平、江泽民和胡锦涛对改革开放以来党的新闻工作性质地位、使命任务、工作原则和方法的深刻理论阐述，丰富和发展了中国共产党新闻思想。习近平关于新时代党的新闻舆论工作的理论阐述，是对中国共产党百年新闻思想的系统梳理和全面总结，标志着我们党对新闻舆论工作的认识进入了一个全新的历史阶段。

回顾和总结中国共产党百年新闻思想，其思想精髓可以概括为以下几点。

（一）党管媒体

“党管媒体”，是中国共产党百年新闻工作最宝贵的经验，最重要的传统，最根本的原则。“党管媒体”的核心内容是：新闻工作要始终坚持党的领导，坚持党管新闻、党管宣传、党管意识形态，新闻媒体要自觉恪守党性原则，在思想上、政治上和组织上同党中央保持一致。中国共产党从成立起就确立了这一原则，并作出了明确规定，提出了具体要求。与“党管媒体”相联系的观点还有“党媒姓党”和“党性原则”等，前者是对“党管媒体”原则的一种形象表述，而后者是践行“党管媒体”原则的具体要求。

（二）人民中心

“人民中心”，这一思想源自习近平总书记提出的“以人民为中心的工作导向”。这也是中国共产党百年新闻工作最重要的传统和经验，是党的新闻思想的核心与精髓。“人民中心”的核心内容是：新闻工作要始终坚持以人民为中心的工作导向，要使人民成为“媒体主人”“报道主体”和“新闻主角”，始终做到立足人民、服务人民、依靠人民，自觉接受人民群众的评价与监督。

毛泽东把“为人民服务”作为党的根本宗旨，习近平总书记提出的“把人民放在心中最高位置”[①]等，这些观点都是对这一思想的最好诠释。习近平总书记提出的“党性人民性相统一”，是将“党管媒体”和“人民中心”这两个观点辩证地融合统一之后总结出来的，思想深刻、表述准确，有着丰富的理论内涵。

（三）正确导向

“导向”问题，特别是坚持正确舆论导向问题，是党的新闻工作中极其重要的问题。“正确导向”的核心内容是：新闻工作要始终坚持以马克思主义新闻观为指导，保持政治定力，坚持正确政治方向和正确舆论导向，做到在大是大非面前不迷途、不转向，在引导人民群众和社会舆论方面发挥积极作用。习近平在新闻舆论工作“48 字”职责使命中，首先提出的就是“高举旗帜、引领导向”。党的领导人在关于新闻工作的讲话中强调得最多的就是坚持正确舆论导向问题，习近平将其作为“四个牢牢坚持”之一，使之成为全国新闻工作者的思想共识和行动准则。

（四）正面宣传

开展“正面宣传”，是中国共产党百年新闻事业始终坚持的传统，特别是作为正面宣传具体形式的“主题宣传”“形势宣传”“政策宣传”“成就宣传”“典型宣传”等，更是党的新闻工作长期来所积累的宝贵经验。“正面宣传”的核心内容是：新闻工作要始终坚持弘扬主旋律，传播正能量，宣传社会主义核心价值观，努力为实现党的奋斗目标营造良好舆论环境，发挥好凝心聚力、鼓舞民心的积极作用。习近平总书记将其作为“四个牢牢坚持”的重要内容，强调“团结稳定鼓劲、正面宣传为主，是党的新闻舆论工作必须遵循的基本方针”，使得这一理念上升为全国新闻工作者的思想共识和行动准则。

（五）全党办报、群众办报

“全党办报、群众办报”，是中国共产党新闻事业百年发展的历史经验与光荣传统，毛泽东对此作了高度概括和深刻阐述。“全党办报、群众办报”的核心内容是：新闻工作要始终依靠各级党组织、全体党员和全国人民的支持开展工作，而各级党组织、全体党员和广大群众也要自觉为做好新闻工作贡献力量。党的一切奋斗目标的实现都离不开全党与全体人民群众的关心、参与和

---

① 习近平:《在文艺工作座谈会上的讲话》，北京：人民出版社，2015 年，第 13 页。

支持。发动全党力量，依靠群众支持办好媒体，是党的新闻事业能始终得到各级党组织关心指导，人民群众信赖支持的法宝。

在庆祝中国共产党百年华诞之际，认真学习和系统梳理中国共产党百年新闻事业的发展历史，深刻理解和牢牢把握中国共产党百年新闻思想的核心与精髓，可以帮助我们学史明理，以史为镜，不忘初心、牢记使命，守正创新、继续前进，为繁荣发展中国特色社会主义新闻事业、着力构建中国特色社会主义新闻学科学体系、丰富发展世界新闻学作出新的更大的贡献！

（作者郑保卫系广西大学新闻与传播学院院长、广西大学马克思主义新闻观研究中心主任，中国人民大学新闻学院教授、博士生导师，教育部社会科学委员会语言文学、新闻传播学和艺术学学部副秘书长兼新闻传播学科召集人，中央马克思主义理论研究和建设工程新闻学科专家，2019年广西大学国家社科基金重大项目“百年中国共产党新闻政策变迁研究（1921—2021）”首席专家。中国人民大学新闻学院2019级博士生王青参与了本文的资料收集和整理工作）

（该文刊于《新闻爱好者》2021年第9期）

与时俱进的百年中国共产党新闻思想

——基于对若干重要时段的考察

丁柏铨

内容摘要：在百年历史长河中，中国共产党新闻思想与时代发展相适应，这在若干重要历史时段中表现得尤为突出。这些重要的时段主要有：建党前夕和建党初期、大革命时期、中央苏区时期、延安时期至新中国成立前夕（以上为新民主主义革命时期），新中国成立初期至党的八大前后（这是社会主义革命和建设时期），改革开放和社会主义现代化建设时期，进入新时代以来。本文基于对若干重要时段进行的考察，探讨百年来中国共产党新闻思想与时俱进的发展历程。

关键词：中国共产党；百年；新闻思想；与时俱进

中国共产党成立以来的百年，是人类社会发生巨大历史变迁的百年，也是中国社会发生天翻地覆变化的百年。从国内情况来说，中国共产党领导着中国人民“枪杆子”和“笔杆子”并用，进行了艰苦卓绝的新民主主义革命（其间包括将日本侵略者赶出中国的抗日战争），并取得了解放战争的胜利，建立了人民当家作主的新中国。此后是中国共产党领导中国人民进行社会主义革命和建设、实行改革开放，迎来了中国特色社会主义新时代。

在百年历史长河中，中国共产党新闻思想与时代发展相适应（既有不变的方面，又有与时俱进发展的方面），这在若干重要历史时段中表现得尤为突出。这些重要时段为：建党前夕和建党初期、大革命时期、中央苏区时期、延安时期至新中国成立前夕（以上为新民主主义革命时期），新中国成立初期至党的八大前后（这是社会主义革命和建设时期），改革开放和社会主义现代化建设时期，进入新时代以来。在“文革”十年内乱这一特殊时段中，中国共产党新闻思想遭受极大破坏，因此未将它纳入与时俱进发展的考察范围。这里作特别说明。

一、新民主主义革命时期中国共产党新闻思想的核心内涵：动员人民群众参与反对反动统治的斗争

中国共产党的建立是和当时风起云涌的五四运动紧密联系在一起的。五四时期特殊的时代内涵和早期中国共产党人的新闻思想，为中国共产党新闻思想奠定了基础。此后，新民主主义革命时期的中国共产党新闻思想，是与动员人民群众参与反对反动统治的斗争紧密联系的。

（一）建党前夕和建党初期：中国共产党新闻思想的准备期

这一时期，国内反帝反封建运动风起云涌，进步思想激荡。正如毛泽东所说：“十月革命一声炮响，给我们送来了马克思列宁主义。”[①]马克思列宁主义传入后，对中国发生了极其深刻的影响。走俄国人走的道路，成为中国共产党人的政治选择。这个时期的新闻宣传以思想发动和思想动员为主旨，是中国共产党新闻思想的酝酿期。

党的一大通过的《中国共产党的第一个决议》，就党的宣传工作作出了原则性规定：一切书籍、日报、标语和传单的出版工作，均应受中央执行委员会或临时中央执行委员会的监督。每个地方组织均有权出版地方的通报、日报、周刊、传单和通告。不论中央或地方出版的一切出版物，其出版工作均应受党员的领导。任何出版物，无论是中央的或地方的，均不得刊登违背党的原则、政策和决议的文章。[②]这些规定表明中国共产党从建党一开始就对包括新闻在内的宣传工作非常重视，而且明确了党对该项工作的领导，并规定在出版物上刊登的文章必须符合党的原则、政策和决议。上述规定所体现的重要原则后来基本上没有改变过。

① 毛泽东：《论人民民主专政——纪念中国共产党二十八周年》，《人民日报》1949 年 7 月 1 日。

② 中共中央党史和文献研究院、中央档案馆编：《建党以来重要文献选编（1921—1949）》（第 1 册），北京：中央文献出版社，2011 年，第 4－5 页。

早期中国共产党人李大钊，在建党前后利用报刊进行了旨在唤醒民众的大量新闻宣传工作。他在从事革命报刊活动的同时，为中国共产党的新闻思想奠定了重要基础。他在 1922 年北大新闻记者同志会上演说时指出："新闻是现在新的、活的、社会状况的写真"，"新闻事业是一种活的社会事业"，[①]对新闻进行了相当有见地的界定，并指明了新闻事业的属性。在他看来，被定义概念"新闻"所指代的事物，其属概念是"写真"；种差部分则具备"现在新的、活的、社会状况"的特性。"写真"与"不实""虚假"相对，与马克思所说"根据事实来描写事实"[②]一脉相承；新闻所报道的内容涉及社会生活的各个方面，但要能成为新闻，必须具有"新"和"活"的特质。李大钊关于新闻的论述表明他已经站到了很高的新闻学起点上。

早期的不少中国共产党人有着主办革命报刊的丰富经历。陈独秀办过声名远播的《新青年》；陈独秀、李大钊联袂主办过《每周评论》。李大钊写有热情传播马克思主义的文章，他利用自己轮值主编《新青年》第 6 卷第 5 号的机会，编辑了"马克思研究"专号。毛泽东办过《湘江评论》《政治周报》，他在《湘江评论》发表的《创刊宣言》和《民众的大联合》影响深广。瞿秋白主编过《热血日报》《红色中华》等报刊。蔡和森主编或编辑过《先驱》《政治生活》《向导》《布尔什维克》等党团机关刊物。早期中国共产党人利用自己主办的报刊积极宣传马克思主义、宣传党的理念主张。这是中国共产党最初的新闻思想所具备的坚实的新闻实践基础。

（二）大革命时期的中国共产党新闻思想：以毛泽东的独特见解为代表

大革命时期中国共产党人的新闻思想，以毛泽东的《〈政治周刊〉发刊理由》为代表（其时毛泽东是担任国民党中央宣传部代理部长的中国共产党人）。针对反对派的反革命舆论，毛泽东提出了"请看事实"这一针锋相对的著名舆论主张："我们反攻敌人的方法，并不多用辩论，只是忠实地报告我们革命工作的事实。敌人说：'广东共产'。我们说：'请看事实'。敌人说：'广东内哄'。我们说：'请看事实'。敌人说：'广州政府勾联俄国丧权辱国'。我们说：'请看事实'。敌人说：'广州政府治下水深火热民不聊生'。我们说：

① 《北大新闻记者同志会成立》，《晨报》1922 年 2 月 14 日。

② 《马克思恩格斯全集》（第 1 卷），北京：人民出版社，1956 年，第 398 页。

'请看事实'。"[①]事实具有内在的雄辩力量，经由报刊披露（忠实地报告事实）以后，其内在的力量得以充分显现和释放。报刊披露事实，使人们能看得到、看清楚事实，了解它的真相、明白其中事理，新闻舆论的力量由此而生。

（三）中央苏区时期中国共产党的新闻思想：发挥提高群众斗争情绪的作用

以南昌起义为分水岭，中国共产党从没有自己的武装到有了自己的武装。中央苏区时期的中国共产党新闻思想，既是与武装斗争紧密结合的，也是与维护革命根据地的存在密切相关的。1931 年 3 月，毛泽东以中央革命军事委员会总政治部主任名义发出通令，要求红军各级政治部、地方各级苏维埃、各界民众团体普遍举办《时事简报》，指出"《时事简报》是苏维埃区域中提高群众斗争情绪、打破群众保守观念的重要武器，在新争取的区域对于推动群众斗争更有伟大的作用"[②]。该通令折射出了以媒体宣传为"重要武器"的思想。

在这一时期，中国共产党的新闻事业相对此前达到了高峰。2011 年，解放军出版社出版的《红色记忆——中央苏区报刊图史》披露的统计数据表明，中央苏区的各类报刊达到了 312 种。在这些报刊之中，最有影响力的是《斗争》《红色中华》《青年实话》《红星》等 4 种报刊。当时各报刊的重要社论，大都由苏区中央局、中央军委和苏维埃中央政府的领导人及各有关部门负责人亲自撰写。毛泽东、刘少奇、周恩来、瞿秋白、张闻天、项英、任弼时、陈云、李富春、李维汉、博古、杨尚昆、邓小平等都为《红色中华》《斗争》等中央苏区报刊撰写过社论和文章。[③]以上材料表明：中央苏区的新闻事业达到了一定规模，许多领导人都参与到了报刊活动之中。

（四）延安时期至新中国成立前：中国共产党新闻思想达到了高峰

延安时期，中国共产党的中央机关以陕甘宁边区为所在地，革命政权相对稳固，活动空间相对开阔，生产斗争和革命斗争紧密配合，根据地建设被提到重要议事日程上来。中国共产党新闻思想的发展与这样的环境相适应。在延安时期至新中国成立前，中国共产党新闻思想达到了高峰。

---

① 中共中央文献研究室编：《毛泽东文集》（第 1 卷），北京：人民出版社，1993 年，第 22 页。

② 同上书，第 259 页。

③ 《中央苏区各类报刊达到 312 种》，《天津日报》2011 年 7 月 11 日。

1. 坚持党性和坚持人民性

1942年4月1日，党中央机关报《解放日报》改版。改版社论《致读者》提出，党报工作必须“贯彻党的路线，反映群众情况，加强思想斗争，帮助全党工作的改进，这样来贯彻我们的党性、群众性、战斗性和组织性”[①]。党性被列于“四个性”之首位，可见党中央对党性的高度重视并予以着重强调。1947年，周恩来直接领导下的、在重庆出版的党中央机关报《新华日报》，在国民党反动派的高压下，高高地举起了和党性高度一致的人民性的大旗，提出：“新华日报是一张党报，也就是一张人民的报纸，新华日报的党性，也就是它的人民性。”[②]这是在中国共产党新闻史上第一次明确指出党性和人民性相一致。

2. 就党和党报关系进行探索

党和党报的关系，这是一个十分重要的问题。《解放日报》就此刊发题为《党与党报》的社论，深入论析两者的关系，为中国共产党新闻思想的一个分支——党报理论体系——的建构奠定了基础。社论围绕如何使党报成为集体宣传者与集体组织者（体现了对列宁新闻思想的继承）展开论述，提出为实现这一目标须从两方面入手：一方面，按照党的意志办事；另一方面，党必须动员全党，来参加报纸的工作。[③]报纸要成为党的喉舌，这是党和党报关系的一个内涵；党要重视全党办报，这是党和党报关系的又一内涵。

3. 毛泽东《对晋绥日报编辑人员的谈话》是这一时期中国共产党新闻思想的一座高峰

毛泽东在谈话中指出：“办报和办别的事一样，都要认真地办，才能办好，才能有生气。我们的报纸也要靠大家来办，靠全体人民群众来办，靠全党来办，而不能只靠少数人关起门来办。”[④]这就是毛泽东关于“全党办报，群众办报”的著名主张。它是党报理论的重要构成部分，这既是一个重要的理论问题，同时也是一个重要的实践问题。

4. 陆定一对新闻概念的界定

陆定一指出：“唯物论者认为，新闻的本源乃是物质的东西，乃是事实，

---

① 中国社会科学院新闻研究所：《中国共产党新闻工作文件汇编》（下），北京：新华出版社，1980年，第52、361页。

② 《检讨和勉励——读者意见总结》，《新华日报》1947年1月11日。

③ 《党与党报》，《解放日报》1942年9月22日。

④ 毛泽东：《毛泽东选集》（第4卷），北京：人民出版社，1991年，第1319页。

就是人类在与自然斗争中和在社会斗争中所发生的事实。因此，新闻的定义，就是新近发生的事实的报道。新闻的本源是事实，新闻是事实的报道，事实是第一性的，新闻是第二性的，事实在先，新闻（报道）在后，这是唯物论者的观点。”[①]他从学理上为新闻所下的定义，突出了事实对于新闻的重要性，将新闻界定为对事实的报道，是建立在唯物论的反映论的基础之上的，成为新闻的经典定义和中国共产党新闻思想中的重要学理性内容。

5. 刘少奇《对华北记者团的谈话》是中国共产党新闻思想的另一高峰

1948 年九十月间，中共中央为了改进和加强新闻工作，在河北省平山县西柏坡村召集人民日报社、新华社华北总分社的部分记者进行学习。刘少奇在对记者们发表的谈话中说：“我们党要通过千百条线索和群众联系起来，而你们的工作、你们的事业，就是千百条线索中很重要的一条。报纸每天和群众见面，每天把党的政策告诉群众。军队是党联系群众的桥梁，人民代表会、合作社等也是党联系群众的桥梁。没有这些桥梁，党和人民群众的联系就断了，党和人民之间就有了鸿沟，因此必须有这些桥梁。千座桥，万条线，主要的一个就是报纸。”[②]在种种桥梁中，报纸是体现和群众经常性联系的最主要桥梁。刘少奇还要求记者们真实地反映群众的情绪和呼声：“如果能够真实、全面、深刻地把群众情绪反映出来，作用就很大。人民的呼声，人民不敢说的、不能说的、想说又说不出来的话，你们说出来了。如果能够经常作这样的反映，马克思主义的记者就真正上路了。”[③]如果记者能做到说出“人民不敢说的、不能说的、想说又说不出来的话”，那么才称得上是“真正上路”的马克思主义的记者。可见刘少奇对记者发出“人民的呼声”极为重视。

6. 从“让人民来监督政府”到“两个务必”是“在报纸刊物上进行批评和自我批评”的思想基石

早在 1945 年，毛泽东在延安的窑洞中，同到延安考察的民主人士黄炎培有过一番发人深省的对话。黄炎培在谈话中提到，史上历朝历代“其兴也勃焉，其亡也忽焉”，都没能跳出兴亡周期率。毛泽东十分自信地表示：“我们已经找到新路，我们能跳出这周期率。这条新路，就是民主。只有让人民来监督政

---

① 陆定一：《我们对于新闻学的基本观点》，《解放日报》1943 年 9 月 1 日。

② 中共中央文献研究室、中央档案馆编：《建党以来重要文献选编（1921—1949）》（第 25 册），北京：中央文献出版社，2011 年，第 532 页。

③ 同上书，第 537－538 页。

府，政府才不敢松懈。只有人人起来负责，才不会人亡政息。”[①]这一著名的“窑洞对话”，涉及政权兴衰的周期率，毛泽东在谈话中奠定了人民监督的思想理论基础，同时也奠定了舆论监督的思想理论基础。

在全国解放前夕举行的七届二中全会上，毛泽东在报告中高瞻远瞩地提出“两个务必”：务必使同志们继续地保持谦虚、谨慎、不骄、不躁的作风，务必使同志们继续地保持艰苦奋斗的作风。[②]这是即将执政的中国共产党人的座右铭和执政理念，同时也是在新中国成立初期实行“在报纸刊物上进行批评和自我批评”举措的思想基石。与“两个务必”相违背的思想行为，都应该是在报刊上进行批评和自我批评的对象和内容。

二、社会主义革命和建设时期：中国共产党的新闻思想发生重大转变

新中国成立伊始，中国社会的政治和经济格局发生了重大转变：代表大地主大资产阶级利益的国民党反动统治被推翻，中国共产党代表人民执掌了政权。党和人民的首要任务已经由夺取政权转变为巩固政权，由进行新民主主义革命转变为进行社会主义革命和建设。但其时，全党全国人民面临着诸多艰难困苦。某些西方国家对中国实行了经济封锁，国内经济基础薄弱，生产力水平低下；国内外敌对势力试图颠覆新生的人民政权。党带领全国人民镇压和肃清反革命，实行发展国民经济的五年计划，对农业、手工业和资本主义工商业进行社会主义改造，在意识形态领域展开一系列思想斗争。在这种背景下，中国共产党新闻思想的宗旨是全力推进在各方面建设新的秩序的工作。

（一）邓小平关于“办好报纸有三个条件”的论述：具有全局性指导意义

1950 年 5 月 16 日，邓小平《在西南区新闻工作会议上的报告》中说：“办好报纸有三个条件：结合实际、联系群众、批评与自我批评。这三条离开了领导也搞不好，报纸就没有力量，容易变成‘有闻必录’。所以办好报纸的前提在领导。”[③]邓小平在主政西南区工作期间关于新闻工作所作的报告，虽然着

① 黄炎培：《延安归来》，北京：国家行政管理出版社，2021 年，第 60 － 61 页。

② 毛泽东：《在中国共产党第七届中央委员会第二次全体会议上的报告》，《毛泽东选集》（第 4 卷），北京：人民出版社，1991 年，第 1438 － 1439 页。

③ 邓小平：《邓小平文选》（第 1 卷），北京：人民出版社，1989 年，第 145 页。

眼于办报和西南区的新闻工作，但对于全局性的新闻工作而言有着重大指导意义。办好报纸乃至办好所有新闻媒体，都离不开“结合实际、联系群众、批评与自我批评”这样三个条件。远离实际、无的放矢，焉能办好报纸？脱离群众、目中无人，报纸怎么可能深得人心？拒绝批评与自我批评，报纸何以能使人民群众心向往之？上述三个条件的背后，实际上是领导在起作用，领导是办好报纸的前提；离开了领导，就不可能办好报纸。

（二）在报纸刊物上展开批评和自我批评：舆论监督被提上重要议事日程

1950 年 4 月 19 日，中共中央颁发了《关于在报纸刊物上展开批评和自我批评的决定》，决定指出：“今天大陆上的战争已经结束，我们的党已经领导着全国的政权，我们工作中的缺点和错误很容易危害广大人民的利益，而由于政权领导者的地位，领导者威信的提高，就容易产生骄傲情绪，在党内党外拒绝批评，压制批评。由于这些新的情况的产生，如果我们对于我们党的人民政府的及所有经济机关和群众团体的缺点和错误，不能公开地及时地在全党和广大人民中展开批评与自我批评，我们就要被严重的官僚主义所毒害，不能完成新中国的建设任务。”因此，中共中央特决定，“在一切公开的场合，在人民群众中，特别在报纸刊物上展开对于我们工作中一切错误和缺点的批评与自我批评。”[①]在报纸刊物上展开批评和自我批评，这是刚性要求。从“窑洞对话”到“两个务必”再到“利用报刊进行批评和自我批评”，其间贯穿着一条红线，那就是：由人民起来监督政府，使政府不敢懈怠。这已经成为中国共产党新闻思想中的一项极为重要的内容。

中共十三大报告提出，重大情况让人民知道，重大问题经人民讨论，[②]且首次使用了舆论监督这一重要概念，显现出中国共产党在执政过程中将舆论监督摆到了极其重要的位置上。而重大情况让人民知道，重大问题经人民讨论，则充分体现了党和政府对人民的知情权和参与权的尊重，这就为舆论监督提供了重要保障。中国共产党着力进行舆论监督体系建设，是从十三大开始的。而新闻舆论监督则是舆论监督体系中的重要构成部分。

---

① 中国社会科学院新闻研究所：《中国共产党新闻工作文件汇编》（中），北京：新华出版社，1988 年，第 5 页。

② 中共中央文献研究室编：《十三大以来重要文献选编》（上），北京：人民出版社，1991 年，第 43 页。

此前《工人日报》和《人民日报》对渤海2号油轮沉没事件的批评报道、诸多新闻媒体在大兴安岭森林火灾持续期间所作的灾情报道和事后的反思性报道，都指向了政府机关的官僚主义工作作风，掀起了问责风暴，实际上已经将舆论监督推向了高潮，为党的十三大报告提出舆论监督的重要命题提供了坚实的实践基础。

（三）毛泽东的重要论述：为中国共产党新闻思想作出了贡献

20世纪50年代中期及中后期，是毛泽东提出新闻思想观点比较多的一个时段。他于1955年提出“舆论既一律又不一律”论：所谓“舆论一律”，“就是不许一切反革命分子有言论自由，而只许人民内部有这种自由。我们在人民内部，是允许舆论不一律的，这就是批判的自由，发表各种不同意见的自由。”[①]毛泽东在1957年6月中旬提出了“新闻手段”论，指出：“在社会主义国家，报纸是社会主义经济即公有制基础上的计划经济通过新闻手段的反映，和资本主义国家报纸是无政府状态的和集团竞争的经济通过新闻手段的反映不相同。”[②]他还提出了“政治家办报”思想，指明了新闻舆论宣传必须坚持正确的政治方向。他说，写文章尤其是社论，一定要从政治上总揽全局，紧密结合政治形势，这叫作政治家办报。这是毛泽东对政治家办报的较早阐述。1959年6月，毛泽东与吴冷西谈话时，强调了“搞新闻工作，要政治家办报”的重要性。他说，“新闻工作，要看是政治家办，还是书生办。有些人是书生，最大的缺点是多谋寡断，要反对多端寡要，没有要点，言不及义，要一下子看到问题所在。”[③]

可以看出，毛泽东当时的新闻思想，体现出更多地从政治上考虑新闻工作中的一些重要问题并加以强调的特点。更多地从政治上考虑新闻工作中的一些重要问题是必要的。“舆论既一律又不一律”论，在对舆论的主体加以区分的基础上决定舆论是一律还是不一律，体现了将人民和人民的敌对分子区别对待的思想原则，从基本面来说是正确的；但将胡风及其同仁作为敌对分子来对

① 中共中央文献研究室编:《毛泽东年谱(1949—1976)》(第2卷),北京:中央文献出版社,2013年,第390页。

② 毛泽东:《〈文汇报〉在一个时间内的资产阶级方向》,《人民日报》1957年6月14日。

③ 吴冷西:《忆毛主席——我亲身经历的若干重大历史事件片段》,北京:新华出版社,1995年,第141页。

待则是错误的。"新闻手段"说是建立在唯物论的反映论的基础之上的，经济是新闻反映的对象，新闻是反映经济的手段。这些判断都是正确的。但论定社会主义经济是计划经济则体现出了一定的时代局限性；说资本主义国家一概呈现无政府状态，也不尽准确。"政治家办报"的命题是正确的。恩格斯曾指出："绝对放弃政治是不可能的……主张放弃政治的一切报纸都在从事政治。"[①]在国际国内复杂的环境中，新闻媒体的负责人确实需要有政治家的素质，具有很强的政治敏感性和政治鉴别力，才不会犯错误。"政治家办报"，至今仍然是必须遵行的准则。

（四）刘少奇对新华社负责人的讲话：就新闻工作所作的独特思考

刘少奇的新闻思想与党的八大政治报告精神相吻合。党的八大是在对农业、手工业和资本主义工商业的社会主义改造基本完成之后举行的。八大政治报告对当时国内的主要矛盾作出的基本判断是："人民对于经济文化迅速发展的需要同当前经济文化不能满足人民需要的状况之间的矛盾。"[②]1956 年 5 月 28 日，刘少奇在对新华社负责人的讲话中提出："新华社要成为世界性通讯社，新华社的新闻就必须是客观的、真实的、公正的、全面的，同时，必须是有立场的。"[③]对新华社的新闻提出"客观、真实、公正、全面"的要求，是出于新华社与世界新闻界进行对话的考虑，具有创新的意味。上述八个字与"有立场"并不矛盾，必须同时兼顾，这是一种颇具政治智慧的表述。但在较长一段时间中，刘少奇这一重要观点并没有在主流语境中占主流地位。

（五）《人民日报》改版：凸显了中国共产党新闻思想的精髓

在实践中贯彻了中国共产党新闻思想的是《人民日报》于 1956 年 7 月 1 日进行的改版，这是新中国成立后的首次新闻改革。《致读者》的改版社论指出："人民日报是党的报纸，也是人民的报纸"，"我们的报纸名字叫'人民日报'，意思就是说它是人民的公共的武器、公共的财产。人民群众是它的主人。"[④]在改版一个月时，中共中央于 8 月 1 日批转了《人民日报》给中央的

---

① 《马克思恩格斯全集》(第 17 卷)，北京：人民出版社，1963 年，第 449 页。

② 中央档案馆、中共中央文献研究室编：《中共中央文件选集 (1949. 10—1966. 5)》(第 1 册)，北京：人民出版社，2013 年，第 15 页。

③ 中国社会科学院新闻研究所：《中国共产党新闻工作文件汇编》(下)，北京：新华出版社，1980 年，第 52、361 页。

④ 《致读者》，《人民日报》1956 年 7 月 1 日。

改版报告，明确指出："我们党的各种报纸，都是人民群众的报纸，它们应该发表党的指示，同时尽量反映人民群众的意见；如果片面强调它们是党的机关报，反而容易在宣传上处于被动地位。"[①]党的报纸，都是人民群众的报纸，其深刻的内涵是党性和人民性的统一；应该发表党的指示，同时尽量反映人民群众的意见，体现的是传播党的声音和表达人民心声的统一，这是中国共产党新闻思想的重要精髓和突出亮点。

三、改革开放和社会主义现代化建设时期：中国共产党新闻思想新的发展

中共十一届三中全会的召开，开启了一个新的历史时期。"文革"的错误被清算，党的实事求是的思想路线得到恢复。党和国家的工作重心由阶级斗争转向经济建设。改革开放这一巨大的社会工程揭开了序幕。中国共产党新闻思想在许多方面都有所发展。

（一）改革开放和社会主义现代化建设时期的时代特点

这一新的历史时期发生了一系列巨大的社会变迁。这一时期以十一届三中全会为起始点，在这次全会上，中国共产党确定了全党工作重心的转移，即由以阶级斗争为中心转向以经济建设为中心，恢复了党的实事求是的思想路线，由此开展了拨乱反正的工作。在十一届三中全会以后，中国开始了具有深刻内涵和重大历史意义的改革开放。这是改革生产关系以适应生产力的发展需要，是社会主义制度的自我完善。1992 年初，邓小平在南方发表重要谈话指出，资本主义也可以有计划，社会主义也可以有市场，计划和市场都是发展经济的手段。这成为社会主义建设和发展的新思路。

此后在党的第十四次全国代表大会上，社会主义市场经济体制得以确立。作为改革开放的伟大成果，社会主义市场经济引起了社会生活全方位的巨大变化。巨大变化之一，体现在经济基础呈现出前所未有的变化，公有制出现了多种实现方式，民营经济在国民经济中占有了相当大的比重，生产关系也有不同于以往之处；巨大变化之二，表现在社会阶层结构发生了新变，涌现出了一些

---

① 中国社会科学院新闻研究所：《中国共产党新闻工作文件汇编》（中），北京：新华出版社，1980 年，第 483 – 484 页。

新的阶层；巨大变化之三，人们的观念形态出现了前所未有的变化。与改革开放相适应的新的观念出现了。

1994 年中国接入互联网，加深了中国与整个世界的联系。随着互联网的发展，人们可以方便地在移动互联的状态之中接收信息、发表意见和参与形成舆论，原有的舆论格局被改变甚至被颠覆。这一时段的中国共产党新闻思想，是在这样的社会背景下发展的。

（二）邓小平提出党的报刊应成为“全国安定团结的思想上的中心”和“开发信息资源，服务四化建设”等重要观点

邓小平总是在关键时刻、关键问题上，提出精辟的见解，并使之在实践中发挥重要的指导作用。改革开放初始阶段，当时的实际状况是：在历时十年的“文革”内乱中，是非对错被颠倒，人们思想被搞乱，社会秩序被颠覆，危害社会安定团结的因素很多，情况相当复杂。这时，维护全国安定团结就显得特别重要。邓小平指出，要使我们党的报刊成为全国安定团结的思想上的中心。报刊、广播、电视都要把促进安定团结，提高青年的社会主义觉悟，作为自己的一项经常性的、基本的任务。[①]“思想上的中心”，具备以正确的思想即马克思主义指导、引领全社会的行动和起到凝心聚力作用的功能。实际上，不光是“文革”结束不久党的报刊须成为“全国安定团结的思想上的中心”，党的报刊成为这样的中心在任何时候也都是适用的，因而具有普适性。而邓小平的这一见解本身也具有普适性。

在 20 世纪 80 年代中期，科技信息迅速增加，信息技术崭露头角。信息逐渐成为重要资源。有论者指出：“20 世纪 80 年代以来，科技信息以每年 20% 左右的速度递增，并且有加快发展的趋势，人们把信息的高速膨胀形象地称为‘信息爆炸’，而信息基础设施的建设和完善，又使世界各地的信息资源通过通信网络得以高度利用，实现信息共享。”[②]邓小平敏锐地感受到世界所发生的上述变化，富有前瞻性地对新闻媒体提出了相应的要求。1984 年 9 月 18 日，《经济参考报》在头版发表了邓小平给该报的亲笔题词：“开发信息资源，服务四化建设。”这一题词所体现的具有开创性的思想观点，成

① 邓小平：《邓小平文选》（第 2 卷），北京：人民出版社，1983 年，第 255 页。

② 梁相斌、张武春、姜锦铭：《论邓小平的信息化思想》，2004 年全国邓小平生平和思想研讨会论文。

为中国共产党新闻思想其中一个重要内容。自此，开发和利用信息资源成为新闻媒体的一项重任。

（三）胡耀邦在中国共产党新闻思想发展中的作用

胡耀邦在主持中央党校工作期间，支持发表关于真理标准的重要文章。由该文引起的关于真理标准的讨论，为十一届三中全会的召开奠定了思想理论基础，并在很大程度上正向影响了党的新闻宣传工作。而该文的精髓，对新闻工作者观察、判断和反映社会现象也是完全适用的。胡耀邦在担任党的总书记期间还作过如下论述：党的新闻事业是党的喉舌，自然也是党所领导的人民政府的喉舌，同时也是人民自己的喉舌。这样一句话，当然不可能概括党的新闻事业的全部内容和作用。比如它还是党联系人民群众的一种纽带和桥梁，又是在人民中间、在党内外和国内外传递信息的一种工具，等等。但是，既然我们党是全心全意为人民服务的，党的工作路线是从群众中来、到群众中去的，那么党的新闻事业要能够充分发挥党的喉舌的作用，就理所当然地包含着既要使上情下达又要使下情上达的作用，包含着加强党同人民群众的联系、反映人民群众的呼声的作用，包含着在各方面满足人民群众获得信息的需要的作用。[①]在以上论述中，胡耀邦全面概括了新闻事业的功能：党、政府和人民的喉舌，党联系人民群众的纽带和桥梁，向党内外和国内外传递信息的工具。这样的论述是全面且恰当的。

（四）江泽民提出在新闻工作中坚持正确舆论导向和以正确的舆论引导人的重要命题

在 20 世纪 80 年代末发生的政治风波，从反面向人们发出警示：新闻媒体的舆论导向一旦发生错误，就会给党和人民带来巨大灾祸。于是，经过对当时现实教训的深刻理性总结，江泽民代表党中央提出了“坚持正确的舆论导向”[②]这一全新的重要命题，提出正确的舆论导向必须符合的五条标准，为中国共产党新闻思想宝库增添了新的时代内容。1996 年 9 月 26 日，江泽民在视察人民日报社时用正反对比的方式进一步指出：“舆论导向正确，是党和人民之福；舆论导向错误，是党和人民之祸。”[③]“福祸论”是关于舆论导向重要性的言

① 胡耀邦：《关于党的新闻工作》，北京：人民出版社，1985 年。

② 江泽民：《在全国宣传思想工作会议上的讲话》，北京：人民出版社，1994 年，第 3、10 页。

③ 江泽民：《在视察人民日报社时的讲话》，《人民日报》1996 年 10 月 21 日，第 1 版。

简意赅、含义深刻的论述。

舆论导向是要将舆论引至的方向。导向错误，会使新闻工作满盘皆输。和舆论导向密切相关的是舆论引导。这是一项对舆论进行正确引导和通过正确的舆论引导众议和众心的重要工作。1994 年，江泽民在全国宣传思想工作会议上提出："以科学的理论武装人，以正确的舆论引导人，以高尚的精神塑造人，以优秀的作品鼓舞人。"[①]"引导论"使新闻宣传工作从硬性的思想灌输向软性的舆论引导转变。舆论引导重在润物无声、循循善诱。这既是新闻宣传方法手段的转变，同时又是新闻宣传思想理念的跃升。他所提出的关于提高引导艺术的观点，很有启发性和指导性。除此之外，江泽民就新闻真实性、新闻自由和新闻媒体喉舌功能、新闻队伍建设等也作了重要论述，这些都是中国共产党新闻思想中的重要内容。

（五）李瑞环提出的正面宣传为主成为新闻宣传工作的重要方针

中共十三届四中全会之后分管意识形态工作的中央政治局常委李瑞环，于 1989 年 11 月 25 日在新闻工作研讨班上的讲话中说："无论是从新闻工作的一般意义上讲，还是从当前各方面的实际情况来讲，或是从稳定是压倒一切这个大局来讲，关键的问题是新闻报道必须坚持以正面宣传为主的方针。我认为，这是社会主义新闻事业必须遵循的一条极其重要的指导方针。坚持这个方针，就是要准确、及时地宣传党的路线、方针、政策，实事求是地反映社会现实生活的主流，让人民群众用创造新生活的业绩教育自己形成鼓舞人们前进的巨大精神力量，在当前就是要造成一个有利于稳定局面的舆论环境。"[②]正面宣传为主方针的提出，有当时特定的社会现实背景，但它后来成为新闻宣传工作中的重要的指导方针自有其必然性。

（六）胡锦涛对丰富发展中国共产党新闻思想作出贡献

胡锦涛在中共十六大后担任党的总书记期间，将"以人为本"的理念贯穿于新闻宣传工作之中，明确提出新闻宣传要"以人为本"，把新闻宣传的对象放到了本位的位置上，充分体现对人的理解、尊重、关心和爱护。概而言之，这样的新闻宣传是目中有人的新闻宣传。新闻宣传要以人为本，这是中国共产

---

① 江泽民：《在全国宣传思想工作会议上的讲话》，北京：人民出版社，1994 年，第 3、10 页。

② 李瑞环：《坚持正面宣传为主的方针——在新闻工作研讨班上的讲话》，《新闻战线》1990 年第 3 期。

党新闻思想中的一项全新的内容。

“按照新闻传播规律办事”，[①]这是胡锦涛在 2008 年 6 月 20 日视察人民日报社时发表的重要讲话中所提出的重要观点。强调按照新闻传播规律办事，这有利于党和政府的各级领导人、新闻媒体的负责人按客观规律管理新闻工作和新闻事业，有利于新闻工作者遵循新闻传播规律进行新闻生产和传播，有利于新闻传播达到效果最优化。胡锦涛还要求，把提高舆论引导能力放在突出位置。[②]这是与加强党的执政能力建设相适应的。在善用、善待、善管新闻媒体的过程中表现出来的能力，是党的执政能力结构体系中的一个重要构成部分。提高这种能力,有利于相当一部分领导干部克服在新闻媒体面前表现出来的“本领恐慌”。

四、新时代中国共产党新闻思想的创新发展

党的十八大以来，中国特色社会主义进入新时代，中国共产党新闻思想又有了新的发展。

（一）新时代的时代特点及对中国共产党新闻思想的影响

党的十八大以后，我国进入了一个新的时期——中国特色社会主义新时代，此为我国发展的新的历史方位。在新时代，我国社会的主要矛盾已经转化为人民日益增长的美好生活需要和不平衡不充分的发展之间的矛盾。[③]人民日益增长的美好生活需要，其中就包括了对优秀新闻产品和高质量新闻信息的需要。主要矛盾的另一个方面，是不平衡不充分的发展。不平衡不充分的发展情况在任何时候都是存在的。

社会主要矛盾推动着社会的发展进步。在新时代，互联网对人们的生产或工作方式、生活方式和思维方式显现出较之此前更大的影响力和作用力。自媒体已然成为更为方便的信息接收和意见表达工具。大数据、人工智能，区块链等信息技术已经在相当程度上介入人类社会生活，并深度影响新闻传播。社

① 吴绮敏、孙承斌等：《唱响奋进凯歌 弘扬民族精神——记胡锦涛总书记在人民日报社考察工作》，《人民日报》2008 年 6 月 21 日，第 1 版。

② 同上。

③ 中共中央党史和文献研究院编：《十九大以来重要文献选编》（上），北京：中央文献出版社，2019 年，第 8 页。

会舆论场变得更加复杂和更加难以管控。在新时代，西方某些发达国家对强势崛起的中国的遏制呈现出变本加厉的态势，通过社交类媒体对中国进行无孔不入的意识形态渗透。新闻舆论更加显现出其重要性和难控性。在这种情况下，习近平对中国共产党新闻思想进行了一系列重大创新发展。

（二）“新闻宣传”的提法在较多场合被“新闻舆论”的称谓取代

习近平在2016年2月19日党的新闻舆论工作座谈会上使用了“新闻舆论”这一新的概念，自此，新闻舆论在较多场合取代了新闻宣传。使用概念的变化包含着深意。有学者认为，从“宣传”到“舆论”的变化是一个主体和客体不断变动的过程。宣传的主体是党的新闻工作者，而舆论的主体是广大人民群众，是民间自发地对各种公共事务所表达的意见和看法。宣传主要通过主流媒体的报道和评论来实现，舆论则是由民众通过互联网等媒体对某一事项自由表达个人的观点和意见来汇聚。从自上而下的单向传播到上下通达、左右互动的交互传播、圈层传播，信息流向发生了根本性改变。[①]可见，由新闻舆论取代新闻宣传，体现出中国共产党新闻思想达到了一个新的高度。

（三）习近平的新闻舆论观全方位地丰富发展了中国共产党新闻思想的理论宝库

进入新时代以来，习近平就新闻舆论工作发表了一系列重要讲话，讲话包括如下主要内容：新闻舆论工作的极端重要性（“五个事关”），党性和人民性一致、统一的关系，新闻舆论工作的职责使命，新闻舆论工作者的角色定位，“讲导向”要全覆盖，舆论引导要把握好时、度、效，传统媒体和新兴媒体融合发展，遵循新闻传播规律和新兴媒体发展规律等相关规律，提升新闻舆论的传播力、引导力、影响力、公信力，新闻工作者提高脚力、眼力、脑力、笔力，讲好中国故事、传播好中国声音，加强国际传播能力建设，转作风、改文风，推出有思想、有温度、有品质的新闻作品，培养全媒型和专家型新闻人才等。

习近平对于中国共产党新闻思想最突出的贡献在于：

——作出了“党性和人民性从来都是一致的、统一的”[②]重要判断。这一重要判断，廓清了长期以来在党性和人民性关系问题上存在的思想迷乱。在

---

① 唐绪军：《由“宣传”到“舆论”意味着什么？》，《中国社会科学报》2016年4月29日。

② 习近平：《胸怀大局把握大势着眼大事 努力把宣传思想工作做得更好》，《人民日报》2013年8月21日，第1版。

习近平作出这一重要论断之前，在党性和人民性的关系问题上存在着许多误识，以党性排斥人民性和以人民性排斥党性的现象时有发生，在某些空间中误识根深蒂固。习近平一方面从政治、导向的角度清晰地阐明了党性；另一方面用“以民为本”“以人为本”作为党的执政理念的核心，以人民为中心的工作导向，十九大报告中把人民利益放在至高无上的位置等，诠释了人民性的深刻内涵，从深层次阐明了党性和人民性的一致和统一的关系。这一理论观点不仅是对中国共产党党建理论的丰富发展，而且是对党的新闻思想的丰富发展。

——提出了媒体融合发展的重要命题并将其上升为国家战略。在 2014 年 8 月 18 日举行的中央全面深化改革领导小组第四次会议上，习近平提出传统媒体和新兴媒体融合发展[①]的重要理念和战略思想。此后，媒体融合成为国家战略。从客观情势来讲，主流媒体不再是人们接受新闻信息的首选，所以必须在和新兴媒体的深度融合中实现艰难转型和寻求新的发展进路。习近平指出，媒体融合要以内容建设为根本，以先进技术为支撑。这指明了内容建设和先进技术两者之间的辩证关系。媒体融合要从“你中有我”“我中有你”发展到“你就是我”“我就是你”，要适应“四全媒体”（全程媒体、全息媒体、全员媒体、全效媒体）的要求。习近平关于媒体融合的重要论述，是中国共产党人在新媒体、自媒体、全媒体时代所作出的积极的、富于成效的理论回应和极富创新精神的实践应对。习近平关于媒体融合的重要论述，指导着媒体融合的实践发展。

——在中国共产党新闻思想中明显增加了认知和遵循相应规律的理论含量。在舆论和舆情主体思想活跃、观念愈发多元化的今天，在新闻舆论的传播手段和技术日趋先进的情况下，进行有效舆论引导的难度逐渐加大。在此情况下，习近平对与新闻传播相关的规律的强调达到了一个新高度。他所论及的规律有：新闻传播规律、新兴媒体发展规律、网络传播规律、新闻舆论的传播规律。“新兴媒体发展规律”，是由习近平首先提出来的。这是新兴媒体在发展中所必须遵循的客观规律，当然也是媒体融合过程中必须遵循的客观规律，其内涵包括：数字化律、方便用户使用律、全天候服务律、融合包容律等。“网

① 习近平：《共同为改革想招一起为改革发力 群策群力把各项改革工作抓到位》，《人民日报》2014 年 8 月 19 日，第 1 版。

络传播规律”，是互联网在传播信息的过程中所呈现出的规律。互联网在传播形态、传播渠道、传播方法、传播端口等方面有别于传统媒体，因而其传播规律也不同于传统媒体的传播规律。习近平提示我们要加强网络传播规律的研究。“新闻舆论的传播规律”，既不能完全等同于新闻传播规律，也不能完全等同于网络传播规律。它是新闻传播后形成的舆论所体现和遵循的传播规律（和舆论及舆论传播密切相关）；包含了线上的新闻舆论和线下的新闻舆论，因而和网络传播规律也有所区别。

——倡导和推动国际传播能力建设，讲好中国故事、传播好中国声音。2018 年 8 月，习近平在全国宣传思想工作会议上发表的重要讲话中指出，要推进国际传播能力建设，讲好中国故事、传播好中国声音，向世界展现真实、立体、全面的中国，提高国家文化软实力和中华文化影响力。[①]“故事是一种可感知的文化载体，也是一种有效的传播工具。在国际传播中，故事不仅具有解释和展示的功能，而且具有意义赋予和观念生产的能力，对于提升一个国家的国际影响力、感召力和塑造力具有十分重要的作用。以故事为媒介进行国际传播，有助于克服不同国家民众在文化、语言、心理上的障碍，使自己的话语更易于被对方理解和接受，从而塑造良好国家形象。”[②]

推进国际传播能力建设，是“联接中外，沟通世界”的题中应有之义。国际传播必须加强，国际传播能力有待建设。在此过程中，把中国故事讲好，把中国声音传播好，是必须做好的功课。这就需要发现和筛选质地优良（具有生动性和深刻性）的中国故事，用能打动人和感染人的叙事方式讲故事。要改变在国际传播中不善于讲故事而只会简单直白地灌输观念、不顾外国受众心理感受的做法。“在解读中国实践、构建中国理论上，我们应该最有发言权，但实际上我国哲学社会科学在国际上的声音还比较小，还处于有理说不出、说了传不开的境地。”[③]其实，这不光是我国哲学社会科学在国际上的处境，而且也是我国的新闻媒体在国际传播格局中的境遇。其间，有一个话语体系问题，须“着力打造融通中外的新概念新范畴新表述”。

---

① 习近平：《举旗帜聚民心育新人兴文化展形象 更好完成新形势下宣传思想工作使命任务》，《人民日报》2018 年 8 月 23 日，第 1 版。

② 钟悠天：《用故事展现真实、立体、全面的中国》，《人民日报》2018 年 11 月 8 日，第 7 版。

③ 习近平：《在哲学社会科学工作座谈会上的讲话》，北京：人民出版社，2016 年，第 24 页。

——就新闻队伍建设和新闻人才培养提出了一系列精辟见解。新闻队伍是由新闻舆论工作者组成的群体，其整体和个体通过话语影响社会舆论使人心或向或背、或聚或散。因此，习近平指出，要适应新形势新任务的要求，加快培养造就一支政治坚定、业务精湛、作风优良、党和人民放心的新闻舆论工作队伍。新闻舆论工作者要增强政治家办报意识，在围绕中心、服务大局中找准坐标定位，牢记社会责任，不断解决好“为了谁、依靠谁、我是谁”这个根本问题。[①]新闻队伍必须在政治、业务、作风等三个方面都很过硬，能让党和人民放心，这样才能担当重任。其中的关键是能很好地解决“为了谁、依靠谁、我是谁”这个根本性的问题。“为了谁”明确的是服务对象，“依靠谁”认清的是依靠力量，“我是谁”解决的是自我认知。

习近平要求新闻舆论工作者，提高业务能力，勤学习、多锻炼，努力成为全媒型、专家型人才。[②]成为全媒型人才，是习近平适应全媒体发展大势对新闻舆论工作者提出的要求。这样的人才，与传统媒体（单一媒体）所需要的人才相比有更高的要求，不仅精于内容生产，而且熟谙传播技术。成为专家型人才，则是对各类新闻舆论工作者业务精湛提出的要求。全媒型人才和专家型人才，两者是可以合一的。当然，这是一种更高的境界。

新闻工作者要转作风改文风，俯下身、沉下心，察实情、说实话、动真情，努力推出有思想、有温度、有品质的作品。[③]习近平由转作风和改文风入手，论述新闻生产，切中肯綮。只有转作风改文风，才有可能推出有思想、有温度、有品质的作品。对于新闻舆论工作者来说，要想推出有思想、有温度、有品质的作品，必须转作风改文风。唯此一途，没有其他路径可以选择。

①②③习近平：《坚持正确方向创新方法手段 提高新闻舆论传播力引导力》，《人民日报》2016 年 2 月 20 日，第 1 版。

一百年来中国共产党新闻思想与时俱进、创新发展的特点十分明显。这既是它尊重客观实际、适应时代要求的精神品格的具体彰显，同时也是它充满活力和魅力的充分体现。

（作者丁柏铨系南京大学新闻传播学院教授、博士生导师）

（本文刊于《当代传播》2021年第2期，收入论文集时有改动）

马克思主义在中国的早期传播及其新闻思想的形成*

程曼丽　赵晓航

内容摘要：本文着眼于马克思主义在中国的早期传播，分析了马克思主义新闻思想是如何被中国先进知识分子接受、传播并逐步中国化的。本文认为，马克思主义新闻思想中国化的原因在于：第一，马克思主义为中国知识分子的舆论斗争和新闻实践提供了理论指导；第二，苏联社会主义的成功为马克思主义在中国的发展提供了实践经验；第三，马克思列宁主义与中国实践的结合促成了马克思主义新闻思想的中国化。

关键词：马克思主义新闻思想；列宁新闻思想；中国化

在20世纪初期内忧外患的时代背景下，中国先进知识分子进行了一系列救国图存的探索，并从报刊活动入手，开启了马克思主义思想在中国的传播。

一、马克思主义在中国传播的时代背景

1840年第一次鸦片战争后，我国全面遭受帝国主义列强的侵略。辛亥革命虽然结束了封建君主专制，但并未改变半殖民地半封建的社会现实。正因为此，先进知识分子早期的革命活动始终带有如何“救中国”的问题意识。在这一问题意识的牵引下，他们努力探索改变现状、推动社会进步的途径。而报刊活动在其中扮演着重要角色，从资产阶级革命派的“政治家办报”，到辛亥革

* 本文为国家社会科学基金重大项目阶段性成果，批准号为：20 & ZD314。

命后出现的各类进步刊物，再到新文化运动前后出现的一系列报刊，以及在五四运动和中国共产党建立过程中发挥了重要作用的《新青年》杂志等，都延续了这一问题意识。

从整体上看，五四运动前期先进知识分子的报刊活动主要有以下两个特点。

一是延续了早期资产阶级知识分子的国际视野。

纵观中国近代报刊实践活动，引进、翻译始终是一个伴随性的特征。自林则徐办报时起，我国先进知识分子就开创了译报传统，注重引进西方先进观点；梁启超更是明确了“报馆有益于国事”的办报理念，认为报纸应“广译五洲近事”，进而“导之以真理”。这或可视为早期资产阶级知识分子的国际视野。

辛亥革命后的最初一段时间，马克思主义尚未进入先进知识分子的视野。后来成为中国共产党第一任中央局书记、新文化运动和五四运动领导者的陈独秀，以及中国共产党的另一位主要创始人李大钊，当时还只是抱有民主革命思想的进步学生。但是从他们早期的办报活动中，可以看出他们所具有的国际视野。

早在天津北洋法政专门学堂读书期间，李大钊就开始了办报活动。他曾在校内学术团体刊物《言治》月刊中发表《欧洲各国选举制度考》《各国议员俸给考》等文章，介绍西方政治制度和政治学理论。

至 1915 年胡适、陈独秀、李大钊等人发起“反传统、反孔教、反文言”的新文化运动，知识分子的国际视野得以延伸和进一步扩大。以陈独秀为例，新文化运动期间，他创办了《青年杂志》（后改名《新青年》），该杂志不仅成为新文化运动的主阵地，也为后来的五四运动和中国共产党的成立做了重要的舆论准备。陈独秀于 1915 年 9 月 15 日刊登的《青年杂志社告》写道：“今后时会，一举一措，皆与世界关系。我国青年，虽处蛰伏研求之时，然不可不放眼以观世界。本志于各国事情学术思潮尽心灌输，可备攻错。”①该杂志自第一卷第一号起，就设有“国外大事”和“国内大事”两个时事新闻栏目。第一号的“国内大事”介绍了《国体问题》《青岛税关交涉之结果》和《宪法起草之进行》；“国外大事”则通过译介形式对内传播国际新闻。在《新青年》

① 中共中央马克思恩格斯列宁斯大林著作编译局研究室：《五四时期期刊介绍》（第一集），北京：人民出版社，1958 年，第 382 页。

第一卷第一至六号中，除国内新闻时事之外，其译介的有关国外政治理论、政治事件、西方社会科学理论、名人传记等方面的文章已近一半。

在国际视野的观照下，不仅英美等西方国家的政治、文学作品和理论研究作为“他者”被引进，日本、俄罗斯的改良及革命活动也同样受到先进知识分子的关注。从“他者”经验中寻找救国之道，这是当时先进知识分子的共同理念，这一理念也贯穿于早期马克思主义思想的传播活动中。

二是第一次世界大战和俄国革命推动了知识分子的思想转向。

第一次世界大战的爆发，使得世界政治格局发生了深刻变化，同时也使先进知识分子的视野发生了转变。

一方面，一战期间西方各国无暇东顾，日本趁虚而入对德国宣战，两国激战的结果是日本占领了德国租借地胶州湾，日本随后又与袁世凯政府签订了“二十一条”；北洋政府遂向德国宣战，加入第一次世界大战协约国一方。然而，中国作为战胜国之一，德国在山东攫取的权益却被转让给了日本，不但如此，日本还进一步扩大了在中国的特殊权益。这激怒了国内知识分子和广大民众，李大钊在《甲寅》日刊和《新青年》上发表的《警告全国父老书》《国民之薪胆》《厌世心与自觉心》等一系列文章，就是在此背景下著就的，正如他在文中所言，“中国至于今日，诚已濒于绝境，但一息尚存，断不许吾人以绝望自灰”①。

另一方面，俄国及其他欧洲国家的政治局势发生了深刻变化，“社会党革命”进入人们的视野。1917 年，俄国先后爆发二月革命和十月革命，李大钊在《欧洲各国社会党之平和运动》一文中热情赞颂了二月革命：“当俄京骚动之际，其各大都会，赤旗飘扬，一挥而蔽罗马那天朝之日月”；陈独秀也在《新青年》第三卷第二号发表《俄罗斯革命与我国民之觉悟》一文，提出“吾国民所应觉悟者，俄罗斯之革命，非徒革俄国皇族之命，乃以革世界君主主义、侵略主义之命也。吾祝其成功”②。俄国社会主义革命影响着整个欧洲，“赤色旗到处翻飞，劳工会纷纷成立，可以说完全是俄罗斯式的革命，可以说是二十世纪式的革命”③。这与我国当时的社会现实形成了鲜明的对照，对此李大钊

① 《李大钊全集》（第一卷），北京：人民出版社，2013 年，第 252 页。

② 陈独秀：《陈独秀文章选编》（上），北京：生活·读书·新知三联书店，1984 年，第 197 页。

③ 《李大钊全集》（第二卷），北京：人民出版社，2013 年，第 391 页。

在《欧洲各国社会党之平和运动》一文中分析道，“凡持社会主义者莫不反对战争”[①]；他认为，俄国之所以在一战中获胜，是因为遵循了“欲索胜利，先索自由”[②]的道理。

俄国革命的胜利开启了我国知识分子的新视界，也带来了新的希望。俄国革命胜利后苏联出台了一系列与中国友好的对外政策，宣布放弃沙皇时期和其他国家缔结的不平等条约，包括“放弃沙皇政府在满洲的所有掠夺品，恢复中国在这些地区的主权”“放弃在中国和内蒙古的治外法权的一切权益”[③]等。此外，中国劳工从苏俄回国，在中国工人中宣传列宁思想，从而使中国早期的革命实践者看到了解决问题的希望，对于“国势陵夷”[④]的中国而言，这无疑具有重要的启示和参考价值。

从这一点来看，我国先进知识分子转向马克思主义，是基于对中国问题的探索、在国际视野下的一种综合判断。这种集主客观因素于一体的认知与选择，最终将马克思主义引入中国，并由“他者”变为本体的一部分。

二、中国知识分子对马克思主义的自主传播

1918 年 11 月 15 日，北京大学在天安门前连续举办了两天演讲大会，校长蔡元培以《劳工神圣》为题发表演讲，时任北大图书馆主任、教授的李大钊则发表了著名的《庶民的胜利》[⑤]演说，他充满激情地指出，一战的结果是“世界无产庶民对于世界资本家的战争”，“把资本家独占利益的生产制度打破”。这也是马克思主义阶级斗争理论在中国具有影响力的一次传播。

天安门演讲大会之后，李大钊又在《新青年》上发表《布尔什维主义的胜利》一文[⑥]，该文是对《庶民的胜利》的具体化与深化，两篇文章集中回答了“一战究竟是谁的胜利”的问题。在《布尔什维主义的胜利》中，李大钊具体介绍了布尔什维克（Bolsheviki）的含义，即“革命的社会主义”“奉德国社会主

① 《李大钊全集》（第二卷），北京：人民出版社，2013 年，第 178 页。
② 同上书，第 211 页。
③ 黄修荣：《共产国际与中国革命关系史》，北京：中共中央党校出版社，1989 年，第 52 页。
④ 中共中央马克思恩格斯列宁斯大林著作编译局研究室：《五四时期期刊介绍》（第一集），北京：人民出版社，1958 年，第 382 页。
⑤ 《李大钊全集》（第二卷），北京：人民出版社，2013 年，第 357－360 页。
⑥ 同上书，第 362－371 页。

义经济学家马客士（Marx）为宗主”，目的在于“把现在为社会主义的障碍的国家界限打破，把资本家独占利益的生产制度打破”。至此，马克思主义在中国传播的大幕已然拉开。

1919 年，李大钊将他轮值主编的《新青年》第 6 卷第 5 号编辑成“马克思研究”专号，长篇论文《我的马克思主义观》即在该卷中发表[①]，《新青年》宣传马克思主义的序幕正式开启。

由于《新青年》定位是“大型理论月刊”，登载的文章篇幅较长，无法满足深入而普遍宣传的需要，李大钊、陈独秀等人又于 1918 年创办了《每周评论》，形成对《新青年》的有力补充。1919 年 8 月 17 日刊载在《每周评论》第 35 号上的《再论问题与主义》一文，较为清晰地概括了早期被李大钊等人引入中国的马克思主义的具体内容，李大钊认为“马克思的唯物史观，社会上法律、政治、伦理等精神的构造，都是表面的构造，他的下面，有经济的构造作他们一切的基础……经济问题的解决，是根本解决”[②]。此外，李大钊、陈独秀也在《民国日报》副刊《觉悟》和《晨报》副刊等报纸副刊上发表了一系列宣传马克思主义的文章，向先进青年和知识分子介绍马克思主义理论，为中国共产党的成立奠定了坚实的基础。

从历史节点看，马克思主义在中国的传播起始于“十月革命的一声炮响”，然而在早期的传播活动中，我国和俄国的马克思主义者并未建立直接联系[③]。早期的传播活动均是我国马克思主义者的自觉行为，内容主要引自马克思、恩格斯经典著作以及欧美、日本的报刊。以李大钊的文章为例，从《俄国共和政府之简历及其纲领》《布尔什维主义的胜利》《我的马克思主义观》等文章中可以看出，他所援引的知识内容主要来自《共产党宣言》《资本论》等经典著作，日本经济学家、马克思主义者河上肇的文章，以及日本东京的《时报新报》，英国的《泰晤士报》、路透社电文等。

马克思主义在中国传播的另一个不可忽视的因素，是新闻传播的专业化训练，即 1918 年在北京大学成立的北京大学新闻研究会（后改名为北京大学新闻学研究会）组织的一系列理论教学和实践活动。

① 方汉奇：《中国新闻传播史》，北京：中国人民大学出版社，2014 年，第 138 页。

② 中共中央党校党史研究室：《中共党史参考资料》（一），北京：人民出版社，1979 年，第 122 页。

③ 黄修荣：《共产国际与中国革命关系史》，北京：中共中央党校出版社，1989 年，第 53 页。

该社团于1918年在北京大学成立，时任校长蔡元培担任研究会会长，研究会的理念是“根据我国报业现状，引进欧美理论”，同时，还要根据“我国社会的新闻经验与外国有特别不同之点……本特别之经验而归纳之。”[①]研究会聘请时任北大教授兼校长室秘书的徐宝璜、《京报》创始人著名记者邵飘萍为导师，进行常规性授课。著名的新闻学教育开山之作《新闻学》就是徐宝璜的课堂讲义，内容包括“新闻纸之职务及尽职之方法”“新闻之定义”“新闻之精彩”“新闻之价值”“新闻之采集”“新闻之编辑”等；其后邵飘萍出版的《实际应用新闻学》中的内容，与他给学员授课的内容也基本一致，包括“讲述新闻记者外交术，专研究探索新闻材料之方法”[②]等等。

新闻理论和实践知识的传授，为马克思主义理论在中国的进一步传播奠定了专业基础。新闻学研究会的许多学员后来都成为马克思主义在中国传播的“先锋队员”。北大学生高君宇、陈公博、罗章龙等就是其中代表，当时在图书馆做管理员的毛泽东也是研究会的半年期学员。他们通过各自的办报活动，将马克思主义的思想观点传播至各地——毛泽东回到湖南创办了《湘江评论》，陈公博回到广东创办了《群报》；罗章龙、高君宇则创办了中国劳动组合书记部的机关报《工人周刊》，服务工人运动。

此时虽然尚未形成完整的理论体系，但是马克思主义新闻思想的中国化轨迹已清晰可辨。

三、马克思主义新闻思想在中国的践行

1917年至1919年间，马克思主义在中国的传播主要是先进知识分子的自觉行为；1919年3月以后，苏俄开始向外输出马克思列宁主义思想，进而与中国的马克思主义者形成双向互动，这也在很大程度上推动了马克思主义与中国社会实践的结合。

辛亥革命前后，列宁就撰写过一系列关注中国革命的文章，对中国的民族解放运动表现出极大的兴趣，但当时苏俄方面还是寄希望于资产阶级民主派能够把革命事业向前推进。当时苏俄方面与中国的联系是以国民党为主，甚至

① 蔡元培：《蔡元培文集》（第三卷），北京：锦绣出版事业股份有限公司，第198页。

② 邵飘萍：《我国新闻学进步之趋势》，《东方杂志》第21卷第6号，第23－25页。

十月革命后列宁还致电邀请孙中山前往俄国。但是由于种种原因，苏俄与国民政府的联系并未深入进行。

1919 年 3 月，俄共（布）第二次西伯利亚代表会议召开，会上决定“在远东建立西伯利亚地区委员会情报宣传局”，与东方的共产党员建立联系，“进行书面和口头的宣传”[①]。同年夏天，俄（共）布中央西伯利亚局代表来到天津与李大钊会面，中国的马克思主义者与苏俄方面正式建立了联系。1920 年，维经斯基等俄共（布）党员来华，两国之间的联系进一步深入。李大钊曾引荐维经斯基在北大图书馆与进步学生讨论中国建党问题，并在上海同《新青年》主编陈独秀、《星期评论》主编戴季陶、《劳动界》周刊创始人李汉俊等人就中俄两国的革命情况交换意见[②]。维经斯基“充满了青年的热情，与五四以后的中国新人气味相投”[③]，在中国与苏俄的早期合作中发挥了重要作用。

如果说马克思的新闻思想为中国革命提供了理论指导，那么苏俄，特别是列宁的新闻思想则为中国革命提供了具体的实践经验。

具体表现在：

一是强调报刊具有宣传鼓动的作用。

列宁十分重视报刊的宣传鼓动作用，甚至将其比作武器，认为“报纸出版号数多少和是否按时，可以成为衡量我们军事行动的这个最基本最必要的部分是否坚实可靠的最确切标准”。[④]列宁在《从何着手？》一文中详细阐述了他在十月革命前的办报理念，即“创办全俄政治报”。列宁认为，党的报纸作为党的宣传机关，是无产阶级整体事业的一部分，因此，其一切报道宣传，必须以党的立场和利益点出发。党报是全党工作不可或缺的重要组成部分，一切报纸、杂志、出版社，包括书库、书店、阅览室都应完成改组，成为机关报。[⑤]而党的一切报纸，不论是地方的或中央的，都必须服从党代表大会，服从相应的中央和地方党组织。这一理念在中国共产党筹备建党的过程中就得到重视，

---

① 佩尔西茨：《旅俄的东方国际主义者和民族解放运动若干问题》，《共产国际与东方》，莫斯科，1969 年俄文版，第 64 － 65 页，转引自黄修荣：《共产国际与中国革命关系史》，北京：中共中央党校出版社，1989 年，第 56 页。

② 黄修荣：《共产国际与中国革命关系史》，北京：中共中央党校出版社，1989 年，第 59 页。

③ 姚金果：《解密档案中的陈独秀》，北京：东方出版社，2011 年，第 14 页。

④ 列宁：《从何着手？》，选自中共中央宣传部新闻局：《马克思主义新闻工作文献选读》，北京：人民出版社，1990 年，第 33 页。

⑤ 《列宁全集》（第 10 卷），北京：人民出版社，1958 年，第 25 页。

并在后来《中国共产党的第一个决议》[①]中得以贯穿。该决议称，“一切书籍、日报、标语和传单的出版工作，均应受到中央执行委员会或临时中央执行委员会的监督”。

共产国际东亚书记处参与了1920年《新青年》的改组工作[②]，成立新青年社作为编辑部，出版发行与群益书店脱钩[③]。上海党小组就是依托改组后的杂志社成立的，这也意味着《新青年》作为中共上海早期组织的机关刊物，开始履行组织者和宣传者的职责。陈独秀将《新青年》第七卷第六号编辑为《劳动节纪念号》[④]，发表了《“五一”劳动史》《职工同盟论》等文章，介绍了美国、日本、英国等国家的劳工运动情况以及我国各省市的劳动状况[⑤]；李大钊后又在其轮值主编第八卷第一号开辟了“俄罗斯研究”专栏，刊登了《俄罗斯苏维埃政府》等3篇介绍俄罗斯政治的翻译文章。至此，《新青年》由综合性的文艺批评刊物转而成为马克思主义的宣传刊物，成为马克思主义向国内传播的最重要的渠道。当时，同为编辑的胡适就评论道：“《新青年》差不多成了苏俄的汉译本”。

此外，共产国际东亚书记处的职责之一是“在中国组织出版工作”，书记处还在北京、上海、哈尔滨等地建立了出版中心，帮助《新潮》等刊物出版，同时还以供稿的方式借助《新青年》《劳动界》进行宣传活动。除了确定《新青年》作为公开宣传物之外，1920年，效仿列宁创办全俄秘密政治报建党，李达在上海创办了第一份党刊《共产党》[⑥]。该刊的办刊宗旨与《新青年》一脉相承，甚至部分稿件也由《新青年》提供，其刊发的《共产主义是什么意思》《共产党同他的组织》等一系列传播马克思主义的文章，为中国共产党的建立奠定了理论和舆论基础。

---

① 孙武霞、许俊基：《共产国际与中国革命资料选辑（1919—1924）》，北京：人民出版社，1985年，第86页。

② 在给共产国际的工作汇报中，维经斯基将《新青年》改组作为其派驻中国期间的工作成绩之一，有学者认为这有夸大共产国际工作之嫌，但也可以侧面反映出，《新青年》在1920年后确实受到了苏俄党报模式的影响，开始履行作为机关报的职责。

③ 方汉奇：《中国新闻传播史》，北京：中国人民大学出版社，2014年，第143页。

④ 同上书，第138页。

⑤ 陈独秀等：《新青年》第7卷第6—7号，北京：人民出版社，第182页。

⑥ 中共中央党史研究室第一研究部：《李达与中国共产党的创建和马克思主义在中国的传播》，北京：人民出版社，2013年，第64页。

还是在1920年8—9月召开的共产国际第二次代表大会上，列宁就提出各国共产党加入第三国际的条件，其中第一条就是“日常的宣传和鼓动必须具有真正的共产主义性质，党所掌握的各种机关报刊，都必须由共产党人主持”；而对于宣传内容，列宁也做了详细的规定，即“每天系统登载活生生的事实”，介绍“无产阶级专政的必要性”，并“无情地斥责资产阶级及其帮凶，和各色各样的改良主义者”[①]。1922年7月中国共产党第二次全国代表大会通过了《中国共产党加入第三国际决议案》，而列宁有关宣传方面的要求也在中国共产党后来的宣传工作中得以贯彻。

二是提出党报具有组织者的作用。

列宁认为，政治报刊不仅是政治宣传的手段，更是组织团结各派民主势力形成无产阶级政党的组织手段，“革命的报纸，当我们还没有争取到政治自由的时候，它就是我们的一切。”[②]1921年7月12日，共产国际第三次代表大会通过《共产党的组织、工作方法和工作内容提纲》，明确了报刊的组织者职责，称“共产党报纸必须努力使自己成为共产主义的企业，即成为无产阶级的战斗组织，成为革命工人……通讯员等等的集体”[③]，此外，报刊还应“直接参加党所领导的运动，是战斗的共产主义报刊固有的特色”[④]。

回溯历史可见，我国早期宣传刊物所具有的组织者的职能，是对列宁“党报组织者”理念的践行。而在中国共产党筹建的过程中，《新青年》甚至部分发挥了党组织机关的作用，早期C.C.P的会议就经常在《新青年》杂志社内召开，共产国际代表维经斯基经常就党的工作和工人运动在此讨论[⑤]。同时，《新青年》还起到组织和动员的作用，由于其刊载的内容在青年学生中产生了广泛

---

① 孙武霞、许俊基：《共产国际与中国革命资料选辑(1919—1924)》，北京：人民出版社，1985年，第182页。

② 《列宁全集》(第4卷)，俄文第四版，第199－200页，转引自《苏联共产党中央直属高级党校新闻班讲义汇编》(第2集)，第249页。

③ 孙武霞、许俊基：《共产国际与中国革命资料选辑(1919—1924)》，北京：人民出版社，1985年，第116页。

④ 同上书，第118页。

⑤ 李达：《关于中国共产党建立的几个问题》，中国社会科学院现代史研究室、中国革命博物馆党史研究室选编：《“一大”前后——中国共产党第一次代表大会前后资料选编》(二)，北京：人民出版社，1980年，第17页。

影响，杂志社亦在此基础上团结了大量青年学生和左翼知识分子。李达曾在回忆中提到，有不少脱离家庭、离开学校的青年人，到杂志社投奔组织[①]。

四、马克思主义新闻思想的中国化

如前所述，半殖民地半封建的社会背景决定了中国先进知识分子的办报活动是在爱国图存的历史使命下进行的。因此，无论是西方政治理论还是马克思主义思想，都是作为先进经验的“他者”被引入的，这也就决定了中国早期的马克思主义者是从工具理性出发进行传播活动的，当他们的自我探索和列宁的报刊活动产生契合后，便很快进入马克思主义和列宁主义新闻思想的轨道，并由此开始了马克思主义新闻思想中国化的进程。中国共产党成立以后，马克思主义的传播实际上也是马克思主义新闻思想进一步中国化的过程。换言之，中国的马克思主义新闻观，本质上是马克思主义新闻思想与中国社会实践的有机结合，是马克思主义新闻思想中国化的成果。

在“中国化”的具体过程中，中国共产党人进行了创新性的探索，而非简单复制马克思主义的新闻理念。

马克思主义新闻思想之所以能够与中国社会实践相结合，基于以下两点：

一是符合中国改变半殖民地半封建社会的现实要求。

中国的社会矛盾决定了报刊作为斗争工具的压力来自内、外两个方面。就外部而言，李大钊曾在文章中指出，“日、美争在中国建无线电台，亦是利用传播敏捷小心的便利，在平时图操纵中国的金融、商业，战时亦利用以供军事通讯。”[②]以路透社为例，“路透社恃其在华之优越地位，仅发布一消息于中国各地，即可使全国革命分子的人心浮动。而我们看中国遍地尽是外国通讯社的宣传机关……他们挟资本雄厚的优势，在内地操纵新闻，传播于己有利之消息。”[③]就内部而言，李大钊指出，从北洋政府至国民政府，均打击马克思主义在中国的传播，这是毋庸置疑的社会现实。

---

① 李达：《关于中国共产党建立的几个问题》，中国社会科学院现代史研究室、中国革命博物馆党史研究室选编：《“一大”前后——中国共产党第一次代表大会前后资料选编》（二），北京：人民出版社，1980 年，第 19 页。

② 《李大钊文集》（第四卷），北京：人民出版社，1999 年，第 454 页。

③ 同上。

时任党的总书记的陈独秀多次撰文分析中俄差异，进而提出了一些适合中国实践的宣传方法。例如，在中国共产党第三次全国代表大会的报告中，陈独秀就提出在京汉铁路罢工事件中利用小册子、演讲等形式进行宣传[①]；又如针对国共第一次合作，陈独秀在《中共中央、共青团中央通稿第三十号》[②]中结合当时国共合作现状，分析了马克思主义斗争话语的宣传口径，类似的观点在《给共产国际远东部的信》中也有论述。

二是符合中国革命主体的特殊需要。

我国的经济发展水平、城市结构、受教育程度均与俄国有较大差异，这就造成中国革命的参与主体既不同于马克思、恩格斯所生活的19世纪的欧洲，也不同于20世纪初期的俄国。

对于我国的知识分子主体，中国共产党人早已意识到"政治宣传不能深入"的问题，并提出要进一步在知识分子中进行党的理论的宣传，加深其对于马克思主义的理解。中国共产党第四次全国代表大会通过的《对于宣传工作之决议案》中指出，"党员常以只能得其同情的错误观念，很少注意于共产主义理论的宣传和引导，致使无产阶级的文化在他们中间尚很少发生影响。其实，殖民地运动中的知识分子是很值得我们注意的，是可造就之革命战士。"[③]

对于农民主体，至中国共产党第三次全国代表大会，共产党人已充分认识到农民群众的重要性。1923年党的三大通过的《中国共产党党纲草案》中指出，"至于农民占中国人口百分之七十以上，占非常重要地位，国民革命不得农民参与，也很难成功"。在革命斗争实践中，中国共产党人不断探索如何面向农民开展宣传活动。毛泽东就曾在《两年来宣传工作的回顾》一文[④]中总结了1924年以来发生的十四件大事，同时指出党的宣传工作的不足，如党报不健全、指挥系统缺乏，上下级党报的宣传各自为战等等。他特别分析了1924年以来宣传工作中存在的"偏于市民"和"缺于图画"等问题。这一观点在1930年的《红军宣传工作问题》[⑤]中再次予以强调。针对面向文化程度较低的受众宣传不足

① 陈独秀：《陈独秀文集》（第二卷），北京：人民出版社，2013年，第393页。

② 同上书，第242－244页。

③ 《对于宣传工作之决议案》，选自中共中央文献研究室、中央档案馆：《建党以来重要文献选编（1921—1949）》（第2册），北京：中央文献出版社，2011年，第256页。

④ 中共中央文献研究室、新华通讯社编：《毛泽东新闻工作文选》，北京：新华出版社，1983年，第7－11页。

⑤ 新华通讯社编：《毛泽东论新闻宣传》，北京：新华出版社，2000年，第57－62页。

的问题，毛泽东提出采取“实际宣传”“口头宣传”等多种宣传方式的重要性。1926年，中国共产党第三次中央扩大执行委员会的决议，首次提出组织工农通讯员的要求，1929年又发布《关于中央党报通讯员的条例》，通讯员制度得以在中国建立并在实践中不断完善。延安时期，在“全党办报”和“群众办报”基础上形成的党报体系可视为马克思主义新闻思想实现中国化转变的具体体现。

（作者程曼丽系北京大学新闻与传播学院教授、博士生导师；赵晓航系北京大学新闻与传播学院博士研究生）

（本文刊于《兰州大学学报》2018年第5期）

百年寻根：中国共产党新闻舆论工作党性原则的确立*

邓绍根

内容摘要：党性原则是党的新闻舆论工作的根本原则。中国共产党新闻舆论工作的党性原则可以追溯到马克思列宁主义关于无产阶级新闻舆论工作党性原则的相关论述。特别是列宁通过派遣俄共（布）和共产国际代表来华传播和实践新闻舆论工作党性原则，直接地将其“办报建党”思想植入到中国无产阶级革命实践之中。在中国共产党创建时期，各地共产党早期组织采取创办报刊从事新闻舆论工作等方式，将新闻舆论工作视为建党的中心环节，不仅传播了《加入共产国际的条件》等内容，而且促使马克思列宁主义新闻舆论工作的党性原则在中国落地生根。党的一大、二大召开，中国共产党新闻舆论工作党性原则逐渐确立起来，并逐渐成为中国共产党新闻舆论工作的优良传统，流传至今。

关键词：中国共产党；新闻舆论工作；党性原则；确立发展

2021年2月，中国记协党组书记、副主席刘正荣在《机关党建研究》撰文认为，《论党的宣传思想工作》是全面系统反映习近平总书记关于宣传思想工作的重要思想的权威著作，是“新时代新闻舆论工作的根本遵循”，“为新时代新闻舆论工作提供思想指南”，[①]并重申了习近平总书记关于新时代新闻舆论工作党性原则的相关论述。党性原则是党的新闻舆论工作的根本原则。坚持党性原则是做好党的新闻舆论工作的前提，是党的新闻舆论工作健康发展的

---

* 本文系国家社科基金“新闻舆论工作的党性原则及其实践研究”（19BXW001）阶段性成果。

① 刘正荣：《新时代新闻舆论工作的根本遵循——学习习近平同志〈论党的宣传思想工作〉》，《机关党建研究》2021年第2期。

根本保证。坚持党性原则也是百年中国共产党新闻舆论工作一以贯之的优良传统。有研究者认为："中国共产党自从有了自己的新闻事业后，在各个历史时期中始终要求新闻媒体和新闻工作者坚持党性原则。"[①]

2021 年是中国共产党的百年华诞，也是"十四五"规划的开局之年，更是中国共产党继续奋勇前进实现第二个百年奋斗目标的历史新起点。回望百年，追根溯源，细致而系统地研究百年中国共产党新闻舆论工作党性原则的确立过程，具有重要的学术价值；不忘初心，牢记使命，学习党史，坚持和贯彻新时代新闻舆论工作党性原则也具有积极的现实意义。

一、中国共产党新闻舆论工作党性原则溯源

中国共产党新闻舆论工作党性原则，是中国共产党的党性在新闻舆论工作中的具体表现，即在新闻舆论工作中体现党的思想意志、政治要求和组织原则的行为准则。党性是社会主义新闻舆论工作的灵魂，是中国共产党领导新闻舆论工作的重要指导方针。中国共产党新闻舆论工作党性原则可以溯源至马克思列宁主义关于新闻舆论工作的党性原则的相关论述。

1. 马克思恩格斯关于新闻舆论工作的党性原则的论述

马克思列宁主义认为，党性是一个政党固有的本质特性，是其所代表的阶级属性的集中体现。无产阶级政党的党性，是无产阶级特性的自觉表现，是无产阶级的历史使命和最高利益的集中体现。新闻舆论工作党性原则是在无产阶级新闻舆论斗争中逐步形成的。最早对无产阶级的党性原则进行理论阐述和亲身实践的是马克思和恩格斯。他们总是指明报刊同党派的关系，强调新闻舆论工作无产阶级党性原则。[②] 1842 年，马克思在《评普鲁士最近的书报检查令》一文中使用"党派性"揭示出报刊的阶级和党派属性，"党派的名称对政治性报刊来说则是一种必要的范畴"[③]。1843 年，他强调认为：根据这家机关报的状况就可以推断出这个党派的力量，并提出了"党的机关报"观点。1845 年，

① 丁柏铨：《习近平对中国共产党新闻舆论观的继承与发展》，《福建师范大学学报（哲社版）》2019 年第 6 期，第 41 页。

② 邓绍根：《党媒姓党的理论根基、历史渊源和现实逻辑》，《新闻与传播研究》2016 年第 9 期，第 6 页。

③ 《马克思恩格斯全集》（第 1 卷），北京：人民出版社，1995 年，第 125 页。

恩格斯首次使用了“党性”一词，“德国的‘绝对的社会主义’真是可怜得怕人……由于自己在理论领域中没有党性，由于自己的‘思想绝对平静’而丧失了最后一滴血、最后一点精神和力量。”[①] 1848 年 2 月，马克思恩格斯《共产党宣言》发表，标志着马克思主义诞生。它充满了无产阶级的党性，贯穿着无产阶级党性原则。自此，马克思恩格斯等无产阶级革命家以坚决捍卫、宣传《共产党宣言》作为党性的标志，创办无产阶级报刊，以此为新闻舆论阵地，积极开展党的新闻舆论工作，提出了党具有对党报监督及管理的权力等观点，初步阐明了无产阶级新闻舆论工作党性原则。

2. 列宁关于新闻舆论工作的党性原则的论述

在马克思恩格斯等无产阶级革命家基础上，列宁明确提出了新闻舆论工作党性原则并使之论述系统化、具体化。在建党、夺取政权和社会主义建设时期党的新闻舆论工作中，他坚持无产阶级党性原则，创造性地阐述了无产阶级新闻舆论工作党性原则，为社会主义新闻舆论工作党性原则的理论和实践作出了重大贡献。1899 年，列宁在《我们的当前任务》一文中明确阐述了“办报建党”思想，以创建党的机关报为当前工作的目标，并认为只有党的机关报“能够并应当成为这些活动的中心”[②]。他论述了建立全俄政治性报纸对建党的迫切性和“办报——建党的着手点”的现实意义，将建立和巩固党的机关报等同于建立和巩固党本身。列宁就是通过创办和出版《火星报》——全俄第一张马克思主义机关报，把社会民主工党从思想上和组织上真正地建立起来的。[③] 1901 年 5 月，列宁在《从何着手？》一文中正式提出“报纸是集体的宣传员、鼓动员和组织者”观点，全面论证“办报建党”思想。他指出，全俄政治报要为工人政党的建设当好组织者，充当好“引线”“脚手架”，成为“巨大的鼓风机一部分”。总之，在建党时期，他主张：党报是党组织的一部分，是党的组织的有机组成部分，党报永远是党的思想中心。[④]

在夺取政权时期，列宁发展了无产阶级新闻舆论工作党性原则。1905 年 11 月，他在文章《党的组织和党的出版物》中较为系统地阐明新闻舆论工作

① 《马克思恩格斯全集》（第 2 卷），北京：人民出版社，1957 年，第 659 页。

② 《列宁全集》（第 4 卷），北京：人民出版社，1984 年，第 168 – 169 页。

③ 童兵：《马克思主义新闻思想史稿》，北京：中国人民大学出版社，1989 年，第 232 页。

④ 同上书，第 242 页。

党性原则，论证了党的出版物的党性衡量标准是党纲、党章、党的策略决议和组织经验。列宁论证的新闻舆论工作党性原则，表现在观念上，是将党报党刊视为无产阶级总的事业的一部分；在组织上，党报与其他写作事业和著作家个人，必须参加党的一个组织。这是上面的观念问题在组织上的落实。[①] 1913 年，他领导中央委员会整顿《真理报》，制定改革措施 12 条，如“坚决要求编辑部更严格地遵守和执行党的一切决议”，“布尔什维克代表都应该加入人数众多的报纸编委会，并且坚持不懈地组织参加写作和经济工作”，“中央委员会认为必须刊登的文章，应该立即刊登”等，使该报真正成为党的出版物，党报工作者成为党的战士。[②]

在社会主义建设时期，列宁探索了社会主义新闻舆论工作党性原则，并完善无产阶级新闻舆论工作党性原则。1919 年，列宁指导共产国际各国党必须创办合法和秘密刊物，指导各国开展阶级斗争，认为“任何群众运动都非有报刊机关不可”[③]。他强调必须由党直接掌握这些报刊，党报工作者必须具有严格的党性和遵守铁一般的党的纪律。次年，共产国际二大审议通过了列宁起草的《加入共产国际的条件》。该文件确定了加入共产国际的各政党必须具备的 21 个条件，划清了共产党与形形色色的机会主义政党的界限，给各国共产党提出的建党原则和要求，成为共产国际指导各国共产党加强自身建设的纲领性文献。21 个条件中有两条（第 1 和 18 条）与党的新闻舆论工作党性原则密切相关。列宁通过共产国际，继承创新了马克思恩格斯的新闻舆论工作的党性原则，将其发展为共产国际新闻舆论工作的指导原则，并通过《加入共产国际的条件》等大会文件逐渐转变为参加共产国际的各国共产党必须共同遵守的新闻舆论工作的根本原则。

3. 俄共（布）和共产国际代表来华传播新闻舆论工作党性原则

列宁通过派遣俄共（布）和共产国际代表来华宣传马克思主义，指导和帮助中国建立无产阶级政党，实践和传播无产阶级新闻舆论工作党性原则。

1920 年初，苏俄粉碎了国内反革命叛乱和外国武装干涉，打通了中俄交通线，开始逐步建立了与中国革命的联系。同年 1 月，维经斯基（1893—1953），又名吴廷康，到海参崴参加共产国际工作。3 月，经共产国际批准，

① 陈力丹主编:《马克思主义新闻观百科全书》，北京:中国人民大学出版社，2018 年，第 35 – 36 页。

② 童兵:《马克思主义新闻思想史稿》，北京:中国人民大学出版社，1989 年，第 278 页。

③ 同上书，第 307 页。

俄共（布）远东局海参崴分局外国处派遣他作为全权代表来华，使命是：了解五四运动后中国革命运动发展的情况，同中国的革命组织建立联系。[①]4 月，维经斯基等人抵达北京，公开身份是新闻记者，经北大教授柏烈伟、伊万诺夫介绍，认识了李大钊，后又前往上海会见陈独秀。他向李大钊和陈独秀等人介绍了十月革命后俄国情况和苏俄对华政策以及共产国际状况和国际共产主义运动经验，并研究了建党问题。考察后，维经斯基认为中国可以组织共产党。这对中国共产党的创建起了一定的促进作用。[②]

鉴于“中国革命运动最薄弱的方面就是活动分散”，维经斯基积极促进中国各地分散的革命小组织之间的联合与统一。1920 年 5 月，维经斯基等人在上海筹备成立了共产国际“东亚书记处”，下设中国科。该科工作为：1. 通过在中国工人和学生群体中成立共产主义基层组织，开展建党工作；2. 在中国军队中宣传马克思主义；3. 指导和帮助中国工会的建设；4. 在中国组织出版工作。[③]7 月，东亚书记处设立了革命局，下设出版部、宣传报道部和组织部。出版部建立印刷厂，印制和出版一些革命宣传小册子，如《共产党宣言》《共产党员是些什么人？》《论俄国共产主义青年运动》等，而且“几乎从海参崴寄来的所有材料（书籍除外）都已译载在报刊上”。[④]至 1920 年 9 月，东亚书记处的报刊有：俄文《上海生活》，中文报纸《周报》《社会日报》《新青年》《新中国》等；宣传报道部设立了“俄华通讯社”，杨明斋成立了“中俄通信社”。

有材料证实，维经斯基很快就获知了共产国际二大的信息。维经斯基来华后与苏俄仍保持电报来往和信件联系，共产国际的动态和纲领文件等也逐步为中国进步知识分子所知。[⑤]1920 年 12 月 25 日，与维经斯基有合作关系的上海英文《大陆报》（*The China Press*）刊登报道（《Communist Order Hard Party

① 杨云若、张注洪等编译：《维经斯基在中国的有关资料》，北京：中国社会科学出版社，1982 年，第 460 页。

② 中共中央党史研究室：《中国共产党的九十年》（新民主主义革命时期），北京：中共党史出版社，2016 年，第 27 页。

③ 中共中央党史研究室第一研究部编：《共产国际、联共（布）与中国革命文献资料选辑（1917 ~ 1925）》第一卷，北京：北京图书馆出版社，1997 年，第 39 页。

④ 同上书，第 32 页。

⑤ 张静如主编：《中国共产党历届代表大会：一大到十八大》（上），石家庄：河北人民出版社，2012 年，第 94 页。

Test，Third Internationale Announces Bar on All But Extreme Elements Hill Quit as Opportunist》），全文发表《加入共产国际的条件》（以下简称《条件》）。12 月 29 日，英文《北华捷报》（*The North-China Daily News*）刊登苏联消息（《Moscow's Decrees-Conditions for Those Wishing to Enter-An Example of Announces Communist Discipline》），再次发表《条件》全文。

1920 年底，《加入共产国际的条件》等文件已经传入中国，比以往书中记载的 1921 年 4 月 7 日《共产党》月刊第三号刊登的译自美国 *Nation* 杂志的稿件《加入第三次国际大会的条件》[①]至少早了 4 个多月。维经斯基等人在帮助和指导中国共产党创建工作中，创办报刊通讯社，积极从事新闻舆论工作，贯彻执行了党性原则。他们卓有成效的工作使得上海不仅成为“中国共产主义出版事业的主要中心”，而且是“中国社会主义者的活动中心”。他们传播和贯彻了列宁党报思想，且间接或直接地将列宁的“办报建党”思想植入到中国革命实践中，指导和支持了中国共产党早期组织创办无产阶级革命报刊，从而将新闻舆论工作党性原则传播并植入了中国无产阶级新闻事业。

二、中国共产党早期组织及其成员践行“办报建党”思想

中国共产党的最早组织是在中国工人阶级最密集的中心城市上海首先建立的。1920 年 5 月，陈独秀等人在上海发起组织马克思主义研究会。6 月，他又同李汉俊等人商议成立党组织，并起草了党的纲领。关于党的名称问题，陈独秀征求李大钊意见后，定名为“共产党”。在党的创建过程中，陈独秀起着重要作用，他领导的上海共产党早期组织实际上是中国共产党的发起组织，是各地共产主义者进行建党活动的联络中心。他通过写信联络、派人指导或具体组织等方式，积极推动了各地共产党早期组织的成立。这些共产党早期组织在开展中国共产党创建过程中，以新闻舆论阵地为依托，积极进行了研究和宣传马克思主义、同反马克思主义思潮展开论战、在工人中进行宣传和组织工作、成立社会主义青年团组织等四项工作，积极贯彻了列宁的“办报建党”思想，践行和传播了新闻舆论工作党性原则。

---

① 方汉奇等:《中国新闻事业编年史(修订本)》上，福州：福建人民出版社，2018 年，第 479 页。

1. 以报刊为阵地开展党建工作

共产党早期组织通过创办报刊，建立新闻舆论阵地，传播马克思列宁主义，开展党的创建工作。八个共产党早期组织中，仅有旅日共产党早期组织没有创办报刊。

1920 年 8 月，中国第一个共产党早期组织在上海法租界老渔阳里 2 号《新青年》编辑部成立。为了脱离“群益书社”的出版发行，陈独秀等人独立创建“新青年社”，并于同月 15 日创办中国第一份面向工人阶级进行马克思主义宣传的通俗刊物《劳动界》周刊，标志着中国无产阶级新闻事业的诞生。9 月 1 日，陈独秀与群益书社因杂志加价导致停休 4 个月后，《新青年》第 8 卷第 1 号由新青年社正式出版发行，开始改组为中国共产党发起组公开宣传的机关刊物。11 月 7 日，上海共产党早期组织创办了党内第一份政治理论机关刊物《共产党》月刊，并指导工人阶级先后创办了《上海伙友》《机器工人》《友世画报》等刊物。1920 年 10 月，李大钊等在北京成立了共产党早期组织。11 月 7 日，北京共产党早期组织创办了面向工人进行马克思主义传播的通俗刊物《劳动音》，后改名为《仁声》出版。在天津出版《劳报》，后改名《来报》（*Labour*）出版。

1920 年秋，董必武、张国恩、陈潭秋等 7 人成立武汉共产党早期组织。他们“商定用办报纸、办学校的方式来传播马克思主义”，并成立马克思学说研究会，出版过两种刊物：一种是《我们的》，一种是《武汉星期评论》。1921 年春，又组织成立了人民通讯社。11 月，毛泽东等 6 人创建长沙共产党早期组织。毛泽东常常向长沙《大公报》推荐发表《新青年》《共产党》《劳动界》等文章。何叔衡主编的《湖南通俗报》还连载过毛泽东撰写的农村调查文章。他们还创办了《劳工》月刊。1920 年 10 月 3 日，广州共产党早期组织创办了面向工人的通俗刊物《劳动者》。1921 年 3 月，广州共产党早期组织开始成为“真正的共产党”。谭平山、谭植棠等创办的《广东群报》在 1921 年春转变为“从事党的宣传工作的正式机关报”。1921 年 2 月 13 日，该组织创办《劳动与妇女》周报。1920 年 11 月 21 日，王尽美、邓恩铭等人组建励新学会，出版《励新》半月刊。1921 年春，济南共产党早期组织成立，创办《济南劳动》周刊。王翔实则在《大东日报》副刊上开辟《山东劳动》周刊专栏。

旅法共产党早期组织出版过《少年》《赤光》等刊物，积极开展传播马克思主义的宣传活动。旅日共产党早期组织虽然没有创办报刊，但也积极通过投稿参加了国内报刊的马克思主义宣传活动。

2. 党早期组织成员积极投入新闻舆论工作

各地共产党早期组织成员绝大多数拥有丰富的新闻舆论工作经历。中国共产党早期组织成员58人。其中，上海共产党早期组织14人，北京共产党早期组织16人，武汉共产党早期组织8人，长沙共产党早期组织6人，广州共产党早期组织4人，济南共产党早期组织3人，旅法共产党早期组织5人，旅日共产党早期组织2人。[①]

有研究者对中国共产党早期组织成员58人身份进行了细致甄别。虽然该书总论中，认定“职业”时，具有新闻职业身份仅李汉俊和宋介为“报人”，包惠僧为“记者”，沈玄庐为“官员报人”，邵力子为“教授报人”。[②]笔者根据该研究对每个共产党早期组织成员参与建党活动的记载考察后发现：58人中，除武汉共产党早期组织有3人（赵子健、郑凯卿、赵子俊）没有新闻舆论工作经历外，其他55人均拥有新闻舆论工作经历，占94.83%。55人中，毛泽东、罗章龙、高君宇、谭平山、陈公博、谭植棠等六人是北京大学新闻学研究会会员，其中毛泽东、罗章龙、高君宇获得听讲半年证书，而谭平山、陈公博、谭植棠获得听讲一年证书。[③]他们是北京大学新闻学研究会第一届会员，也是中国首届接受新闻学教育和参与系统新闻学研究的新闻学子，是中国新闻教育开端和系统新闻学研究开端的历史见证者。

出席中国共产党第一次全国代表大会的代表均有从事新闻舆论工作的经验。党的第一次全国代表大会代表李达、李汉俊、刘仁静、董必武、陈潭秋、毛泽东、何叔衡、王尽美、邓恩铭等和陈独秀个人代表包惠僧，共13人，均在各自共产党早期组织参加过新闻舆论工作。

在维经斯基等人帮助和指导中国共产党创建过程中，中国共产党早期组织采取“创办报刊，发表文章”“通过信件，开展讨论”“举办座谈会，进行探讨”“起草文献，明确目标”等四种方式[④]探索建党思想，明确了党性，确

① 中共中央党史研究室：《中国共产党的九十年》（新民主主义革命时期），北京：中共党史出版社，2016年，第29－30页。

② 中共嘉兴市委宣传部等：《中国共产党早期组织及其成员研究》，北京：中共党史出版社，2013年，第6－7页。

③ 邓绍根：《中国新闻学的筚路蓝缕：北京大学新闻学研究会》，北京：清华大学出版社，2015年，第137页。

④ 黄修荣、黄黎：《中国共产党创建史》，北京：中国青年出版社，2014年，第474－476页。

立了指导思想、纲领和组织原则；同时，他们积极践行“办报建党”思想，充分发挥了列宁所阐发的“报纸不仅是集体的宣传员和集体的鼓动员，而且是集体的组织者”功能，将创办报刊机构建立新闻舆论阵地、从事新闻舆论工作视为建党的中心环节，使得新闻舆论工作从一开始就是党的整个事业的一个重要组成部分，促使马克思列宁主义新闻舆论工作的党性原则在中国落地生根。

三、中国共产党新闻舆论工作党性原则的确立与发展

共产党早期组织成立后所进行的新闻舆论工作，进一步促进了马克思主义传播与中国工人运动的结合，无产阶级新闻事业由此开始兴起，无产阶级新闻事业党性原则得到了进一步传播，特别是反映列宁和共产国际新闻舆论工作党性原则的文件，如《加入共产国际的条件》等在中国得到了进一步传播。

1. 新闻舆论工作党性原则的初步确立

1921 年 4 月 7 日，《共产党》月刊第 3 号刊登了译自美国 *Nation* 杂志的稿件《加入第三次国际大会的条件》，将《加入共产国际的条件》误译成 22 条。稿件的“译者附识”中写道：“这二十二条件都是对症的药。他的主要精神：一是大胆的宣传实行共产的革命，二是断然与黄色的改良派和平主义断绝关系。”[①]经过比对发现：《共产党》月刊的误译是将《加入共产国际的条件》的第 1 条分拆成了第 1 和 12 条，使得多出了一条。其原来第 18 条变成了第 19 条。

同月，共产国际代表马林动身来华，并带来了共产国际二大的会议精神和文件。他说：“我被派往中国，是由于我参加了 1920 年共产国际第二次代表大会。……我被指定参加殖民地委员会。列宁是这个委员会主席，里面还有罗易。我任秘书。”[②] 1920 年 5 月，马林以印尼共产党代表的身份参加了共产国际二大，并多次与列宁商讨了民族和殖民地问题，当选为共产国际执行委员会委员。会后，列宁亲自委派他作为共产国际代表，前往中国了解情况，并协助建立中国共产党。1921 年 6 月 3 日，马林乘船抵达上海，与李达、李汉俊建立了联系，开始参与中国共产党的创建工作。6 月 10 日，上海《东方杂志》全文刊登了译稿《第三国际之二十一条件》。

---

① 《第三次国际大会的条件》，《共产党》1921 年第 3 期。

② 中共中央党史研究室第一研究部编：《共产国际、联共（布）与中国革命文献资料选辑（1917 ~ 1925）》（第二卷），北京：北京图书馆出版社，1997 年，第 251 页。

1921 年 7 月 23 日，中国共产党第一次全国代表大会在上海召开，并于 8 月 5 日在浙江嘉兴南湖闭幕。大会选举陈独秀、李达等组成中央局，陈独秀任书记。党的一大宣告了中国共产党正式成立。大会通过的《中国共产党的第一个决议》不仅明确了中国共产党的党性，而且初步确立了中国共产党新闻舆论工作党性原则。在其第二部分“宣传”中规定：“一切书籍、报、标语和传单的出版工作，均应受中央执行委员会或临时中央执行委员会的监督。每个地方组织均有权出版地方通报、日报、周刊、传单和通告。不论中央的或地方出版的一切出版物，其出版工作均应受党员的领导。任何出版物，无论是中央的或地方的，都不能刊载违背党的方针、政策和决定的文章。”[①]这些条文的规定，明显受到了列宁和共产国际新闻舆论工作党性原则的影响，体现出共产国际二大会议和《加入共产国际的条件》文件精神；反映出“新闻舆论工作是党的工作的重要组成部分”的观点，确立了“党管媒体”“坚持党对新闻舆论工作的领导”和党的媒体必须“在思想上政治上行动上同党中央保持高度一致”的方针；同时，中央局三人中专门由“李达分管宣传工作”的分工安排，充分体现了中国共产党对新闻宣传的高度重视和制度设计，反映出“党管宣传”“党管意识形态”的理念。因此，党的一大初步确立了中国共产党新闻舆论工作党性原则。

2. 塑造“党管宣传、党管意识形态、党管媒体”雏形

共产国际代表马林和尼科尔斯基列席参加了党的一大。大会通过的《中国共产党的第一个决议》第六部分为“党与第三国际的联系”，但大会并没有作出“加入共产国际”的决议，这个任务直到党的二大才完成。在此期间，共产国际二大文件《加入共产国际的条件》在中国继续传播。1921 年 8 月，北京《晨报》连载了《二十一款党员资格》，实际是《加入共产国际的条件》21 条全文。12 月 31 日，《民心周报》第 3 卷第 1 期也刊登了《第三国际共产党之由来及其内容》，其中包括《加入共产国际的条件》21 条全文。1922 年 4 月，中国共产党领导的广州人民出版社由“成则人”（沈泽民）翻译出版“康民尼斯特丛书”第 4 种《第三国际议案及宣言》，其中第四章就是“加入国际共产党的诸条件”。《加入共产国际的条件》等文件在中国的传播，不仅在中国系

① 中国社会科学院新闻研究所编：《中国共产党新闻工作文件汇编》（上），北京：新华出版社，1980 年，第 1 页。

统传播了列宁东方革命理论，而且推动了列宁和共产国际的新闻舆论工作党性原则在中国的广泛传播和进一步确立。

1922 年 7 月 16—23 日，党的二大在上海召开，大会第一次提出明确的反帝反封建的民主革命纲领，通过了第一个党章，通过了《中国共产党加入第三国际决议案》，并附有《第三国际加入条件》21 条全文，直接将列宁和共产国际的新闻舆论工作党性原则写进了党的二大文件。其中，有关新闻舆论工作党性原则的规定有："每日的宣传和运动须具真实的共产主义性质，并遵守第三国际的纲领和决议。党的一切机关报，均须由已经证实为忠于无产阶级利益的忠实共产党编辑，不要空空洞洞说成'无产阶级专政'为一种流行的烂熟的公式，应当用实际的宣传方法，把每日的生活事实系统的清解于我们报纸上面，使一切劳动者，一切工人一切农人，都觉得有无产阶级专政出现之必要。一切定期的或其他的报纸与出版物，须完全服从党的中央委员会，无论他是合法的或违法的，决不许出版机关任意自主，以致引出违反本党的政策。"[①]这些规定，进一步明确了党的新闻舆论工作的性质和任务，坚持党对新闻舆论工作的领导，务必与党的政策保持一致；中国共产党作为共产国际的一个支部，必须遵循列宁领导的共产国际的纲领和各项决议，包括新闻舆论工作党性原则。因此，党的二大，基本确立了中国共产党新闻舆论工作的党性原则。

四、结论

"问渠哪得清如许，为有源头活水来"。中国共产党百年新闻舆论工作的党性原则可以追溯到马克思列宁主义关于无产阶级新闻舆论工作党性原则的相关论述。马克思恩格斯等无产阶级革命家以坚决捍卫、宣传《共产党宣言》作为党性的标志，创办无产阶级报刊，以此为新闻舆论阵地，积极开展党的新闻舆论工作。列宁通过派遣俄共（布）和共产国际代表来华传播和实践新闻舆论工作党性原则，直接地将其"办报建党"思想植入到中国革命实践中。中国共产党各地早期组织采取"创办报刊，发表文章"等方式，积极推进了马克思主义与中国工人运动相结合，践行列宁的"办报建党"思想，增强了组织的凝

① 张静如主编：《中国共产党历届代表大会：一大到十八大》（上），石家庄：河北人民出版社，2012 年，第 118 页。

聚力和战斗力，确立了新闻舆论工作从一开始就是党的整体工作的一个重要组成部分，是建党的中心环节。这不仅促进了中国共产党的诞生，而且促使马克思列宁主义新闻舆论工作的党性原则在中国生根发芽。党的一大、二大相继召开，中国共产党诞生并完成了党的创建工作，党的新闻舆论工作党性原则逐步确立起来，塑造了“党管宣传、党管意识形态、党管媒体”等方针雏形，奠定了中国共产党新闻舆论工作的根本原则。中国共产党历代主要领导人都高度重视新闻舆论工作的党性原则，习近平就此多次作出过重要论述。

因此，回望中国共产党百年新闻事业史，寻根溯源，中国共产党新闻舆论工作党性原则的确立过程，就是中国共产党人不断将马克思列宁主义与中国革命实践相结合，创造性地将党性原则与中国共产党的新闻舆论工作紧密结合起来，开始实现马克思主义中国化的过程。正因为党性原则的确立，不仅使得党的新闻舆论工作从诞生开始就注入红色文化的革命基因与血脉，而且使得坚持中国共产党的领导成为中国共产党百年新闻舆论工作一以贯之的优良传统，推进中国共产党百年新闻事业从无到有、从小到大、从弱到强、走向世界，谱写了世界无产阶级新闻事业史上最壮丽的篇章。在中国共产党百年新闻事业发展中，党性演化成中国特色社会主义新闻事业的灵魂，党性原则成为马克思主义新闻观的根本原则。

（作者邓绍根系中国人民大学新闻学院教授、博士生导师）

论中国共产党新闻思想百年发展的历史进程*

——写在中国共产党成立100周年之际

王青　郑保卫

内容摘要：本文为庆祝党的百年华诞而作。文章系统梳理了中国共产党百年来新闻思想形成与发展的历史进程。百年来，中国共产党的新闻思想经历了无产阶级党报思想的形成确立、社会主义党报思想的初步探索、社会主义新闻理论的丰富发展和中国特色社会主义新闻理论的创新完善几个阶段。文章认为，百年来中国共产党新闻思想的不断发展离不开党的主要领导人对新闻宣传工作的理论思考和实践指导，离不开中国共产党对新闻工作实践和重大新闻改革实践的经验总结，以及对中外新闻理论的传承、借鉴和创新。文章提出，构建中国特色社会主义新闻学理论体系需立足中国实际，增强问题意识，实现不断创新；坚持不忘本来，借鉴外来，面向未来；构建学术共同体，提倡学术讨论，促进开放研究；全面构建中国特色社会主义新闻学学科体系、学术体系、话语体系和教材体系。

关键词：中国共产党；新闻思想；百年历史进程；中国特色社会主义新闻学

* 本文是国家社科基金重大项目资助课题“百年中国共产党新闻政策变迁研究(1921—2021)”成果之一，项目批准号为：19ZDA321。

2021年是中国共产党成立100周年。中国共产党的新闻思想也伴随着党的历史和新闻事业的发展经历了一个世纪的形成与发展过程。中国共产党的新闻思想孕育和形成于中国人民革命和民族解放事业的斗争风浪中，经过了社会主义革命和建设事业的艰难探索和曲折发展，在改革开放和新时代中国特色社会主义建设事业的伟大实践中不断丰富和升华，成为指导中国新闻事业发展的重要思想指南，是马克思主义中国化的重要理论成果。

在这漫长的百年历程中，中国共产党人探索出了一套具有中国特色的新闻思想理论与知识体系，其中包含对党的新闻事业性质、地位、功能和作用等的深刻认识；对党的新闻工作真实性原则、党性原则、群众路线、正面宣传为主、舆论导向等基本原则的透彻理解；对新闻人才队伍建设、新闻工作者文风作风党风建设和新闻媒体“四力”建设等的系统构想，等等。它是中国共产党人集体智慧的结晶，是一代代中国共产党人前赴后继、与时俱进，不断探索总结出来的重要理论成果，是马克思主义新闻观与中国共产党新闻实践相结合，从而实现中国化的集中反映和体现。

在庆祝中国共产党成立一百周年之际，回顾中国共产党新闻思想形成与发展的历史进程，总结中国共产党新闻事业百年实践的历史经验，探寻中国特色社会主义新闻学创新发展的未来方向，对于我们不忘初心，牢记使命，守正创新，不断推动中国社会主义新闻事业的健康发展，加快构建中国特色社会主义新闻学的科学体系，切实履行新时代条件下党的思想宣传工作的职责使命，牢牢掌握党对意识形态工作的领导权、管理权和话语权等，具有重要的价值和意义。

一、新民主主义革命时期：无产阶级党报思想的形成确立

与中国共产党领导的无产阶级革命斗争的历史进程相对应，中国共产党新民主主义革命时期无产阶级党报思想的形成和确立大致经历了四个阶段，即建党时期初步形成创办机关报理念——土地革命战争时期逐步形成创办革命报刊思想——抗日战争时期日益完善根据地党报建设思想——解放战争时期系统形成较为完善的中国共产党党报思想。

（一）中国共产党创立时期：创办机关报理念的初步形成

中国共产党诞生前后，中国社会正处于急剧转型期，面临着内忧外患的危急局势。面对帝国主义和封建主义的双重压迫，中国人民不断探索救亡图存、实现民族解放的出路。在经历洋务运动、维新变法和辛亥革命等一系列失败探索之后，1917 年俄国十月革命的胜利给我们带来了新曙光、新思想和新出路，推动了国内新文化运动的发展和五四爱国运动的爆发。

在五四运动爆发前后，陈独秀、李大钊等人就开始利用《新青年》和《每周评论》发表《庶民的胜利》《布尔什维主义的胜利》等多篇文章，系统介绍了马克思主义学说，为中国共产党的诞生作了思想上的准备。随着上海早期党组织的成立，陈独秀等中共早期领导人将《新青年》改组为该组织的机关刊物，之后又创办了半公开理论机关刊物《共产党》月刊等，这些可以说是中国共产党创办机关报理念的实践发端。

中国共产党成立初期，在共产国际新闻政策与俄国布尔什维克党及列宁办报经验，以及陈独秀、李大钊前期办报实践的影响和启发下，瞿秋白、蔡和森、毛泽东、恽代英等中共早期领导人纷纷投身到无产阶级政党报刊活动实践中，创办了一批批无产阶级革命报刊。如瞿秋白曾参与筹办中共中央的理论性机关刊物《新青年》季刊，蔡和森主编了中共中央第一份政治机关报《向导》，毛泽东创办了湖南学生联合会机关报《湘江评论》等。

这一时期，中国共产党已经开始强调无产阶级党报的政治性和战斗性，将党的出版物作为党的言论机关和宣传工具。1922 年，中共二大通过的《中国共产党加入第三国际决议案》中就明确规定共产党必须承认的一个条件为："日常的宣传和鼓动必须具有真正的共产主义性质。党掌握的各种机关报刊，都必须由确实忠于无产阶级革命事业的可靠的共产党人来主持"①。1923 年颁布的《教育宣传委员会组织法》，将编辑部中的八种出版品进行了定性，如《新青年》季刊为"学理的马克思主义的研究宣传机关"，《向导》周刊为"国内外时事的批评宣传机关"，《中国青年》周刊为"一般青年运动的机关"等。②可见，此时中国共产党"创办机关报"的理念已具雏形。

---

① 孙武霞、许俊基:《共产国际与中国革命资料选辑(1919—1924)》,北京:人民出版社,1985 年,第 182 － 183 页。

② 中国社会科学院新闻研究所编:《中国共产党新闻工作文件汇编》(上),北京:新华出版社,1980 年,第 7 页。

1925年10月，中共中央常委会决定出版中央机关报《布尔塞维克》，在通过的决议中明确指出，“布尔塞维克报当为建立中国无产阶级的革命的思想之机关，当为反对资产阶级思想及一切反动妥协思想之战斗机关”[①]。1926年，中国共产党第三次中央扩大执行委员会的议决案中更是对党的机关报进行了分类和规定，如中央政治机关报《向导》、中央理论机关报《新青年》、中央通俗的机关报《劳农》等。这不仅体现出党的机关报类型的多样性，还体现出党已经对创办不同类型的机关报有了更为全面和细致的理解。

1927年八七会议以后，党中央发布了《中共中央通告第四号——关于宣传鼓动工作》，提出每个省委要筹备一种鼓动的机关报，省委以下的各级党委也应尽己所能筹备这种鼓动性的机关报等要求。这样从中央到地方就会形成一种层级办机关报的网络体系。至此可见，中国共产党“创办机关报”的思想更加成熟和系统。

（二）土地革命战争时期：创办无产阶级革命报刊思想的逐步成型

土地革命战争时期，中国共产党面临着国民党白色恐怖和反革命“围剿”的考验，办报环境变得更为艰难。但在此异常艰难的生存环境下，中国共产党依然克服重重困难，坚持创办了不少适应革命战争需要的报刊，积累了丰富的办报经验，其创办无产阶级革命报刊的思想也得到发展。

事实上，创办无产阶级革命报刊的思想在中国共产党成立初期就已产生并有所发展。如前述一些报刊在创办时就明确宣称，办报是为了革命，为了传播马克思主义、宣传党的纲领主张和唤醒鼓动群众等；主张革命报刊应充当维护先进文化、反对落后腐朽文化的“利器”[②]等，这些都是无产阶级革命报刊不同于一般报纸的要义所在。

大革命失败以后，面对反革命派的猛烈攻击和肆意污蔑，中国共产党召开紧急会议，重新调整了党的宣传鼓动政策，其中一个核心思想便是从中央到地方要尽可能多地创办对内对外的刊物，要求“加紧党的政治宣传和鼓动”[③]。

---

① 中国社会科学院新闻研究所编：《中国共产党新闻工作文件汇编》（上），北京：新华出版社，1980年，第25页。

② 叶文益：《广东革命报刊史1919—1949》，北京：中共党史出版社，2001年，第7－9页。

③ 中国社会科学院新闻研究所编：《中国共产党新闻工作文件汇编》（下），北京：新华出版社，1980年，第35页。

在试图恢复出版《向导》无果后，中国共产党在国统区先后秘密出版了《布尔塞维克》《红旗》《上海报》《红旗日报》《红旗周报》等革命报刊。虽然这些刊物在国民党的残酷镇压下几乎完全丧失，但其间中国共产党却逐渐积累了一些办报经验和斗争经验，对其创办革命报刊思想的发展起到了推动作用。

相对而言，党的新闻事业在苏区得到了快速发展，开创了中华苏维埃新闻事业的新篇章。在各红色革命根据地创办了许多革命报刊，比较有影响的有《红色中华》《红星》《青年实话》《斗争》等。党政军领导人也纷纷参与到党的宣传鼓动工作之中，如瞿秋白曾担任《布尔塞维克》《红色中华》的主编，张闻天担任过《红旗日报》《斗争》的主编等。

其中，《红色中华》作为中华苏维埃共和国临时中央政府的机关报，是党在战争年代创办革命报刊的一个缩影。该报的发刊词规定了其当时的任务使命和工作内容，具体如：发挥中央对苏维埃运动的领导作用，创造红军，组织革命战争，组织群众参加苏维埃政权建设，推翻帝国主义国民党的统治等①。可见，中国共产党十分注重发挥革命报刊在革命斗争中的指导作用、组织作用和斗争作用。

这一时期，党中央高度重视党的宣传鼓动工作，推动了创办无产阶级革命报刊的思想的发展。首先，20 世纪 20 年代末，列宁党报思想开始在党的刊物上得到进一步传播，深刻影响了中国共产党对党报性质、作用、原则等的认识。其次，中国共产党明确提出了“报纸是一种阶级斗争的工具”②的观点，这是党对无产阶级党报性质的深刻认识和高度概括。再次，宣传被认为是“党争取广大群众的重要工具”，为使党报更加适应广大群众的需要，党中央提出了“建立与训练工农通信员”的政策③，等等。这些新闻思想是中国共产党创办无产阶级革命报刊思想的重要组成部分，标志着中国共产党无产阶级革命报刊思想的成型。

① 中国社会科学院新闻研究所编：《中国共产党新闻工作文件汇编》（下），北京：新华出版社，1980 年，第 23 － 24 页。

② 同上书，第 42 页。

③ 中国社会科学院新闻研究所编：《中国共产党新闻工作文件汇编》（上），北京：新华出版社，1980 年，第 51 － 53 页。

（三）全民族抗日战争时期：根据地党报建设思想的日臻完善

抗日战争爆发后，国共两党形成了抗日民族统一战线。中国共产党在敌后发展出多个抗日根据地，并在各根据地创办了大量报刊，促进了党的新闻事业的发展。其间，中国共产党借鉴了苏联共产党的党报理论和办报经验，对资产阶级报刊理论进行了“否思”，其根据地党报建设思想逐步完善。

根据地党报建设的思想与实践早在土地革命战争时期就已存在。抗日战争时期，中国共产党的根据地党报建设获得了大发展。就陕甘宁边区而言，中国共产党创办了《新中华报》《共产党人》《八路军军政杂志》《中国青年》《中国工人》等报刊。就华北、华南和华中三大抗日根据地而言，比较有影响的报刊有《晋察冀日报》《新华日报》（华北版）《抗战日报》《大众日报》《江淮日报》等。“到抗日战争胜利前夕，中国共产党报刊基本上形成了由中央机关报、各级党委和党组织报刊、各级政府机关报刊、人民军队报刊以及群众团体报刊相配套、相呼应的报刊宣传、发行网络”[①]。

1940 年，随着国民党第二次“反共”高潮的到来，国共之间的摩擦不断升级。面对国民党顽固派的新闻检查和封锁，以及日伪军对共产党领导的抗日根据地的“扫荡”，中国共产党的办报环境十分艰难，尤其是国统区的《新华日报》遭遇了国民党当局的种种限制。对此，党中央决定精简报刊，将《新中华报》和《今日新闻》合并，创办一张全国性的大型日报——《解放日报》。

《解放日报》在创办初期存在脱离党的中心工作、脱离群众生活等问题和主观主义、宗派主义和党八股等倾向。在毛泽东的亲自关心和指导下，1942 年 4 月 1 日，《解放日报》正式改版，明确提出了建设“真正战斗的党的机关报”的目标要求和增强“四性”（即党性、群众性、战斗性和组织性）的品质要求，为后来的党报改革确立了正确方向和有效路径。之后，其他根据地报刊如《新华日报》（华北版）、《关中报》、《抗战日报》及重庆《新华日报》等也都相继进行了改革。

这次党报改革借鉴了苏共的党报理论尤其是列宁的办报思想，更结合了中国革命斗争和群众的现实需要。在经过革新版面内容——增强党性观念——树立全党办报理念这三个阶段的改革后，《解放日报》在版面编排、宣传内容、报纸风格、办报理念等方面都发生了深刻变化，集中体现出中国共产党根据地党报建设的思想。

---

① 钱承军：《建国前中国共产党报刊研究》，北京：中国文联出版社，2009 年，第 265 页。

这一时期中国共产党的党报管理体制也逐步健全。就管理机构而言，中共党报委员会改为中央宣传委员会，其职能也由原来的统管新华社、《新中华报》和中央印刷厂，改为统管中央宣传部、《解放日报》、新华社、中央党校、出版局等。在报社内部，设立了编辑委员会，建立了总编辑负责制，有些大型机关报还设立了社论委员会。党中央还多次就建立根据地党报发行网和通讯员网发布多个指示，形成了较为健全的发行制度和通讯员制度等。

总之，中国共产党的新闻思想在经过前述党报系统的建立、党报改革的完成和党报体制的健全之后，有了突飞猛进的发展，如对党报性质任务的认识、根据地游击办报的方针、全党办报的理念、“四性”品质的要求、真实性原则、典型报道思想等。这些都可以从中央党报刊载的社论、党的领导人发表的文章和党中央发布的一系列文件中觅得踪迹，如《解放日报》的《致读者》《党与党报》《本报创刊一千期》，毛泽东的《增强报刊宣传的党性》《报纸是指导工作教育群众的武器》，胡乔木的《报纸是人民的教科书》，陆定一的《我们对于新闻学的基本观点》等。

（四）全国解放战争时期：无产阶级党报思想的逐渐成熟

抗日战争胜利以后，伴随着革命形势的发展，中国共产党的新闻宣传实践经历了三个阶段，即 1945 年 9 月至 1946 年 6 月内战全面爆发，中国共产党积极在收复区恢复新闻业，抢占舆论资源；1946 年 6 月至 1947 年 7 月战争形势逆转，中国共产党对其新闻事业进行调整和收缩；1947 年 7 月至 1949 年 10 月解放战争胜利，中国共产党的新闻事业获得快速扩张，并完成了工作重心从农村到城市的转移。在这个过程中，中国共产党的无产阶级党报思想得到丰富和发展，逐步走向成熟。

抗日战争结束后，国民党采取一系列政策措施抢占收复区的新闻舆论阵地。共产党也不甘示弱，与国民党展开了机智、巧妙的媒体争夺战。1945 年 9 月，正在重庆同蒋介石进行和平谈判的毛泽东、周恩来紧急致电中共中央并转华中解放区负责人，要求尽快派人去上海、北平等地创办报刊，强调“早出一天好一天，愈晚愈吃亏”[①]。随后，中国共产党创办了《建国日报》、《群众》周刊、《文萃》周刊等。

① 中共中央文献研究室、新华通讯社编：《毛泽东新闻工作文选》，北京：新华出版社，1983 年，第 131 页。

1946 年 6 月国民党军队对解放区发动的全面进攻，以及 1947 年 3 月对陕甘宁和山东解放区发动的重点进攻，使得中国共产党的新闻事业被迫调整和收缩，党的报刊和广播电台受到严重影响，甚至停刊停播。如中原解放区的《七七日报》在国民党进攻前夕停刊，陕甘宁解放区的《解放日报》因遭到敌军轰炸而不得不撤离以致最后停刊等。另一方面，党的新闻宣传重心也转向军事报道。新华社多次向各分社发布通知，要求加强军事报道；延安《解放日报》在最后出版的 13 天里（1947 年 3 月 15—27 日），其出版的 13 期报纸中“有 12 期头版头条都是反映战况和我军的捷报”[①]。

然而，一些党报由于认识与经验上的不足，出现了右倾错误和失实问题，对土地改革工作起到一定阻碍作用。鉴于此，1947 年 6 月 15 日，中共中央晋绥分局率先带领《晋绥日报》开展批评与自我批评，检讨自身工作中存在的问题，发起了反“客里空”[②]运动。之后，这场运动得到党中央的支持，《人民日报》《晋察冀日报》《边区群众报》《大众日报》等也纷纷进行自我检查，整个解放区普遍开展起反“客里空”运动。这场运动成了当时解放区新闻界的一次实事求是思想路线的教育运动，对于确立党的新闻工作的真实性原则以及在党的报刊上开展批评与自我批评的工作传统具有十分重要的作用，对于党的新闻实践和党报理论发展也有着深远影响。

随着解放战争的节节胜利，党的新闻事业也面临着从农村转入城市后，如何在城市办好党报等问题。为此，党中央发布了《中共中央关于新解放城市中中外报刊通讯社处理办法的决定》《中宣部关于城市党报方针的指示》等一系列文件，为推动城市办报工作打开了局面，积累了经验。

此外，党的领导人也利用谈话或讲话方式对党的新闻宣传工作进行指导，尤其是毛泽东的《对晋绥日报编辑人员的谈话》和刘少奇的《对华北记者团的谈话》，集中反映了中国共产党人对于党报的性质作用、指导方针、工作路线、文风建设、新闻队伍建设等问题的深刻认识。另外，这一时期党报上登载的一些文章，如《人民的报纸》《检讨和勉励——读者意见总结》《办好党的报纸和通讯社》《改造我们的党报》等，也从理论上对当时的新闻实践起到一定指

---

① 王敬：《延安〈解放日报〉史》，北京：新华出版社，1998 年，第 103 页。

② “客里空”是苏联话剧《前线》中的一个前线特派记者的角色，后来成为虚假新闻和新闻工作中弄虚作假现象的代名词。

导作用。总之，这些办报经验、文件、文章和谈话等，为党的新闻思想注入了新观点和新内涵，推动着中国无产阶级党报思想走向成熟。

二、社会主义革命和建设时期：社会主义党报思想的初步探索

中华人民共和国成立以后，中国共产党开启了带领全国各族人民建设社会主义事业、为实现国家富强、民族振兴和人民幸福而奋斗的新征程。党的新闻事业也翻开了新的一页，踏上了建设社会主义新闻事业之路。在社会主义革命和建设时期，党和政府不仅完成了对旧有新闻事业的改造，基本建立起了遍布全国的社会主义报刊、通讯社和广播电台网络，而且对社会主义党报思想进行了初步探索，积累了较为丰富的经验，“形成了同经济、政治基本适应的新闻体制和新闻政策”[①]。但在这个过程中，尤其是社会主义改造完成之后的二十年里，我国社会主义新闻事业在极左思潮影响下和一系列政治运动冲击下也经受了许多挫折，留下了不少教训。

解放战争结束以后，中国共产党一方面继续对旧有的新闻事业按其性质进行区别处理，如取缔国民党的新闻事业、清理外国的宣传机构、改造私营的新闻媒体等；另一方面不断发展壮大党的新闻宣传网络，不仅建立起从中央级、大行政区或省级到地级、县级的党委机关报系统，还进一步发展了通讯社事业，扩大了新华社的业务范围，创办了新中国第二个通讯社中国新闻社等。同时，党中央加大了对新闻教育事业的投入，在改造旧新闻教育事业的同时，创办了一批无产阶级新闻教育机构，如中共中央党校新闻班、中国人民大学新闻系等。在这个过程中，中国共产党积累了丰富的报刊活动经验和新闻工作指导经验，为进一步探索和发展社会主义党报思想奠定了基础。

另外，这一时期，中国共产党还对新闻管理机制进行了改革。例如尝试在政务院之下专门设立一个新闻行政部门——新闻总署，以统一管理全国的新闻事业；建立编辑部门统一集中领导并按照社会生活的不同方面下设国内政治、工商、农村、文教、国际新闻、群众工作等部（或组）[②]；规定“党委

① 郑保卫主编：《中国共产党新闻思想史》，福州：福建人民出版社，2004 年，第 322 页。

② 中国社会科学院新闻研究所编：《中国共产党新闻工作文件汇编》（中），北京：新华出版社，1980 年，第 76 页。

的机关报是党委的一个工作部门”[①]，受党委的直接领导，等等。对于形成和发展社会主义新闻管理思想有着重要价值和意义。

此外，利用报刊开展批评和自我批评的思想与实践经过革命战争时期的积累和铺垫，到新中国成立初期得到了进一步发展。1950 年 4 月，在新中国成立仅半年时间，国家万事待兴、百废待举之时，为了纠正党和政府在工作中的缺点和错误，密切同人民群众的联系，党中央适时发布了《关于在报纸刊物上展开批评和自我批评的决定》。这一决定强调了共产党执政以后开展批评与自我批评的重要性和必要性，提出了做好报刊批评的具体要求和办法，为运用报刊监督政府、惩治腐败、推动工作提供了政策指导。当时报纸对天津地区负责人刘青山和张子善腐败案的揭露和批判，在社会上产生了积极效果。1953 年春，针对广西《宜山农民报》批评宜山地委一事，中宣部又作出了“党报不得批评同级党委”的指示。1954 年，党中央再次对报纸批评和自我批评提出了三项标准等。这些实践和政策的发布，进一步丰富和完善了报纸批评和自我批评的思想。

新中国成立初期，中国共产党对于如何建设社会主义还缺乏经验，而苏联作为世界上第一个社会主义国家已经积累了丰富经验，加之中国当时奉行“一边倒”的外交策略，这样苏联便成了我们学习的主要对象。当时《人民日报》、新华社、中央人民广播电台都派出人员到苏联《真理报》、塔斯社和国家电台学习取经。

但当时我国新闻界在学习苏联的过程中也出现了一些问题，犯了教条主义的错误。随着新闻工作中暴露出的问题越来越多，新闻改革势在必行。1956 年 7 月 1 日，《人民日报》率先改版，在其改版社论《致读者》中将改版的重点归结为三点，即扩大报道范围、开展自由讨论和改进文风。随后，新华社和全国其他媒体也纷纷开始改革，推动了社会主义新闻事业和新闻思想的进一步发展。虽然这次改革，因 1957 年开始的反右斗争而半路中断，但改革中形成的构想、提出的观点、积累的经验等也成为我国社会主义党报思想中不可或缺的部分，在中国共产党新闻思想史上有着重要地位。

① 中国社会科学院新闻研究所编：《中国共产党新闻工作文件汇编》(中)，北京：新华出版社，1980 年，第 328 页。

随着党和国家工作重心逐渐向生产建设进行战略转移，生产建设宣传也成为党的新闻宣传工作的一项重要内容。我国新闻宣传工作在党的领导下，重点宣传国家的建设成就，反映人民群众的生产活动等，积累了丰富的经济宣传经验，形成了一套经济宣传思想。尤其是延安时期创造的典型宣传方式在这一时期得到了进一步发展。这一时期的媒体上出现了大批报道先进集体（如大庆、大寨、南京路上好八连等）、模范人物（如李顺达、王进喜、焦裕禄等）、战斗英雄（如志愿军英雄黄继光、杨根思、邱少云等）和优秀士兵（如雷锋、王杰、欧阳海、麦贤德等）的新闻作品，进一步丰富和发展了我国典型宣传的实践和理论。这些典型宣传，激发了全国人民自力更生、艰苦奋斗建设社会主义的热情，推动了各项事业的发展进步，出色发挥了党的新闻事业的组织、鼓舞、激励、批判和推动作用。

然而，由于后来相继开展的一系列政治运动的冲击和影响，这一时期我国新闻事业也出现过不少失误，留下了沉痛的教训。例如，在对电影《武训传》的批判、《红楼梦》研究中资产阶级唯心论思想的批判和胡风文艺思想的批判这三次较大规模的学术批判中，一些中央新闻媒体出于政治需要不顾事实，无限上纲上线，助长了不平等、不民主之风，带来了不良后果。在 1957 年的反右斗争和 1958 年开始的“大跃进”等运动中，全国许多新闻媒体也起到了推波助澜的作用，“对实际工作造成了很大恶果”[①]。

到了“文化大革命”期间，由于极左路线的影响，我国新闻事业更是遭受重创，呈现出停滞甚至倒退的状况。当时，一些新闻媒体，包括《人民日报》《解放军报》《红旗》杂志等一些中央主要媒体在内，在林彪、陈伯达、康生和“四人帮”等人的控制下迷失了方向，走偏了道路，一度成为极左路线煽风造势者，不仅误导了舆论，伤害了民心，搅乱了社会，也损害了自身的形象、名誉和声望，在中国共产党新闻史上留下了沉痛教训。例如，当时林彪和“四人帮”一伙公然鼓吹“事实要为政治需要服务”、稿件中“没有的可以加上去”[②]等观点，使得党的新闻事业的真实性原则被践踏；有些媒体不惜编造事实来树

① 刘崇文、陈绍畴主编：《刘少奇年谱（1898—1969）》（下卷），北京：中央文献出版社，1996 年，第 518 页。

② 中共中央宣传部新闻局编：《中国共产党新闻工作文献选编（1938—1989）》，北京：人民出版社，1990 年，第 73 页。

立虚假典型，以致“黄帅日记”“哈尔套大集”[1]等纷纷出笼，严重败坏了马克思主义实事求是的作风和简约质朴的文风。

当然也要看到，虽然这一时期受当时政治环境的影响，我国新闻事业走过一些弯路，有过一些失误和教训，但不可否认也取得了一些有益经验和理论成果。尤其是在这期间，毛泽东、刘少奇等党的领导人提出的一些新观点新见解，丰富了党的新闻思想。例如毛泽东提出的“政治家办报”“舆论一律又不一律”“开门办报”，以及批评报道“开、好、管”的“三字方针”等新闻观点；刘少奇提出的“典型真实才能有效指导实际工作”“报纸要通过调查研究去区分是非和敌我界限”“国际报道不能只有一面，要客观真实”等新闻观点；邓拓发表的《怎样改进报纸工作》《马克思主义哲学和新闻工作》等指导性文章；等等，连同这一时期我国社会主义新闻事业的经验总结和广大新闻工作者的理论思考一起，成为社会主义党报思想的重要组成部分，在中国共产党百年新闻思想史上占有一定地位，为马克思主义新闻学在中国的发展作出了积极贡献。

三、改革开放新时期：社会主义新闻理论的丰富发展

1976 年粉碎“四人帮”以后，“文化大革命”随之结束，我国开始进入到一个新的历史发展时期。尤其是 1978 年十一届三中全会的召开，标志着我国开始了改革开放的新征程。这期间，我国新闻事业在以邓小平同志、江泽民同志为核心的党的第二代、三代中央领导集体，和以胡锦涛同志为总书记的党中央带领下，在广大新闻工作者的共同努力下，经历一系列改革，获得了空前发展。与此同时，中国共产党的新闻思想也获得了新的发展空间，新闻界不仅打破了“两个凡是”的思想禁锢，确立了实事求是的思想路线，还引入了信息论、系统论、控制论和传播学等学科理论，带来了我国新闻传播观念的深刻变革和社会主义新闻理论的深入发展。

粉碎“四人帮”以后，我国新闻事业开始配合党的拨乱反正工作对江青反革命集团的罪行进行了揭发和批判。然而，在一段时间里，我国新闻界在思想上并没有因“四人帮”的垮台而摆脱极左思潮的禁锢，甚至一度成为宣扬“两

① “黄帅日记”指小学生黄帅在日记中表达对老师做法的不满一事，被江青等人借机利用，将其打造成“破师道尊严”“批判修正主义教育路线回潮”的典型。“哈尔套大集”是“文化大革命”时期“四人帮”集团违背客观事实一手炮制出来的“大批资本主义，大干社会主义”的政治样板。

个凡是”、制造现代迷信的阵地。这种状况直到1978年才有所好转。是年5月，《光明日报》上发表了《实践是检验真理的唯一标准》一文，由此揭开了全国开展真理标准问题大讨论的序幕。这场讨论极大地解放了人们的思想，对于重新确立新闻报道和宣传思想工作的实践标准、恢复党的新闻事业实事求是的优良传统起到了巨大的推动作用。

伴随着十一届三中全会以后全党工作重心的转移，理论宣传战线也开始讨论今后的目标和任务。在1979年召开的理论工作务虚会上，中共中央宣传部部长胡耀邦提出，全党工作重心转移之后理论宣传工作的根本任务可以概括为：“把马克思列宁主义、毛泽东思想的普遍真理同实现四个现代化的伟大实践密切结合起来”[①]等。之后，邓小平在《目前的形势和任务》讲话中，提出了一切任务都要“围绕和服从经济建设这个中心”[②]等思想。这些新时期提出的新思想为我国社会主义新闻理论增添了新内容，为新时期我国社会主义新闻事业的发展指明了方向，确定了基调，提出了要求，产生了深远的影响。

随着改革开放的不断深化，我国意识形态领域出现了一些不和谐的声音，如“社会主义异化论”“人道主义”“一切向钱看”等，资产阶级自由化思潮此起彼伏，肆意扩散。对此，党中央发出一系列指示，要求思想文化战线扫除这些“精神污染”。邓小平连续作了《关于思想战线上的问题的谈话》《党在组织战线和思想战线上的迫切任务》《旗帜鲜明地反对资产阶级自由化》等讲话，胡耀邦作了《关于党的新闻工作》的讲话，党中央发布了《关于当前反对资产阶级自由化若干问题的通知》《关于坚决、妥善地做好报纸刊物整顿工作的通知》《关于改进新闻报道若干问题的意见》等文件。

这些指示、讲话、文件蕴含了中国共产党新闻思想的丰富内涵，如关于新闻工作的党性原则，关于党的新闻事业的根本性质、主要任务和基本要求，关于批评报道和舆论监督，关于加强新闻工作者职业道德修养和新闻纪律教育，以及关于坚持“以社会效益为最高准则”的传媒产业发展原则，等等。这些都是改革开放初期我国社会主义新闻理论的重要内容，是中国共产党人结合新形势和新实践作出的重要理论总结，是马克思主义新闻观中国化的重要成果。

然而1989年春夏之交，在国内和国际各种思潮影响下，我国发生了一场

---

① 中共中央文献研究室编：《三中全会以来重要文献选编》（上），北京：人民出版社，1982年，第57页。

② 邓小平：《邓小平文选》（第2卷），北京：人民出版社，1994年，第255页。

政治风波，一些新闻媒体在其中发挥了消极作用。在风波平息之后，当年11月底，中共中央宣传部举办全国新闻工作研讨班，对新闻界在这场风波中暴露出的问题，以及改革开放十余年来新闻工作的经验教训进行反思与总结。李瑞环在研讨班上发表了《坚持正面宣传为主的方针》的讲话，江泽民发表了《关于党的新闻工作的几个问题》的讲话。两个讲话内容全面而深刻，对党的新闻事业的性质、地位、作用、特点等进行了深刻阐释，提出了“以正面宣传为主”、实行舆论监督、加强宣传纪律、讲求宣传艺术等一系列主张和见解，对新闻工作的党性、真实性和新闻自由等问题进行了系统回应和明确解答，及时总结了教训，端正了思想，辨明了是非，确定了正确的思想路线、指导方针和行动原则。

进入20世纪90年代，尤其是1992年邓小平南方谈话之后，全党进一步解放了思想，明确了改革方向，加快了改革步伐。随着社会主义市场经济体制的建立，我国的改革开放事业进入到一个新的发展阶段，新闻改革也不断深化，新闻事业发生了巨大变化。这一时期，周末版、星期刊、都市报、专业报等新的报纸形态纷纷出现；深度报道、预测性报道、精确新闻报道等多种报道形式相继采用；在发行领域呈现出邮局发行、自办发行和邮报合作发行等多种发行方式并存的局面；报业集团开始出现，连带着报业管理体制也发生了变革；《东方时空》《焦点访谈》《新闻调查》等新的电视节目的创办，推动了电视新闻舆论监督、调查性报道的风行；等等。总之，这些新闻改革实践中积累的丰富经验为党的新闻思想增添了新的内容，推动了我国社会主义新闻理论的丰富发展。

此外，这些新闻改革的开展离不开党中央的科学决策和正确指导。例如，“1997年，中央政治局委员以上领导干部对《焦点访谈》等节目的批示63次，1998年达73次”[①]。另外，江泽民多次就新闻宣传工作发表讲话，如在全国宣传部长会议和宣传思想工作会议上的讲话、1991年视察新华社时的讲话、1996年视察人民日报社和接见解放军报社师以上干部时的讲话等，提出了舆论导向“祸福论”观点，阐述了“三为”基本方针，阐释“四人”[②]的工作任务，

---

① 杨伟光、吕岩梅：《从容“切换”人生精彩激情“插播”事业华章（上）——杨伟光纵论电视人生》，《现代传播》2004年第4期，第15－18页。

② “四人”即“以科学的理论武装人，以正确的舆论引导人，以高尚的精神塑造人，以优秀的作品鼓舞人”。

以及论述社会主义新闻事业性质地位的“生命论”、功能作用的“监督论”、工作原则的“真实论”等等[①]，这些思想是我国新闻事业转型发展期的重要理论成果，进一步充实了社会主义新闻理论。

中共十六大以后，以胡锦涛为总书记的党中央带领全国人民继续推进改革开放事业，为全面建设小康社会而奋斗。站在新的历史起点上，面对国内外新的新闻舆论生态环境，尤其是网络新媒体的兴起及其对传统媒体格局的冲击，如何审时度势做好新闻宣传工作，成为中国共产党必须回答好的重大课题。对此，党中央采取了一系列改革措施，如进一步改进会议和领导同志活动新闻报道，改进和加强国内重大突发事件新闻报道，加强和改进舆论监督，推进“三网融合”建设，开展“三项学习教育”和“走转改”活动等。胡锦涛十分关注新时期新闻宣传工作的新变化和新特点，提出了一系列新思想，如要坚持“三贴近”原则，要“研究信息化时代新闻传播特点和规律”[②]，要“切实把互联网建设好、利用好、管理好”[③]，办报纸必须“统筹国内国际两个方面”，要“加强主流媒体建设和新兴媒体建设，形成舆论引导新格局”，[④]等等。

总之，在改革开放新时期，随着新闻改革的不断深化，我国新闻事业获得了前所未有的大发展、大繁荣。与此相应，中国共产党的新闻思想也获得了进一步丰富和发展，体现出鲜明的时代性、创新性和开放性。

四、新时代：中国特色社会主义新闻理论的创新完善

党的十八大以来，以习近平同志为核心的党中央接过历史的接力棒，把握国际国内发展大势，总揽国家发展战略全局，采取了一系列重大举措，带领中国人民走上了新时代的新征程。面对百年未有之大变局背景下发生深刻变化的世情国情党情，面对互联网条件下发生巨大变化的媒体格局、舆论生态和传播方式，党中央从党和国家事业发展大局出发，坚持以马克思主义为指导，结

---

① 郑保卫主编：《中国共产党新闻思想史》，福州：福建人民出版社，2004 年，第 472 － 492 页。

② 邹声文：《全面提高教书育人水平 推动教育事业科学发展》，《人民日报》2020 年 9 月 10 日，第 1 版。

③ 胡锦涛：《以创新的精神加强网络文化建设和管理 满足人民群众日益增长的精神文化需要》，《人民日报》2007 年 1 月 25 日，第 1 版。

④ 吴绮敏、孙承斌等：《唱响奋进凯歌 弘扬民族精神——记胡锦涛总书记在人民日报社考察工作》，《人民日报》2008 年 6 月 21 日，第 1 版。

合新的时代条件和历史特点，在继承以往马克思主义优秀新闻思想成果的基础上，“科学回答了事关党的新闻事业长远发展的一系列带有根本性、战略性、全局性的重大问题”[①]，进一步对中国特色社会主义新闻理论进行了创新、发展和完善。

习近平在担任总书记后公开发表的第一个有关宣传思想工作的谈话，即2013年8月19日在全国宣传思想工作会议上的讲话，就系统阐释了他对宣传思想和意识形态工作的清醒认识及深刻理解。例如他强调意识形态工作是党的一项极端重要工作，强调“党性和人民性相统一”，强调要坚持“正面宣传为主”的方针，做好新形势下的对外宣传工作等。这篇重要文献为党的新闻宣传工作指明了方向，规划了路线，作出了部署，成为指导我国新闻事业改革发展的理论指南。

此后不久，十八届三中全会召开，会议通过了《中共中央关于全面深化改革若干重大问题的决定》，标志着我国全面深化改革战略的正式启动。这一《决定》对新闻事业管理体制的改革作出了重要部署，即“健全坚持正确舆论导向的体制机制。……健全网络突发事件处理机制，形成正面引导和依法管理相结合的网络舆论工作格局。整合新闻媒体资源，推动传统媒体和新兴媒体融合发展。推动新闻发布制度化。严格新闻工作者职业资格制度，重视新型媒介运用和管理，规范传播秩序”[②]。随后，围绕着这些方面，我国新闻宣传工作进行了深入改革。

近些年来，论坛、微博、微信、客户端、网络直播等网络媒体形式层出不穷，呈现野蛮生长之势，带来了虚假新闻、“标题党”、“三俗”信息、误导性信息等问题，对这些网络新媒体进行规范管理成为新形势下我国新闻事业改革的一个迫切任务。对此，党和政府有关部门采取了一系列措施，出台了一系列政策，如2014年开始给新闻网站采编人员核发记者证，专门成立了中央网络安全和信息化领导小组（后改为中央网络安全和信息化委员会）负责对网信事业的管理，此后还发布了《移动互联网应用程序信息服务管理规定》《互联网直播服务管理规定》《微博信息服务管理规定》《网络音视频信息服务管理规定》

① 新华通讯社课题组：《习近平新闻舆论思想要论》，北京：新华出版社，2017年，第4页。

② 《中共中央关于全面深化改革若干重大问题的决定》，北京：人民出版社，2013年，第39－40页。

等规范性文件，并于 2017 年修订了《互联网新闻信息服务管理规定》，逐渐形成了中央、省、市三级网信工作体系，形成了管理全覆盖、网上网下“一把尺子、一个标准”的局面等。

另外，在全面对外开放的历史条件下，随着社会上思想观念的日益多元化，意识形态领域的斗争也日趋复杂和尖锐。在国内，一些媒体尤其是网络媒体上出现了恶意攻击党和政府、蓄意诋毁中国社会主义制度、肆意污蔑抹黑英雄模范等与主流意识形态相悖的言论；国际上，我国依然面临着西强我弱的舆论格局，一些西方媒体大肆宣扬“中国威胁论”“中国崩溃论”“中国掠夺论”等奇谈怪论和政治谣言。面对这种情况，习近平多次发表讲话或作出批示，强调意识形态工作的极端重要性，要求必须“把意识形态工作的领导权、管理权、话语权牢牢掌握在手中”，要“认真落实意识形态工作责任制”，要“高度重视网上舆论斗争，加强网上正面宣传，消除生成网上舆论风暴的各种隐患”[①]等。同时，习近平在 2013 年和 2018 年的全国宣传思想工作会议上、在 2014 年的中共十八届四中全会第二次全体会议上等多次提到要“讲好中国故事，传播好中国声音”，丰富和发展了他关于对外宣传工作的理论观点。

此外，媒体融合成为这一时期中国新闻事业改革的重中之重，是全面深化改革的一项战略性任务。对此，党中央和有关部门发布了《关于推动传统媒体和新兴媒体融合发展的指导意见》《关于进一步加快广播电视媒体与新兴媒体融合发展的意见》《关于加快推进媒体深度融合发展的指导意见》等文件。习近平还在中共十九届中央政治局第十二次集体学习时专门就推动媒体融合发表讲话，提出要把握媒体融合发展的趋势和规律，推动媒体融合向纵深发展等要求。[②]此外，县级融媒体中心建设也成为媒体融合发展的一项重要抓手和举措，这一设想最初在 2017 年的全国宣传思想工作会议上明确提出以后，到 2019 年最终以五个规范性文件[③]落定。这些内容进一步丰富和发展了中国特色社会主义媒体融合的思想。

① 习近平：《论党的宣传思想工作》，北京：中央文献出版社，2020 年，第 21 － 24 页。

② 同上书，第 353 － 356 页。

③ 即《县级融媒体中心建设规范》《县级融媒体中心省级技术平台规范要求》《县级融媒体中心网络安全规范》《县级融媒体中心运行维护规范》《县级融媒体中心监测监管规范》。

当前，我国新闻事业仍处在不断深化改革的过程之中，一系列改革方案正在有序实施，许多改革政策也在不断调整。如2019年9月，中央广播电视总台全面启动了改版工作；2019年4月，党中央颁布了《中国共产党宣传工作条例》，这是“中国共产党成立以来第一部关于宣传工作的党内法规文件”[①]；2019年11月，中国记协重新修订了《中国新闻工作者职业道德准则》，为新闻工作者提出了许多新要求；2020年6月，国家新闻出版署印发了《报纸期刊质量管理规定》，要求报纸、期刊出版单位认真落实“三审三校”等管理制度；等等。

总之，十八大以来，习近平总书记高度重视党的新闻舆论工作，2016年2月19日，他亲自主持召开党的新闻舆论工作座谈会并发表专门讲话，提出了一系列新思想新观点新要求。其内容包括对党的新闻舆论工作的性质地位作出了新定位，对新闻舆论工作的方针原则进行了新归纳，对新闻舆论工作的职责使命作出了新表述，对新闻舆论工作的创新发展作出了新部署，对加强人才队伍建设和党对新闻舆论工作的领导提出了新要求等[②]。这些内容是新时代中国新闻事业改革发展的理论指南，是中国共产党新闻思想的最新成果，是马克思主义新闻观中国化的最新体现，大大推动了中国特色社会主义新闻理论的创新与完善。

五、总结与思考：建构中国特色社会主义新闻学科学体系

如前所述，中国共产党的新闻思想已经走过了百年历程，百年间，顺应时势的变化和新闻实践的发展，其内容不断充实，其思想愈发成熟，逐渐形成一套独具中国特色的社会主义新闻理论体系。综观百年历程，可以发现中国共产党新闻思想的形成发展有着特定的实践基础和理论来源。

中国共产党新闻思想形成发展最主要的实践基础，是百年来中国共产党新闻事业的改革实践以及新闻媒体的报道实践。历史和实践证明，新闻事业大改革大发展的时期也是新闻思想大迸发大繁荣的时期。中国共产党新闻事业的

① 郑保卫、尹延永：《论〈中国共产党宣传工作条例〉出台的背景及意义》，《新闻爱好者》2020年第1期，第4－8页。

② 郑保卫：《论习近平党的新闻舆论工作重要讲话的理论创新》，《中国广播电视学刊》2016年第4期，第18－24页。

百年历史离不开几次重大的新闻改革，如1920年《新青年》改组为党的机关报、1942年延安《解放日报》改版、1956年《人民日报》改版、20世纪八九十年代新闻事业的全面改革，以及2012年以来的新闻事业深化改革等。这些改革涉及体制机制、指导理念、人员机构、新闻业务等多个方面，在推动党的新闻事业蓬勃发展的同时，也在很大程度上推动了新闻观念的革新和新闻思想的发展。如1920年《新青年》的改组为“创办党的机关报”思想的形成提供了实践基础；延安时期的报纸改版实践更是直接催生了中国共产党的无产阶级党报思想；改革开放以来八九十年代和十八大以后的两次大的新闻改革，则推动了党的社会主义新闻理论的全面创新；等等。

如果说新闻改革实践是推动新闻思想大发展的重要力量，那么媒体报道实践则是孕育新闻思想成长成熟的肥沃土壤。新闻思想的理论成果最终要通过源源不断的媒体报道实践来检验，可以说媒体报道实践既是新闻思想形成的起点，又是新闻思想发展的落点。例如，延安时期开创的典型报道形式，后来经过社会主义革命和建设时期的一些或成功或失败的实践检验，逐渐发展成一套典型宣传理论。又如，中国共产党新闻思想中的一些重要原则和指导方针，起初都是针对现实新闻报道中出现的问题而提出来的，如党性和群众性原则的提出，针对的就是新闻报道中存在的脱离实际、脱离群众、缺少党性等现象。总之，这是一个从实践到认识，再从认识到实践的循环往复，认识不断深化上升的过程。

此外，中国共产党新闻思想的形成和发展离不开党的几代领导人的报刊活动实践和新闻宣传工作指导实践。如前文所述，中国共产党的历代领导人都有着直接或间接的报刊活动经历，尤其是毛泽东、周恩来、瞿秋白等党的早期领导人，积累了十分丰富的报刊活动经验，这些经验逐渐演化为其新闻思想的一部分，成为他们指导后来党的新闻事业发展的重要指针。邓小平、江泽民、胡锦涛、习近平等党的领导人多次通过讲话、文章、批示等方式对新闻宣传工作进行指导，有的甚至直接对中央级报刊和通讯社作工作指示。正是在这一次次指导实践中，他们的新闻观得以不断与时俱进和创新发展，直接丰富了中国共产党新闻思想的理论体系。

中国共产党新闻思想的形成发展也有着特定的理论来源。其中，党的领导人对新闻工作的理论思考是促进党的新闻思想形成、发展和完善的一个重要方面。正如恩格斯所说，“一个民族要想站在科学的最高峰，就一刻也不

能没有理论思维”。以毛泽东为代表的中国共产党领导人深谙此道，始终以马克思主义的立场、观点、方法来分析中国的具体实际，对党的新闻宣传工作中遇到的各种问题进行深刻的理论思考和科学的经验总结，最终形成了中国化的马克思主义新闻观。例如，党的领导人对党性和人民性之间关系的辩证思考和系统阐释，直接关系着中国共产党对新闻事业性质任务、指导方针和工作原则等的认识；延安时期，陆定一在《解放日报》上发表的《我们对于新闻学的基本观点》一文，成为中国共产党人用马克思主义哲学方法论对新闻学基本问题进行理论思考的典型代表。另外，毛泽东对《晋绥日报》编辑人员的谈话和刘少奇对华北记者团的谈话，都是中国共产党人对新闻宣传工作理论思考与实践总结的标志性成果，是体现中国共产党人新闻观的理论高度和思想深度的经典文献。

另外，从党的百年历程看，中国共产党新闻思想的发展既一脉相承，又与时俱进。这一特点的产生与中国共产党人对中外新闻理论的传承、借鉴和创新密不可分。百年间，虽然中国共产党新闻思想中的很多内容难免会发生变化，但一些思想内核和基础理论则是颠扑不破的，具有长久生命力的。如社会主义新闻事业是党、政府和人民的耳目喉舌之“性质论”，社会主义新闻工作要坚持党性原则、真实性原则、正确舆论导向和正面宣传为主之“原则论”，要坚持实事求是的思想路线和从群众中来到群众中去的工作路线之“路线论”，等等。这种思想和理论上的延续性，都得益于几代中国共产党人和广大新闻工作者对党的新闻工作优良传统和科学理论始终如一的传承与坚守。

但是，中国共产党的新闻思想从来就不是保守的、封闭的，而是包容的、开放的。在其百年发展过程中，中国共产党始终坚持不忘本来，借鉴外来的理念，不断吸收和借鉴一切国外新闻理论中的思想精华来提升自己的实践能力和理论水平。这里面既包括学习苏联共产党的党报理论和办报经验，也包括借鉴西方一些资本主义国家的新闻学和传播学理论。

从中国共产党成立至 20 世纪五六十年代，中国共产党的新闻宣传工作基本上都在“向苏联学习”，这种学习对于新中国成立初期尽快建立起社会主义新闻事业的媒体机构、传播体系、管理体制、工作机制起到了积极作用，帮助我们少走了不少弯路。

与此同时，中国共产党新闻思想还注意批判地吸收一些西方资本主义国家的新闻理论。如党的新闻事业初创时期，当时一些西方国家资产阶级的办报经验和办报思想，对我们中国共产党人的新闻实践和新闻思想就产生了一定影响。改革开放以来，一些西方国家新闻学和传播学理论不断传入中国，对当时我国新闻事业改革和新闻思想发展都具有一定借鉴意义。

立足当下，当前中国正在经历前所未有的社会变革和实践创新，这必将为理论创造和学术繁荣提供有利环境、广阔空间和强大动力。按照习近平总书记 2016 年 5 月 17 日在哲学社会科学工作座谈会上讲话的规划与设计，目前应该是构建中国特色社会主义新闻学科学体系的最好时候。新闻学已被党和国家认定为对哲学社会科学具有支撑作用，需要加快发展的 11 个重要学科之一，新闻学界和业界应按照习近平的要求不懈努力，以尽快实现这一目标。

为此，首先，我们要立足中国实际，增强问题意识，实现不断创新。正如习近平所说的“理论思维的起点决定着理论创新的结果。理论创新只能从问题开始”[①]，因此，我们要坚持以当前我国改革发展和新闻工作实际为研究的起点，以解决自身媒体改革与发展中的现实问题为目标和追求。

其次，我们要以马克思主义为指导，坚持“不忘本来，借鉴外来，面向未来”。中国共产党新闻事业的百年实践是中国共产党新闻思想和社会主义新闻理论产生发展的根基，其中的成功经验和优良传统是新闻学的宝贵财富，需要不断挖掘、继承和创新。西方新闻学中的一些内容也有一定理论价值和实践意义，值得我们学习和借鉴。此外，新闻学研究要坚持面向人类社会的未来发展，把握时代进步的精准脉搏。

第三，要构建起具有向心力、研究力和影响力的学术共同体，大力提倡学术讨论，鼓励百花齐放，百家争鸣，促进开放研究。还要进一步优化学术研究的体制机制和人才培养模式，为新闻学界做真学问、研究真问题提供宽松的开放环境。同时要注意调动学者、学校、管理机构等各方面的积极性，共同为全面构建中国特色社会主义新闻学学科体系、学术体系、话语体系和教材体系而努力工作。

① 习近平：《在哲学社会科学工作座谈会上的讲话》，《人民日报》2016 年 5 月 19 日，第 2 版。

唯有如此，一个符合中国国情、适应中国社会主义新闻工作需要、反映中国特色社会主义新闻工作客观规律的新闻学科学的理论体系和知识体系才能真正构建起来。

（作者郑保卫系广西大学新闻与传播学院院长、中国人民大学新闻学院教授，教育部社会科学委员会委员兼新闻传播学科召集人、国家社科基金重大项目“百年中国共产党新闻政策变迁研究（1921—2021）”首席专家；王青系中国人民大学新闻学院2019级博士生）

（本文刊于《社会科学战线》2021年第6期，

《新华文摘》2021年第17期全文转载）

百年党刊：中国共产党思想建党的主阵地*

张晓红　田森杰

内容摘要：作为中共思想建党的主阵地，党刊是思想宣传的主要平台，发挥了重要作用。新民主主义革命时期，党刊积极宣传马克思列宁主义，倡导理论联系实际、实事求是的思想路线，大力批判党内存在的教条主义等错误思想；社会主义革命和建设时期，党刊践行实事求是的思想路线，积极传播马克思列宁主义和毛泽东思想，大力弘扬调查研究精神；改革开放新时期，党刊开展真理标准大讨论，宣传中国特色社会主义理论体系，为改革开放提供了思想动力；新时代，党刊积极配合宣传党的各项思想教育活动，为实现中华民族伟大复兴奠定了思想基础。在中国共产党进入“第二个百年”之际，党刊需要借助媒体深度融合发展的大趋势，更好地发挥在思想建党中的作用，开启思想宣传工作的新篇章。

关键词：中国共产党；百年党刊；思想建党；主阵地

在中国共产党的百年发展历程中，对于自身建设的高度重视是我们党带领中华民族从站起来到富起来再到强起来的重要法宝，其中，思想建设是党的建设中的一个重要维度。作为党的基础性建设，思想建党为中国共产党永葆先进性和纯洁性提供了源源不断的动力，正如习近平总书记在纪念马克思诞辰200周年大会讲话中所指出的：“回顾党的奋斗历程可以发现，中国共产党之所以

* 本文为国家社科基金项目“媒体融合背景下地方党刊在思想建党中的功能研究”(20BDJ002)的阶段性成果。

能够历经艰难困苦而不断发展壮大，很重要的一个原因就是我们党始终重视思想建党、理论强党，使全党始终保持统一的思想、坚定的意志、协调的行动、强大的战斗力。”①

党刊是党的新闻事业的重要组成部分，肩负着理论宣传和思想建设的重要使命。回溯党的思想建设历程，党刊始终是党进行思想宣传的重要平台，是思想建党的主阵地。本文以党刊为经，以思想建党为纬，历时性地呈现党刊在思想建党中的主阵地作用。

一、新民主主义革命时期党刊在思想建党中的主阵地作用

新民主主义革命时期，李大钊、陈独秀等人在建党前夕就通过各种刊物向国人传播马克思主义，宣传俄国十月社会主义革命。党成立之后，中共创办了大量理论性刊物，虽然其中许多刊物出版时间不长，但它们为传播马克思主义、促进马克思主义中国化、提升全党的思想素质和理论水平作出了重要贡献。

（一）中国共产党成立前夕：向国人介绍马克思主义先进思想

在中国共产党成立之前，以李大钊、陈独秀、蔡和森等为代表的党的创始人就已经通过《新青年》《共产党》等刊物传播马克思主义、宣传俄国十月社会主义革命。1918 年 10 月，李大钊在《新青年》上发表《庶民的胜利》和《Bolshevism 的胜利》，热烈赞扬俄国十月革命。1919 年 5 月、11 月，李大钊分两期在《新青年》上发表《我的马克思主义观》，向国人系统介绍了马克思主义唯物史观、政治经济学和科学社会主义。1920 年 11 月，上海共产党早期组织创办了半公开的《共产党》月刊，它一方面通过《俄罗斯共产党的历史》《英国共产党成立》等文章介绍国外共产党的情况，同时也刊发《我们为什么主张社会主义》《夺取政权》等文章来批驳无政府主义等错误思潮，从思想层面探索“什么是共产党”以及“怎样建设共产党”等问题。这些刊物为马克思主义在中国的传播提供了平台，为中国共产党的成立奠定了思想基础。

① 习近平：《习近平谈治国理政》（第 3 卷），北京：外文出版社，2020 年，第 74 页。

（二）中国共产党成立初期：宣传马克思列宁主义，彰显党的思想态度

中国共产党成立初期，党刊在党的思想建设中依旧发挥着重要作用。一方面，《新青年》等既有刊物继续为党的思想建设所服务。首先，《新青年》继续同基尔特社会主义展开论争，其中具有代表性的是分别刊登于《新青年》第9卷第5期和第6期的《共产主义与基尔特社会主义》和《再论共产主义与基尔特社会主义》。其次，加大马克思列宁主义的宣传力度，在瞿秋白担任主编时，《新青年》开设了“共产国际号”“列宁号”和“世界革命号”专号进行马克思列宁主义宣传。另一方面，《前锋》《中央政治通讯》等新办刊物成为思想建党的新阵地。《前锋》创办于1923年7月，登载了瞿秋白的《帝国主义侵略中国之各种方式》《中国资产阶级之发展》《现代中国的国会制与军阀》等文章，从思想层面揭示了反帝反军阀的必要性，主张“运用群众实力创造真正民治的代议制”。《中央政治通讯社》创办于1926年8月，登载《我们对北伐的态度》《戴季陶最近的态度》等文章，阐明了中国共产党对当时重大事件的思想态度，为党的革命工作提供了思想指导。

（三）土地革命时期：加强马克思主义宣传，对中国革命问题进行理论探索

土地革命时期，中国共产党先后创办了《布尔塞维克》《斗争》《红旗》《实话》四种党刊和《党的生活》《党的建设》《党的工作》三种专业性党刊。[①]1927年10月在上海创刊的《布尔塞维克》是其中影响最大的刊物，它注重理论思想的宣传，在发刊露布中就明确指出要建立“布尔塞维克的精神和布尔塞维克的思想”。[②]它大量登载一些与党当时处境相关的马列主义经典文章。此外，《布尔塞维克》还对中国革命的一些基本问题进行理论探索，例如发表于第1卷第6期的《中国现状与共产党的任务决议案》，指明了帝国主义是中国革命的主要对象；第1卷第19期的《中华全国总工会扩大会议的意义》，指出了工人阶级居于革命的领导地位；第3卷第2期的《中国革命的根本问题》，深入分析了中国革命的性质。此外，《布尔什维克》还批判了党内的右倾机会主义，但由于认识以及理论等方面的局限性，它也宣传了一些“左”倾错误思想。

---

① 方克：《中共中央党刊史稿》（上），北京：红旗出版社，1999年，第14页。

② 《布尔塞维克发刊露布》，《布尔塞维克》第1卷第1期，1927年10月24日。

（四）抗日战争时期：着力推进马克思主义中国化

在抗日战争时期，党中央创办了《解放》《共产党人》《中国青年》《群众》等刊物，其中在思想建党方面具有代表性的是创办于延安的《解放》《共产党人》和创办于国统区的《群众》。《解放》周刊创刊于 1937 年 4 月，它刊登了大量马克思主义著作，发表马恩列斯等人原著作品多达 39 篇。[①]此外，《解放》还刊登了许多关于中国基本问题的文章，其中，《马克思主义与三民主义》阐释了如何看待马克思主义与三民主义的关系；《论持久战》前瞻性地揭示了抗战的发展规律，澄清了有关抗战的种种错误认知；《什么是乌托邦社会主义？》对中国革命的前途问题进行了深入分析。

《共产党人》创刊于 1939 年 10 月，在其发刊词中毛泽东明确提出要“建设一个全国范围的、广大群众性的、思想上政治上组织上完全巩固的布尔什维克化的中国共产党”。[②]在思想建设上，《共产党人》极大地推进了马克思主义中国化，1941 年第 18 期该刊刊登了毛泽东著名的《没有调查就没有发言权》，进一步明确了实事求是的思想路线。它还积极宣传党的统一战线和武装斗争思想，批判抗日民族统一战线中的“左”倾错误思想，真实呈现了马克思主义中国化的第一次历史性飞跃。

1937 年 12 月在汉口创办（1938 年 12 月迁至重庆）的《群众》同样也为推动马克思主义中国化作出了巨大贡献：它开设“民族化”专栏，从唯物史观的角度探讨国家和民族的命运；它登载了《反对党八股》《整顿学风党风文风》[③]等文章，有力配合了整风运动的开展，促进全党在思想上的团结统一。

（五）解放战争时期：宣传人民民主思想和群众思想

抗日战争胜利后，《群众》成为唯一的中央级党刊。针对国民党破坏和平、实施独裁的恶劣行径，《群众》周刊积极宣传党的人民民主思想，号召发起政治民主运动，指导工人运动和学生运动。另外，《群众》还积极践行党的群众思想，在香港版开设“群众中来”“群众信箱”等专栏，在 1949 年第 3 卷第 21 期中还专门解答了读者在学习毛泽东思想时所遇到的问题。

---

① 李鹏：《〈解放〉周刊与马克思主义中国化研究》，陕西师范大学，2014 年。

② 毛泽东：《毛泽东选集》（第 2 卷），北京：人民出版社，1991 年，第 611 页。

③ 《整顿学风党风文风》是毛泽东在 1942 年 2 月 1 日中共中央党校开学典礼上作的报告，《群众》在 1942 年第 7 卷第 10 期刊登此文，收入《毛泽东选集》时此文题目改为《整顿党的作风》。

1945年12月，冀晋区党委创办的《新群众》，积极宣传党的群众路线和群众思想，针对党员干部的“事务主义”倾向展开思想教育，提出“从群众观点检查，因为群众观点强的同志，他任何时候都把群众最迫切的问题放在紧要地位，把其他工作放在次要地位去做，这就不会怎么犯事务主义的”。[①]《新群众》还号召广大干部群众学习社会调查精神，树立实事求是的思想，在思想建党中发挥了良好的教育动员作用。

二、社会主义革命和建设时期党刊在思想建党中的主阵地作用

1949年10月1日，中华人民共和国成立，党的思想建设也随之翻开了新的篇章。这一时期，中共中央委员会主办的《红旗》杂志创刊，地方党刊也在各地纷纷创刊。各级党刊积极宣传马克思列宁主义毛泽东思想，批评党内各种非无产阶级思想和违反组织原则的错误行为，鼓舞全党全国人民以主人翁精神投入社会主义建设事业中。但在“文化大革命”期间，党刊也不可避免地宣传了一些错误思想。

（一）1949—1966：大力宣传马克思列宁主义、毛泽东思想

自1947年解放战争全面打响直到新中国成立的十余年间，党中央一直没有直接出版的机关刊物。在1958年3月召开的成都会议上，毛泽东提出：“我们党从前有《向导》《斗争》《实话》等杂志，现在有《人民日报》，但没有理论性杂志。原来打算中央、上海各办一个，设立对立面有竞争。现在提倡各省都办，这很好。可以提高理论，活泼思想。”[②]

1958年6月，中共中央的机关刊《红旗》正式创刊。创刊后的《红旗》一方面在党的思想建设上大力宣传毛泽东思想。其发刊词说道：“中国共产党的领袖毛泽东同志经常教育全党，要像列宁那样，善于密切地联系群众，倾听群众的呼声，善于把马克思主义的普遍真理和具体实践结合起来，尊重新鲜的事物，敢于在新的历史条件下，提出问题，解决问题，坚持真理。”[③]在《红旗》的宣传中，毛泽东思想不仅仅被解释为指导中国革命胜利的思想武器，而且也

---

① 苏应明、贾一血、田间：《漫谈工作方式》，《新群众》第1卷第1期，1945年12月10日。

② 全国党刊研究会：《〈中国期刊年鉴〉增刊 中国党刊60年》，中国期刊年鉴社，2009年，第4页。

③ 胡绳：《举起无产阶级在思想界的革命红旗》，《红旗》1958年第1期，第2页。

是国际共产主义运动中保卫马克思列宁主义和反对现代修正主义的思想武器，为毛泽东思想的权威正统性奠定了理论基础。[①]

另一方面，《红旗》还开展了大规模的调查研究宣传运动。1960 年 7 月至 1962 年 9 月，《红旗》杂志发起了调查研究宣传运动。据统计，在这次宣传运动中，提及调查研究的文章多达 58 篇，调查研究被提及 234 次。[②]整体上看，《红旗》的这次调查研究宣传运动在一定程度上恢复了实事求是的思想路线，促进了马克思主义中国化的发展。

这一时期，地方党刊面向地方党组织和党员，围绕马列主义、毛泽东思想以及实事求是思想路线等展开思想宣传和思想教育，其中具有代表性的是北京的《前线》。创办于 1958 年 11 月的《前线》在发刊词中强调：“我们是辩证唯物主义者，我们知道，我们的主观能动性跟客观存在、客观规律的实际关系。”[③] 1961 年 10 月至 1964 年 7 月，《前线》开设《三家村札记》杂文专栏，该栏目不仅题材广泛，还注重对党员的思想教育，它提倡要用马克思主义唯物观点去看待新生事物，[④]号召人们用毛泽东思想武装自己，重视起群众经验。[⑤]该栏目针砭时弊，批评讽刺“左”的错误思想，在当时活跃了全党的思想。

（二）1966—1978：受极左错误思想影响留下教训

“文化大革命”开始前后，许多地方党刊停刊。这一时期，党刊在思想建党中的主阵地功能被异化，主要宣传“以阶级斗争为纲”的思想方针，助长了党内极左错误思想。作为当时思想风向标之一的《红旗》，建立起了超越文本的舆论威权的符号价值，违背了实事求是的思想原则，助长了党内极左错误思想的泛滥，使党的思想建设处于一种非理性状态，在党刊发展历程中留下了深刻教训。

---

① 杨永兴：《“文革”前〈红旗〉杂志对毛泽东思想的宣传》，《江苏大学学报（社会科学版）》2008 年第 2 期，第 64 页。

② 徐新玲：《1960 年至 1962 年〈红旗〉杂志对调查研究的宣传探究》，《党史文苑》2014 年第 6 期，第 78 页。

③ 《站在革命和建设的最前线（发刊词）》，《前线》1958 年第 1 期，第 3 页。

④ 吴南星：《从走路和摔跤学起》，《前线》1961 年第 20 期，第 16 页。

⑤ 吴南星：《重视群众的经验》，《前线》1963 年第 11 期，第 14 页。

三、改革开放和社会主义现代化建设新时期党刊在思想建党中的主阵地作用

1978 年 12 月，十一届三中全会的召开拉开了改革开放的大幕，党的思想建设重新步入正轨，实事求是的思想路线得到恢复和发展。邓小平理论、“三个代表”重要思想、科学发展观先后被确立为党的指导思想。这一时期，中央级党刊开始增多，“文革”开始前后停办的地方党刊逐渐恢复出版，贵州、新疆、西藏等地的党刊也陆续创办，各级党刊重新发挥在思想建党中的主阵地作用。

（一）1978—1992：开展真理标准大讨论，同时在两条线上作战

改革开放初期，党刊积极开展真理标准的大讨论。1979 年下半年，《红旗》杂志几乎每一期都会刊登关于真理标准讨论的理论文章，在第 7 期的《深入开展真理标准的讨论》中，指出真理标准的讨论是一场关于思想解放的讨论；第 8 期的书评《让实践第一的观点广泛传播——介绍〈实践是检验真理的唯一标准（通俗讲话）〉》详细介绍了《实践是检验真理的唯一标准》这篇具有划时代意义的文章；第 9 期的评论员文章《认真补好真理标准讨论这一课》提倡针对真理标准的这一问题要继续深入讨论，尚未讨论的地区和单位要补好这一课。党刊关于真理标准的讨论促进了党内突破“两个凡是”的思想禁锢，对于全党解放思想，端正思想路线，具有深远的历史意义。

此外，党刊还对这一时期的错误思想进行了批判。改革开放初期，许多党员仍被“左”的错误思想所束缚，同时党内也存在反对四项基本原则、推崇资产阶级生活方式的右的错误思潮。针对这样的问题，《红旗》同时在两条线上进行作战。在反对“左”倾错误思想上，《红旗》在 1979 年第 10 期刊登了《自觉贯彻三中全会路线，坚定地沿着科学社会主义的轨道前进》，具体阐释“左”倾的表现和危害，帮助人们正确认识“左”的错误思想。在反对右的错误思潮上，《红旗》发表《实现四化，必须坚持四项基本原则》（1979 年第 4 期）《解放思想与四项基本原则》（1980 年第 12 期）《论解放思想和反对资产阶级自由化》（1980 年第 23 期）等文章来纠正脱离社会主义轨道的错误思想。[①]

① 方克：《中共中央党刊史稿》（下），北京：红旗出版社，2000 年，第 209 页。

（二）1992—2012：宣传中国特色社会主义理论体系

在改革开放时期，党中央创造性地将马克思主义普遍原理与中国社会主义现代化建设相结合，先后创立了邓小平理论、“三个代表”重要思想和科学发展观。2007 年 10 月，党的十七大明确提出“中国特色社会主义理论体系”这一科学概念，将其作为邓小平理论、“三个代表”重要思想和科学发展观这三大理论成果的科学概括。这一时期，中国特色社会主义理论体系成为各级党刊的重点宣传内容。

在邓小平理论的宣传上，各级党刊主要围绕邓小平理论的内涵、性质以及学习的方法展开论述。在内涵阐释上，1998 年刊登于《党建研究》的《邓小平理论体系的三层涵义》提出邓小平理论的精髓是实事求是，它开拓了马克思主义的新境界，会随着中国特色社会主义的实践和时代的发展而不断发展和丰富。[①]在性质解读上，党刊提出邓小平理论是科学社会主义学说发展的新阶段，是对马克思列宁主义、毛泽东思想的继承和发展，社会主义初级阶段是邓小平理论的逻辑起点和立论基础。在理论学习的方法上，提出学习邓小平理论要紧密联系实际，要将突击性学习与长期性学习、重点学习与全面学习相结合，[②]要有钻研精神和创新精神。[③]

在“三个代表”重要思想的宣传上，一方面，以《求是》为代表的党刊对其思想内涵进行了细致阐释，《求是》杂志在 2000 年和 2001 年分别刊登了戴舟的《论“三个代表”》和《再论“三个代表”》，深刻分析了“三个代表”重要思想的提出背景、理论创新以及“三个代表”与生产力、“三个代表”与新世纪的关系。另一方面，党刊也针对思想本身的指导意义进行了广泛宣传，揭示了“三个代表”重要思想在现代化建设、精神文明建设、文化建设以及践行群众路线等方面的重要功能，有效助力了全党深入贯彻落实“三个代表”重要思想。

在科学发展观的宣传上，党刊主要从认识论和方法论两方面进行了阐述。在认识论上，提出以人为本、全面、协调、可持续的科学发展观是建立在马克思主义哲学基础之上，具有深刻的哲理性；[④]科学发展观坚持并发展了马克思

---

① 汪晓红：《邓小平理论体系的三层涵义》，《党建研究》1998 年第 1 期，第 45 页。

② 向长刚：《学习邓小平理论要在方法上求深入》，《学习导报》1999 年第 11 期，第 25 页。

③ 姜玉泉：《学好邓小平理论要有四股劲》，《学习导报》1998 年第 5 期，第 28 页。

④ 林文肯：《科学发展观：马克思主义哲学的生动体现》，《求是》2004 年第 17 期，第 46 页。

主义历史辩证法的基本原理，消除了西方马克思主义的根本错误。[①]在方法论上，《党建》杂志于2009年推出“深入学习实践科学发展观系列”党课，从科学态度、能力素质、求真务实等各个方面论述了学习实践科学发展观的方法。《求是》杂志还刊登了关于贯彻科学发展观的实际案例，具体鲜明地阐释了学习科学发展观的方法要义。

四、中国特色社会主义新时代党刊在思想建党中的主阵地作用

党的十八大以来，中国特色社会主义进入新时代。党的十九大报告明确强调：“思想建设是党的基础性建设”。党的十九大报告及经十九大通过的《中国共产党章程（修正案）》均列明，习近平新时代中国特色社会主义思想是中国特色社会主义理论体系的重要组成部分。在中国特色社会主义新时代，党刊积极宣传习近平新时代中国特色社会主义思想，大力弘扬实事求是的思想路线，全力配合参与党的思想教育活动，更好地发挥了党的思想建设主阵地作用。

（一）积极宣传习近平新时代中国特色社会主义思想

作为马克思主义中国化的最新产物，习近平新时代中国特色社会主义思想坚持和运用马克思主义基本原理，立足于新时代新方位，聚焦于新使命新任务，系统回答了新的历史条件下坚持和发展什么样的中国特色社会主义以及怎样坚持和发展中国特色社会主义等问题，引领着中国特色社会主义在新时代的全方位发展。

宣传习近平新时代中国特色社会主义思想，成为新时代各级党刊思想建党的核心着力点。党的十八大以来，习近平总书记围绕统筹推进“五位一体”总体布局、协调推进“四个全面”战略布局，发表了一系列重要讲话，提出了许多富有创见性的理论观点，以《求是》为代表的党刊大量登载习近平总书记在各个场合的重要讲话，《党建》《党建研究》《前线》等党刊还专门开辟了习近平新时代中国特色社会主义思想专栏，从政治、经济、文化、外交、科技等多个方面细致解读习近平新时代中国特色社会主义思想的丰富内涵，从理论意蕴上阐释习近平新时代中国特色社会主义对于马克思主义、毛泽东思想和中国特色社会主义理论体系的继承与发展，从实际案例上展现新发展理念的贯彻

① 符原菁：《深化认识科学发展观的三个维度》，《党建》2013年第2期，第26－27页。

落实，号召全党深入贯彻学习习近平新时代中国特色社会主义思想，用马克思主义中国化的最新成果武装全党。

（二）大力弘扬实事求是的思想路线

十八大以来，中国共产党坚持实事求是思想路线，勇于面对党面临的重大风险考验和党内存在的突出问题，以顽强意志品质正风肃纪、反腐惩恶，消除了党和国家内部存在的严重隐患。习近平总书记在纪念毛泽东同志诞辰 120 周年座谈会上的重要讲话中指出："实事求是，是马克思主义的根本观点，是中国共产党人认识世界、改造世界的根本要求，是我们党的基本思想方法、工作方法、领导方法。不论过去、现在和将来，我们都要坚持一切从实际出发，理论联系实际，在实践中检验真理和发展真理。"①在实事求是思想路线的宣传上，各级党刊登载习近平总书记关于实事求是的重要讲话，号召广大党员学习实事求是的思想精神。一些地方党刊还将实事求是思想宣传与地域特色相结合，例如《新湘评论》围绕岳麓书院开辟专栏，结合习近平总书记在参观岳麓书院时的重要讲话，大力宣传实事求是的思想路线，刊发了《担负时代赋予岳麓书院的新使命》《岳麓书院与党的思想路线》等系列文章；《当代广西》通过宣传百色起义来弘扬实事求是的思想精神，在《百色起义光照千秋》一文中指出，实事求是是百色起义精神的内核所在，广大党员要继承和弘扬百色起义实事求是的精神，在研究新情况、解决新问题中不断开创新时代改革发展事业新局面。②

（三）全力配合、积极参与党的思想教育活动

十八大以来，党中央开展了党的群众路线教育实践活动、"三严三实"专题教育、"两学一做"学习教育、"不忘初心、牢记使命"主题教育和党史学习教育等一系列思想教育活动，党刊全力配合、积极参与了党的各项思想教育活动。《求是》在 2014 年至 2019 年间累计发表了数十篇关于"三严三实"的文章，在《严以修身是"三严三实"的起点》《以"严慎细实"践行"三严三实"》等文章中具体阐释了"三严三实"的践行方法，为思想教育活动的开展提供了方法论。《党建研究》在 2019 年第 7 期至第 12 期推出

① 习近平：《习近平谈治国理政》，北京：外文出版社，2014 年，第 25 页。
② 农俊海：《百色起义精神光照千秋》，《当代广西》2019 年第 24 期，第 59 页。

了“不忘初心，牢记使命”的专栏（第 8 期为主题教育专刊），其中第 7 期的《深刻理解中国共产党人的初心和使命》解读了其内涵价值，第 8 期的《以刀刃向内的勇气搞好专项整治》阐述其践行方法，第 12 期的《让群众感受到新变化新成效——福建省、海南省、重庆市、四川省达州市持续深化整改落实》报道了其实践活动。《前线》杂志在 2021 年第 4 期的党史学习专题中通过《牢固树立正确党史观》《学史明理的四重意蕴》等文章具体阐述了党史观的重要性以及党史学习的重要价值。各级党刊全力配合各项思想教育活动的开展，促进了全党思想素质的提升，推动思想建党进入新高度。

五、结语

在中国共产党成立一百年之际，我们进入了党的“第二个百年”。在此历史的交汇点上，党刊需要借助媒体深度融合发展的趋势，从以下三方面着力坚守好思想建党的主阵地，更好地发挥在思想建党中的作用，开启思想宣传工作的新篇章。

第一，恪守党性原则。党性原则是我国新闻舆论工作的根本性原则，也是党刊在思想宣传中需要恪守的根本性原则。恪守党性原则，一方面党刊要增强看齐意识，经常、主动向党中央看齐，在思想上政治上行动上与党中央保持高度一致。另一方面，要发挥党刊在思想建党中的过滤器作用，敢于旗帜鲜明地指正各种违背马克思主义的错误思想，历史上，“教条主义”“历史虚无主义”等各种错误思想影响了党员队伍的纯洁性和先进性，甚至给国家和社会造成了巨大损失。因此，警惕党内滋生的各种错误思想，也是党刊恪守党性原则的题中应有之义。

第二，增强思想性。作为理论性刊物，思想性是党刊区别于其他刊物的显著标志，也是影响党刊在思想建党中功能发挥的直接因素。提升党刊的思想性，一方面，要夯实党刊工作者的脚力、眼力、脑力、笔力，提升党刊工作者的思想政治素养、理论素养和专业能力；另一方面，要将思想宣传与时代发展大势相结合，当下，各种思潮交织碰撞，愈发需要党刊将习近平新时代中国特色社会主义思想这一当代中国马克思主义作为思想“指南针”引领全党。在办刊中将时代洞察力、价值判断力和文本表现力融为一体，用思想的力量来坚定共产党员的理想信念，增强全党的凝聚力。

第三，增强可读性。长期以来，党刊存在脸孔过于呆板，说教成分突出，导向作用不强等痼疾。[①]媒体融合发展为增强党刊可读性提供了良好契机，具体来说，党刊可从内容和形式上提升自身的可读性。在内容上，可以适当结合实际案例进行理论宣传和思想建设，培育具有亲和力的文风，在现实生活情境中展现思想理论的指导功能。在形式上，要拓宽党刊思想宣传的媒介渠道，例如重庆市委当代党员杂志社通过“党刊＋”的全媒体矩阵打造了党建媒体集群，形成了多元化的宣传渠道；同时也要延展党刊思想宣传的文本形态，例如《前线》的“画里画外”栏目通过新闻漫画的形式讽刺官僚主义、命令主义等思想作风，赞扬实事求是、求真务实的精神品质，形成了良好的传播效果。对可读性的追求，体现了党刊以读者为本的办刊理念，也是党刊不断增强吸引力，提高影响力的必由之路。

（作者张晓红系中国传媒大学党报党刊研究中心副主任；田森杰系中国传媒大学新闻传播学部博士生）

① 石妍：《党刊“趣味性”刍议》，《新闻界》2002 年第 1 期，第 44 页。

学习实践、继承发扬党的新闻工作的群众路线

陈富清

内容提要：本文认为坚持党的新闻工作群众路线是我国新闻宣传工作的优良传统，提出广大新闻工作者要认真学习马克思主义经典作家关于党的新闻工作群众路线重要论述，准确把握党的新闻工作群众路线科学内涵，自觉践行和继承发扬党的新闻工作群众路线。

关键词：党的新闻工作；群众路线；学习实践；继承发扬

党的新闻工作群众路线是党的群众路线在新闻宣传工作中的具体体现，坚持党的新闻工作群众路线是我国新闻宣传工作的优良传统。广大新闻工作者要认真学习马克思主义经典作家关于党的新闻工作群众路线重要论述，准确把握党的新闻工作群众路线科学内涵，继承发扬和自觉践行党的新闻工作群众路线。

一、认真学习关于党的新闻工作群众路线的重要论述

马克思、恩格斯、列宁等无产阶级革命导师，以毛泽东、邓小平、江泽民、胡锦涛、习近平为代表的中国共产党主要领导人，对新闻工作贯彻落实党的群众路线高度重视，作了一系列重要论述，不断形成丰富了党的新闻工作群众路线的理论体系。

（一）马克思、恩格斯、列宁关于党的新闻工作群众路线论述

保持与无产阶级和广大人民群众的密切联系，贴近无产阶级解放斗争的实际，为无产阶级解放斗争服务，是纵贯马克思、恩格斯、列宁新闻思想发展历程的一条红线。

马克思强调报刊要贴近群众，指导运动。他指出："报刊按其使命来说，是公众的捍卫者，是针对当权者的孜孜不倦的揭露者，是无处不在的耳目，是热情维护自己自由的人民精神的千呼万应的喉舌。"[①]"人民的信任是报刊赖以生存的条件，没有这种条件，报刊就会完全萎靡不振。"[②]

恩格斯认为报纸最大的好处，就是它每日都能干预运动，能成为运动的喉舌，就是作为中心的典范。他称马克思在1848年革命中创办的《新莱茵报》是工人运动的"坚强中心"。[③]他还强调报刊要为人民群众服务，要充分发挥新闻批评、舆论监督的作用。

列宁十分重视党的报刊同人民群众的联系，以及党报对人民群众的组织作用。他指出："报纸的作用并不限于传播思想、进行政治教育和吸引政治同盟军。报纸不仅是集体的宣传员和集体的鼓动员，而且是集体的组织者。"[④]列宁十分重视工农通讯员工作，在他的影响指导下，俄共（布）第十二次代表大会通过决议，号召开展工人通讯员运动，决议指出党在苏维埃新闻事业方面的新生力量——工人通讯员的意义，是巨大的。

（二）毛泽东关于党的新闻工作群众路线论述

毛泽东在指导党的新闻宣传工作时始终贯彻落实党的群众路线理论，作出了一系列极其重要的论述，创立了我们党的新闻工作群众路线理论。1948年他在对《晋绥日报》编辑人员谈话时指出："报纸的作用和力量，就在它能使党的纲领路线、方针政策、工作任务和工作方法，最迅速最广泛地同群众见面。"[⑤]"办好报纸，把报纸办得引人入胜，在报纸上正确地宣传党的方针政策，通过报纸加强党和群众的联系。"[⑥]毛泽东还指出宣传思想工作"要坚持从群众中来，到群众中去，从中发现问题，摸准群众的思想脉搏，有针对性地做好思想引导和宣传思想教育工作，使群众的思想觉悟和认识水平一次比一次

① 中国社会科学院新闻研究所编：《马克思恩格斯论新闻》，北京：新华出版社，1985年，第234页。

② 同上书，第122页。

③ 转引自童兵：《马克思主义新闻思想史稿》，北京：中国人民大学出版社，1989年，第96页。

④ 杨春华、星华编译：《列宁论报刊与新闻写作》，北京：新华出版社，1990年，第123页。

⑤ 中共中央文献研究室、新华通讯社编：《毛泽东新闻工作文选》，北京：新华出版社，1983年，第149页。

⑥ 同上书，第150页。

提高”。他还提出：“我们的报纸也要靠大家来办，靠全体人民群众来办，靠全党来办，而不能只靠少数人关起门来办。”[①]

（三）邓小平关于党的新闻工作群众路线论述

解放思想、实事求是、群众路线始终贯穿在邓小平新闻思想中。早在1950年，他《在西南区新闻工作会议上的报告》中就指出：“办好报纸有三个条件：结合实际、联系群众、批评与自我批评。”[②]1957年他在《共产党要接受监督》一文中指出：“党要领导得好，就要不断地克服主观主义、官僚主义、宗派主义，就要受监督，就要扩大党和国家的民主生活。如果我们不受监督，不注意扩大党和国家的民主生活，就一定要脱离群众，犯大错误。”[③]1992年初他在南方谈话中指出：“现在有一个问题，就是形式主义多。电视一打开，尽是会议。会议多，文章太长，讲话也太长，而且内容重复，新的语言并不很多。重复的话要讲，但要精简。形式主义也是官僚主义。要腾出时间来多办实事，多做少说。”[④]这些论述从不同角度丰富发展了党的新闻工作群众路线理论。

（四）江泽民关于党的新闻工作群众路线论述

江泽民关于党的新闻工作群众路线的重要论述极其丰富。1989年他在全国新闻工作研讨班上的讲话通篇贯穿着坚持党的新闻工作群众路线思想。他明确指出：“我们国家的报纸、广播、电视等是党、政府和人民的喉舌。”因为“它作为现代化的传播手段，能够最迅速、最广泛地把党的路线、方针、政策贯彻到群众中去，并变为群众的实际行动；能够广泛地反映群众的意见、呼声、意志、愿望；能够及时地传播国内国际的各种信息，直接影响群众的思想、行为和政治方向，引导、激励、动员、组织群众为认识和实现自己的利益而斗争”[⑤]。他强调社会主义的新闻事业要坚持为社会主义服务、为人民服务的方针；并指出党报“坚持党性原则，也就是坚持工人阶级和人民群众的根本利益的原则，两者是完全一致的”[⑥]。

---

① 毛泽东：《毛泽东选集》（第4卷），北京：人民出版社，1991年，第1319页。

② 邓小平：《邓小平文选》（第1卷），北京：人民出版社，1994年，第146页。

③ 同上书，第270页。

④ 邓小平：《邓小平文选》（第3卷），北京：人民出版社，1993年，第381－382页。

⑤ 中共中央文献研究室编：《中共十三届四中全会以来历次全国代表大会中央全会重要文献选编》（中），北京：人民出版社，1991年，第766页。

⑥ 同上书，第771－772页。

（五）胡锦涛关于党的新闻工作群众路线论述

胡锦涛在党的十六大上提出了“立党为公、执政为民、以人为本”的执政理念。基于这一理念，他提出党的宣传思想工作要始终坚持“贴近实际、贴近生活、贴近群众”的“三贴近”原则，并将其作为新闻宣传工作的指导方针。为了更好地贯彻落实“三贴近”原则，坚持和发扬党的新闻工作群众路线，他于 2003 年 3 月 28 日主持召开政治局会议，研究进一步改进会议和领导同志活动新闻报道，要求精简会议和领导同志活动的报道，多把版面时段留给人民群众，多报道人民群众在社会主义现代化建设中取得的业绩，多反映人民群众的意见、建议。后来，在他领导下，中央又先后出台了关于进一步改进和加强国内突发事件新闻报道及关于进一步加强和改进舆论监督工作的意见，体现了对群众关注问题的重视。

（六）习近平关于党的新闻工作群众路线论述

习近平始终把坚持群众路线作为党的各项工作的根本遵循，他在十八大闭幕后中央政治局第一次集体学习时强调：“密切党群、干群关系，保持同人民群众的血肉联系，始终是我们党立于不败之地的根基”。为贯彻落实党的群众路线，十八大后不久，他主持召开政治局会议，制定了关于改进工作作风、密切联系群众的八项规定，并狠抓规定的落实执行。2013 年 6 月，党中央又在全党开展了党的群众路线教育实践活动。在 2013 年 8 月召开的全国宣传思想工作会议上，习近平总书记强调要始终坚持以人民为中心的工作导向，正确处理坚持党性与坚持人民性的关系。他指出：“坚持人民性，就是要把实现好、维护好、发展好最广大人民根本利益作为出发点和落脚点，坚持以民为本、以人为本。要树立以人民为中心的工作导向，把服务群众同教育引导群众结合起来，把满足需求同提高素养结合起来，多宣传报道人民群众的伟大奋斗和火热生活，多宣传报道人民群众中涌现出来的先进典型和感人事迹，丰富人民精神世界，增强人民精神力量，满足人民精神需求。”[①]

---

① 习近平：《胸怀大局把握大势着眼大事 努力把宣传思想工作做得更好》，《人民日报》2013 年 8 月 21 日第 1 版。

二、深刻理解、准确把握新闻工作群众路线科学内涵

从上述分析梳理可以看出，马克思主义经典作家们关于党的新闻工作的群众路线的论述，内容丰富，思想深刻，涉及新闻宣传工作的方方面面。对这一系列重要论述的学习研究，有利于我们更好地深刻理解、准确把握党的新闻工作群众路线的核心内容及其科学内涵。

党的群众路线的核心内容是：一切为了群众，一切依靠群众，从群众中来，到群众中去，把党的正确主张变成群众的自觉行动。“一切为了群众，一切依靠群众”，是讲党应该具有的群众观点，这是关系党的性质、宗旨的根本问题；“从群众中来，到群众中去”，是讲党的基本领导方式和工作方法，回答的是党的正确领导意见是从哪里来的。群众路线的本质是党与群众的关系问题。

从党的群众路线的核心内容看，新闻工作是一种天然的践行党的群众路线的工作。首先，新闻采访和新闻报道要从群众中来，新闻采访和新闻报道的成果最后都要传播到群众中去，接受群众的检验。因此，新闻工作一刻也不能离开人民群众，人民群众是新闻的源头活水，是新闻工作的依靠力量和服务对象。其次，我们的新闻媒体天天要同人民群众打交道，一方面及时将党和政府的路线、方针、政策传播到人民群众中间去，另一方面及时将人民群众的呼声表达出来，将人民群众的劳动事迹报道出去，发挥好桥梁纽带作用。再次，新闻传媒所具有的特性和优势，使它自然地成为党和政府联系人民群众的有效工具和有力抓手，成为党和政府的舆论工具。

新闻工作的这些基本特性决定了它与党和政府全局工作的关系，决定了它是党和政府整体工作的有机组成部分。这一关系也决定了新闻工作群众路线与党的群众路线的关系。党的群众路线是新闻工作群众路线的灵魂与基石，而新闻工作群众路线是党的群众路线在新闻工作中的具体化和专业化。要深刻理解、准确把握党的新闻工作群众路线的科学内涵，必须全面系统认真地学习马克思、恩格斯、列宁等无产阶级革命导师，毛泽东、邓小平、江泽民、胡锦涛、习近平等党和国家领导人关于党的群众路线的重要论述，深刻理解、准确把握党的群众路线的科学内涵和精神实质。

党的新闻工作群众路线是我们党和新闻工作者以马克思主义唯物论为思想基础，将我们党的群众路线贯彻落实到新闻工作中逐步形成并不断完善的关于新闻工作的基本工作路线。它是一个极其丰富的理论体系，内容包括新闻报道的实践本源、新闻事业作为党和人民喉舌的性质、新闻工作为人民服务的宗

旨、人民群众是新闻工作的依靠力量、新闻媒体的桥梁纽带作用、新闻作品的风格特征、人民群众的主体地位、新闻媒体的角色定位等根本理论问题和实践问题。党的新闻工作群众路线是一个开放的、与时俱进的理论体系，是我们党的新闻工作的生命线，也是其根本政治路线。坚持新闻工作群众路线是党的新闻工作的优良传统。

（一）党的新闻工作群众路线明确了新闻报道的本源

群众路线强调从群众中来，它遵循了马克思主义唯物论实践第一的观点。马克思主义新闻观认为，实践是第一性的，基于实践的新闻是第二性的，新闻报道是对现实生产生活实践的反映。人民群众的丰富生动的伟大实践永远是新闻报道的源头活水。这就要求我们的新闻工作者深入实际、深入生活、深入群众，进行深入的调查研究，从人民群众的生产生活实践中吸取营养，寻找新闻线索，采制符合社会本质和时代发展的新闻作品。

（二）党的新闻工作群众路线揭示了新闻事业的性质

马克思主义唯物论告诉我们，物质决定意识，经济基础决定上层建筑。新闻传媒作为意识形态、上层建筑的一部分，自然要为其依附的经济基础服务。这在任何国家任何社会都是如此。新闻传媒只有当谁的喉舌之分，而没有当不当喉舌之别。我们的新闻事业是党和人民的喉舌，这是马克思主义新闻理论关于新闻事业性质最为本质的论述。新闻事业的这一性质要求我们一方面要积极宣传党的理论、路线、方针、政策，另一方面又要充分反映人民群众的意见建议，当好人民群众的代言人。

（三）党的新闻工作群众路线规定了新闻工作的宗旨

党的群众路线首先突出强调，一切为了群众。这就明确规定了我们党和党的新闻工作的宗旨是为人民服务。这是由我们的新闻事业既是党的事业又是人民的事业这一本质属性决定的。作为人民的事业，为人民服务是题中应有之义；作为党的事业，也必须为人民服务，这是因为我们党的宗旨就是全心全意为人民服务。为人民服务的宗旨明确了我们新闻工作的服务对象。

（四）党的新闻工作群众路线找到了新闻工作的力量源泉

党的群众路线一方面强调一切为了群众，另一方面强调一切依靠群众。为了群众，解决的是宗旨问题，依靠群众，解决的是力量源泉问题。依靠人民群众做好新闻工作，这是党的新闻工作的优良传统。马克思曾指出，人民的信任是报刊赖以生存的条件。毛泽东同志提出，我们的报纸要靠全体人民群众来办，要靠全党来办。进入市场经济建设和互联网等新兴媒体快速发展的新时代，我们党和国家领导人还一再强调，要结合新形势、新实践，更好地贯彻群众办报、全党办报的方针。

（五）党的新闻工作群众路线阐述了新闻媒体的桥梁纽带作用

新闻媒体具有多方面作用，桥梁纽带作用是它的一个极其重要的作用。我们党十分重视发挥新闻媒体的桥梁纽带作用。早在新中国成立前，刘少奇同志在与华北记者团谈话时就明确阐述了新闻媒体是党和政府联系人民群众的桥梁和纽带的思想。进入改革开放新时期，我们党进一步丰富发展了这一思想，提出要把体现党的主张和反映人民心声统一起来，把坚持正确导向与通达社情民意统一起来，对媒体发挥桥梁纽带作用提出明确要求。

（六）党的新闻工作群众路线强调了新闻作品的风格特征

一切为了群众，一切依靠群众，要求我们的新闻报道必须学习运用群众熟悉的、常用的、鲜活的语言、形式来为群众服务。我们不仅要为群众说话，还要学会说群众的话。这就要求我们的新闻报道努力贴近实际、贴近生活、贴近群众，切实改变作风、改变文风，务必使我们的新闻报道具有中国气派、中国特色，为中国的广大人民群众所喜闻乐见，喜闻乐听。

（七）党的新闻工作群众路线突出了人民群众的主体地位

坚持党的新闻工作的群众路线，要求我们广大新闻工作者必须牢固树立人民群众是新闻事业主人的思想，突出人民群众在新闻事业中的主体地位。我们不仅要为群众说话，说群众的话，同时也要让群众自己说话。不但要保障人民群众的知情权，同时还要保障人民群众的参与权、表达权、监督权。尊重人民群众的主体地位要求我们要以人民高兴不高兴、赞成不赞成、满意不满意、答应不答应作为衡量我们工作好坏的标准。

（八）党的新闻工作群众路线找准了媒体人的角色定位

党的新闻工作的群众路线在明确了人民群众的主体地位的同时，也从另一个角度为我们新闻工作者找准了自身的角色定位。人民群众是党的新闻事业的主人，广大新闻工作者是为人民群众提供新闻信息服务的工作人员。我们的新闻工作者绝不是西方新闻学家所说的“无冕之王”。其实在西方，记者也绝不是什么“无冕之王”。新闻工作者的角色定位本不应当成为什么问题，但是在改革开放、市场经济建设等新的条件下，我们有些新闻工作者对自身的角色定位变得有点模糊，把自己凌驾于人民群众之上，利用手中的权力为自己、为媒体谋私利。习近平强调，新闻工作者要明确“我是谁”的问题具有强烈的现实针对性，是对我们党的新闻工作群众路线的丰富和发扬。

三、自觉践行和继承发扬党的新闻工作群众路线的路径和方法

党的新闻工作群众路线是一个开放的、与时俱进的理论体系。它不仅对党的群众路线开放，不断吸取党的群众路线思想的精华；同时它还对新闻工作实践开放，以实践来丰富、检验理论。党的新闻工作群众路线具有与时俱进的理论品质，它将随着实践的发展、时代的进步而不断丰富、不断发展、不断完善。我们要自觉践行和继承发扬党的新闻工作的群众路线，就须以开放的心态、创新的思维，有效的路径和方法，来不断丰富其实践，发展其理论。

（一）准确把握时代背景，深刻认识重大意义

要做成一件事，首先须了解当前形势，认识目标意义，唯此才能做好这一事情。坚持党的群众路线是我们党的优良传统，这一优良传统在新形势下有所削弱。我们党最大的优势是密切联系群众，而党执政后最大的危险是脱离群众。习近平同志在党的群众路线教育实践活动工作会议上清醒地分析了我们面临的形势。他强调指出，从总体上看，当前各级党组织和党员、干部贯彻执行党的群众路线情况是好的，这是主流，必须充分肯定。同时必须看到，面对世情、国情、党情的深刻变化，精神懈怠危险、能力不足危险、脱离群众危险、消极腐败危险更加尖锐地摆在全党面前。党内脱离群众的现象大量存在，集中表现在形式主义、官僚主义、享乐主义和奢靡之风这“四风”上。

面对“四种危险”和“四风”的严重情况，面对脱离群众的严重情况，十八大后党中央作出部署，要在全党深入开展以“为民、务实、清廉”为主要内容的党的群众路线教育实践活动。这是新的历史条件下全面推进党的建设新的伟大工程的重要内容和有力抓手，是解决群众反映强烈的突出问题的有效手段，是实现党的十八大确定的奋斗目标的必然要求，具有重大现实意义和深远历史意义。

就新闻宣传工作而言，近年来随着形势的变化，在一些人心中，党的新闻工作群众路线淡薄，功利思想严重。针对这一情况，中央明确指出，一定要

在指导思想上不断强化群众路线，在各项工作中全面体现群众路线，在队伍建设中深入贯彻落实群众路线。因此，我们要把坚持群众路线作为党的最大“软实力”，作为新闻工作的核心竞争力，高度重视，认真贯彻。

（二）牢固树立群众观点，始终站稳群众立场

群众观点和群众立场不仅是群众路线的重要内容，而且是贯彻群众路线的前提条件。要自觉践行群众路线，必须牢固树立群众观点，始终站稳群众立场。

牢固树立群众观点，首先需要准确把握群众观点的精神实质与主要内容。群众观点是马克思主义政党对待人民群众的基本观点，是马克思主义唯物史观的基本内容，也是马克思主义政治观的重要内容。党的群众观点主要包括：人民群众是历史创造者、全心全意为人民谋利益、虚心向人民群众学习、干部的权力是人民赋予的、对党负责和对人民负责相一致，等等。这些观点相互联系，相互支撑，构成党的群众观点的有机整体。党的群众观点体现在新闻宣传工作中，主要表现为：深入群众，倾听群众呼声，反映群众愿望的观点；把满足群众需要作为新闻工作根本出发点的观点；人民群众的实践活动是新闻报道的活力源泉的观点；新闻工作要自觉接受群众检验的观点；等等。

要始终站稳群众立场，首先须明确什么是群众立场以及站稳群众立场的意义。“立场”，是指人们认识和处理问题时所处的地位和所抱的态度。“群众立场”，是指人们在认识和处理问题时要站在群众的角度，坚持为群众谋利的态度。群众立场是关系党的性质的根本政治问题。始终站在人民立场上而不是站在个人、少数人立场上说话办事，始终代表最广大人民根本利益而不是代表某一个人、某一部分人的利益，这是党的根本群众立场。我们党之所以能够得到广大人民群众的拥护和支持，首先是因为党始终站在最广大人民的立场上说话办事，始终代表最广大人民根本利益。对新闻宣传工作来说，要站稳群众立场，必须始终坚持正确的舆论导向，积极反映群众的呼声、愿望，努力营造良好的社会舆论环境。

（三）继承群众办报思想，把握媒体依靠力量

树立群众观点，站稳群众立场，解决的是新闻工作“一切为了群众”的宗旨问题；一切依靠群众，要求我们的新闻工作始终坚持群众办报、全党办报、开门办报的思想。

依靠群众的力量做好新闻宣传工作，是马克思主义认识论在新闻工作中的具体运用和具体体现。马克思主义认识论认为，新闻宣传工作就是认识和反

映社会实践的工作。人民群众的社会实践是新闻宣传工作取之不尽、用之不竭的源泉，是检验新闻宣传工作社会效果的唯一标准。马克思主义认识论要求我们的新闻宣传工作必须坚定地相信群众，紧紧地依靠群众，深入实际，深入群众，从人民群众的伟大实践中吸取力量，永葆党的新闻宣传工作的青春活力。

因此，依靠群众力量做好新闻宣传工作，历来是党的新闻工作的优良传统。毛泽东就把“全党办报、群众办报”作为党报工作的传统和原则。

随着社会的发展，媒体技术的进步，我们的新闻报道形式，依靠群众力量的方式发生很大的变化，不变的是依靠群众的力量做好新闻宣传工作的根本原则。我们的新闻事业只能开门办，依靠群众力量来办，而不能关起门来，走同人办报、精英办报的路线。

（四）突出群众主体地位，找准媒体自身定位

党的新闻工作群众路线强调，一切为了群众，一切依靠群众，这是因为人民群众是我们新闻事业的主人，人民群众在我们新闻事业中拥有主体地位。

人民群众在媒体中的地位问题，是一个十分重要的问题，它充分体现一个国家媒体的性质。在资本主义国家，媒体是由资本家出钱创办的，目的是挣钱，媒体的主人是资本家，而人民群众则是媒体的传播对象，是受众，是被资本家借助发行量和收听收视率出卖给广告商的赚钱对象。在社会主义国家，媒体是由国家出资创办的，人民群众是国家的主人，自然也是新闻媒体的主人。人民群众既是新闻事业的服务对象，也是新闻事业的依靠力量。

我们的新闻事业既是党的事业，也是人民的事业，这是我国社会主义新闻事业的根本性质。新闻事业的这一性质规定和确立了人民群众在新闻事业中的主体地位。

突出了人民群众在新闻工作中的主体地位，媒体工作者自身的定位问题就迎刃而解了。人民群众是新闻媒体的主人，媒体工作者就是为人民群众提供新闻信息服务的工作者。这一定位在党的新闻事业史上一直是非常明确的。但在市场经济建设和改革开放新的历史条件下，这一明确定位在一部分新闻工作者头脑中变得有些模糊了。他们忘记了“我是谁”，找不准自己的位置。对此，习近平强调，一定要回答解决好“我是谁”的问题，视群众为亲人、把群众当主人，摆正同人民群众的关系。坚持情系群众、感恩群众、敬畏群众，牢记人民群众是我们的衣食父母、精神父母，密切同人民群众的血肉联系，保持赤诚之心、赤子之心，自觉把人生坐标定位于服务人民群众，把个人追求融入党和人民的宣传事业，切实履行好人民群众赋予的神圣责任。

（五）做党和人民的喉舌，发挥桥梁纽带作用

我国新闻事业既是党的新闻事业，也是人民的新闻事业。这就要求新闻宣传工作既要站在党的立场为党说话，当好党的喉舌；同时又要站在人民的立场为人民说话，当好人民的喉舌，要正确处理当好党的喉舌与当好人民的喉舌之间的关系。在我国社会主义新闻事业中，当好党的喉舌与当好人民的喉舌，是高度统一的。我们一定要将这种高度统一的原则贯彻到新闻工作的各个方面、各个环节。

要当好党和人民的喉舌，要正确处理当好党的喉舌与当好人民的喉舌之间的关系，首先必须正确处理党性与人民性之间的关系。习近平在2013年全国宣传思想工作会议上强调："党性和人民性从来都是一致的、统一的"，并对这一问题作了深刻阐述。新闻事业的党性是一定党派组织的政治目的、政治行为准则在新闻事业中的具体体现，它要求新闻工作完全贯彻政党组织的政治纲领和思想体系，并把他们作为指导思想。

中国共产党是全中国最广大人民群众根本利益的最忠实的代表，党除了人民群众的利益，没有自己的任何私利。利益的一致是最本质的一致，建立在利益一致基础上的一致，是最牢固的一致。因此，党性原则是我们中国特色社会主义新闻思想体系的核心与灵魂。坚持新闻工作的党性原则，是党的新闻工作的优良传统。新闻事业的人民性是指我们的新闻宣传要站在人民的立场上说话，当好人民的喉舌。新闻工作的党性和人民性问题是一个本不该有争议而一度变成很有争议的问题。我们必须牢固树立党性和人民性高度统一的思想，旗帜鲜明地反对"人民性高于党性"的谬论。

要当好党和人民的喉舌，要求我们的新闻媒体要充分发挥联系党和人民的桥梁纽带作用。新闻媒体要积极宣传党的理论、路线、方针、政策，不断提高宣传水平，使党的理论、路线、方针、政策最迅速、最广泛地同人民群众见面，为人民群众所接受，化为人民群众的自觉行动。这是党的群众路线的内在要求。党的群众路线最初表述是"一切为了群众，一切依靠群众，从群众中来，到群众中去"。后来党的十三大在修改党章时加了一句"把党的正确主张变成群众的自觉行动"，形成了关于群众路线的完整表述。

党的正确主张从哪里来？党的群众路线告诉我们，党的正确主张只能从群众中来。这就要求新闻工作者充分反映人民群众的伟大创造、智慧力量、意

见建议、呼声要求，为党的科学决策、为党的正确主张的形成提供有力的参考。因此，要当好党和人民的喉舌，发挥桥梁纽带作用，就要求新闻宣传要将体现党的主张和反映人民心声统一起来。

（六）紧跟科技发展步伐，不断丰富联系渠道

作为一种桥梁和纽带，新闻媒体是党联系人民群众的最为有效的渠道。这一渠道随着科学技术的发展而不断丰富。我们党以前主要是通过报刊等平面媒体与群众建立联系，后来有了广播电视等电子媒体，现在又有了互联网和手机等新兴媒体。人们习惯将报刊称为第一媒体，将广播称为第二媒体，将电视称为第三媒体，将互联网称为第四媒体，将手机称为第五媒体。

现代大众传媒是现代科学技术发展的产物，它的每一步发展都深深打上现代科技进步的烙印。科学技术深深影响着大众传媒的内容采制、传输、接收等各个环节，深深影响着大众传媒宣传、经营、管理等各个方面。科学技术是大众传媒的第一生产力。在科学技术日新月异的当下，我们的新闻宣传工作者要继承发扬党的新闻工作的群众路线，就必须紧跟科技发展步伐，努力占领科技制高点，不断搭建新的桥梁，编织新的纽带，构筑新的渠道。

搭建新的桥梁、编织新的纽带、构筑新的渠道之后，紧接着的任务就是要了解新桥梁、新纽带、新渠道的特点和优势，充分发挥它们的作用。就目前来说，新桥梁、新纽带、新渠道主要是第四媒体互联网和第五媒体手机。手机作为大众传播媒介的特性主要体现在移动互联上。所以，第四、第五媒体实质上就是互联网络媒体。

互联网络媒体以其海量、互动、快捷的独特优势，后来居上，迅速占据大众传媒的霸主地位。我们必须准确把握时代发展的脉搏，明确网民是重要的群众，网络民意是重要的民意，努力使互联网成为联系群众的一条极其重要的渠道，走一条“从网民中来，到网民中去”的网上群众路线，让我们党的群众路线、让党的新闻工作的群众路线延伸到网上、丰富于网上、发展于网上。

（七）明确媒体双重属性，正确对待两个效益

在当今中国，我们的媒体具有事业和产业双重属性，这主要体现为它所具有的公益性和经营性双重属性。媒体的这一双重属性要求媒体既要注重社会效益，又要考虑经济效益。新闻工作的社会效益，是指新闻报道所产生的社会作用和社会效果，即新闻报道发布后对社会产生的影响，这种影响客观存在。无论在社会主义社会，还是在资本主义社会，任何新闻工作都有一个社会效益

的问题。新闻工作的经济效益，是指媒体利用自身的影响力，通过开展经营活动所取得的经济收入。不同的社会制度，不同的经济体制，对媒体经济效益的看法不一。资本主义社会对媒体的经济效益比较看重。社会主义计划经济时期，媒体不存在经济效益问题。媒体的生存发展完全靠政府支持。社会主义市场经济时期，媒体也有一个经济效益的问题，但经济效益必须服从社会效益。

江泽民在十四大提出建立社会主义市场经济体制后召开的全国宣传思想工作会议上的讲话中对此作了辩证而又深刻的阐述。他强调，要坚持把社会效益放在首位，在这个基本前提下实现经济效益和社会效益的统一。

随着社会主义市场经济的发展，精神产品的生产流通同市场运行一般规律的联系愈益紧密，确实也有经济效益的问题。经济效益好，有助于宣传文化事业的发展。同时也要看到，精神产品又具有不同于物质产品的特殊属性，它的价值实现形式更主要表现在社会效益上。有些精神产品，直接经济收益可能不大，但对推动社会生产力的发展和社会全面进步的作用很大。我们在宣传文化工作中要始终把社会效益作为最高准则，当经济效益同社会效益发生矛盾时，自觉服从社会效益。市场经济体制建设越是不断完善，我们的新闻媒体越要强调它的公益性，越要正确处理经营性和公益性的关系，努力做到社会效益和经济效益的有机统一。这是在社会主义市场经济体制不断完善的新形势下，新闻工作践行党的群众路线的必然要求。

习近平 2014 年在文艺工作座谈会上强调，要正确处理社会效益和经济效益之间的关系，始终坚持社会效益第一的原则。他指出："一部好的作品，应该是把社会效益放在首位，同时也应该是社会效益和经济效益相统一的作品。文艺不能当市场的奴隶，不要沾满了铜臭气。优秀的文艺作品，最好是既能在思想上、艺术上取得成功，又能在市场上受到欢迎。"[①]这既是对文艺工作的要求，也是对新闻宣传工作的要求。

（八）始终坚持正确导向，自觉尊重新闻规律

新闻工作践行党的群众路线，最主要、最直接的抓手是搞好新闻报道，提供合格的新闻作品。新闻作品是媒体的产品，新闻媒体和其他生产企业一样都是通过其产品实现为人民服务的。但是新闻作品和其他企业的产品不一样，

① 习近平：《坚持以人民为中心的创作导向 创作更多无愧于时代的优秀作品》，《人民日报》2014 年 10 月 15 日，第 1 版。

其他企业的产品只要能满足顾客的需要就可以了，新闻作品不仅要满足人民群众的需要，同时还要引导人民群众。新闻报道对于人民群众只讲“满足”，不讲“引导”，这是不负责任的；而只讲“引导”，不讲“满足”，则不会取得什么效果。

正确处理好满足与引导的关系，要求新闻工作者自觉尊重新闻规律，不断提高舆论引导能力，不断增强为人民服务的本领，始终坚持正确的政治方向、舆论导向，不断改进新闻报道的方式方法，不断提高新闻报道的质量，以高质量的产品，实现高质量的服务。

在 2008 年 1 月召开的全国宣传思想工作会议上，胡锦涛对提高舆论引导能力问题提出明确要求：“进一步为改革发展稳定营造良好氛围。”他指出，坚持正确导向，有效引导社会舆论，巩固积极健康向上的主流舆论，努力营造良好舆论环境，是宣传思想工作的重要任务。提高舆论引导能力，不仅需要显著增强把握正确导向的自觉性，而且需要显著提高舆论引导的有效性。他特别提出要善于把握新闻传播规律，深入研究新形势下各种受众群体的心理特点和接受习惯，主动设置议题，从群众的关注点和兴奋点入手，把我们所倡导的和群众所需要的紧密结合起来。他还提出要从社会舆论多层次的实际出发，研究媒体分众化、对象化的新趋势，以党报党刊、电台电视台为主，整合都市类媒体、网络媒体等多种宣传资源，努力构建定位明确、特色鲜明、功能互补、覆盖广泛的舆论引导格局。

（九）始终坚持“三贴近”，不断深化“走转改”

突出强调贴近实际、贴近生活、贴近群众的“三贴近”原则，开展“走基层、转作风、改文风”的“走转改”活动，是近些年来党中央根据形势变化提出的新闻战线继承发扬党的新闻工作群众路线优良传统的具体要求，和采取的切实有效的举措。

党的十六大以后，胡锦涛对新闻工作坚持“三贴近”原则十分重视，作出一系列深刻论述，提出了许多明确要求。中央强调，坚持“三贴近”，就是坚持实践第一的观点，就是坚持人民群众是历史创造者的观点，就是坚持党的群众观点和群众路线。“三贴近”原则体现了辩证唯物主义、历史唯物主义的世界观和方法论，突出强调“三贴近”原则有利于牢固树立正确的世界观和方法论。

中央提出，保持党同人民群众的血肉联系是加强党的建设的核心。同样。

党的新闻宣传工作的“三贴近”原则强调的也是我们的新闻宣传工作要始终保持与广大人民群众的密切联系，这是“三贴近”原则的本质与核心。

坚持“三贴近”原则，要求广大新闻工作者要正确处理“三贴近”与“三深入”的关系，要首先做到“三深入”，即深入实际、深入生活、深入群众，这是“三贴近”的前提条件；另一方面，看新闻宣传工作者是否真正做到了“三深入”，还是要看新闻宣传是否真正做到了“三贴近”，“三贴近”是检验新闻宣传工作者是否真正做到了“三深入”的唯一标准。

为了更好地坚持“三深入”和“三贴近”原则，近年来中央在新闻战线开展“走基层、转作风、改文风”活动。这是坚持党的新闻事业性质宗旨、履行新闻工作责任使命的必然要求，是落实“三贴近”要求、增强新闻宣传吸引力感染力的重要途径，是加强队伍建设、提高新闻工作者综合素养的有效举措。

在中央统一部署下，全国新闻战线积极认真开展“走转改”活动，广大新闻工作者用心走基层，用情转作风，用功改文风，取得显著成效，积累了宝贵经验，为在新形势下践行党的新闻工作的群众路线探索出一条切实可行的途径。我们一定要将“走转改”活动长期坚持下去，努力使之常态化。

（十）加强制度作风建设，提供制度队伍保障

一项活动要常态化，一条路线要长期坚持下去，必须建立一套科学严密的体制机制，必须切实提高从事这一活动、坚持这一路线的人们的素质。践行党的新闻工作的群众路线也是如此，也需要制度建设、队伍建设作保障。

早在改革开放初期，邓小平就强调指出，制度问题更带有“根本性、全局性、稳定性和长期性”。而制度建设薄弱、滞后，一直制抑、困扰着我们工作的进行、事业的发展、社会的进步。因此，从事任何工作，都要切实加强体制机制制度建设。践行党的新闻工作的群众路线也应如此。

习近平在党的群众路线教育实践活动工作会议上对制度建设的重要性作了特别强调。他指出：“保持党同人民群众的血肉联系是一个永恒课题，作风问题具有反复性和顽固性，必须经常抓、长期抓，特别是要建立健全促进党员、干部坚持为民务实清廉的长效机制。要以这次活动为契机，制定新的制度，完善已有的制度，废止不适用的制度。制度一经形成，就要严格遵守，执行制度没有例外。”①

① 习近平：《在党的群众路线教育实践活动工作会议上的讲话》，《党建研究》2013 年第 7 期。

加强体制机制建设，探索建立适应始终坚持“三贴近”原则、不断深化“走转改”活动、继承发扬党的新闻工作的群众路线的体制机制是我们践行党的新闻工作的群众路线的根本保障。

制度建设还要着眼于调动人们的积极性、创造性，着眼于提高人们的素质，着眼于建设一支合格的新闻队伍。因此，要继承、发扬、践行党的新闻工作的群众路线，就须大力加强新闻队伍建设。当前我国新闻队伍主要存在两个方面问题：一是与人民群众的感情问题，这属于态度问题；二是与人民群众打交道的水平问题，这属于能力问题。

习近平指出：“在开展群众工作方面，有的领导干部甚至不会说话，处于‘失语’状态——与新社会群体说话，说不上去；与困难群众说话，说不下去；与青年学生说话，说不进去；与老同志说话，给顶了回去。”这里谈的是领导干部与群众打交道的能力不足问题，我们新闻工作者尤其是年轻新闻工作者与群众打交道也有一个能力不足的问题。针对这一情况，我们加强新闻队伍建设，在注重综合素质提高的前提下，需要重点加强队伍的作风建设，培养和提高新闻工作者深入实际、深入生活、深入群众，进行调查研究的能力。

学习实践、继承发扬党的新闻工作的群众路线，必须切实加强和改进党对新闻工作的领导，始终坚持新闻工作的党性原则，自觉与党中央在思想上、行动上保持高度一致，确保党的新闻工作群众路线能够始终沿着党所指引的正确方向，取得更大成绩，产生更好效果。

（作者陈富清系中国广播电视社会组织联合会学术部主任兼《中国广播电视学刊》编辑部主任）

中国共产党“党管媒体”思想的百年实践与历史经验*

朱清河

内容摘要：在党的百年奋斗历程中，中国共产党带领中国人民，紧密结合中国革命、建设和改革的发展实际，始终坚持和运用马克思主义新闻理论，创造性地提出、践行与发展了中国特色的“党管媒体”思想。从“党办媒体”到“群众办报”，从“全党办报”到“政治家办报”，从“典型报道”到“正面宣传为主”，从“开、好、管”到“时、度、效”，中国共产党“党管媒体”思想的发展在整个百年实践中贯穿着“为了谁，依靠谁，我是谁”的内在逻辑，积累了丰富的历史经验，为中国特色社会主义新时代新闻事业的大发展、大繁荣提供了宝贵的历史资鉴。

关键词：中国共产党；“党管媒体”思想；百年实践；历史经验

党的十九届五中全会公报指出，当今世界正在经历百年未有之大变局，我国发展仍然处于重要战略机遇期，在今后的工作中，我国应“坚持党的全面领导”“坚持马克思主义在意识形态领域的指导地位”。“坚持党的领导”始终是贯穿于中国共产党百年光辉历程中的一条红线。作为党的“耳目喉舌”的新闻舆论工作也必须坚持党的领导。

一百年来，中国共产党创造性地将中国革命、建设、改革、发展的具体实际与马克思主义的党报理论紧密结合，形成了以“党管媒体”思想为核心的

* 基金资助：教育部后期资助项目“延安时期马克思主义新闻观中国化话语体系发展研究”（项目编号：19JHQ080）。

新闻管理模式。作为马克思主义新闻观中国化的一个重要成果。中国共产党对“党管媒体”的认识经历了一个从管理方法到治国理政，价值地位不断提升的过程。回顾百年来中国共产党“党管媒体”思想的演进史，深刻总结其历史经验和发展规律，对于新时代如何创新“党管媒体”思想，推动以人民为中心的“党管媒体”制度的创新发展，提升党对我国各项事业的领导力，从而实现中华民族伟大复兴的中国梦，具有重要的理论和实践意义。

一、新民主主义革命时期“党管媒体”思想的形成与探索

作为马克思主义的经典作家，马克思、恩格斯和列宁都十分重视党与报刊的关系问题。马克思和恩格斯将党报作为党组织的“思想中心”，工人运动的旗帜、武器和阵地，赋予其坚持无产阶级政治立场，阐述党的纲领主张、加强党的领导、用科学原理武装工人群众的重要任务。[①]列宁在俄国革命的实践中创新发展了党报的“党性”概念，认为：“对于社会主义无产阶级，写作事业不能是个人或集团的赚钱工具，而且根本不能是与无产阶级总的事业无关的个人事业。……写作事业应当成为社会民主党有组织的、有计划的、统一的党的工作的一个组成部分。”“出版物应当成为党的出版物”，“应受党的监督”[②]，这些都说明，坚持党对新闻宣传工作的领导对于党组织动员群众，争取革命胜利，巩固人民政权、确保执政地位意义重大。

中国共产党“党管媒体”思想的生成与近代中国社会的政治、经济、文化之间存在着深刻、紧密的互动关系。1921 年中国共产党的成立标志着中国革命进入到新的历史阶段。此后，中国共产党领导中国人民运用马克思主义科学真理不断探索适合自己的革命道路，完成了通过武装斗争推翻“三座大山”，建立中华人民共和国、确立社会主义制度的伟大事业。

为了使报刊成为宣传党的纲领主张、实现党的历史任务的强大思想武器，中国共产党创办了一大批政治性报刊，其中包括 1922 年 9 月 13 日创办的中国共产党的第一份中央政治机关刊物《向导》周报；1925 年 6 月 4 日创办的中国共产党的第一份日报《热血日报》；以及《政治生活》《中国青年》《工人周刊》《中国农民》《中国学生》《妇女声》等。在党的报刊如雨后春笋般相

① 童兵：《马克思主义新闻观读本》，上海：复旦大学出版社，2016 年，第 40 页。
② 《列宁全集》（第 12 卷），北京：人民出版社，2017 年，第 93 – 95 页。

继创办的同时，“党管媒体”的思想随之萌发。中国共产党第一次全国代表大会通过的《中国共产党第一个决议》中就明确规定：“不论中央或地方出版的一切出版物，其出版工作均应受党员的领导。”“任何出版物，无论是中央的或地方的，均不得刊登违背党的原则、政策和决议的文章。”①党的第二次代表大会又一次强调了党对新闻工作的绝对领导权问题：“党掌握的各种机关报刊，都必须由确实忠于无产阶级革命事业的可靠的共产党人来主持。”②

在1921—1929年间，为了强化、细化党对新闻宣传工作的领导，先后建立了中共中央宣传部、中央教育宣传委员会、中央机关报编辑委员会、中央报纸编辑委员会等新闻宣传管理机构。在实际的新闻宣传工作中，“党管媒体”形成了若干具体的细则，包括“党员对外发表之一切政治言论……完全应受党的各级执行机关之指挥和检查”的统一对外宣传原则，以及“各地宣传部应注意随时发生之时事……应即实行宣传，并报告其经过于中央”的报告制度等。③

20世纪20年代末至40年代初，列宁的党报理论对中国共产党“党管媒体”思想产生了重要影响。1929年9月1日出版的《布尔塞维克》第2卷第10期刊载的《布尔塞维克的组织路线——列宁论“党的组织”》一文首次对列宁关于党报作用的理论进行了介绍。随后，关于列宁党报思想的译介越来越多，中国共产党人也开始认识到“报纸不仅是集体的宣传员和集体的鼓动员，而且是集体的组织者”④，党报不再是单纯的宣传机构，而应成为党的工作阵地和组织群众的有力工具。鉴于此，党中央对于党报的管理提出了新的要求。李立三在《党报》一文中提出：“每个党的组织以及每个党员都有他对于党报的严重的任务：第一读党报，第二发行党报，第三替党报做文章。”⑤1929年中共六届二中全会通过的《宣传工作决议案》中指出：“党报委员会在中央以政治局全体委员充当，在省委及地方党部应以全体党委充当。”⑥1931年1月，中

① 中央档案馆编：《中国共产党第一次代表大会档案资料（增订本）》，北京：人民出版社，1984年，第9页。

② 孙武霞、许俊基编：《共产国际与中国革命资料选辑（1919—1924）》，北京：人民出版社，1985年，第182－183页。

③ 中国社会科学院新闻研究所：《中国共产党新闻工作文件汇编》（上），北京：新华出版社，1980年，第20页。

④ 《列宁全集》（第5卷），北京：人民出版社，2013年，第8页。

⑤ 中国社会科学院新闻研究所：《中国共产党新闻工作文件汇编》（上），北京：新华出版社，1980年，第126－127页。

⑥ 同上书，第59页。

共中央政治局作出决议，要求“成立中央党报委员会，负责中央党报的一切领导”[①]。1931 年 11 月，中央苏区第一次党代表大会决议强调将建立完善的党报作为党的建设工作的重要一部分。1940 年，中央宣传部发布《关于充实和健全各级宣传部门的组织及工作的决定》，对各级宣传部门的领导方式、工作方式等作出了具体而细致的规定。1941 年 7 月《中央宣传部关于各抗日根据地报纸杂志的指示》中要求：“全党的宣传鼓动工作必须统一在中央总的宣传政策领导之下。”

这一时期，中国共产党的通讯社和广播事业相继起步，党中央根据新闻事业发展的新情况，开始注意调整和加强对党报党刊的领导与管理方法。1941 年 6 月，中共中央宣传部在《关于党的宣传鼓动工作提纲》中提出：“应当在党的统一的宣传政策之下，改进现有通讯社及广播事业。”[②]当时，新华通讯社是抗日民主根据地对外发布新闻的唯一渠道。以 1936 年新华社西安分社成立为起点，新华社逐步开始在敌后根据地建立分支机构。1941 年 5 月 25 日，中央发出指示：“各地报纸的通讯社，应有专门同志负责接收与编辑工作，应同延安新华社直接发生通讯关系，并一律改为新华社某地分社。关于电台广播内容与广播办法等，应受延安新华社之直接领导。”[③]在党中央的指示与各地新华分社的共同努力下，最终形成了总社—总分社—分社—支社的组织架构，为新中国建立国家通讯社奠定了基础。这些文件规定的下达对于此后中共形成一套自上而下、统一高效的“党管媒体”制度产生了深远的影响。

1942 年延安整风运动和《解放日报》改版活动的开展标志着中国共产党“党管媒体”的制度化建设进一步发展。其间，中共中央发布了一系列有关新闻工作的文件、社论和理论文章，深刻阐释了党与党报的关系、全面规范了党对党报的领导与管理工作。1942 年 4 月 1 日，《解放日报》发表社论《致读者》，阐明了党报的四大特征：党性、群众性、战斗性、组织性；提出党报应该“都能贯彻党的观点，党的见解，而且更其重要的是报纸必须与整个党的方针党的政策党的动向密切相联，呼吸相通”[④]。《中共中央宣传部为改造党报的通知》

① 中国社会科学院新闻研究所编：《中国共产党新闻工作文件汇编》（上），北京：新华出版社，1980 年，第 72 页。

② 《中国共产党宣传工作文献选编（1937—1949）》，北京：学习出版社，1996 年，第 250 – 260 页。

③ 《六大以来党内秘密文件》，北京：人民出版社，1981 年，第 1169 页。

④ 《致读者》，《解放日报》1942 年 4 月 1 日。

通过总结《解放日报》改版经验，对党与党报的关系、党报的工作方针等问题进行了系统深入的论述并要求各地党的高级领导机关必须亲自注意报纸的编辑工作。这一时期，“全党办报”思想的形成是中国共产党“党管媒体”思想的新发展，为党报变革指明了方向。1944 年 2 月 16 日，《解放日报》在纪念创刊 1000 期的社论中写道：“我们的重要经验，一言以蔽之，就是‘全党办报’四个字。”从此，“全党办报”成为中国共产党办报的重要方针，成为党报葆有生命力和战斗力的“法宝”。

在新民主主义革命中，“党管媒体”思想的探索与形成保证了中国共产党对新闻宣传工作的领导权和控制权，有利于壮大和发展党的新闻宣传事业，更加有效地实现宣传党的纲领路线、组织动员广大人民群众的任务，是革命胜利不可或缺的要素。

二、社会主义革命和建设时期“党管媒体”思想的充实与发展

1949 年 10 月 1 日，中华人民共和国宣告成立。新中国的成立使中华民族实现了从积贫积弱状态到“站起来”的飞跃，中国共产党开始探索符合我国实际的先进社会制度。从战争到和平的环境变化、从革命党向全面执掌国家政权的执政党的身份转变、从农村到城市的工作重心转移使中国共产党的新闻宣传工作遇到了许多新的课题，在媒体管理政策的总体设计上有了重大调整。

新中国成立后，意识形态领域思想复杂多元，为了建立和巩固社会主义制度，宣传社会主义价值观念成为党的新闻宣传工作的一项重要任务。1951 年 5 月，中共中央第一次全国宣传工作会议通过的《中国共产党第一次全国宣传工作会议关于加强党的宣传教育工作的决议（草案）》中指出：“各级党委必须把向党内外进行马克思列宁主义的宣传教育工作，当作头等重要的任务，并把这一任务和各个时期的中心任务结合起来。”[①]为此，中国共产党开始建立更加系统、高效的“党管媒体”体制机制。

首先，对旧中国的新闻事业进行整顿和清理，建立起社会主义新中国的新闻宣传网络。在新中国成立之初，一部分私营新闻媒体得到了保留，1950

① 中央宣传部办公厅编：《党的宣传工作会议概况和文献（1951—1992）》，北京：中共中央党校出版社，1994 年，第 33 页。

年 2 月 28 日新闻总署的调查统计显示，全国报纸总数为 336 家，其中公营报纸 257 家，私营报纸 58 家。[①]到 1952 年底，全国私营报纸全部实行公私合营，私营广播电台也全部实现国有化，新中国基本构建起了以中共中央机关报《人民日报》及地方中央局（分局）和省（地、县）委机关报（同时为政府机关报），中央人民广播电台及各省人民广播电台，新华通讯社及其总分社（分社）等不同新闻媒体系统组成的人民新闻业体系。[②]至此，新中国的新闻媒体实现了从公营、私营、公私合营并存的局面向单一公有制体系的转变，新闻媒体所有制问题的解决巩固了中国共产党对全国新闻媒体的控制和管理，社会主义的新闻工作领导和管理体制得以确立。

第二，建立起一套集中化的新闻事业管理体制。1949 年 11 月 1 日，中央人民政府政务院新闻总署正式成立，胡乔木任署长，“下设一厅（办公厅）、一社（新华通讯社）、三局（广播事业管理局、国际新闻局、新闻摄影局）、一校（北京新闻学校）”。[③]由此开始了我国新闻事业交由政府管理的尝试与探索。新闻总署的成立，改变了以往党直接领导与管理新闻事业的模式，初步实行了党政分开的管理模式。但这“并不意味中国共产党对‘党管媒体’原则的放弃与让位”，在实际运作中，新闻事业是由党和政府共同管理的，到 1952 年，随着新闻总署的撤销，“党管媒体”思想得到进一步强化和贯彻。[④]1954 年 7 月 17 日，中共中央政治局发布了《中共中央关于改进报纸工作的决议》。其中强调：“改进报纸工作的关键，是加强各级党委对自己机关报的领导”，并在决议中还提出了党委对机关报进行管理的具体措施。[⑤]通过这样一个自上而下、层层领导的组织系统，中国共产党实现了对全国新闻宣传工作思想上和组织上的集中管理，为巩固新生的政权和建立社会主义制度奠定坚实的基础。

新中国成立初期新闻媒体的单一公有制和集中统一的媒体管理体制效仿了苏联的党报模式，虽然在组织群众、引导舆论、传达党的方针政策方面起到

① 孙旭培：《解放初期对旧新闻事业的接收和改造》，《新闻研究资料》1988 年第 3 期。

② 倪延年：《中国新闻法制通史》，南京：南京师范大学出版社，2015 年，第 271 页。

③ 白润生：《中国新闻传播史》，郑州：郑州大学出版社，2008 年，第 266 页。

④ 王润泽、王婉：《党管媒体：新中国新闻事业管理原则的历史考察》，《现代传播（中国传媒大学学报）》2021 年第 4 期。

⑤ 童兵：《中国共产党党管报纸的制度构建及其改革》，《兰州大学学报（社会科学版）》2011 年第 4 期。

了积极作用，但也逐渐暴露出了办报思维泛政治化和办报方式僵化的问题。因此，毛泽东开始反思苏联模式。1954 年，毛泽东在同胡乔木等人的一次谈话中提出，报纸上的批评要实行“开、好、管”的“三字方针”，并在 1956 年 4 月的中共中央政治局扩大会议上提出“百花齐放、百家争鸣”的方针。[①]在此方针的指导下，《人民日报》进行了扩大报道范围、开展自由讨论、改进文风三个方面的改版工作，要求“多方面地反映客观情况和群众意见，及时地深入地宣传党和政府的政策，更多地反映和交流地方工作的经验，对于广大人民关心的工作上、生活上、思想上的问题展开讨论，使人民日报成为群众欢迎的生动活泼的报纸”[②]，成为当时新闻媒体自觉践行“党管媒体”思想的典范。“双百”方针为党的新闻事业自觉接受党的领导管理提供了宽松的思想舆论环境，成了党在科学文化领域和意识形态领域的重要指导方针。

1949—1956 年，通过建立新中国社会主义的新闻传播网络和集中化的新闻媒体管理体制，中国共产党不断摸索适应中国社会主义制度的媒体领导与管理模式，取得了一定的成果，具有开创性意义。但是，从 1957 年开始的“左”倾错误和“以阶级斗争为纲”的政治路线，致使新闻媒体受到严重打击，“党管媒体”的建设和发展也因此陷入了艰难困境。

三、改革开放和社会主义现代化建设时期“党管媒体”思想的丰富与发展

1978 年党的十一届三中全会以后，“党管媒体”进入转变和调整的历史新时期。邓小平对党和国家领导制度进行了重大调整和改革，废除了领导干部职务终身制，明确了党政职能分开，发展和改革了国家民主政治制度，这为“党管媒体”的改革提供了政治基础和合法性来源。

为了适应政治经济上的“转轨变型”，“党管媒体”的思想和任务发生了重大转变。首先开展思想上的拨乱反正，将“文革”中形成的极左思想清除干净。1978 年 12 月 31 日，胡耀邦在《中央宣传系统所属单位领导干部会议上的讲话》中指出，要实现思想上的拨乱反正、恢复正常的工作秩序，党的新

① 中共中央文献研究室编：《毛泽东文集》（第 7 卷），北京：人民出版社，1999 年，第 54、192－193 页。

② 《致读者》，《人民日报》1956 年 7 月 1 日，第 1 版。

闻宣传工作就必须“继续防止来自‘左’的和右的修正主义的背离”。[①]思想上的拨乱反正对于党和国家的整体工作具有扭转乾坤的重要作用，是党和国家工作重心转移的支持和先导，有利于“使我们党的报刊成为全国安定团结的思想上的中心”。[②]同时，新闻宣传工作也必须将“服务经济建设，推动社会主义现代化”作为这一时期的根本任务。1980 年 8 月 19 日，中宣部在《关于三中全会以来的宣传工作向中央的汇报提纲》中指出，今后一个时期，新闻宣传的重点工作是“积极宣传马列主义、毛泽东思想，宣传党的政治路线、思想路线和组织路线，排除种种错误思潮的干扰，把全党和全国人民的思想最大限度地引导到实现党的总路线总任务上来”。在这一根本任务的指引下，“党管媒体”体制机制的调整与改革是必要且迫切的。

1979 年，邓小平提出“社会主义也可以搞市场经济”，突破了社会主义只能搞计划经济的传统观念，创建了中国社会主义市场经济新体制。在传媒领域，对于新闻媒体功能定位上的认识也跨出了历史性的一步，传媒开始走向市场，媒体开始具有了“政治属性”和“经济属性”的双重属性。为了适应新的媒介环境，党的新闻宣传领导体制进行了新的调整。首先，在对新闻宣传的管理工作中实行党政分开，即将新闻工作中有关“政策性”的事务交由政党决策，有关“行政性”的事务交由政府负责。这一职能上的分工有利于党和政府发挥各自的优势，更加高效、有序地管理全国的新闻宣传事业。由此，1976 年恢复重建的中宣部成为我国意识形态的综合管理部门，主要负责在党中央领导下，监管全国宣传、文化、出版工作中的路线、方针、政策等问题。1987 年成立的国家新闻出版署则是对新闻宣传工作进行审批、审读、处罚的政府管理部门。“党政分开”的新闻事业管理体制大大增强了党领导和管理新闻工作的针对性、科学性和前瞻性，同时也保证了党的新闻政策得到有效落实的可行性，进一步推动了新闻宣传领域的全面改革。

在经济体制改革的推动下，我国新闻事业在经营管理上实行了由上至下的渐进式改革，大致可分为三个阶段。

① 中央宣传部办公厅:《党的宣传工作会议概况和文献(1951—1992)》，北京：中共中央党校出版社，1994 年，第 202 页。

② 邓小平:《邓小平文选》(第 2 卷)，北京：人民出版社，1983 年，第 255 页。

第一，1978—1991 年为企业化阶段。这一阶段，我国的媒介制度由原先的“国家所有制”的单一体制转为“一元体制（国家所有制），二元运作（即事业单位、企业化管理）”的复合体制，使媒体的所有权和经营权分离。1978 年国家批准《人民日报》等 8 家新闻单位执行“事业单位，企业化管理”的经营方针。1979 年大年初一，《解放日报》率先恢复刊登广告，至 1979 年底，《解放日报》的年度总收入同比增长了 7.9 倍。[①]由此，从中央媒体到地方报刊都开始刊登广告，我国的新闻事业在经营管理层面上发生了改变。1979 年 4 月，财政部颁发的《关于报社试行企业基金的实施办法》明确指示报社是宣传事业单位，但在财务管理上实行企业管理的办法，传媒逐步开始培育经营观念，具备了自负盈亏的意识。到 80 年代中期，全国多数中央和省级新闻报纸单位都普遍实行“事业单位、企业化管理”的混合型经营管理制度。

第二，1992—2004 年为集团化阶段。在这一阶段，传媒被定义为第三产业，市场化和产业化改革进一步提速，我国传媒业进入集团化发展时期。1992 年 6 月中央发布的《关于加快第三产业的决定》推动了中国文化体制改革的步伐，并于同年首次使用“文化产业”的概念。在此背景下，传媒的产业化进程加快，报业开始了集团化组建的尝试。1994 年，中共中央办公厅、国务院办公厅发出的《关于加强和改进书报刊影视市场管理的通知》明确提出“选择条件较好的单位，进行组建报业、出版集团的试点”。1996 年，国家新闻出版署批准广州日报社进行报业集团试点，“我国大众传媒产业化进程驶入了官方认可的快车道”。[②]随后光明日报社、经济日报社、南方日报社等 12 家报社也被批准成立报业集团。1999 年，无锡广播电视集团正式成立，标志着中国广电的集团化发展也迈开了步伐。2000 年 12 月 27 日，我国第一家省级广播影视传媒集团在湖南长沙正式挂牌成立。2001 年 12 月 6 日，有中国广电集团“航空母舰”之称的中国广播影视集团在北京挂牌成立。从 1996 年到 2004 年，全国成立的报业集团逾 40 家，从中央到省市各地成立的广播影视集团超过了 28 家。

① 熊能：《突破在 1979——记解放日报“文革”后率先恢复刊登商品广告》，《青年记者》2008 年第 1 期。

② 中国人民大学新闻学院：《新闻传播学术报告会论文集》，北京：中国人民大学出版社，1997 年，第 69 页。

第三，2005 年开始的资本化阶段。这一阶段，在国家新闻出版总署提出新闻传媒实行公益性文化事业与经营性文化企业“两分开”的架构下，传媒集团开始对经营性产业进行多元股份的公司构建，并开始上市融资。2012 年 2 月 27 日，新闻出版总署下发了《关于加快出版传媒集团改革发展的指导意见》，提出支持出版传媒集团跨媒体、跨地区、跨行业、跨所有制、跨国界发展，以实现推动文化企业联合重组、破除地区封锁和行业壁垒的目标。2014 年《深化新闻出版体制改革实施方案》则鼓励在确保有资质的国有出版单位拥有“特殊管理股”的前提下引进非公有资本。在这两个意见和方案的指导下，2012 年，人民教育出版社与中原出版传媒集团公司、陕西人民出版社分别签订战略合作框架协议。同年，浙江出版联合集团与英国普罗派乐卫视在伦敦签署出版合作框架协议。另外，江西出版集团在物流行业的拓展以及安徽出版集团与安徽中国旅行社、英国 Tesco 乐购的结合都是“五跨”要求下的具体实践。以报纸刊登广告为起点，经过自办发行、分离媒体内部可经营性资产以及集团化运作，我国在媒体经营管理层面的改革正在稳步前行，推动着传媒业形成有序、完整的产业体系和市场体系，实现“社会效益与经济效益并重”的目标。

尽管在改革开放之后我国文化领域实行公益性文化事业与经营性文化企业“两分开”的制度安排，新闻媒体的所有权和经营权实现了分离，但是传媒的所有权和控制权仍是统一的，新闻宣传工作的性质始终不变。可见，不管媒介结构和经营理念如何变化，“党管媒体”的基本定位不能变，坚持党的领导是发展中国特色社会主义新闻事业不可动摇的基本原则。

四、中国特色社会主义新时代“党管媒体”思想的创新与发展

党的十八大以来，以习近平同志为核心的党中央从坚持和发展中国特色社会主义事业、实现中华民族伟大复兴的中国梦的战略全局出发，把党的新闻舆论工作置于“事关党和国家前途命运”的突出位置，不断强调“党管媒体”的重大意义，并在实践中创新和发展的“党管媒体”的思想。

习近平总书记多次对坚持“党管媒体”原则进行强调，并进行了深刻论述。2013 年 8 月 19 日在全国宣传思想工作会议讲话中，他强调：“要坚持党管媒体原则不动摇，坚持政治家办报、办刊、办台、办新闻网站”，

并作出了“党性和人民性从来都是一致的、统一的”的论断。[①]2015 年 12 月 25 日在视察解放军报社时，他指出我国新闻舆论工作正面临新的严峻挑战，再次强调“要坚持党管媒体原则，严格落实政治家办报要求，确保新闻宣传工作的领导权始终掌握在对党忠诚可靠的人手中”[②]。在 2016 年 2 月 19 日党的新闻舆论工作座谈会讲话中，他把“坚持党的领导”，放在他一开始提出的“三个坚持”的首位，其他两个是“坚持正确政治方向、坚持以人民为中心的工作导向”。在 2018 年 8 月 21 日的全国宣传思想工作会议上，他指出要做好新形势下的宣传思想工作，就必须坚持党对意识形态工作的领导权，坚持思想工作“两个巩固”的根本任务，坚持提高新闻舆论传播力、引导力、影响力、公信力，坚持以人民为中心的创作导向，坚持营造风清气正的网络空间，坚持讲好中国故事、传播好中国声音。习近平总书记这些论述说明了党牢牢掌握新闻舆论工作的领导权对于推进新时代中国特色社会主义事业、实现中华民族伟大复兴的中国梦具有重要意义。

当今中国，正处于电子与信息技术革命的深刻影响下，新的信息生产方式、媒体表现手段、媒介传播形态构建起了一个纷繁复杂的多元传播格局。《中国传媒产业发展报告（2020）》显示，2019 年，我国网络视听、网络游戏、网络广告、社交媒体、视频媒体等增长优势明显，传媒各领域呈现出“视频化”和“直播化”的趋势，传媒产业正在数字经济、网络空间、5G、人工智能的背景下创造新模式、探索新范式。[③]不可否认，媒介对于现今中国社会的方方面面都产生着深刻的影响。飞速发展的网络技术为民主参与提供了新方式，新媒体平台促使传播者与受众合为一体，传统媒体时代形成的主流意识形态传播体系遭受冲击和挑战，各种主流与支流、先进与落后、积极与消极的社会思潮交织缠绕。互联网、微博、微信、短视频等新媒体平台构筑的多元媒介组合已成为不容忽视的社会力量，这一状况在使公民的媒介接近权得到空前加强的同时，也给意识形态安全带来了巨大的压力。新的传媒环境使得如何在坚持正确政治方向、尊重新闻传播规律中管理好新闻媒介成为中国共产党必须面对的新

① 习近平：《习近平谈治国理政》，北京：外文出版社，2014 年，第 153 — 156 页。

② 习近平：《坚持军报姓党坚持强军为本坚持创新为要 为实现中国梦强军梦提供思想舆论支持》，《人民日报》2015 年 12 月 27 日，第 1 版。

③ 崔保国、徐立军、丁迈主编：《中国传媒产业发展报告（2020）》，北京：社会科学文献出版社，2020 年，第 1 — 20 页。

课题。十八大以来，基于全面提高党的领导力的新要求，适应多元传播态势的新背景，“党管媒体”在弘扬继承中不断创新、发展。

面对新闻舆论格局的深刻变化，习近平总书记要求，在不断推进新媒体与传统媒体融合、提升主流媒体影响力中继续坚持“党管媒体不能变，党管干部不能变，正确的舆论导向不能变”。[①]2013 年他在“8 · 19”讲话中首次正式提出媒体融合发展战略，他指出“加快传统媒体和新兴媒体融合发展，充分运用新技术新应用创新媒体传播方式”是当前我国意识形态安全工作和宣传思想工作的一个重要任务。[②]2014 年 8 月 18 日，中央全面深化改革领导小组（后改为中央全面深化改革委员会）第四次会议上审议通过的《关于推动传统媒体和新兴媒体融合发展的指导意见》将媒体融合正式上升到了国家战略层面。2016 年 2 月 19 日，习近平总书记在党的新闻舆论工作座谈会上强调，媒体融合不应只是传统媒体与新媒体的加法，而应达成“融为一体、合而为一”的发展目标。[③]从 2015 年“中央厨房”模式在中央和各省市级媒体的推广到 2018 年县级融媒体中心的建设，我国媒体融合的整体格局已初步形成。2019 年 10 月 31 日，党的十九届四中全会审议通过了《中共中央关于坚持和完善中国特色社会主义制度 推进国家治理体系和治理能力现代化若干重大问题的决定》，在深刻总结当前媒体融合发展的经验与问题的基础上，《决定》指出在坚持党管媒体原则的前提下将全媒体传播体系纳入了国家治理体系和治理能力现代化范畴当中。[④]在当前加快推进媒体深度融合发展的背景下，“党管媒体”必须调整思路和方式以适应社会发展的需要，必须重新回答“党管什么？党管谁？党如何管？”这三个基础问题。

经过 20 世纪 80 年代以来的新闻体制改革，我国的新闻媒体除了党拥有绝对管控权的党的机关媒体以外，还包括市场化媒体和其他类型的媒体。对于后两类媒体，虽然它们不受党的直接管理，但仍然需要依据党性原则、在正确

---

① 习近平：《干在实处 走在前列——推进浙江新发展的思考和实践》，北京：中共中央党校出版社，2006 年，第 327 页。

② 刘奇葆：《加快推动传统媒体和新兴媒体融合发展》，《党建》2014 年第 5 期。

③ 中共中央文献研究室：《习近平关于社会主义文化建设论述汇编》，北京：中央文献出版社，2017 年，第 45 － 46 页。

④ 《中共中央关于坚持和完善中国特色社会主义制度 推进国家治理体系和治理能力现代化若干重大问题的决定》，北京：人民出版社，2019 年，第 24 页。

政治方向指引下进行新闻传播活动。因此，党虽然没有直接管理全国所有的媒体，但是通过政府相关部门的约束和文件纲领的精神传达，从宏观的决策和导向上对全国的新闻媒体进行领导和管控。

另外，“党管媒体”的“媒体”范围上也有了进一步拓展。“党管媒体”是“党领导新闻舆论工作的根本原则”[①]，在媒介融合逐渐趋于成熟的背景下，其管理的范围既包括了纸媒、广播电视等传统媒体，也涉及影响力持续扩大的新媒体，甚至所有提供信息服务的机构和个人都应被纳入管理范围。中国共产党十七届六中全会通过的《决定》中写道：“以党报党刊、通讯社、电台电视台为主，整合都市类媒体、网络媒体等宣传资源，构建统筹协调、责任明确、功能互补、覆盖广泛、富有效率的舆论引导格局。”[②]

在“如何管”的问题上，主要包括以下几点：一是在全面依法治国的重大战略部署下，不断推进传媒法律法规体系的建立与完善，目前已经颁布实施的《广播电视管理条例》《出版管理条例》《网络安全法》等法律法规是“党管媒体”在法治化实践中的有效依据。但是一些重要的新闻传播领域仍然缺乏基本的法律约束。因此，不断修改和完善现有法律法规的细节，扩展其适用范围，增强各法律条文的可操作性和规范性是“党管媒体”亟待解决的重要课题。二是必须在尊重传播规律的前提下，针对新环境中的新问题进行科学决策。新媒体的即时性、便捷性、交互性、无层级性大大增加了社会风险集聚、发酵以及爆发的可能性，因此，必须“创新方法手段”，根据不同传播媒介和受众的特性，制定差异化的管理策略，引导舆论、管控舆情，“切实提高党的新闻舆论传播力、引导力、影响力、公信力”。[③]三是利用新技术更快、更好地开展“党管媒体”工作。网络技术的发展既对传统的“党管媒体”工作造成了冲击，同时也带来了机遇。一方面，党可以利用网络直播、社交网络、VR、机器人等新兴媒介输出更加丰富生动的意识形态产品；另一方面，也可以通过大数据、信息管理系统等方式为更高效、准确地进行媒体管理决策提供依据。

---

① 段鹏：《新媒体环境下党管媒体问题探析》，《现代传播》2017年第5期。

② 《中共中央关于深化文化体制改革 推动社会主义文化大发展大繁荣若干重大问题的决定》，https://www.12371.cn/2012/09/28/ARTI1348823030260190.shtml。

③ 习近平：《习近平谈治国理政》（第2卷），北京：外文出版社，2017年，第331页。

五、结语

中国共产党新闻事业的百年历史，是一部党创造性地将马克思主义新闻理论运用于中国新闻实践的发展史，是一部党团结带领全国人民在革命、建设和改革中发展中国新闻事业的斗争史，是一部党坚持和创新“党管媒体”思想的光辉奋斗史。“党管媒体”是中国共产党领导和管理新闻舆论工作的根本思想和基本原则，它要求，在马克思列宁主义、毛泽东思想、邓小平理论、“三个代表”重要思想、科学发展观和习近平新时代中国特色社会主义思想的指导下，在方法论上，坚持一切从实际出发、实事求是；在工作上，坚持为人民服务、为社会主义服务、为全党全国工作大局服务；在组织上，坚持党对新闻事业的领导，确保新闻舆论工作的领导权牢牢掌握在忠于马克思主义、忠于党和人民的人手里。

中国共产党“党管媒体”实践发展的百年历程，为新时代传承和发展“党管媒体”思想积累了宝贵的历史经验：第一，“党管媒体”是中国共产党人对马克思主义新闻理论的创造性运用和创新性发展，任何时候任何条件下都必须坚持“党管媒体”不动摇；第二，“党管媒体”是中国共产党领导新闻舆论工作的生命线和根本性原则，是我们党运用媒体团结人民取得革命、建设和改革的“成功之道”和“制胜法宝”；第三，“党管媒体”是马克思主义关于新闻管理的规律性认识与中国新闻事业生成、发展的特定时空要素紧密结合的结果，具有历史逻辑、理论逻辑、实践逻辑的内在统一；第四，要实现新时代新阶段的历史任务，必须在不断的自我革命中进一步创新和完善“党管媒体”思想；第五，必须在合规律性与合目的性相统一中实事求是地创新发展“党管媒体”思想。

历史是最好的教科书，“建设社会主义，没有共产党的领导是不可能的，我们的历史已经证明了这一点”。[①]创新“党管媒体”思想以加强党对新闻媒体的领导权，是中国共产党在革命、建设和改革的百年征程中取得的重要历史经验。2021 年，建设社会主义现代化强国的新征程已经开启，要实现“把我国建成富强民主文明和谐美丽的社会主义现代化强国”的目标就必须始终坚持党的全面领导和党中央的集中统一领导。新闻传播领域更应如此，在汲取历史

① 邓小平：《邓小平文选》（第 3 卷），北京：人民出版社，1993 年，第 208 页。

经验，恪守“党管媒体”原则的基础上，不断对“党管媒体”思想进行创新发展，使“党管媒体”的对象和手段与时俱进，以保证党牢牢掌握意识形态工作领导权和话语权，为把我国建设成为社会主义现代化强国，实现中华民族伟大复兴的中国梦贡献力量。

（作者朱清河系上海大学马克思主义新闻观研究宣传教育基地主任、上海大学新闻传播学院教授）

中国共产党互联网思想的形成与发展*

谢建东 郑保卫

内容摘要：在我国互联网从无到有、快速发展，向世界网络强国迈进的过程中，几届中国共产党主要领导人根据所处时代背景和现实需要，提出一系列有关论述，推动我国互联网快速健康发展，逐渐形成一套立足中国实际的网信事业发展规范和原则，构建起了中国共产党互联网思想的知识与理论体系。中国共产党互联网思想在改革开放初期科学技术快速发展浪潮中萌芽，在推进跨世纪发展战略实践中逐渐形成与发展，在科学发展观理念指导下与时俱进调整和巩固，在新时代建设网络强国战略指引下不断创新突破。

关键词：中国共产党；互联网思想；形成与发展

得益于改革开放、世界信息化浪潮、正确的发展管理政策，我国互联网自 1994 年正式全功能国际联网以来一直保持快速发展，逐渐成为经济社会发展的基础设施，对全社会形成了广泛且深刻的影响。与此同时，我国互联网技术及产业实现了由模仿、追赶西方到部分引领世界潮流的转变。

在我国互联网从无到有、快速发展，向世界网络强国迈进的过程中，中国共产党主要领导人对互联网的认识、观念及其相应的政策措施起到了极为关键的作用。几代中国共产党主要领导人根据他们所处的时代背景和现实需要，提出了一系列有关论述，推动我国互联网快速健康发展，逐渐形成一套立足中国实际的网信事业发展规范和原则，构建起了中国共产党互联网思想的知识与理论体系。

* 本文系国家社科基金重大项目“百年中国共产党新闻政策变迁研究 (1921—2021)”(19ZDA321)；云南大学国家社科基金培育项目“中国共产党互联网传播思想研究”(C176240104) 研究成果之一。

一、在改革开放初期科学技术快速发展浪潮中萌芽

互联网是“由广域网、局域网及单机按照一定的通信协议组成的跨时空国际计算机网络”，[①]根据国际标准化组织制定的OSI参考模型（Open System Interconnection），其包括“物理层、数据链路层、网络层、传输层、会话层、表示层、应用层”七个层次。TCP/IP（Transmission Control Protocol/Internet Protocol）参考模型将其简化为网络接入层、国际互联层、传输层、应用层四个层次，[②]有学者将其进一步简化，分为频谱（物理层）、网线（代码层）和网虫（内容层）三个层次，[③]而内容层，即我们从互联网所获得的各种信息和服务，构成了狭义上的互联网。本文主要从宏观上阐述中国共产党对互联网的认识及其演变历程，根据各个时期党的主要领导人关注和论述的重点有所不同，邓小平时期所做的工作多集中于物理层，此后应用层的发展及其影响力越来越大。

从广义上讲，毛泽东时代的科技进步对我国互联网发展的贡献功不可没。新中国成立后，中国共产党非常重视科学技术发展，提出了“向科学进军”的号召，带领全国人民在现代科技极为薄弱的情况下，取得了以“两弹一星”为标志的辉煌成绩，极大地提升了我国在国际社会的地位。我国计算机事业从1956年新中国第一个科学规划起步，到1976年905乙计算机研制成功，实现“大型计算机从单机向并行模式迈进”，从电子管、晶体管到集成电路仅用了二十年时间。[④]我国在改革开放之后不久就顺利实现国际联网，应该说有赖于这一时期打下的基础。

中国共产党的互联网思想脱胎于其信息和科技思想，萌发于改革开放初期，在改革开放和社会主义现代化建设过程中逐渐形成和发展。随着我国互联网技术进步及其对社会的深度改造，以及党对信息技术、互联网等重要性认识的不断加深，互联网思想的知识框架与理论体系得以不断完善。改革开放后，随着党中央对教育、科技、信息等的高度重视，特别是1978年全国教育工作会议、全国科学大会的召开，以及一系列促进出国留学、对外贸易、科技交流

① 王世伟、惠志斌主编：《信息安全词典》，上海：上海辞书出版社，2013年，第23页。

② 海涛主编：《计算机网络通信技术》，重庆：重庆大学出版社，2015年，第161页。

③ [美]劳伦斯·莱斯格：《思想的未来：网络时代公共知识领域的警世喻言》，李旭译，北京：中信出版社，2004年，第153－225页。

④ 徐祖哲：《“紧急措施”：周恩来与中国计算机事业的奠基》，《党的文献》2016年第5期，第67－72页。

政策举措的出台，引进西方先进科学技术为现代化建设服务的思潮与切实行动，再加上此前我国在电子计算机等相关方面的积累，互联网的出现与快速发展乃势所必然。得益于改革开放所形成的第二个“科学的春天”的氛围，改革开放推进过程中对信息、对先进科学技术的迫切需求，促进了我国互联网及其关联技术、社会化应用的快速发展。

改革开放后我国最主要的任务是发展经济，尽快实现温饱并向小康迈进，加紧建设四个现代化，这其中遇到的最大困难除了资金短缺，就是我国的科学技术落后。为此，党中央明确，既要通过各种形式、新的政策引进国外资金为我所用，也要充分“利用世界上一切先进技术、先进成果”为我国经济社会发展服务。①随着改革开放的深入推进，信息的商品化和产业化发展程度不断提高，党中央对信息和科技的重视，广大科技工作者的积极性被调动起来，包括互联网在内的信息技术的巨大价值被极大地发掘出来，为我国互联网发展创造了条件。在“越过长城，走向世界”的强烈愿望促动下，我国于 1986 年发出第一封电子邮件，成为国际互联的前奏。

在我国互联网发展早期，邓小平作为改革开放的总设计师，起到了非常重要的作用。他不仅提出“科学技术是第一生产力”“电子计算机是先进生产力的代表”“开发信息资源，服务四化建设”等论断，为当时我国信息化建设和信息产业发展指明了方向，而且亲自推动了“863 计划”的出台，并力排众议推动北京正负电子对撞机项目建设取得成功，这些都与我国接入国际互联网密切相关。②邓小平的上述科技与信息思想，是中国共产党互联网思想的重要渊源。

早在 1978 年春天召开的全国科学大会上，邓小平就富有远见地提出“电子计算机、控制论和自动化技术的发展，正在迅速提高生产自动化的程度”。③这次大会通过的《1978—1985 年全国科学技术发展规划（草案）》，将电子计算机作为重点发展的八个高科技领域之一，明确将超大规模集成电路作为技术攻

① 邓小平：《邓小平文选》（第 2 卷），人民出版社，1994 年，第 111 页。

② 谢建东、郑保卫：《论邓小平对我国互联网早期发展的贡献》，《兰州大学学报》2021 年第 2 期，第 94 – 102 页。

③ 邓小平：《邓小平文选》（第 2 卷），人民出版社，1994 年，第 87 页。

关重点，提出要在全社会“大力推广应用计算机和微型机”，“建立全国公用数据传输网络和若干计算机网络、数据库”等具体的互联网发展建设任务。[①]

引进、发展以计算机等为代表的高新技术推动经济社会发展的思想，加速了我国计算机工业民用、商业化应用的步伐。20 世纪 80 年代，江泽民担任电子工业部领导期间，明确提出“没有电子计算机就没有现代化”的观点。也正是在这期间，电子工业部将计算机工业发展战略和指导方针确立为“翻三番，超十年”，也即到 2000 年我国的电子工业产值要比 1980 年翻三番，将计算机等产品和技术与发达国家的差距缩短到 10 年，但比我国社会经济的平均水平超前 10 年。根据电子工业部提请，1985 年，国务院批准了《关于我国电子和信息产业发展战略的报告》，明确我国电子和信息产业在第七个五年计划期间，要将发展目的转移到为国民经济、四个现代化建设和社会生活服务，发展方向转移到以微电子、计算机和通信装备为主，也即互联网硬件基础设施。[②]

对我国互联网早期发展而言，“863 计划”是较为关键的节点，也是我国进入互联网时代的先声。1986 年 3 月，在中央的大力支持下《高技术研究发展计划纲要》（也即“ 863 计划”）启动，拟投入重金 100 个亿追赶上世界高科技的发展，其中“信息技术相关项目的投资约占投资总额的 2/3”。[③]为了能够及时传输上述提到的北京正负电子对撞机研究等所需要的数据，1993 年 3 月，中国科学院高能物理研究所经多次沟通协调，与美国斯坦福直线加速器中心之间架起了一条 64K 的互联网专线，此举为次年 4 月我国全功能接入国际互联网、开启互联网时代奠定了基础。

二、在推进跨世纪发展战略实践中逐渐形成与发展

根据 1987 年党的十三大提出的实现现代化“三步走”战略的要求，十三届四中全会后担任中共中央总书记的江泽民，把在实现温饱的前提下确保到

---

① 《1978—1985 年全国科学技术发展规划纲要（草案）》，中华人民共和国科学技术部网站，2005 年 8 月 31 日，http://www.most.gov.cn/ztzl/gjzcqgy/zcqgylshg/200508/t20050831_24438.html。

② 江泽民：《论中国信息技术产业发展》，北京：中央文献出版社，上海：上海交通大学出版社，2009 年，第 139、143、230 页。

③ 《邓小平：开启中国信息革命征程》，邓小平纪念网，2019 年 12 月 6 日，http://cpc.people.com.cn/n1/2019/1206/c69113-31493967.html。

2000年达到小康，为21世纪中叶实现现代化奠定基础作为党和国家的主要任务。1995年，中共十四届五中全会对“三步走”战略的第三步进行了细化，提出2000年GDP比1980年翻两番，达到小康水平，2010年再比2000年翻一番，小康更加宽裕。2002年，中共十六大将目标进一步细化为，2020年GDP比2010年翻一番、比2000年翻两番，实现全面小康。分三步建设小康社会的跨世纪发展战略又称“小三步走”战略，构成了这一时期奋斗的底色。根据计划，实施科教兴国战略，依靠互联网等高技术被当作实现跨世纪战略目标的关键，在这样的背景下中国共产党互联网思想逐渐形成并不断发展。

一是确立了“积极发展，加强管理，趋利避害，为我所用，努力在全球信息网络化发展中占据主动地位”的互联网发展与管理基本方针。①

1993年，在美国提出建设“信息高速公路”计划的同年，我国成立了国家经济信息化联席会议，启动了加速中国国民经济信息化的“三金（金桥、金关、金卡）工程”。当年6月，为解决国内经济过热等问题，江泽民进一步提出，要加快金卡工程进度，通过计算机网络实现交易和金融管理的电子化。1994年，国务院办公厅发布了《关于“三金工程”有关问题的通知》，金桥前期工程建设全面展开并于次年8月初步建成，全国24个省市开通卫星联网。到1997年10月，中国金桥信息网（CHINAGBN）、中国科技网（CSTNET）、中国教育和科研计算机网（CERNET）与中国公用计算机互联网（CHINANET）实现互连互通。1998年3月，信息产业部组建成立，同时也标志着我国信息化与互联网发展进入新的阶段。②

在党和政府一系列政策措施支持下，我国信息产业市场主体能动性得到了充分发挥。1995年之后“电子商务”的概念逐渐在国内流行起来，全国大中型机关单位掀起了信息化改造浪潮。此后几年间，我国互联网企业如雨后春笋般涌现，百度、阿里巴巴、腾讯、京东等现在引领中国乃至世界互联网风潮的企业纷纷诞生。根据原信息产业部部长吴基传的叙述，江泽民担任总书记期间我国信息基础设施建设取得重大进展，光缆干线覆盖全国，使我国互联网“逐

① 江泽民：《论中国信息技术产业发展》，北京：中央文献出版社，上海：上海交通大学出版社，2009年，第263页。

② CNNIC：《互联网大事记（1993—1999）》，中国互联网信息中心，2009年5月26日，https://www.cnnic.cn/n4/2022/0401/c87-913.html。

步演进成为一个融语音、数据、图像为一体，超大容量、灵活高效、经济适用、安全可靠的宽带高速信息网”，满足了经济社会发展过程中对“基本通信业务和各种宽带多媒体业务需求”。[①]

互联网可以快速、广泛、大量传播信息，但它本身却难以做出价值判断，为有效防范网络上的虚假有害信息，必须依法加强管理。1996 年 2 月，《中华人民共和国计算机信息网络国际联网管理暂行规定》正式施行，公安部据此制定了《计算机信息网络国际联网安全保护管理办法》。2000 年全国两会期间，江泽民在认真分析信息网络化发展机遇与挑战的基础上，明确提出上述互联网发展管理基本方针。当年 9 月，《互联网信息服务管理办法》开始施行；12 月，全国人大常委会颁布了《关于维护互联网安全的决定》，明确了互联网信息传播、网络安全等的罪与罚。

二是提出要抓住信息网络化发展机遇，“利用它来为改革发展服务”，推动我国信息网络技术进步与经济社会发展深度融合。

我国之所以积极引进并强调高技术领域的自主创新，就是为了以此增强改革发展动能，通过科技领域的跨越发展引领整个社会的跨越发展，按照江泽民的话讲，就是要抓住信息网络化发展机遇，“利用它来为改革发展服务”。[②]1997 年，全国信息化工作会议通过了“国家信息化九五规划和 2000 年远景目标”，将互联网列为国家信息基础设施；当年 6 月，中国互联网络信息中心（CNNIC）成立，全国网络基础资源的运行管理和服务有了统一的机构。

1999 年 11 月，江泽民在中央经济工作会议讲话中，阐述了世界经济发展的新动向：信息技术等的进步促动传统产业变革，导致世界各国产业结构调整；“电子计算机的应用，信息技术的开发”导致社会生产生活方式发生变革，知识经济初见端倪。[③]在 2000 年的全国两会上，他进一步指出，据预测，当年底，迅猛发展的互联网将“连接 100 多万个各类网络、1 亿台主机、5 亿左右的用户”，并快速向“集成、高性能、智能化方向发展”。[④]为有效应对经济和信息全球化，

① 吴基传：《迎接信息网络化的挑战——学习江泽民总书记关于信息网络化重要讲话的体会》，《邮电企业管理》2001 年第 6 期，第 4 － 6 页。

② 江泽民：《论中国信息技术产业发展》，北京：中央文献出版社，上海：上海交通大学出版社，2009 年，第 263 页。

③ 江泽民：《江泽民文选》（第 2 卷），北京：人民出版社，2006 年，第 424 页。

④ 江泽民：《论中国信息技术产业发展》，北京：中央文献出版社，上海：上海交通大学出版社，2009 年，第 262 页。

我国必须加速传统工业信息网络化改造，走出一条“以信息化带动工业化，以工业化促进信息化”的新型工业化路子。

基于推进信息化与工业化深度融合的发展思路，2000 年 6 月，国务院印发了《鼓励软件产业和集成电路产业发展若干政策》，中国电子商务协会也在当月正式成立。当年 10 月，中共十五届五中全会对如何依靠科技进步，推进国民经济信息化的问题进行了部署，明确指出“大力推进国民经济和社会信息化”，是覆盖现代化建设全局的战略举措。①

三是积极拓展并趋利避害利用好信息网络技术传播功能，用互联网“为传播我们的思想文化服务”，做好意识形态工作。

基于充分利用互联网“为传播我们的思想文化服务”的理念，②20 世纪 90 年代中叶以来，我国网络媒体快速发展，改变了既有的新闻传播格局。1997 年，中央新闻网站人民网成立，前后两年间，网易、腾讯、搜狐、新浪四大门户网站也相继成立。随着网络媒体的发展，网络传播的负面影响也逐渐显现。网络上既有大量进步、健康、有益的信息，也有不少反动、迷信、黄色的内容，因此，做好新形势下新闻宣传工作，必须增强网上的正面宣传和影响力。

2000 年 6 月，江泽民在中央思想政治工作会议上指出：在国内，由于传播媒介的进步，经济社会的发展，改革开放的继续推进，社会上的信息变得多元而复杂；国际上，由于新技术革命浪潮，世界政治经济格局向多极化发展等，导致了“各种思潮相互交错、相互激荡”。在“人们接受信息、休闲娱乐的方式、方法、手段发生了很大变化，一些新的传播媒体和文化娱乐场所吸引了大量群众”的情况下，思想政治工作阵地也必须相应向互联网转移。③

2002 年，中共十六大报告明确提出，“互联网站要成为传播先进文化的重要阵地”。这些观点与“三个代表”重要思想中，中国共产党要始终代表先进文化前进方向的要求密切相关。十六大报告在讲该问题时，就是放在文化建设和文化体制改革部分“牢牢把握先进文化的前进方向”框架里讲的，强调互联网同新闻出版、广播影视等媒介一样，“必须坚持正确导向”，传播先进文化、抵制腐朽文化。④

---

① 江泽民：《江泽民文选》（第 3 卷），北京：人民出版社，2006 年，第 163 页。

② 江泽民：《论中国信息技术产业发展》，北京：中央文献出版社，上海：上海交通大学出版社，2009 年，第 263 页。

③ 江泽民：《江泽民文选》（第 3 卷），北京：人民出版社，2006 年，第 82、93 页。

④ 同上书，第 559 页。

四是认识到现代高技术战争中“制信息权”的重要，依据信息化战争新形势及时调整我国军事发展方针。

随着以电子战、计算机网络战为主要内容的现代信息化战争登上历史舞台，直接导致了在高技术战争中，取得制信息权是制海权和制空权等的前提。通过对1991年海湾战争等高技术战争的分析，江泽民认识到“制信息权”的重要性，以及“高技术战争的本质是信息化战争”，在世界大战打不起来的情况下，信息技术是打赢局部战争的关键。基于对信息化战争的新判断，我国于1993年初对军事战略方针进行了调整，尽管在战略上仍然坚持积极防御，但在军事斗争准备上，则变成了立足于打赢高技术条件下的局部战争。[①]

基于上述理念，根据互联网等信息技术发展的新形势，江泽民提出要“积极推进中国特色军事变革”，实现机械化和信息化的双重历史使命。由于世界信息技术快速发展，我国在还没有完成军队机械化任务的同时，就面临信息化战争的严峻挑战，在我国经济、科技实力不强的情况下建设信息化军队，“必须走跨越式发展的道路”，要“以信息化带动机械化，以机械化促进信息化”，实现“机械化和信息化的复合发展”。[②]军队机械化和信息化复合发展的要求，是工业化与信息化融合在国防和军队建设领域的具体体现，信息化视野中的军队机械化，已经不是传统意义上的机械化，而是与信息化紧密结合的机械化。

三、在科学发展观理念指导下与时俱进调整和巩固

在从中共十六大到十八大的十年间，世界互联网快速发展，发达国家纷纷把推动互联网等高科技领域的进步、加快科技成果转化，作为经济社会发展的重要推动力；我国互联网快速发展逐渐跻身全球前列，网络媒体、网络问政、电子商务等的发展，极大地改变了中国社会面貌。这些成绩的取得，与此前的积累、技术发展的延续性，以及市场和行业自身发展的规律等密不可分，也得益于科学发展观的指导。科学发展观是胡锦涛担任总书记期间最主要的理论贡献，互联网建设和管理要以科学发展观作为指导，以新兴的互联网技术改造其他行业或领域，则体现了科学发展观的要求。

① 江泽民：《江泽民文选》（第1卷），北京：人民出版社，2006年，第607页。

② 江泽民：《江泽民文选》（第3卷），北京：人民出版社，2006年，第587、605页。

一是对互联网发展管理方针进行调整，强调要“把互联网建设好、利用好、管理好”，加强互联网技术社会化应用，对“三网融合”和下一代互联网进行了超前布局。

2007 年 1 月，十六届中央政治局就“世界网络技术发展和我国网络文化建设与管理”进行集体学习，胡锦涛在主持学习时提出要将“一手抓发展、一手抓管理”的要求贯彻到互联网发展各个方面，“切实把互联网建设好、利用好、管理好”。综合相关文献来看，该观点代表了这一时期中央对互联网发展管理的主要看法。对于互联网发展管理问题，胡锦涛根据新的发展形势，提出“积极利用、科学发展、依法管理、确保安全”的新方针，并将管理责任进行细化和明确，要求“形成党委统一领导，政府严格管理、企业依法运营、行业加强自律、全社会共同监督的互联网综合管理格局”。[①]

随着互联网技术的发展，其传播功能与媒体属性不断增强，在下一代互联网继续发展的过程中，为用户提供文字、数据、语音、图像等服务的基本功能，将对既有的电信、广播、电视等服务形成互补和一定程度的替代。基于此，胡锦涛在任期内高度重视推进电信网、广播电视网和互联网的融合，即“三网融合”工作。现在，微信、移动高清通话、智能电视、智慧云、各种手机客户端等的发展，得益于当时的远见和行动。2003 年，经国务院批准，中国建设下一代互联网示范工程（CNGI）正式启动，集合工信部、发改委、科技部、中科院等多部委力量，以打造我国下一代互联网发展产、学、研、用相结合的基础平台为目标。以往的互联网发展基于 IPV4，而该工程建设以 IPV6 为核心，意味着可以分配更多更安全的网络地址，正是 IPV6 近乎“天文数字”的地址分配能力，为我国此后物联网等的发展提供了条件支撑。[②]

二是高度重视信息公开，强调要用时代要求审视宣传思想工作，同时加强主流媒体和新兴媒体建设，构建和发展现代传播体系。

新世纪以来，我国互联网、网络媒体快速发展、影响力不断提升，对党的新闻、宣传、思想工作带来了新挑战。胡锦涛审时度势地提出：“要用时代

① 胡锦涛：《胡锦涛文选》（第 3 卷），北京：人民出版社，2016 年，第 504 – 505 页。

② 郑保卫、谢建东：《论邓小平、江泽民、胡锦涛、习近平互联网思想的主要观点及理论贡献》，《国际新闻界》2018 年第 12 期，第 50 – 66 页。

要求审视宣传思想工作，以改革精神推动宣传思想工作”，使宣传思想工作“体现时代性、把握规律性、富于创造性”。[①]

面对2003年初暴发的“非典型性肺炎”，及时的信息公布遏制了谣言、稳定了人心，为抗击疫情的胜利奠定基础。当年8月，中共中央办公厅、国务院办公厅发出了《关于进一步改进和加强国内突发事件新闻报道工作的通知》，指出“在现代通信和网络技术迅速发展的情况下，突发事件舆论引导的有效性，取决于引导的主动性和及时性”。[②]互联网对新闻、广电、影视、娱乐、出版等宣传思想战线的全方位渗透，深刻影响了社会舆论的形成机制、传播方式，再加上社会转型期人们利益诉求多元多样多变，使网络舆论工作成为意识形态工作的重要战场。基于此，胡锦涛在2008年1月全国宣传思想工作会议上提出，“必须从占领文化传播制高点和掌握信息化条件下宣传思想工作主导权的高度……加强对互联网特别是新媒体平台的应用和管理，支持重点新闻网站建设”。[③]

面对新的传播格局，党的新闻舆论工作如何创新发展，对新兴媒体如何有效利用、加强管理，传统媒体如何巩固舆论阵地，增强传播力影响力……经过不断摸索，胡锦涛得出的结论是：构建和发展现代传播体系，“把发展主流媒体作为战略重点”的同时，注重“研究媒体分众化、对象化新趋势，以党报党刊、电台电视台为主，整合都市类媒体、网络媒体等多种宣传资源，努力构建定位明确、特色鲜明、功能互补、覆盖广泛”的舆论引导新格局。[④]

2008年6月，胡锦涛在人民日报社考察期间提出，为因应网络媒体发展变化的新形势，必须同时“加强主流媒体建设和新兴媒体建设，形成舆论引导新格局”。[⑤]当年12月，他在给中央电视台建台50周年的贺信中，进一步提出“构建现代传播体系”的主张。[⑥]值得一提的是，在人民日报社考察期间，

---

① 胡锦涛：《胡锦涛文选》（第3卷），北京：人民出版社，2016年，第60页。

② 《中共中央办公厅、国务院办公厅关于进一步改进和加强国内突发事件新闻报道工作的通知》，中办发〔2003〕22号。

③ 胡锦涛：《胡锦涛文选》（第3卷），北京：人民出版社，2016年，第64页。

④ 同上。

⑤ 胡锦涛：《在人民日报社考察工作时的讲话》，《人民日报》2008年6月21日，第4版。

⑥ 《纪念中国电视事业诞生暨中央电视台建台50周年大会在京举行》，《人民日报》2008年12月21日，第1版。

胡锦涛通过人民网“强国论坛”在线与广大网民交流，这是我国网络传播史上具有标志性意义的事件，表明了党中央对网络媒体发展的重视。

三是充分发挥互联网在社会主义文化建设和改革中的作用，统筹信息产业与网络文化发展，利用互联网推动中华优秀传统文化走向世界。

互联网之于社会主义文化建设和改革，一个是渠道、一个是内容，两者不可偏废。网络文化发展必须服从于中国特色社会主义文化建设和改革总体布局，体现我国文化建设的性质和方向，遵循文化发展规律和网络传播规律。胡锦涛明确提出，在信息科技成为推动经济增长和知识传播重要引擎的情况下，推进文化建设和改革，需要“加强信息产业发展与网络文化发展的统筹协调”；并指出要扶持政府网站、具有优秀文化内容的网站等发展，“积极开发具有自主知识产权的网络文化产品，加强和改善与人民群众生产生活密切相关的信息和服务”。[①]

随着发展形势的变化、互联网技术的进步，信息产业与网络文化产业发展呈现出新的密切融合态势。在2010年中国科学院、工程院“两院院士大会”上，胡锦涛在讲话中提出了“云计算”“物联网”“个性化制造”“网络制造”“智能服务”“传感网络”“网络超算”等大量新词汇，他认为智能发展是信息化与工业化深度融合的产物，能够不断创造新的经济增长点与就业形态，要继续发展和普及互联网、积极发展智能基础设施，“构建泛在的信息网络体系，使基于数据和知识的产业成为重要新兴支柱产业”。[②]

互联网媒体功能的不断增强，使网络舆论阵地成为意识形态斗争的新战场，为把互联网对思想文化领域带来的消极影响减到最低，必须在推进网络文化发展的同时加强管理，在充分利用好互联网传播功能的同时，高度重视网上舆论斗争和国家软实力建设。[③]进入新世纪以来，我国综合国力得到了显著增强，但国际传播能力、文化软实力却没有同步提升，反过来制约了我国经济社会发展。为提升我国文化软实力，胡锦涛提出要“注重以思想文化为核心的国家软实力建设”，中华优秀传统文化中有许多是具有普遍价值意义的，比如“和

① 胡锦涛：《胡锦涛文选》（第2卷），北京：人民出版社，2016年，第562页。
② 胡锦涛：《胡锦涛文选》（第3卷），北京：人民出版社，2016年，第404－405页。
③ 胡锦涛：《胡锦涛文选》（第1卷），北京：人民出版社，2016年，第430－431页。

谐”等，当代信息技术的发展为做好跨国思想文化交流提供了新的载体，应加强涉外媒体和网络建设并发挥好其对外传播功能。[①]

四、在新时代建设网络强国战略指引下不断创新突破

“党的十八大以后，党中央从进行具有许多新的历史特点的伟大斗争出发，重视互联网、发展互联网、治理互联网……作出一系列重大决策、提出一系列重大举措，推动网信事业取得历史性成就。”[②]习近平总书记从党和国家发展战略全局高度，就加强党对网信工作的领导、网络强国建设、网络传播、网络安全、信息化建设、加快信息领域核心技术突破、构建网络空间命运共同体等问题发表了一系列重要论述，为推动我国互联网快速健康发展提供了根本遵循。

一是提出建设世界网络强国战略目标，确立了网信工作的顶层设计和整体框架。

党的十八大以来，在实现中华民族伟大复兴总目标之下，习近平总书记先后提出了建设世界经济强国、文化强国、科技强国、航天强国、网络强国、数字中国、智慧社会等具体目标。之所以在提出建设世界科技强国等的同时，将建设世界网络强国目标单独提出来，是因为当今以互联网为基础的大数据、云计算、人工智能、区块链等，已成为推动经济社会发展的基础设施、强大动力，我国互联网经多年发展已具备相当基础。

2014 年 2 月，中央网络安全和信息化领导小组成立（后改为中央网络安全和信息化委员会），由习近平总书记亲自任组长，他在这次会议上提出我国已经成为网络大国，要向网络强国迈进，并对建设网络强国相关的网络安全、过硬技术、人才资源等问题进行了阐述。2015 年 10 月，中共十八届五中全会通过的《中共中央关于制定国民经济和社会发展第十三个五年规划的建议》明确提出，要“实施网络强国战略，加快构建高速、移动、安全、泛在的新一代信

① 胡锦涛：《胡锦涛文选》（第 2 卷），北京：人民出版社，2016 年，第 505 页。

② 中共中央党史和文献研究院编：《习近平关于网络强国论述摘编》，北京：中央文献出版社，2021 年，第 8 页。

息基础设施”。[①]为加快释放信息化发展巨大潜能，驱动现代化和网络强国建设，中共中央办公厅、国务院办公厅于 2016 年 7 月印发了《国家信息化发展战略纲要》，对到本世纪中叶实现“网络强国地位日益巩固”的目标，划出了清晰的路线图和时间表。[②]

建设世界网络强国必须加强党对网信工作的集中统一领导，确保网信事业始终沿着正确方向前进。为提高党领导网信事业的科学化水平，党的十八大以来，中央政治局就实施创新驱动发展战略、网络强国战略、国家大数据战略、人工智能发展现状和趋势、全媒体时代和媒体融合发展、区块链技术发展现状和趋势、量子科技研究和应用前景等主题进行了多次集体学习。2016 年 4 月 19 日，习近平总书记主持召开全国网信工作座谈会，对我国网信事业发展目的宗旨、网络舆论工作重要地位、网络安全与发展辩证关系、网信人才政策、核心技术攻关等涉及网信事业发展的问题进行了系统阐述，该讲话标志着中国共产党人的信息网络观进入一个新的历史阶段。[③]2018 年召开的全国网络安全和信息化工作会议在对上述问题进行深化的同时，对“发挥信息化对经济社会发展的引领作用，加强网信领域军民融合，主动参与网络空间国际治理进程，自主创新推进网络强国建设”等进行了系统部署。[④]

二是坚持网信事业发展以人民为中心的思想，确立了让互联网更好造福国家和人民的基本宗旨。

推动网信事业发展，首先要回答“为了谁”的问题，习近平总书记给出的答案是：让互联网更好造福国家和人民。[⑤]这是“以人民为中心的发展思想”在网信领域的具体体现，同时也是我国互联网发展的根本宗旨。网信事业必须“贯彻以人民为中心的发展思想”的正式提出，是在党的十八届五中全会上，

① 《中共中央关于制定国民经济和社会发展第十三个五年规划的建议》，中国政府网，http://www.gov.cn/xinwen/2015-11/03/content_5004093.htm。

② 中共中央办公厅、国务院办公厅：《国家信息化发展战略纲要》，《人民日报》2016 年 7 月 28 日，第 1 版。

③ 郑保卫、谢建东：《引领我国网络传播与网信事业发展的经典文献——写在习近平 2016 年网络安全和信息化工作讲话发表 5 周年之际》，《新闻春秋》2021 年第 2 期，第 3 – 11 页。

④ 习近平：《敏锐抓住信息化发展历史机遇 自主创新推进网络强国建设》，《人民日报》2018 年 4 月 22 日，第 1 版。

⑤ 习近平：《在践行新发展理念上先行一步让互联网更好造福国家和人民》，《人民日报》2016 年 4 月 20 日，第 1 版。

它至少包括两层含义：互联网发展的成果要由全体人民共享，互联网所带来的问题和挑战需要全民共治。

要让互联网真正造福国家和人民，必须确保其可管可控，“坚持依法治网、依法办网、依法上网，让互联网在法治轨道上健康运行”。[①]2014 年 10 月，党的十八届四中全会通过了“全面推进依法治国的决定”，指出要加强互联网领域立法，完善相应法律法规，依法规范互联网的发展。在依法发展和管理互联网理念指导下，党的十八大以来我国先后出台或修订了《中华人民共和国网络安全法》《中华人民共和国电子商务法》《中华人民共和国密码法》《中华人民共和国数据安全法》《信息网络传播权保护条例》《互联网上网服务营业场所管理条例》等重要法律法规，确保了我国互联网在服务国家和人民的轨道上健康有序发展。

让互联网企业持续健康发展，既是网信企业应该追求的目标，也是国家发展的需要。如何创新互联网管理，走出一条政府与企业“齐抓共管、良性互动的新路”？习近平总书记认为，科学做好互联网的管理，关键在于明确政府和企业的权责边界，“网上信息管理，网站应负主体责任，政府行政管理部门要加强监管”。政府管理部门对互联网企业要坚持鼓励支持和规范发展并行，坚持政策引导和依法管理并举，互联网企业在追求经济效益的同时也要兼顾社会效益、履行社会责任，不能唯点击率是从，更不能以给钱多少作为搜索排名的标准，要对打击网上假冒伪劣商品、遏制网上虚假信息传播和谣言扩散负起责任。[②]

三是重点关注基于媒体融合前提下的现代传播体系建设，致力于推动传统媒体和新兴媒体深度融合发展。

推动媒体融合发展，是习近平总书记极为关注的一件大事。2013 年 11 月，经十八届三中全会审议通过的《中共中央关于全面深化改革若干重大问题的决定》，在“推进文化体制机制创新”部分明确提出，要“整合新闻媒体资源，推动传统媒体和新兴媒体融合发展”。[③]以中央全会决定的方式对该问题进行部署，充分彰显了党中央对媒体融合发展的重视。2014 年 8 月 18 日，在中央

① 习近平：《在第二届世界互联网大会开幕式上的讲话》，《人民日报》2015 年 12 月 17 日，第 2 版。
② 习近平：《在网络安全和信息化工作座谈会上的讲话》，《人民日报》2016 年 4 月 26 日，第 2 版。
③ 《中共中央关于全面深化改革若干重大问题的决定》，《人民日报》2013 年 11 月 16 日，第 1 版。

全面深化改革领导小组举行的会议上，习近平总书记主持并审议通过了《关于推动传统媒体和新兴媒体融合发展的指导意见》，这是我国首个关于媒体融合的专门性文件，具有里程碑意义。推进媒体融合最直接的目的，是要“形成立体多样、融合发展的现代传播体系”，具体来讲就是要有“一批形态多样、手段先进、具有竞争力的新型主流媒体，建成几家拥有强大实力和传播力、公信力、影响力的新型媒体集团”。[①]

为推动新闻舆论战线适应形势发展积极改革创新，2016 年 2 月 19 日，习近平总书记先后到人民日报社、新华社、中央电视台调研并主持召开党的新闻舆论工作座谈会，明确提出“要推动融合发展，主动借助新媒体传播优势”，“加快构建舆论引导新格局”。[②]2016 年底，作为媒体融合发展成果之一的中国国际电视台（中国环球电视网）开播，习近平总书记在贺信中要求其“坚持新闻立台，全面贴近受众，实施融合传播”。[③]这也使得 2017 年例行的国家主席新年贺词，在发表渠道上，首次增加了互联网。

为推进媒体深度融合发展，2019 年 1 月 25 日，中央政治局就全媒体时代和媒体融合发展问题在人民日报社新媒体大厦举行第十二次集体学习，习近平总书记在讲话中对推动媒体融合相关问题进行了系统阐述。2020 年 6 月 30 日，中央全面深化改革委员会第十四次会议审议通过了推进媒体融合“2.0 版”改革方案——《关于加快推进媒体深度融合发展的指导意见》，从深化体制机制改革、全媒体人才培养、新型主流媒体打造等方面，就加快我国媒体深度融合作出新部署。[④]

四是提出互联网是我们面临的最大变量，把对互联网的重视提到空前程度，强调要把网上舆论工作作为重中之重来抓，全面提升网络意识形态工作水平。

早在 2013 年 8 月 19 日召开的全国宣传思想工作会议上，习近平总书记就深刻指出：“互联网是我们面临的‘最大变量’，搞不好会成为我们的‘心

---

① 习近平：《共同为改革想招一起为改革发力 群策群力把各项改革工作抓到位》，《人民日报》2014 年 8 月 19 日，第 1 版。

② 习近平：《坚持正确方向创新方法手段 提高新闻舆论传播力引导力》，《人民日报》2016 年 2 月 20 日，第 1 版。

③ 《习近平致信祝贺中国国际电视台(中国环球电视网)开播》，《人民日报》2017 年 1 月 1 日，第 1 版。

④ 尤红、谢建东等：《新时代中国共产党新闻政策创新发展案例（一）》，《青年记者》2021 年 4 月上，第 35 － 37 页。

头之患’”。面对互联网迅猛发展对媒体和舆论格局带来的颠覆式改变，习近平总书记鲜明指出互联网已经成为舆论斗争的主战场，要正视网上舆论的强大影响力和很多人特别是年轻人基本不看主流媒体的事实，“把网上舆论工作作为宣传思想工作的重中之重”来抓，宣传思想工作是做人的工作，既然人上了网，宣传思想工作也要跟着上网。①

做好网上舆论工作要遵循传播规律、创新工作方法。网上舆论工作同样受传播规律的支配，需要把握好时、度、效的问题，坚持以正面宣传为主。网络传播一边是技术、一边是内容，做好网上舆论工作既要在渠道建设上下功夫，也要想办法提高内容质量。提高内容质量最根本的途径在于，坚持党管媒体的原则不动摇，坚持政治家办报、办刊、办台、办新闻网站，坚持正面宣传为主的方针等。面对传播环境的变化，做好新形势下的宣传思想工作，迫切需要在理念、手段和基层工作等方面进行创新。

互联网与意识形态工作紧密相关，党的十八大以来我国网络意识形态工作全面加强和改善，习近平总书记就做好互联网环境下哲学社会科学工作、思想政治工作、网络文艺工作、民族宗教工作等召开专门会议。他在 2014 年 10 月召开的文艺工作座谈会上指出，互联网时代文艺工作的对象和群体接受、欣赏的习惯等都发生了变化，党的文艺工作要有全新的眼光、政策和方法。在 2016 年 4 月召开的全国宗教工作会议上强调，要高度重视互联网宗教问题，在互联网上大力宣传党的宗教理论和方针政策。在 2016 年 5 月召开的哲学社会科学工作座谈会上，他提出要运用互联网和大数据技术加快哲学社会科学图书文献的数字化，建设国家哲学社会科学文献中心。2016 年底，他组织召开全国高校思想政治工作会议，强调要运用新媒体技术增强高校思政工作时代感和吸引力。

五是提出构建网络空间命运共同体主张，致力于推动全球互联网治理体系变革。

推动全球互联网治理体系变革，是党的十八大以来，我国外交领域关于推动全球治理格局和体系变革思想在互联网领域的反映，同时也是我国综合国力提升之后，重新定义与世界关系的一个重要方面。在习近平总书记看来，全

① 张明杰：《牢牢把握网上舆论工作主动权——学习习近平关于做好网上舆论工作的重要论述》，《党的文献》2017 年第 2 期，第 19 – 25 页。

球治理体系应由全球共建共享，推动世界互联网治理体系变革，必须结成全球互联网“统一战线”，推进包括互联网在内的全球治理民主化、法治化。

当前，互联网发展程度较高的仍然是以美国为首的西方发达国家，一些“信息贫国”有着共享世界互联网发展红利的强烈愿望；一些新兴的经济体，比如金砖国家，随着互联网发展对增加在相应国际组织中的发言权有着强烈诉求。为团结这些国家形成共识，习近平总书记在“人类命运共同体”理念之下，提出“构建网络空间命运共同体”的倡议，并就推进全球互联网治理体系变革提出“四项原则”和“五点主张”：世界互联网发展应该以相互尊重网络主权、维护和平安全、促进开放合作、构建良好秩序为原则；以互联互通、交流互鉴、共同繁荣、有序发展、公平正义为主要目的。

为推动全球互联网治理朝着更加公正合理的方向迈进，习近平总书记在世界互联网大会、上海合作组织、金砖国家会晤、二十国集团会议、对外出访等多个外交场合，不断呼吁国际社会相互尊重网络主权，发扬大家的事大家商量着办的伙伴精神，共同维护网络空间和平安全，弥合数字鸿沟、促进网络经济创新发展，为构建“和平、安全、开放、合作”的全球网络空间秩序，“多边、民主、透明”的国际互联网治理体系，推动网络空间实现“平等尊重、创新发展、开放共享、安全有序”的目标一起努力。[①]

当此中国共产党百年华诞之际，回顾党带领中国人民进行社会主义革命、建设和改革的历程，互联网在我国的发展虽然是改革开放以后的事情，而且主要是在 1994 年全功能接入国际互联网之后获得快速发展，展现出巨大的促进经济社会发展的动能，以及强大的传播功能与媒体属性，但如果从中国共产党历来对科学技术的重视，从党的科技与信息思想、政策延续性等角度看，不难理解为何我国会如此重视互联网的发展和管理，以及今天我国所取得的令人瞩目的互联网发展成就，都得益于中国共产党对互联网的科学认识和正确政策。

基于在长期实践探索中对科技和信息功能作用的正确认识，中国共产党很早就敏锐地意识到互联网作为高技术的代表，将会对我国经济社会发展甚至世界发展格局产生重要影响，以超前的举措推动了计算机、微电子、集成电路等互联网基础设施建设，为我国在实现国际互联后互联网及其关联领域的快速

① 中共中央党史和文献研究院编：《习近平关于网络强国论述摘编》，北京：中央文献出版社，2021 年，第 149 – 171 页。

发展奠定基础。在几代中国共产党主要领导人的重视下，我国出台了相关政策举措、法律法规有效推动了互联网的快速健康发展，对我国推进现代化建设、实现百年奋斗目标起到了很大的促进作用，而互联网的发展及其对经济社会的促进，又反过来影响党对互联网的态度与认识，以及相应的发展管理政策。

正是在党的互联网政策与我国互联网发展的互动和良性循环中，中国共产党的互联网思想得以在其科技与信息思想基础上形成并不断丰富，逐渐探索出了一条具有中国特色的互联网发展与治理之路。回顾我国互联网发展历程，中国共产党的互联网思想及其指导下的互联网政策，毋庸置疑是影响和指引我国互联网发展方向，决定我国互联网发展成就的关键性因素。随着中国共产党发展互联网、治理互联网经验和思想的成熟，我国社会信息化网络化程度将继续提升，世界网络强国建设也将向着既定的目标和步骤稳步推进。

（作者谢建东系云南大学新闻学院讲师、硕士生导师；郑保卫系广西大学新闻与传播学院院长、中国人民大学新闻学院教授）

第三篇

中国共产党百年红色新闻足迹

- 北京：建党前后李大钊、陈独秀、邵飘萍在北京的报刊宣传活动
- 上海：中国共产党新闻宣传事业的起航之地
- 长沙：毛泽东创办《湘江评论》：影响及特色
- 瑞金：江西中央苏区新闻事业的历史贡献
- 延安：延安时期党的新闻事业的成熟：走向集中和深入

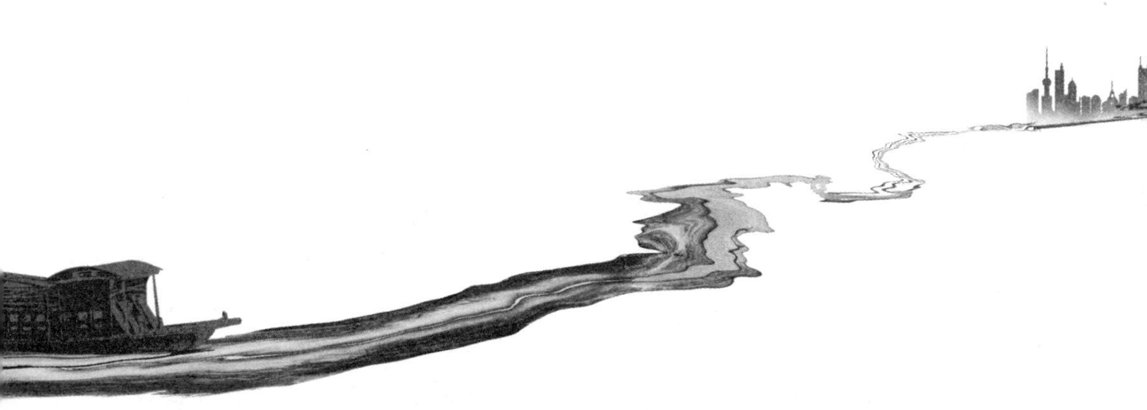

北京

建党前后李大钊、陈独秀、邵飘萍在北京的报刊宣传活动

陈开和

内容摘要：本文论述了中国共产党创始人李大钊、陈独秀建党前后在北京的报刊宣传活动，包括创办与出版《新青年》《每周评论》，传播马克思主义，宣传俄国十月革命等；以及早期革命报刊活动家邵飘萍在指导北京大学新闻学研究会和传播马克思主义等方面的工作。他们为中国共产党的创立都作出了重要贡献，是中国共产党新闻事业当之无愧的先驱者。

关键词：建党前后；李大钊；陈独秀；邵飘萍；报刊宣传

五四运动前后，北京开始成为我国先进知识分子研究和传播马克思主义的中心，李大钊、陈独秀和邵飘萍是其中的杰出代表。他们创办报纸杂志，撰写政论文章，指导新一代青年从事新闻研究和实践，在传播马克思主义和创建中国共产党的过程中发挥了巨大作用，是中国共产党新闻事业当之无愧的先驱者。

一、李大钊对马克思主义的系统研究和传播

李大钊（1889—1927 年）于 1889 年 10 月出生在河北省乐亭县大黑坨村，在两岁之前，父母先后过世，由祖父抚养长大。少年时期，他辛勤好学，熟读经典，很早就参与报刊活动，立志报国。在永平府中学和北洋法政专门学校政治经济本科学习期间，他深入研究“新学”，密切关注辛亥革命后中国政治局势的发展，担任北洋法政学会编辑部部长，负责出版《言治》月刊。在 1913 年 4 月 1 日的《言治》创刊号上，李大钊发表了感慨激愤的《大哀篇》，尖锐批评军阀官僚政治，指出“专制都督之淫威，乃倍于畴昔之君主”，“共和自

共和，幸福何有于吾民也！”[①]日本作者中岛端新出版的反动书籍《支那分割之运命》一书，肆意诋毁中国，鼓动日本参与分割乃至独占中国，李大钊与北洋法政学会同人阅后，“怵于亡国之痛”，共同将此书译成中文，并写了数万言“驳议”，痛斥帝国主义分割中国的谬论。1912 年 12 月，《支那分割之运命驳议》出版，很快风行全国，并于 1915 年 4 月再版。

1913 年暑假，李大钊从北洋法政专门学校毕业后，东渡日本，考入东京早稻田大学政治本科。这时，他已经熟练掌握日、英两种文字，与我国留学生一起组织了经济学会、神州学会等，进行学术研讨并开展反袁爱国活动。在日本，李大钊进一步接触欧洲社会主义思潮。日本早期工人运动领袖、曾经创办“平民社”和《平民新闻》的幸德秋水的社会主义著作，对他产生了较大影响。在接触了幸德秋水的《社会主义神髓》等著作后，李大钊在 1917 年 4 月发表的《政治之离心力与向心力》一文中，首次在对比的意义上谈论“社会主义”这一概念：“对于专制主义而有民主主义，对于资本主义而有社会主义”。[②]

第一次世界大战爆发后，日本借口对德宣战，出兵我国山东，强占青岛和胶济铁路。1915 年 1 月，日本又向袁世凯提出企图灭亡中国的“二十一条”，作为支持他称帝的交换条件。这一消息被媒体披露后，李大钊被留日学生总会公推为文牍干事，他先后起草了《警告全国父老书》和《国耻纪念录》，痛斥日本帝国主义的强盗行径，号召我国民奋起自救。他为留日学生总会编辑《民彝》杂志，并在该杂志 1916 年 5 月的创刊号上发表了《民彝与政治》一文，批判封建宗法制度，倡导发挥民众的力量，“离于众庶，则无英雄”。1916 年初，李大钊回国参与反袁斗争，早稻田大学以“长期欠席”为由将其开除。返回东京后，李大钊专注于《民彝》编辑工作，不久他再次回国，参与报刊活动，投身社会革命。

从 1913 年到 1925 年，李大钊先后主编、编辑或指导出版的报刊近 20 种，为二三十家报刊撰写政论、时评、通讯、诗歌等 300 多篇，百余万字。[③]五四运动前后，李大钊活跃于北京高校和新闻界，从一个革命民主主义者转变为坚

---

① 《李大钊传》，北京：人民出版社，1979 年，第 10 － 11 页。

② 《李大钊全集》（第二卷），北京：人民出版社，2013 年，第 202 页；刘民山：《李大钊与幸德秋水》，《近代史研究》1995 年第 4 期。

③ 郑保卫主编：《中国共产党新闻思想史》，福州：福建人民出版社，2004 年，第 50 页。

定的马克思主义者。“在中国早期的马克思主义思想运动中，李大钊起着主要作用。”①

1916 年 8 月 15 日，北京《晨钟》报创刊，李大钊应邀担任编辑主任。由于和控制该报的研究系政客汤化龙等的矛盾，9 月 5 日即辞去职务。在短短的 22 天中，李大钊积极宣传爱国主义、民主主义思想，他撰写的发刊词《〈晨钟〉之使命——青春中华之创造》号召青年勇担创造“青春中华”的大任，“与境遇奋斗，与时代奋斗，与经验奋斗”，来“鼓舞青年中华之运动，培植青春中华之根基”。②离开《晨钟》不久，1917 年 1 月，《甲寅》日刊在北京创立。应章士钊之约，李大钊担任该刊编辑。此后半年多，李大钊在《甲寅》日刊上发表近 70 篇文章，其中包括对俄国二月革命后局势的一系列分析文章，为他在十月革命后进一步研究和传播马克思主义埋下了重要伏笔。

1918 年 1 月，李大钊出任北京大学图书馆主任。此后，他采取“兼容互需”的藏书建设方针，引进大批国外进步书刊，其中有包括英文版《共产党宣言》在内的马恩列著作和当时新出版的其他研究社会主义的著作。他还积极推动有关书籍的中文翻译、编写及出版，使北京大学图书馆成为国内第一所利用书刊系统宣传介绍马克思主义的图书馆。

在北京大学工作期间，李大钊先后参加《新青年》编辑部，参与创办《每周评论》杂志、《少年中国》月刊等刊物，协助北京大学学生社团国民社和新潮社创刊《国民》和《新潮》杂志。在校外，他引导《京报》和《京报副刊》与《晨报》副刊的革新，倡行“知识、诚笃、勇气”兼备的政论家素质和“察其变，搜其实，会其通”的办报要义，积极传播马克思主义思想。1919 年 5 月，李大钊先后在他主持的《晨报》副刊上推出“劳动节纪念”专号和“马克思研究”专栏，刊登介绍马克思学说的文章和相关人物传记，传播马克思主义和社会主义思想。

《新青年》是李大钊传播马克思主义的重要阵地，他是编辑部成员，还担任过轮值主编。1918 年 11 月，李大钊在《新青年》发表了《庶民的胜利》和《Bolshevism 的胜利》（1918 年 11 月），指出“人道的警钟响了！自由的曙光现了！试看将来的环球，必是赤旗的世界！”③1919 年 5 月和 11 月，李

① 《中国共产党简史》，北京：人民出版社、中共党史出版社，2021 年，第 10 页。

② 《李大钊传》，北京：人民出版社，1979 年，第 23 页。

③ 李大钊：《Bolshevism 的胜利》，《新青年》1918 年 11 月 15 日，第 5 卷第 5 号。

大钊在《新青年》第6卷第5—6号上发表长篇文章《我的马克思主义观》，文中把马克思主义理论体系分为三大部分：一是“关于过去的理论”，即“历史论”，也称“社会组织进化论”；二是“关于现在的理论”，即“经济论”，也称“资本主义的经济论”；三是“关于将来的理论”，即“政策论”，也称“社会主义运动论”。他指出这三部理论，紧密相关，“而阶级竞争说恰如一条金线，把这三大原理从根本上联络起来”。在这篇文章中，李大钊重点介绍了马克思的唯物史观、阶级斗争学说和剩余价值学说等，并加以评论。毛泽东、周恩来等许多当时的年青人都是《新青年》的忠实读者，李大钊在《新青年》上发表的评介马克思主义的文章，深刻地影响了那个年代许多优秀青年的人生方向。

1918年12月，李大钊与陈独秀、张申府等创办《每周评论》。在《每周评论》存在的短短9个多月时间里，李大钊在该刊发表了《唐山煤场的工人生活》《劳动教育问题》《废娼问题》《新纪元》《阶级竞争与互助》《真正的解放》《再论问题与主义》等50多篇文章，运用马克思主义唯物史观，强调劳农群众的重要性，阐发阶级斗争学说，初步介绍和传播了社会主义思想，并且在与胡适关于“问题与主义”的论战中，深化了对马克思主义的认识和论述。

早在1918年冬，李大钊就在北大组织了我国第一个马克思主义研究团体“马客士主义研究会”，对外称是研究马尔萨斯人口论，实际上开展马克思学说的研究。[①] 1920年3月，在他的指导下，北大一批初步具有共产主义思想的知识分子和革命学生又组织了北京大学马克思（当时译为“马克斯”）学说研究会；7月，李大钊在北大组织了北京共产主义小组（当时称“北京共产党小组”）。次年11月，北京大学马克思学说研究会得到蔡元培校长的支持而公开运作，有了自己的办公室和图书室，即“亢慕义斋”（共产主义室）。研究会收藏并翻译了一批马克思主义著作，组织会员学习研讨马克思主义学说，举办演讲等各种活动，为中国共产党和中国革命培养了一大批宝贵人才。[②] 1922年2月19日，李大钊作了题为《马克思经济学说》的专题报告，这是研究会的第一次公开研究会。据统计，北京大学马克思学说研究会成立之初共有发起人19人，到1922年会员增至150人，1923年发展到250至300人。[③]

① 陈占安：“编者前言”，陈占安等编选：《马克思主义与北京大学纪念文集》，北京：北京大学出版社，1998年，第2页。

② 罗章龙：《回忆北京大学马克思学说研究会》，《新文学史料》1979年第3期。根据北大图书馆相关藏书中的印章，罗文中的“亢慕尼斋”应为“亢慕义斋”。

③ 转引自张立波：《北京马克思学说研究会：基于史料的重构》，《哲学动态》2014年第2期。

1920年9月左右，北京共产主义小组成立，李大钊领导出版了《劳动音》周刊，由邓中夏负责具体编辑责任。该刊以通俗易懂的文字启发工人觉悟，受到工人们的热烈欢迎。到1920年12月，每期销售多达2000份。[①]中国共产党成立后，李大钊代表党中央指导北方工作。1921年7月，李大钊亲自领导北京党组织创办了《工人周刊》，次年该刊成为由上海迁来北京的劳动组合书记部的机关报，对全国工人运动，特别是北方工人运动的发展，发挥了重要作用。在党的二大后，李大钊又亲自主持中共中央机关刊物《向导》周报在北京的出版发行。1924年底，中共北方区执行委员会成立，李大钊任书记，他加强了当年夏天创刊的《政治生活》周刊的编辑、出版、发行工作，并使其成为北方区委机关刊物，由区委宣传部长赵世炎担任主编，李大钊亲自在该刊发表许多文章，在北方工人、学生和其他知识分子中产生广泛影响。

1927年4月，李大钊在北京被反动军阀逮捕、杀害，牺牲时年仅38岁。毫无疑问，报刊活动是李大钊革命生涯的重要组成部分，他在不同阶段编辑、创办、扶持和领导的各种革命报刊，抨击了国内外反动势力的错误言论，传播了救国救民的思想，也留下了丰富的马克思主义报刊观念。在这个过程中，他"从一个爱国的民主主义者转变为一个马克思主义者，并且成为我国最早的马克思主义传播者"，为马克思主义在我国的广泛传播和中国共产党的成立作出了卓越贡献；为传播和实践马克思主义，他真正做到了自己所说的"勇往奋进以赴之""殚精瘁力以成之""断头流血以从之"。[②]

二、陈独秀在北京的报刊活动与建党准备

陈独秀（1879—1942年）在中国近现代史上的地位和作用都是极为重要而独特的。他于1879年10月出生于安徽怀宁县城的一个"小户人家"。18岁考中秀才，后曾入学杭州求是书院（浙江大学前身），1901年留学日本。在赴北京之前，他已经有丰富的报刊工作经历。1903年8月，《苏报》被清廷查封之后，该报主笔章士钊又在上海创办《国民日日报》，陈独秀应邀参与编辑，因清廷打压、经费短缺等原因很快停刊。在此前后，他的思想观念从维新派转向

① 《李大钊传》，北京：人民出版社，1979年，第103页。

② 习近平：《在纪念李大钊同志诞辰120周年座谈会上的讲话（2009年10月28日）》，《人民日报》2009年10月29日，第2版。

革命派。1904年，陈独秀返回安徽与友人共同创办《安徽俗话报》，该报为半月刊，1905年8月停刊。此后，他在芜湖安徽公学任教期间，组建半军事性质的秘密组织岳王会并自任会长。辛亥革命后，他历任安徽都督府秘书、秘书长、顾问及安徽高等学校教务主任等职。1914年他赴日本协助章士钊编辑《甲寅》杂志，次年回上海创办《青年杂志》（后改名《新青年》）。[①]

1916年11月底，陈独秀为了给出版《新青年》杂志的书局吸收股份，来到北京。12月，北洋政府决定任命蔡元培为北京大学校长。蔡元培多次专程拜访陈独秀，邀请其担任北京大学文科学长，并答应可将《新青年》移至北京。1917年初陈独秀正式出任北京大学文科学长，《新青年》编辑部随之从上海迁到北京。此后至1920年2月返回上海，陈独秀在北京居住、工作了三年时间。在此期间，他逐渐站到了马克思主义立场上。五四运动以后，陈独秀宣称，我国不应当再走"欧美、日本的错路"，明确宣布要用革命的手段建设劳动阶级的国家。[②]

《新青年》迁到北京后，围绕陈独秀形成了一批以北京大学知识分子为主力的编辑阵营。李大钊、胡适、钱玄同、刘半农、鲁迅、高一涵、周作人等成为《新青年》的重要作者，《新青年》也转变为同人刊物，成为新文化运动的主要言论阵地，并对后来中国共产党的成立打下了重要的思想基础。1945年4月21日，毛泽东在党的七大预备会议上回顾道："那个时候有《新青年》杂志，是陈独秀主编的。被这个杂志和五四运动警醒起来的人，后头有一部分进了共产党。这些人受陈独秀和他周围一群人的影响很大，可以说是由他们集合起来，这才成立了党。"[③]

《新青年》的前身是1915年9月创刊的《青年杂志》，其定位在青年思想的启蒙上，致力于从思想文化层面探寻国家民族的方向，不谈论现实政治。杂志刊登的《社告》中第一条即明言，"国势陵夷，道衰学弊，后来责任，端在青年。本志之作，盖欲与青年诸君商榷将来所以修身治国之道"。[④]在这个阶段，陈独秀推崇的是欧美的民主政治模式，所以《青年杂志》以及后来的《新青年》

① 参考唐宝林、林茂生：《陈独秀年谱》，上海：上海人民出版社，1988年；朱文华：《陈独秀评传》，青岛：青岛出版社，2005年。

② 《中国共产党简史》，北京：人民出版社、中共党史出版社，2021年，第10页。

③ 毛泽东：《"七大"的工作方针（1945年4月21日）》，《人民日报》1981年7月16日，第1版。

④ 《社告》，《青年杂志》第1卷第1号，1915年9月15日。

刊登了大量介绍欧美思潮的文章。

俄国十月革命的胜利，引起中国知识分子的极大关注，陈独秀也不例外。为了更直接地评论时政，他和李大钊等共同创办了《每周评论》。从 1918 年 12 月创刊到 1919 年 8 月停刊，《每周评论》共出了 37 期，陈独秀在该刊共发表 140 多篇评论和随感录。[①]

在关注和评论国内外局势的同时，陈独秀在《每周评论》上开始传播马克思主义。1919 年 4 月 6 日，该刊的“名著”专栏发表了《共产党的宣言》（摘译），介绍了《共产党宣言》第二章“无产者和共产党人”中关于先进国家无产阶级革命成功后的十项措施。[②]同月 20 日，陈独秀以笔名“只眼”在《每周评论》发表题为《二十世纪俄罗斯的革命》的“随感录”，高度评价十月革命：“十八世纪法兰西的政治革命，二十世纪俄罗斯的社会革命，当时的人们都对着他们极口痛骂；但是后来的历史家，都要把他们当做人类社会变动和进化的大关键。”[③]在主持《每周评论》期间，陈独秀的劳工立场日益清晰。他在刊物上广泛介绍各国劳工运动的情况，1919 年 4 月 27 日，陈独秀发表了亲自撰写的社论《贫民的哭声》，他愤怒地写道：“我们中国的文武官，还正在那里聚精会神兴高采烈的弄那些造孽的钱，预备一辈子享用，子孙万代享用。他们哪里知道什么社会革命！他们哪里听见什么贫民的哭声！就是听了那可怜的哭声，也只笑着说道：这是他们命该如此！”“我想这可怜的哭声，早晚就要叫他们听见，叫他们注意，叫他们头痛，最后还要叫他们发出同样的哭声！”[④]

1919 年 6 月，陈独秀被捕入狱，至 9 月出狱。在此期间他的思想观念发生重要变化，更加关心中国社会的政治改造。通过报纸杂志以及各种演讲，他越来越明确地表达了对马克思主义的认同。1919 年 12 月，他在《新青年》发表《本志宣言》，响亮提出，“我们理想的新时代新社会，是诚实的，进步的，积极的，自由的，平等的，创造的，美的，善的，和平的，相爱互助的，劳动而愉快的，全社会幸福的”；“我们主张的是民众运动社会改造，和过去及现在各派政党，绝对断绝关系”，“对于一切拥护少数人私利或一阶级利益，眼中没有全社会幸福的政党，永远不忍加入”。[⑤]

① 张敖让：《陈独秀与〈每周评论〉》，《安庆师范学院学报（社会科学版）》2000 年第 8 期，第 65 页。

② 《每周评论》1919 年 4 月 6 日，第 2 版。

③ 《每周评论》1919 年 4 月 20 日，第 3 版。

④ 《每周评论》1919 年 4 月 27 日，第 2 版。

⑤ 陈独秀：《本志宣言》，《新青年》第 7 卷第 1 号，1919 年 12 月 1 日。

同月，陈独秀在北京《晨报》发表《告北京劳动界》一文，明确提出了“资产阶级民主”和“无产阶级民主”的区别，指出中国当前的任务就是争取无产阶级民主。他说，十八世纪以来，新兴“财产工商阶级”为了自身共同的利益，向帝王贵族要求权利，现在他们的要求实现了，但他们也居了帝王贵族的特权地位了；所以，二十世纪的民主运动，就是“被征服的新兴无产劳动阶级”，为了自身的共同利益，向“财产工商界”要求权利的运动。他呼吁北京的劳工界组织起来，努力改善境遇，并警告那些“自命为智识阶级的士大夫”，“不要太高兴，不要以为无产劳动阶级永远可以欺负，不要永远把他们踏在朝靴底下不当做人看待。”[①]

1920年2月初，陈独秀应文华大学邀请赴武汉发表演讲。从2月5日至7日，陈独秀在武汉多地发表演讲，题目有《中国存亡与社会改革的关系》《我们为甚么要做白话文》《新教育精神》等。其中，2月6日下午的演讲题目是《社会改造的方法和信仰》，明确提出自己对“平等”和“劳动”的信仰，并具体提出“三个打破”的主张，即“打破阶级的制度，实行平民社会主义”“打破继承制度，实行共同劳动工作”和“打破遗产制度，不使田地归私人传留享有，应归为社会的共产”。这次演讲表明，陈独秀已经开始摆脱欧美民主政治和改良主义的观念，坚决否定以私有制为核心的阶级制度，在最基本的政治倾向和思想观点方面接近了马克思主义。[②]

1920年2月，陈独秀由李大钊护送赴天津，途中两人相约共同发起组织创建中国无产阶级政党。可以说，陈独秀在北京期间，与李大钊为中国共产党的创建作了充分的思想和组织准备，作出了无以替代的历史性贡献。

三、北京大学新闻学研究会、邵飘萍与马克思主义的传播

邵飘萍（1886—1926年）于1886年出生于浙江东阳的一个贫穷书生家庭。幼年时期随父迁居金华，13岁考中秀才，1906年考入浙江省立高等学堂（今浙江大学前身，求是书院于1903年改为此名）。在省立高等学堂，邵飘萍广泛阅读《复报》《新世纪》《清议报》《民报》《新民丛报》等报刊。报界对

---

① 陈独秀：《告北京劳动界》，《晨报》1919年12月1日，转引自任建树、张统模、吴信忠编：《陈独秀著作选》，上海：上海人民出版社，1993年，第49、52页。

② 朱文华：《陈独秀评传》，青岛：青岛出版社，2005年，第119页。

中国前途命运的热切议论，梁启超等政论大家的如椽健笔，让他对新闻事业产生巨大兴趣，逐渐立下“新闻报国”之志。在上学期间即曾经与同窗陈布雷等尝试办报，并为杭州报纸写稿。1909 年大学毕业后，邵飘萍在金华中学教书，并兼任上海《申报》特约通讯员。辛亥革命爆发后，应邀担任杭州革命派报刊《汉民日报》主笔。两年之后，报馆被封，邵飘萍多次被捕，出狱后东渡日本，就读东京的法政大学，课余与潘公弼等一起创办“东京通讯社”，为国内报章撰写一系列通讯和评论，揭露袁世凯媚日卖国行径。

1915 年底邵飘萍回国，担任《申报》驻北京特派记者，两年时间里撰写“北京特约通讯”22 万多字。1918 年 7 月，邵飘萍创办我国最早自办通讯社“北京新闻编译社”，同年 10 月 5 日创办大型日报《京报》，任社长。1919 年 8 月，《京报》被皖系军阀查封，邵飘萍再次东渡日本，担任大阪《朝日新闻》顾问，近距离考察日本报业并深入研究马克思主义。1920 年皖系倒台，他重返北京，恢复出版《京报》。1926 年 4 月 18 日奉系军阀进入北京，邵飘萍于 4 月 24 日被捕，26 日被害。①

与李大钊、陈独秀相比，五四前后，邵飘萍与马克思主义传播的联系并不为人所熟知。事实上，邵飘萍作为我国近代报业巨子，通过参与指导北京大学新闻学研究会，通过《京报》的新闻报道和副刊专栏以及发表马克思主义相关的研究成果等，为马克思主义的早期传播和研究作出了独特的重要贡献。

在第一次留学日本期间，通过章士钊的引介，邵飘萍在留日学生集会上与李大钊相识相知，共同开展反对卖国“二十一条”的反袁运动。十月革命后，在北京大学工作的李大钊率先系统传播马克思主义，邵飘萍作为 1918 年 10 月 14 日成立的北京大学新闻学研究会的导师，与李大钊的交往更为频繁。新闻学研究会的首批学员就有毛泽东、罗章龙、高君宇、谭平山等人，他们后来都成为中国共产党的早期领袖。毛泽东在新闻学研究会听课之余，还多次到邵飘萍住处拜访长谈，互相交换对时局看法，邵飘萍则对这位来自湖南的青年学生欣赏有加。②

在五四运动前夕，邵飘萍亲自赴北京大学发表演讲，痛批北洋政府在巴黎和会上的失败，呼吁各校学生为救亡图存奋起抗争，《京报》则大幅刊登运

---

① 方汉奇：《纪念邵飘萍》，《新闻与写作》1985 年第 3 期。

② 林溪声、张耐冬：《邵飘萍与〈京报〉》，北京：中华书局，2008 年，第 83 – 84 页。

动消息，揭发北洋官僚的卖国行径。1919 年 8 月 21 日，《京报》被查封，邵飘萍再度流亡日本。其间，他潜心学习研究马克思列宁主义，在不到一年的时间里，写出《综合研究各国社会思潮》和《新俄国研究》两部著作，以及《俄国新政府之过去现在未来》《俄国大革命史》等文章，系统介绍苏维埃社会主义政权，表达自己对唯物主义和马克思主义基本原理的认同，并指出研究社会主义要与中国国情结合起来。1920 年 4 月，商务印书馆出版了《综合研究各国社会思潮》书稿，同年 8 月，《新俄国研究》也在国内出版发行，在社会各界产生广泛影响。毛泽东在创办湖南自修大学时，为教学开列的参考书中就有《新俄国之研究》一书。[①]

1920 年 9 月，回国后的邵飘萍在李大钊等人的全力协助下，恢复出版《京报》。此后，《京报》大量刊载宣传介绍苏俄和马克思主义的文章，成为北方地区最令人瞩目的革命舆论阵地之一。邵飘萍在中共北方党组织的形成和发展过程中，发挥了重要的支持作用，他本人也成为一名特殊的共产党员。

对于李大钊指导成立的北京大学马克思学说研究会，以及中共北方党组织的工作，邵飘萍予以大力支持。该研究会成员、曾任北大中共支部书记和中共北方区委领导之一的罗章龙回忆："我初识邵振青是在一九一八年冬北大红楼新闻学会，那时我和毛泽东、鸣谦、君宇等都是新闻学会会员，大家对邵怀有共同好感，我们以后来往多了，进一步在工作方面发生联系，我和邵逐渐接触频繁，他的言论和行动后来渐渐与中共北方区党的政策发生共鸣。对党和革命做出了卓越的贡献。"[②]一批北京大学马克思学说研究会的成员在《京报》担任编辑，他们是由北京党组织派往工作的，后来成为党的新闻战线上的重要干部，有才华的记者和编辑。邵飘萍还利用身为报人的有利条件，为党组织提供了关于北洋军阀及国外军事、政治、经济等各方面的重要信息。中共北方区委各种资料和宣传刊物等的出版印刷，也得到《京报》旗下印刷所的大力支持。[③]

邵飘萍通过自己的系统研究，越来越明确地肯定马克思及其学说，赞颂俄国十月革命，揭露北洋反动军阀的罪恶，讴歌中国共产党领导下的中国革命。1923 年 1 月 6 日，《京报》副刊《北大经济学会半月刊》全文刊载李大钊在北大经济学会的讲演《社会主义下的经济基础》，2 月 11 日副刊《教育新刊》

① 贾晓燕：《京报馆：早期传播马克思主义的前哨》，《北京日报》2021 年 1 月 28 日，第 14 版。

② 罗章龙：《忆北京大学新闻学研究会与邵振青》，《新闻研究资料》1980 年第 3 期，第 120 页。

③ 同上书，第 122 － 124 页。

上登载了刚从苏俄回国不久的瞿秋白文章《苏维埃俄罗斯之教育政策》，4月22日刊登上海共产主义小组成员陈为人介绍苏维埃事业的文章《俄国劳农政府对于教育事业的建设及其经过》。5月5日，为纪念马克思诞辰105周年，发行马克思专刊，次日又报道了北京的马克思学说团体、研究会等在法政专门学校召开“马克思生日纪念会”的盛况。在二七罢工、五卅运动和三一八惨案等重大事件之中，《京报》都勇立潮头，连续发表报道和评论，声援工农民众，讨伐反动势力。冯玉祥将军曾经赞叹道：“飘萍一支笔，抵过十万军！”[①]

1920年9月邵飘萍第二次流亡日本归来后不久，和李大钊、高君宇、邓中夏、罗章龙等早期马克思主义者有了更加密切的往来，共同商议国家大事。“北京共产党小组成立后，一直关注着邵飘萍这位热情传播马列主义和介绍苏俄十月革命经验的报人，认为这样有社会影响的人，不吸收到党组织中来，是党组织的一种遗憾。于是在不断的联系中做工作，最后经李大钊、罗章龙介绍，邵飘萍成为一名特殊秘密党员［中共中央组织部于1986年7月10日下达（86）组建字103号文件，认定邵飘萍于1925年春加入中国共产党］。邵飘萍严守秘密，除与介绍人保持单线联系外，包括夫人在内，至死也未暴露共产党员身份。”[②]

一百多年过去了，站在今天回望历史，我们可以看到中国共产党正式成立之前，李大钊、陈独秀、邵飘萍都已经在研究和传播马克思主义方面作出了卓越贡献。他们在建党前后的报刊宣传活动，为中国共产党新闻事业和新闻理念发出了先声，奠定了基础。为了传播救国救民的真理，探索中国的发展道路，他们不顾个人安危得失，付出了巨大的牺牲。在他们身上，我们看到了中国共产党人初心使命的光芒。

（作者陈开和系北京大学新闻与传播学院教授、新闻学系主任）

① 应乃尔：《从自由主义到共产主义——邵飘萍战斗的一生》，《杭州师范学院学报（社会科学版）》1987年第1期，第91－92页。

② 王洁主编：《李大钊北京十年：交往篇》，北京：中央编译出版社，2010年，第179页。

上海
中国共产党新闻宣传事业的起航之地

陈建云

内容摘要：上海是中国共产党的诞生地，也是党的新闻宣传事业的起点。《新青年》在上海完成了从民主主义的同人刊物向无产阶级政党的机关刊物的转变，党的第一个刊物《共产党》月刊、第一个中央机关报《向导》周报、第一个日报《热血日报》，均创办于这座城市。党在上海形成了颇具声势的新闻宣传“媒体矩阵”，为党的建立与发展、革命事业的开展，发挥了重要的舆论鼓吹作用。初创期党在上海的新闻宣传工作，具有精英办报、奠基大业，宣传主义、破立结合，联系群众、指导革命，桴鼓相应、形成合力的特点。党在上海的这些办报实践与经验，为党的新闻宣传事业的未来发展奠定了深厚根基。

关键词：中国共产党；上海；《新青年》；《向导》周报；《热血日报》

一、《新青年》从“同人刊物”转变为党的“机关刊物”

五四运动期间，《新青年》创办人、北京大学文科学长陈独秀因散发《北京市民宣言》传单，被京师警察厅逮捕。经多方营救，他被监禁近百天后于1919年9月16日获释。10月5日，《新青年》编辑部开会决定，该刊从第七卷开始由原来的编委会成员轮值编辑改为陈独秀一人编辑。

《新青年》原名《青年杂志》，1915年9月15日由陈独秀创刊于上海，月刊，每6号（期）编为一卷。关于创办《青年杂志》的目的，陈独秀声称是为了与青年商榷“修身治国之道”，“改造青年之思想，辅导青年之修养”。[①] 1916

① 《社告》及“通讯”，《青年杂志》第1卷第1号，1915年9月15日。

年2月，《青年杂志》出满1卷后休刊。同年9月，陈独秀将《青年杂志》改名为《新青年》，恢复出版。1917年初，陈独秀应北京大学校长蔡元培之请出任文科学长，《新青年》由其从上海带到北京大学编辑。1918年1月，《新青年》成立编委会，成员除陈独秀外，有钱玄同、刘半农、胡适、李大钊、沈尹默、高一涵等人，基本上均为北京大学进步教授、新文化运动健将。编委会成立后，《新青年》每月由编委会成员一人轮流编辑，不再由陈独秀独自主编。《新青年》转至北京尤其是成为以北京大学教授为主的同人刊物后，大力鼓吹民主科学、反对专制迷信，提倡新道德、反对旧伦理，提倡新文学、反对旧文学，引领思想文化启蒙向纵深发展，成为新文化运动的旗帜和号角。

《新青年》结束轮流编辑制后，陈独秀于1919年12月独自编辑出版了第7卷第1号。本期发表了由陈独秀拟稿、声称代表《新青年》“全体社员的共同意见”的《本志宣言》。《本志宣言》说：“我们相信世界上的军国主义和权力主义，已经造了无穷的罪恶，现在是应该抛弃的了”，“我们主张的是民众运动社会改造，和过去及现在各派政党，绝对断绝关系。”[①]这个宣言，代表了“一种理想社会主义和有强烈国际色彩的自由主义的混合物”，显示出杜威的实验主义在很大程度上博得了当时中国大多数新知识分子领导人的好感。同时，《新青年》同人虽然依旧表示不愿意和政党联系在一起，但是开始承认政治生活是社会生活的一个重要方面，政党是“运用政治应有的方法”。[②]《本志宣言》反映了《新青年》同人矛盾意见的暂时折衷调和，也反映了此时陈独秀思想的复杂性：“这一阶段，在陈独秀的头脑里，以法兰西文明为主要内容的固有的民主主义思想，同他新近接受的马克思主义宣传，一时出现了互相交织的情况，致使他的政治思想观点比之往任何一个时期都要复杂和混乱一些，甚至此消彼长的趋势也不那么明朗。”[③]

为避开北洋军阀的监视和迫害，陈独秀于1920年2月秘密离开北京，在李大钊的护送下经天津乘海船前往上海。路上，两人商讨了组建中国共产党的问题。回到上海后，陈独秀在法租界环龙路老渔阳里2号（今南昌路100弄2号），即自己在上海的寓所设立《新青年》编辑部。1920年4月，共产国际

---

① 《本志宣言》，《新青年》第7卷第1号，1919年12月1日。

② 周策纵：《五四运动：现代中国的思想革命》，周子平等译，南京：江苏人民出版社，1999年，第179－180页。

③ 朱文华：《陈独秀传》，北京：红旗出版社，2009年，第103页。

代表维经斯基经李大钊介绍到上海找到陈独秀，陈独秀在其帮助下积极开展建立中共组织的活动。

经过五四运动洗礼回到上海的陈独秀，思想上已完成从激进民主主义向马克思主义的转变。1920 年 5 月，陈独秀把《新青年》第 7 卷第 6 号编成“劳动节纪念”专号，唤起工人从要求资本家改善待遇觉悟到争得管理权。“劳动节纪念”专号是《新青年》宣传马克思主义与工人运动相结合的一个里程碑，也是新文化运动发展的“新的集合点”，标志着该刊已经转向工人阶级的解放事业。[①]

1920 年 8 月，中国的第一个共产党组织——上海的共产党早期组织在《新青年》编辑部正式成立，陈独秀担任书记。“上海的共产党早期组织通过写信联系、派人指导或具体组织等方式，积极推动各地共产党早期组织的建立，实际上起着中国共产党发起组的作用。”[②]与此同时，陈独秀对《新青年》进行了改组：第一，成立“新青年社”直接办理编辑印刷发行等一切事务，不再委托上海的群益书社印刷发行，经济上实现独立自主；第二，编辑部增加李汉俊、陈望道等中共发起组成员参与杂志的编辑撰稿工作；第三，增辟《俄罗斯研究》专栏，刷新论说、通信、随感录等栏目，用社会主义、马克思主义的思想来引导读者。1920 年 9 月 1 日，《新青年》第 8 卷第 1 号以崭新的面目与读者见面：封面正中绘制了一幅地球图案，从东西两半球伸出两只强劲有力的手紧紧相握，暗示“中国人民与十月革命后的苏维埃俄罗斯必须紧紧团结”、全世界无产阶级要团结起来。[③]

经过改组，《新青年》从第 8 卷第 1 号起名义上还是民主主义知识分子的同人刊物，实际上正在加快向马克思主义政党刊物的转变。1918 年 11 月，李大钊在《新青年》第 5 卷第 5 号上发表《庶民的胜利》和《Bolshevism 的胜利》，称颂俄国十月革命是布尔什维主义的胜利，是世界无产阶级的胜利、赤旗的胜利。1919 年 5 月，李大钊将其轮值主编的《新青年》编为“马克思主义”专号，发表《我的马克思主义观》，系统向国人介绍马克思主义学说。陈独秀在《新青年》第 8 卷第 1 号发表《谈政治》一文、新设《俄罗斯研究》专栏、

① 方汉奇主编:《中国新闻事业通史》(第二卷),北京:中国人民大学出版社,1996 年,第 60 – 61 页。

② 中共中央党史研究室:《中国共产党历史 (1921—1949)》第一卷上册,北京:中共党史出版社,2011 年,第 59 页。

③ 《茅盾回忆录》(四),《新文学史料》1979 年第 4 辑。

吸收具有初步共产主义思想的知识分子进入编辑部，使刊物的马克思主义色彩愈来愈浓，引起胡适等部分北京同人的不满。胡适致信陈独秀，要求《新青年》或者移回北京并发表声明“不谈政治”，或者停办，受到陈独秀的坚决反对。1921 年 2 月上海法租界巡捕房查抄新青年社，处以罚款并勒令迁移。《新青年》假托迁往广州，实际上继续由陈望道、李汉俊等在上海秘密编印。关于《新青年》同人之间发生的政治分歧，2 月 15 日陈独秀致信胡适，清楚地表达了自己的意见：“我当时不赞成《新青年》移北京，老实说是因为近来大学空气不太好；现在《新青年》已被封禁，非移粤不能出版，移京已不成问题了。你们另外办一个报，我十分赞成，因为中国好报太少，你们做出来的东西总不差，但我却没有功夫帮助文章。而且在北京出版，我也不宜做文章。”[①]至此，《新青年》内部以陈独秀为代表的马克思主义者，与以胡适为代表的自由民主主义者分道扬镳，北京同人刊物的时代宣告结束。

1921 年 7 月中国共产党在上海正式成立，《新青年》也随之成为中共的机关刊物，彻底完成了从民主主义同人刊物到马克思主义政党的机关刊物的转变。《新青年》的红色“华丽转身”，是五四时期社会主义成为主流思潮、《新青年》迎合时代思潮主动宣传十月革命、《新青年》的“灵魂与旗手”陈独秀与时俱进个人品格的必然结果。[②]

二、中国共产党在上海“媒体矩阵”的形成

1920 年 8 月中共上海发起组成立后，积极开展工作推动各地组建共产党组织，其中一项重要工作就是要创办报刊宣传党的学说、建党原则，并在思想上、组织上增强凝聚力，为建立一个全国性的无产阶级政党做准备。1920 年 11 月 7 日即十月革命三周年纪念日，中共上海发起组创办了《共产党》月刊。该刊大量介绍国际共产主义运动的情况与文献，尤其是俄国共产党的经验和列宁的著作，论述中国革命的道路和中共的纲领策略，报道国内工人运动的发展，围绕“为什么建党”“建设什么样的党”“党的任务是什么”等一系列问题进行

① 《陈独秀致胡适》，1921 年 2 月 15 日，《陈独秀著作选编》第 2 卷，上海：上海人民出版社，2009 年，第 366 页。

② 于丽、田子渝：《陈独秀与〈新青年〉研究》，北京：中国社会科学出版社，2015 年，第 76 – 94 页。

了宣传。《共产党》月刊由李达担任主编，撰稿人主要为中共上海发起组成员，出版至1921年7月第6号后停刊，最高发行量达5000份，成为早期中国共产主义者学习党的基本知识的必读材料，各地共产主义小组交流思想、沟通情况、酝酿建党的重要纽带。《共产党》月刊是中国共产党的第一份党刊，它在中国大地上第一次树起“共产党”的大旗，阐明了中国共产党人的基本政治主张。当时远在法国的蔡和森致信毛泽东，建议国内集合同志，“公布一种有力的出版物，然后明目张胆正式成立一个中国共产党。”毛泽东在回信中向蔡和森推荐了《共产党》月刊，称赞其“颇不愧‘旗帜鲜明’四字”。①

1922年7月，中国共产党在上海举行第二次全国代表大会，明确提出党在现阶段的行动方针和革命任务，即进行反帝反封建的民主革命。此时《新青年》和《共产党》月刊已经停办，党于9月13日在上海创办《向导》周报，以满足二大召开后新形势下的宣传工作需要。《向导》是中共中央出版的第一个政治机关报，由蔡和森、瞿秋白等先后主编。《向导》紧紧围绕党的二大提出的反帝反封建任务，积极宣传党的统一战线政策，推动国共合作，指导工农运动。《向导》周报出版5年共201期，每期最高发行量近10万份，产生了重要的社会影响。

1923年10月20日，中国社会主义青年团也在上海创办了团中央机关刊物《中国青年》。《中国青年》由恽代英担任主编，萧楚女、邓中夏、张太雷等参与编辑工作，并且是刊物的主要撰稿人。该刊从创办到1927年10月停办，四年间共出版168期，“是中共建党时期和第一次国内革命战争时期出版时间最久、最杰出的革命报刊之一。”②曾经参与编辑工作的任弼时后来撰文说，《中国青年》“传播马列主义思想，组织青年积极参加反对帝国主义、封建主义的斗争，在中国人民革命运动中，发挥了很大的作用。”③

1925年五卅运动爆发后，帝国主义开动新闻宣传机器对这场群众性反帝爱国运动进行造谣污蔑，设在上海租界的《申报》《商报》等我国报纸，又采取消极妥协甚至媚外态度，不敢如实报道事实真相。有鉴于此，中共中央于1925年6月4日在上海创办了《热血日报》。该报用大量篇幅揭露帝国主义

① 《毛泽东书信选集》，北京：人民出版社，1983年，第15页。

② 方汉奇主编：《中国新闻事业通史》（第二卷），北京：中国人民大学出版社，1996年，第137页。

③ 任弼时：《纪念〈中国青年〉创刊27周年》，《中国青年》1950年第50期。

的罪行，鞭挞北洋军阀政府卖国媚外的丑态，歌颂革命人民在反帝斗争中的英勇行为，立场坚定，旗帜鲜明，深受广大群众的欢迎和支持。《热血日报》虽然仅出版24期就被迫停刊，但是为党经办日报积累了初步经验。

除了《新青年》和《共产党》月刊、《向导》周报、《中国青年》、《热血日报》，中共上海发起组还于1920年8月在上海创办了工人刊物《劳动界》周刊、中共中央于1923年7月在上海创办了《前锋》杂志（假托在广州出版以转移敌人视线）。党、工、青在上海同时或先后创办的这些报刊，形成了一个颇具声势的新闻宣传“媒体矩阵”，为党的建立与发展、革命事业的开展，发挥了重要的舆论鼓吹作用。

三、党初创时期上海新闻宣传工作的特点

在中国共产党的初创时期，上海的新闻宣传工作概括起来主要有以下四个特点：

第一，精英办报，奠基大业。党在上海经办的报刊的主编，例如《新青年》主编陈独秀，《向导》主编蔡和森、瞿秋白，《热血日报》主编瞿秋白，《中国青年》主编恽代英等人，均为早期党的领袖或骨干，同时也是卓越的理论家、宣传家，从而保证了党报的政治方向、理论品质和宣传效果。

第二，宣传主义，破立结合。党在上海创办的报刊，注重正面宣传马克思主义学说与批判改良主义、无政府主义等思潮相结合。中共上海发起组成立后，《新青年》一方面发表陈独秀的《马克思学说》、李大钊的《平民政治与工人政治》等专论，系统阐述马克思主义、社会主义思想；一方面组织出版《关于社会主义的讨论》（第8卷第4号）、《讨论无政府主义》（第9卷第4号）专辑，通过论战划清了马克思主义与形形色色的非马克思主义的界限，为党的建立清除了思想障碍。《中国青年》既热忱传播马克思列宁主义，又坚决同“东方文化派”“国家主义派”“戴季陶主义”等思潮作斗争。这种“破立结合”的宣传手法，有助于民众澄清是非，自觉接受马克思主义，支持新兴的革命事业。

第三，联系群众，指导革命。注重联系群众，总结群众斗争经验，指导革命实践。《新青年》的“劳动节纪念”专号，发表各地工人运动、生活状况的调查报告，反映觉悟工人组建劳工团体的要求。《向导》周报在宣传鼓动开展工农运动的同时，十分注意总结群众的斗争经验，并对污蔑工农运动的种种谬论予以回击，保护了群众斗争的积极性。《热血日报》总结五卅运动的经验，

指出分清敌友、发动和组织农民群众、建立平民武装，才能取得民族解放运动的胜利。《热血日报》的经验总结，为反帝爱国运动指明了正确方向。

第四，桴鼓相应，形成合力。《共产党》月刊为安全起见，不标明编辑、印刷、发行的地点，作者全用化名。不过，《新青年》却逐期登出《共产党》的要目和广告启事，《共产党》的稿件也由《新青年》编辑部提供。《共产党》月刊借助《新青年》，巧妙地成为一份半秘密半公开的刊物。《前锋》与《新青年》《向导》等报刊，在宣传上声气相通，密切配合。党在上海经办的报刊，互相配合与支持，产生了强大的舆论合力。

上海作为中国共产党新闻宣传事业的起航之地，促成了《新青年》从民主主义的同人刊物向无产阶级政党的机关刊物的转变，孕育、诞生了《共产党》《向导》《热血日报》等一批著名的党报党刊。早期党在上海的办报实践与经验，为党的新闻宣传事业的未来发展奠定了深厚根基。

（作者陈建云系复旦大学新闻学院副院长、教授）

长沙
毛泽东创办《湘江评论》：影响及特色

徐新平

内容摘要：毛泽东创办和主编的《湘江评论》是五四时期一份重要的红色报纸。其历史贡献和主要特色表现在以评论见长，富有战斗性；眼光远大，富有预见性；消息中加议论，富有创新性；文风朴实生动，富有可读性。毛泽东青年时代主编《湘江评论》是他长期报刊实践和丰富新闻思想的重要组成部分，反映了中国共产党早期红色报刊一面世就呈现出与中国传统报刊不一样的特色与风采。

关键词：毛泽东；《湘江评论》；历史贡献；办报特色

毛泽东不仅是伟大的无产阶级革命家、政治家、思想家和理论家，还是杰出的马克思主义宣传家和革命报刊活动家。在其波澜壮阔的革命生涯中，报刊始终是他从事革命斗争的重要宣传武器和强大的舆论阵地。他借助报刊传播真理、宣传革命、发动群众、组织斗争，成就革命伟业，实现政治理想。他在长期的新闻宣传活动中留下了许多精彩的篇章和动人的故事。

毛泽东早期的报刊活动是从创办和主编《湘江评论》开始的。在此之前，他虽然对报纸和新闻学有过一定接触和兴趣，但都不属于正式的报刊活动。例如，他在湖南第一师范学校读书的时候就喜欢读报，家里给的钱，他除了留下学习和生活必需费用外，其他都拿来订阅报纸。他特别喜欢看梁启超主编的《新民丛报》和孙中山创办的《民报》，以至于能够背诵《新民说》等思想新颖、感情激越的文章。

又如，1918 年，他在第一师范读书时的老师杨昌济的推荐下，到李大钊担任主任的北京大学图书馆任助理馆员一职。这期间，他参加了北京大学新闻学研究会，进了研究会举办的新闻培训班，从授课导师北京大学教授徐宝璜和《京报》社长邵飘萍那里学到了很多新闻理论和业务方面的专门知识，等等。但这些活动并不是严格意义的报刊活动。他正式的报刊活动应该从主编《湘江评论》算起。

《湘江评论》是毛泽东一生中创办和主编的第一份报纸。该报 1919 年 7 月 14 日在长沙创刊，是湖南学生联合会会刊。此时的毛泽东 26 岁，正值风华正茂、意气方遒之时。在毛泽东的主持下，该报以宣传最新思潮为宗旨，坚持反帝反封建和倡导民主与科学的鲜明立场，发出了时代的最强音。毛泽东在《创刊宣言》中发出的“世界上什么问题最大？什么力量最强？”[①]这两个重大的问题，百年之后，依然是人们需要思考的问题。

《湘江评论》是一张四开四版的周报，每期约 1.2 万字，从 1919 年 7 月出版到 8 月中旬被反动军阀张敬尧查封，仅仅存在了一个多月时间，总共只出版了四期和一期临时增刊，但在近代中国报刊史上，特别是在中国共产党报刊史上有着极为重要的地位和影响，被公认为是五四时期最优秀的报刊之一。当时北京、上海、成都等地一些报刊纷纷全文转载或摘要转载毛泽东撰写的长篇论文《民众的大联合》。李大钊称赞《湘江评论》的影响超出了湖南，是全国最有分量、见解最深的报刊之一。

《湘江评论》除了具有《新青年》《每周评论》等早期红色报刊的一些共性之外，还具有一些独特之处。

1. 评论见长，富有战斗性

《湘江评论》的文章多为针对国内外最新革命形势所发表的时事评论。这些评论文章积极倡导民主与科学，热情讴歌俄国十月社会主义革命，无情揭露帝国主义的侵略本性与腐朽本质，猛烈抨击社会不公平现象，充满革命激情，富有批判精神，战斗性极强。

例如毛泽东在《创刊宣言》中提出的“六不怕”，即“天不要怕，鬼不要怕，死人不要怕，官僚不要怕，军阀不要怕，资本家不要怕”，[②]就是这种战斗性的突出体现。可以说“六不怕”精神既是毛泽东青年时期重要的新闻思想，也

① 毛泽东：《创刊宣言》，《湘江评论 新湖南 新时代》，长沙：湖南师范大学出版社，2009 年，第 3 页。

② 同上。

是中国共产党新闻思想中报刊“战斗性”品质的理论来源。

《湘江评论》的办刊宗旨非常明确，即为了反帝反封建，宣传民主科学新思潮，唤起民众觉悟。毛泽东在《创刊宣言》中用大量篇幅阐述了“打倒强权”的思想：“宗教的强权，文学的强权，政治的强权，社会的强权，教育的强权，经济的强权，思想的强权，国际的强权，丝毫没有存在的余地。都要借平民主义的高呼，将他打倒。”[①]这一主张代表了当时民众的愿望和时代的强音。

毛泽东在《创刊宣言》中激情豪迈地写道：

时机到了！世界的大潮卷的更急了！洞庭湖的闸门动了，且开了！浩浩荡荡的新思潮业已奔腾澎湃于湘江两岸了！顺他的生，逆他的死。如何承受他？如何传播他？如何研究他？如何施行他？是我们全体湘人最切最要的大问题，即是《湘江》出世最切最要的大任务。[②]

“传播、研究和施行新思潮”，是毛泽东赋予《湘江评论》的使命和任务，可以说这段话把《湘江评论》的战斗风格体现得淋漓尽致。

《湘江评论》自身的实践充分体现出了这种战斗精神与品质。1919 年 6 月 11 日，陈独秀因在北京新世界散发《北京市民宣言》传单而被捕。毛泽东在《湘江评论》第一期就发表了他写的《陈独秀之被捕及营救》一文。他说：

陈君之被捕，决不能损及陈君的毫末，并且是留着大大的一个纪念于新思潮，使他越发光辉远大。政府决没有胆子将陈君处死。就是死了，也不能损及陈君至坚至高精神的毫末。[③]

文章所表达的不仅是对陈独秀“至坚至高精神”的高度肯定与赞扬，而且也体现了发刊词中所提出的“军阀不要怕”的战斗品格。这种思想品格不仅在《湘江评论》中得到了体现，而且成了毛泽东一以贯之的办报主张。

1957 年毛泽东对即将到《人民日报》担任总编辑的吴冷西说：

你到人民日报工作，要有充分的思想准备，要准备遇到最坏情况，要有五不怕的精神准备。这五不怕就是：一不怕撤职，二不怕开出党籍，三不怕老

① 毛泽东：《创刊宣言》，《湘江评论 新湖南 新时代》，长沙：湖南师范大学出版社，2009 年，第 4 页。

② 毛泽东：《〈湘江评论〉创刊宣言》，《毛泽东早期文稿（1912.6—1920.11）》，长沙：湖南出版社，1990 年，第 294 页。

③ 同上书，第 12 页。

婆离婚，四不怕坐牢，五不怕杀头。有了这五不怕的准备，就敢于实事求是，敢于坚持真理了。[①]

毛泽东在这里提出的“五不怕”与他早年提出的“六不拍”，虽然因时代变化，在“不怕”的对象上有很大区别，但其中体现出来的思想实质则是一致的，即做新闻工作必须具备大无畏的革命精神和战斗品格。

2. 眼光远大，富有预见性

《湘江评论》的评论文章大都立意高远，眼光远大，富有预见性。胡适在收到 4 期《湘江评论》之后，在 1919 年 8 月 24 日《每周评论》上《介绍新出版物》时说：

《湘江评论》的长处是在议论的一方面……第二三四期的“民众大联合”一篇大文章，眼光很远大，议论也很痛快，确是现今的重要文字。还有“湘江大事述评”一栏，记载湖南的新运动，使我们发生无限乐观。[②]

胡适说的“眼光很远大”，指的就是《湘江评论》对中国未来发展趋势和世界当前局势的准确把握和深刻理解。这在《创刊宣言》和《民众大联合》两篇文章中有充分体现。《创刊宣言》开篇就说：

自世界革命的呼声大唱，人类解放的运动猛进……这种潮流，任是什么力量，不能阻住。任是什么人物，不能不受他的软化。

年仅 26 岁的毛泽东之所以站得高，看得远，想得深，这同他具有远大眼光有着密切关系。他总能以深邃的目光，立于时代前沿，放眼世界大势，紧密结合世情、国情、社情和民情，抓住问题的要害与实质，提出认识问题和解决问题的办法，积极引领社会舆论，适时指导民众斗争。

在《湘江评论》二、三、四期连载的文章《民众的大联合》中，毛泽东深刻地阐述了民众大联合的必要性和可能性，以及实现大联合的路径和方法。他认为，人民群众联合起来的力量是世界上最强大的力量，人民群众发动与否，是决定一切革命胜负的关键。年轻的毛泽东充分认识到民众大联合的重要性与紧迫性，这既表现出他对中国革命前途充满信心，又展现出他对联合民众力量，建立最广泛革命统一战线，实现无产阶级革命目标的远见卓识。

---

① 吴冷西：《毛泽东谈文史》，中央文献研究室《党的文献》《文献与研究》编辑部：《治国与读史》，北京：中央文献出版社，2008 年。

② 胡适：《介绍新出版物》，《每周评论》1919 年 8 月 24 日。

正由于毛泽东等无产阶级革命家始终把联合民众作为革命的首要问题，不断地宣传和启迪民众、动员和组织民众，才使得全国人民紧密团结在中国共产党的周围，为实现党的政治纲领和历史使命努力奋斗，最终取得了革命的胜利和各项事业的成功。

3. 消息加议论，富有创新性

在主持《湘江评论》期间，毛泽东创造了一种“消息加议论”的写作方式，收到了很好的传播效果。

1931 年 3 月，毛泽东在《普遍地举办〈时事简报〉》一文中对这一写作方式又进行了推荐与提倡：

要在消息中插句把两句议论进去，使看的人明白这件事的意义。但不可发得太多，一条新闻中插上三句议论就觉得太多了。插议论要插得有劲，疲沓疲沓的不插还好些。不要条条都插议论。许多新闻意义已明显，一看就明白，如插议论，就像画蛇添足。只有那些意义不明显的新闻，要插句把两句议论进去。①

在西方新闻写作规范中有一条基本要求：即消息主要是报道事实的，尽量不要加入作者的观点，同时还要避免使用形容词，以免影响新闻报道的客观性。毛泽东却反其道而行之，主张“要在消息中插句把两句议论进去”。他认为，这种方式可以“使看的人明白这件事的意义”。同时他要求，不要条条都插议论，只有那些意义不明显的新闻，才插句把两句议论进去，而且议论也不能太多，要插得有劲。

20 世纪 30 年代的井冈山时期，在红色革命根据地办报，包括《时事简报》在内的革命报刊，面对的读者对象主要是普通士兵和工农群众。他们的文化程度普遍偏低，在消息中插一两句议论，有助于看的人明白这件事的意义，这是很有必要的。毛泽东提出这一观点的时间虽然是 1931 年红军办《时事简报》时候，但其思想来源却是他在《湘江评论》中的写作实践。

《湘江评论》中的许多“述评”文章，大部分出自毛泽东之手。这些述评或杂评，针对当时的热点事件，通常采用夹叙夹议、述评结合的方式，言简意赅，受到读者好评。如：《湘江评论》创刊号“世界杂评”栏目中就刊载了 16 条短文，全是毛泽东一个人写的。其中一条是：

---

① 毛泽东：《普遍地举办〈时事简报〉》，《毛泽东新闻工作文选》，北京：新华出版社，2014 年，第 30 页。

各国没有明伦堂

康有为因为广州修马路，要拆毁明伦堂，动了肝火。打电给岑伍，斥为“侮圣灭伦”。说：“遍游各国，未之前闻。”

康先生的话真不错，遍游各国，哪里寻得出孔子，更寻不出什么明伦堂。（泽东）

《湘江评论》中“世界杂评”和“湘江杂评”中的文章，大都采用这种写法：先简要陈述事实，再加上一两句评论。这种独特的写作手法为井冈山革命根据地的《时事简报》提供了一定的经验。

4. 朴实生动，体现新文风

毛泽东历来十分重视新闻文风问题。1948 年 4 月，他在对《晋绥日报》编辑人员的谈话中提出：“我们党所办的报纸，我们党所进行的一切宣传工作，都应当是生动的、鲜明的、尖锐的，毫不吞吞吐吐。这是我们革命无产阶级应有的战斗风格。”[①]

毛泽东所提倡的文风在他青年时期写的文章中就有所体现。他在《湘江评论》和《新时代》上发表的文章，观点鲜明尖锐，文风朴实生动。例如，毛泽东在长篇论文《民众大联合》中说：

我们知道了，我们觉醒了，天下者我们的天下，国家者我们的国家，社会者我们的社会。我们不说，谁说？我们不干，谁干？刻不容缓的民众大联合，我们应该积极进行！[②]

这段文字，与《〈湘江评论〉创刊宣言》的开头“时机到了！世界的大潮卷的更急了”的句式一样，都以“了”字结尾，读起来不仅没有重复之感，反而气足神完，激荡人心。还有“天下者我们的天下，国家者我们的国家，社会者我们的社会。我们不说，谁说？我们不干，谁干？”运用排比的句式，口语化的表达，斩钉截铁，字字千钧，给人以壮怀激烈、荡气回肠的感觉。《湘江评论》的文字以句式简短、通俗易懂和比喻生动见长，因此，具有很强的阅读和传播效果。

---

① 毛泽东：《对晋绥日报编辑人员的谈话》，《毛泽东新闻工作文选》，北京：新华出版社，2014 年，第 191 页。

② 毛泽东：《民众的大联合》，《湘江评论 新湖南 新时代》，长沙：湖南师范大学出版社，2009 年，第 60 页。

总之，毛泽东主编的《湘江评论》及其早期报刊活动，体现出中国共产党早期红色报刊的一些共同特点，同时又具有独特的个性。他是毛泽东新闻思想和报刊实践的重要组成部分，反映了中国共产党早期红色报刊一面世就呈现出与中国传统报刊不一样的特色与风采。

（作者徐新平系湖南师范大学新闻与传播学院教授、博士生导师）

瑞金

江西中央苏区新闻事业的历史贡献

陈信凌　陈可新

内容摘要：中央苏区的新闻事业是中国共产党领导的人民政权第一次创建的崭新新闻事业。在十分艰困与危急的环境中，它在凝聚人心、调动力量、提振斗志等方面发挥了不可替代的重要作用。其历史贡献具体表现在三个方面：提高了群众的政治意识与文化水准、掀起了苏区共克时艰的运动浪潮、形成了延续至今的新闻理念。它为此而展开的全面探索和所形成的实践成果，成为中国共产党的一笔精神遗产，为此后的人民新闻事业的发展与繁荣，提供了珍贵的思想源泉与历史经验。

关键词：江西；中央苏区；新闻事业；历史贡献

土地革命战争时期，江西中央苏区的新闻事业是一项一空依傍、前所未有的全新的事业，是在中国共产党领导下的人民政权第一次创建的崭新新闻事业，是苏区人民用以巩固与扩大工农民主政权和发展革命战争的锐利武器。它在十分艰困与危急的环境中，曾经是苏区无限张力与活力的发源地，在凝聚人心、调动力量、提振斗志等方面发挥了不可替代的作用。其对苏区的生存与发展的贡献，表现在不同的面向与层次。

一、提高了群众的政治意识与文化水准

（一）主动引导群众开展读报活动

苏区报刊有一种非常鲜明的群众意识，要求信息传播能够尽可能地被群众所接受，这一点对于做好新闻宣传工作而言至关重要。根据当时苏区广大工

农群众与红军战士文化水平偏低，基本上没有能力独立阅读报纸的特点，报刊都有直接组织或者引导组织读报活动的计划。《红色中华》报在第49期上的一个《特别通知》中，给该报的通讯员规定了五项主要任务。其中第五项任务是“建立读报小组，争取广大的读者”。《红色中华》报办报100期的时候，李富春撰写《“红中”百期的战斗纪念》一文，对百期后的报纸提出了希望，其中有一点就是“每乡每村的识字班和夜校及俱乐部，应有读报组的组织，团聚群众向他们讲解每一期《红中》的主要内容”。[①]

除《红色中华》报外，其他报刊大多也有类似的计划。《青年实话》在第2卷第4号刊登的《〈青年实话〉的革新计划》在“读报运动与发行工作”部分中，提出要“发展读报运动，特别是在少年先锋队和儿童团的大队中，要指定同志宣读，各学校可以采取作课本用。各级团部及其他青年团体，组织读报组”。这里提到的是读报运动以及把报刊作课本使用，显然可以扩大报纸的传播与影响范围。张爱萍的文章《纪念马克思，拥护〈青年实话〉》，对读报运动尤其是列宁室的读报活动，发表了自己的看法：“由于苏区工农青年的文化水平，一般的还很低，必须发展读报运功。在俱乐部中，列宁室普遍组织读报组，特别是在团内，少先队内，儿童团内……及其它青年群众团体内，必须指定几个文化水平较高的同志负责读报工作。只要《青年实话》一到，立即召集读报组会议，宣读、解释与讨论《青年实话》中的一些重要文章。”[②]

值得特别强调的是，《青年实话》还在第3卷第8号中开辟《文盲的学校》栏目，专门刊登一些扫盲的读物，以发挥报纸在知识与文化传授中的“教师”的功能。编辑在该栏目所加的按语中说：“在消灭文盲运动中，往往感觉到没有适当的课本，本报以后将逐期在这文盲的学校中，供给各地一些教材写在下面，将给我们看见，有许多字虽然字形差不多，字音和字义就完全不同的，不留心学习的话，你往往在写书信或文件中，做出许多错误来。”

根据《红星》报的记载，带有读报内容的列宁室在红军中也较普及。该报还开办了“列宁室工作”专栏。该栏目刊登的《列宁室的工作怎样做？》一文，提到列宁室里专门设有读报班。作者提出办好列宁室的第六个办法是：“墙报要经常出版，墙报的内容和技术要经常有计划的改善，墙报内容最好能够适

① 李富春：《“红中”百期的战斗纪念》，《红色中华》第100期，1933年8月10日。

② 张爱萍：《纪念马克思，拥护〈青年实话〉》，《青年实话》第2卷第6号，1933年3月5日。

合于下层士兵群众的需要，读报班、识字班、讲演会，要经常的进行。”[①]《红星》报还从1933年第7期开始连续刊载《读报工作》系列文章，阐述了读报的重要性以及读报的方式。

当时的读报活动留下的信息，大多与扫盲班、夜校、识字班联系在一起。组织这些活动的目标是双重的，既着眼于提高群众的文化水平，也意在培养群众正确的思想意识。《红色中华》报220期4版刊登过一封寄给前方战士的信，此信写于1934年7月24日，公开发表的时间是1934年8月1日。这正是苏区第五次反“围剿”处于非常胶着的时刻。

写信的用意信上说是“祝贺红军成立的八一纪念节和慰劳你们上前线去消灭万恶的日本帝国主义和卖国贼的国民党”，从后面的内容看，其实意在鼓劲与激励。他们都是前线红军的亲属，署名用的是意味深长的“瑞金市城中周屋识字班全体学生”，可见识字班在当时是群体的一种常见与稳定的存在形态。在这里，识字班以《红色中华》为教学材料，而语言文字学习一般都要经由听说读写的过程，因为尚处于初级阶段，所以只能“听《红色中华》报”。这样的听的过程一举两得，既可以感受语言文字使用和表达的技巧，又可以获得大量的时局信息。

（二）群众读报活动的实际功效

对苏区群众阅读报纸以后所获得的收益，因为已经世易时移，我们现在无法直接从当事者那里获得答案，而只能从当时的资料中寻找线索。《介绍中央劳动部的红属夜校》是发表在《红色中华》报的一篇文章，专门描写了夜校读报课的情形。红军夜校有多种类型的课程，该文专门介绍读报课的基本状况。显示出授课内容积极，很受学生欢迎。特别是通过读报课的教员与一位学员的对话，体现了读报课对提高学员的读写能力的实际效果：一个目不识丁的人，经过一个月夜校读报课的学习，已经能够认识信件中一半的字。

下面的这篇《一个读报的成绩》，反映的是《红星》报上的两篇文章直接对红军战士的思想和行动产生了影响。

国家政治保卫队训练班、读报班长读了红星五十七期“抗日先遣队进福州”和“瑞金红属代表大会给红军电”以后，更加兴奋了大家的热情，当有同志提

① 《列宁室的工作怎样做?》,《红星》第3期,1931年12月25日。

出“我们拿什么来拥护抗日先遣队？我们拿什么来回答红属代表大会的电报？”经过热烈讨论，一致决定：

一、写信回家里学习瑞金红属的模范，做到苏维埃模范公民的七个条件。

二、六十万担的秋收借谷运动，要家里打先锋，起领导。

三、要家里今年缴纳土地税。

四、要老婆或母亲做两双草鞋来慰劳红军，响应二十万双草鞋的号召。

这一读报的成绩，使得大家学习。[①]

大致来说，信息传播对人的影响有两种方式，一种是整体性的培养和教化，看不出直接的对应关系，是潜移默化、无迹可寻的；另一种是劝服、诱导，能够产生直接的影响，能够确定一种态度的产生、行为的实施，就是缘于某种特定的信源。文中的红军战士读了《红星》报以后集体作出了决定，就属于第二种类型。从上面的两个具体个案中，我们完全可以推断，当时报纸的传播对于苏区群众文化素养与思想水平的提升具有直接的推动作用。

二、掀起了苏区共克时艰的运动浪潮

由于红色政权的建立，苏区的普通民众获得了苏区以外同一阶层的人们无法拥有的参与政治的机会。但是，红色苏区一直是在以国民党政府军为代表的各种敌对武装势力的围困下生存的，而且这种围困还时常表现为大兵压境、步步为营的“围剿”。在这种严酷的情势下，苏区的报刊以自身特有的方式，作出了无可替代的贡献。其中特别引人注目并且也是富有成效的宣传工作，表现在以下几个方面。

（一）投入扩大红军队伍运动

在中央苏区，由于当时特殊的形势，在人员上扩大红军应该说是一个经常性的任务。大致而言，大规模的扩大红军运动共有三次。在当时条件下，苏区扩红运动所取得的实际成效，应该说是非常理想的。在这期间，苏区报刊的卓有成效的宣传工作功不可没。

在扩红运动的宣传上，苏区报刊给人的整体印象是，形式多样，声势宏大。其中除了一般的新闻报道外，还有社论、文件、漫画、工作总结、公开信函等，

① 方强：《一个读报的成绩》，《红星》第62期，1934年8月30日。

而且往往是以整版形式出现，并且还要加上醒目的通栏标题。这类标题具有标语口号的特点，可以带来较大声势。像出现在《红色中华》中的“欢送兴国模范师全体加入红军开赴前线消灭敌人！”“以布尔什维克的速度创造一百万铁的红军回答帝国主义国民党的新的进攻”“迅速完成创造百万铁的红军的战斗任务准备与帝国主义直接作战！”等，莫不如是。

此外，一些版面在编排上的罕见处理方式，也营造出了浓烈的声势。《红色中华》报185期第一版只刊登了综述性报道，它除了稿件的标题《“五一”大检阅中各地扩大红军的热潮》外，还配置了一个口号性质的通栏标题《动员整营整连的模范赤少队加入红军去！》。该文共分有八个小节，对苏区各地在动员赤少队加入红军方面的情况进行整体性的展示。

在对扩红的具体报道中，苏区的报刊采取的方式主要有两种。第一种表现为以肯定性的报道从正面对此项工作进行激励。这类作品往往是综述一县一乡在一段时期内扩红的进展，而且注重营造一种相互竞赛的气氛。1933年6月，中华全国总工会苏区中央执行局的机关刊物《战斗》设立了“看赛跑”专栏，刊登扩红运动的进度表，定期公布各地工人志愿加入工人师的统计数字，还专版报道永丰、胜利等县扩大工人师的先进事迹。《红星》报在1934年1月21日出版了“扩大红军”专栏，刊登了一篇统计材料，首先反映瑞金、兴国、西岗三地继续突击扩红的情况；接着以《又有四县完成了》为标题，公布杨殷、博生、长胜、乐安四县的统计数字；最后以《最落后的县份》为标题，指出“汀东仅达百分之十四，上杭仅达百分之五，新泉仅达百分之十四。落后的赶上前去呵！”在这里，有表扬，有激励，也有提醒。

对苏区扩红运动的另一种推动形式是采写和编发批评性报道，就是对扩红运动中出现的错误言行，展开不留情面的揭露与抨击。《一个月扩大三个红军》写道：“杨村区前个月下半月就有口头通知我们新剧团，往该区演新剧欢送模范师的一连上前方去，到本月6号，又邀我们，新剧团真前往欢送，但他的模范连只有三个人上前方，早已走了。模范连原来是三个人吗？恐怕扩大红军的工作你们松懈了吧？请试一试无产阶级的铁锤。”[①]扩红工作是一项时间要求很强的任务，一般都会要求在特定的时间区段中富有成效地完成工作。但是在这里一个月只送出三个人上前线，成效甚微。其原因就是工作松懈，缺乏足够的力度。

---

① 《一个月扩大三个红军》，《红色中华》第128期，1933年11月23日。

（二）推动节省经济、退还公债运动

经年不绝的战争，不仅需要源源不断的人力的加入，而且还必须注入大量的相关物资。这就需要使用一些特殊的方式对苏区的财物进行充分调动。从现有的材料看，当时苏区选择的应对方案主要有两项，即开展节省经济和发行公债运动，而且这两个运动一直持续地展开，没有停歇。《红色中华》对苏区实施节约与购买公债活动进行了持续的报道。第42期的《革命竞赛，推销公债》一文，报道列宁师范与红军学校在购买公债时签订合同，展开竞赛，结果两所学校购买公债的数量都大大超过原定的指标。47期的《节省运动的中央无线电队》则介绍了中央无线电队举行“每人节省一个铜元的运动，参加人数过半，十二月份共得铜元五千六百二十文”，而且其中的报务机务工作人员还按月节省津贴百分之五到百分之十。

不过，值得特别提及的是，1933年3月6日出版的58期的《红色中华》报，在“努力节省经济！一切帮助给予战争！”通栏标题下，直接向全苏区人民发出“节省一个铜板，退回公债，减少伙食费”的号召。自从号召在报纸上公开提出之后，很快就得到了各地群众的响应。兴国农业工会、中革军委被服厂、会昌县工人、胜利县工会等，加紧从各方面节省，拿出一切来帮助战费，配合红军取得伟大胜利。随后，响应号召的声势越来越大，人数越来越多，有限的报纸版面已不足以刊登各地所有响应号召的消息报道。因此，《红色中华》特别开设“红匾”专栏，只刊登退还公债者的姓名与数额。纵使是这样，“红匾”占据的篇幅也还是很大，少则1版，多则3个整版。而对于运动中所发生的特殊行为，如模范团体或个人，以及一些典型事迹，如儿童鼓励父母退还公债，《红色中华》则采取通讯的形式进行报道。

《红色中华》不仅大张旗鼓地利用报道文章展示节省运动的发展进程，而且还注重刊发分析性文章，对运动进程和走向进行总结与引导。比如编者会把响应号召的群众进行分类，确定哪类人比较积极，而又存在哪些人群空缺。对于前者给予热情肯定，对于后者则要用心引导。

必须说明的是，《红色中华》在火热的运动中所表现出的清醒态度，非常让人钦佩。一方面，现实的情势对于群众退还公债的要求是如此强烈与迫切；另一方面，《红色中华》却不能容忍强迫命令群众退还公债的哪怕是个别现象存在。从整体上来说，《红色中华》发出号召以后，通过多种手段和形式的激励与推动，成效是非常明显的。《红色中华》114期第1版刊载的《最后的努

力！最后的胜利！》一文报道，根据中央财政部对“《红色中华》号召的退还二期公债八十万、节省与捐助三十万这一运动的总结”，从 1933 年 4 月 1 日至 9 月 30 日，退还公债、节省与捐助的总数超过了 85 万。

显而易见，与节省经济和退还公债相关的运动，实际上是当时苏区的重大事件，因此，除了《红色中华》报以外，其他的报刊也积极地投入到运动的热潮中，并且都作出了富有特色的贡献。1933 年 8 月 13 日，《红星》报编发了《热烈购买经济建设公债！》一文，对发行公债的重要性有非常充分的认识。

（三）倡导募集前线所需粮食与物资

连绵不断的战火，需要源源不绝的物质供应，这对于刚刚诞生的红色政权来说是始终面临着的大问题。苏区开展的节省经济、退还公债运动，就是应对这个难题的一种选择。除此之外，为了对苏区的实有条件进行最大限度的调动，苏区的广大群众还以直接向前线红军提供各类所需物品的形式，支援前线。在这个过程中，苏区报刊的贡献也是必不可少的。围绕着募集征收前线需要的粮食等各类物质，苏区的报刊开始了密集而持久的报道与宣传。

第一，关于借谷给红军的宣传。《红色中华》多次就此直接向读者发出号召，提出的意见是每人借三升谷给红军，此举很快就得到了群众的积极响应。第 69 期第 2 版《借谷的响应》一文报道：上杭县才溪、官庄、旧苏三区劳苦群众，在《红色中华》号召每人借三升谷给红军的运动后，纷纷踊跃地借谷给红军，并且很快就收集了一百多石谷子。其中还特别提到才溪区的劳动妇女，要求不收票据便将谷子借给红军，以这种方式借出的谷子共有四十余石。在第 71 期第 3 版，《红色中华》报就借谷子给红军一事又进一步提出新的口号，同样也得到各方面的积极呼应，仅在《红色中华》第 82 期第 3 版上就刊登了多篇与此相关的报道文章。据《为解决粮食而斗争 妇女节省谷子供给红军》一文报道，最近兴国永丰区三坑乡召集妇女全体会议，在会议中各妇女同志都认为充裕前方红军粮食，是苏区劳动妇女目前的紧急任务。会后，便由主席团和妇女宣传队到各地宣传，使全乡大部分的妇女同志了解了借谷给红军的必要性，而且不但把谷子借给红军，并且把借谷票纷纷交到乡苏来。在三天内，就把全乡借给红军的 6180 斤谷子的借谷票收回了。

第二，关于向红军捐送草鞋的宣传。在召开第二次苏维埃代表大会之前，《青年实话》就号召苏区的群众赶制 30 万双草鞋慰劳红军。特别值得注意的是，《红星》报很快就做出了反应。其相应文章的标题即为：《本报响应〈青年实话〉

的号召 以战争的胜利来回答群众慰劳我们的热忱》[①]。不仅如此，作为红军报，《红星》在苏区群众捐送草鞋赠送前线红军的热潮中，径直站在红军的立场表示感激和称赞，并且还表示要以实际行动来报答群众的热情。这一份浓厚的情感在文章的标题中就显露无遗了：《多谢姐妹一片心 十万双草鞋送红军》[②]。

三、形成了延续至今的新闻理念

始终在支撑与引导我国新闻实践的中国共产党新闻理论，其出现与形成经历了一个不断累积的过程。可以说，苏区时期早期共产党人在新闻实践与新闻理论方面的探索，对中国共产党新闻理论的形成具有奠基性意义。

（一）新闻工作要为党的中心工作服务

当时苏区的一些主要报刊，都有为党和苏维埃政府中心工作服务的自觉性。《红色中华》在《发刊词》中就明确声言："《红色中华》是中华苏维埃共和国临时中央政府的机关报。它的任务是要发挥中央政府对于中国苏维埃运动的积极领导作用，达到建立巩固而广大的苏维埃根据地，创造大规模的红军，组织大规模的革命战争，以推翻帝国主义国民党的统治，使革命在一省或几省首先胜利，以达到全国的胜利。"李富春在《红色中华》办报百期纪念时，特别从这个角度对该报的成绩进行了充分肯定："它根据党和苏维埃所提出的中心任务和口号更具体的宣传和号召广大群众为实现这些任务而斗争，得到了千千万万群众的有力回答，退还公债，节省经济，扩大红军等等战斗任务的具体号召，已收获了伟大的果实，它成为党和苏维埃的政策口号的宣传者和组织者！成为党和苏维埃动员群众、组织群众、领导革命战争的有力助手！"[③]

《青年实话》作为共青团组织的机关报，也有为中心工作服务的清醒认识。在它一份改版方案的编辑方法部分还特别提到，"一切题材，应围绕着当时党与团的政治任务做中心，不要机械的分栏。"[④]

① 《本报响应青年实话的号召：以战争的胜利来回答群众慰劳我们的热忱》，《红星》第17期，1933年11月26日。

② 《多谢姐妹一片心 十万双草鞋送红军》，《红星》第35期，1934年4月1日。

③ 李富春：《"红中"百期的战斗纪念》，《红色中华》第100期，1933年8月10日。

④ 《〈青年实话〉的革新计划》，《青年实话》第2卷第4号，1933年2月19日。

为中心工作服务的新闻观念在张闻天的文章里体现得最为集中、突出。他不仅强调这个新闻观念，而且还联系当时的新闻实践对与此相关的问题进行了深度思考。他在长篇论文《关于我们的报纸》中，非常清晰地提出："把党与苏维埃政府的任务，最清楚的放在我们报纸的前面，继续不断的为这些任务的实现而斗争，应该是我们报纸的基本工作。"①

联系苏区当时新闻界的状况，他认为："一般的来说，我们的报纸在为了党的与苏维埃政府的中心任务而坚决斗争方面，还是非常薄弱的，我们所登载的新闻，常常是一些当地组织所要完成的赤裸裸的数目字，或者是它们的计划与工作布置。比如关于扩大红军的工作，我们的报纸，照例是某某地方的'光荣的动员'，某某地方正在积极动员中，以及某某地方'扩大红军的热潮'等好听的标题，然而关于这些动员的下文，关于这些工作计划执行的程度与在这一动员中所发生的许多问题，我们的报纸是没有记载的。"在这里，张闻天对"我们的报纸在为了党的与苏维埃政府的中心任务而坚决斗争"的现状表现了明显的不满，这显示了在他的心目中，报纸为党和苏维埃政府的中心任务服务并不是表面的配合与宣传，而是要真正地研究问题，发现问题，并且提出解决问题的思路。

显而易见，张闻天不仅对于新闻工作应该为中心工作服务的理念有深刻的认识，而且对于报刊如何为党和政府的中心工作服务，也有自己的独到的看法。

（二）实行全党办报与群众办报

关于全党办报。"全党办报"的明确表述，在中国共产党的新闻思想发展史上，最早是出现在延安时期的《解放日报》上。在该报 1942 年 2 月 16 日刊发的《本报创刊一千期》的社论中指出："我们的重要经验，一言以蔽之，就是全党办报四个字。"不过，全党办报的观念在苏区时期大致成形，并且已经有了比较相近的表达。

1930 年 5 月，李立三在《党报》一文中对办好党报提出了自己的意见。他说："党报是要党的整个组织来办的，单只靠分配党报的少数同志来做，不只是做不好，而且就失掉了党报的意义！所以每个党的组织以及每个党员都有他对于

① 张闻天：《关于我们的报纸》，《斗争》第 38 期，1933 年 12 月 12 日。

党报的严重的任务：第一读党报，第二发行党报，第三替党报做文章，特别是供给党报以群众斗争的实际情形和教训。”①

1933 年 2 月，作为中国共产党苏区中央局机关报的《斗争》，刊登了党报委员会的一份《党报启事》，文中提到：“党报希望省委、县委、区委、支部以及全党同志能够经常写些文章做通讯，收集材料，来供给党报，同党报建立经常的关系。如若在工作中有什么困难时，也可写信给党报，党报一定负责答复。”②很清楚，这份启事要求党的各级组织以及全体党员都要结合自身的工作，与党报保持密切的沟通。

李卓然在《怎样建立健全的党报》一文中，也对做好党报工作提出了自己的看法。他认为：“读党报，替党报做文章，帮助党报的发行，是每个党员实际工作中有机的组成部分，而且是最重要的政治任务之一。不要说，我不会做文章，没有空做文章，更不要推诿，说让会做文章的同志去做文章，因为这些只是你不积极参加党报工作的借口，是你消极地反对了党报集体的领导作用。”③正是在这一认识的基础上，他把让每个党员特别是做实际领导工作的同志确立读党报替党报做文章和帮助党报发行的意识，视为“苏区党报——《战斗》——的实际工作之一”。

可以说，要求全党同志都参与党报的工作，在中央苏区，远不止是张闻天、李立三和李卓然几个人的看法，而是当时苏区的一个比较通行的意见。他们虽然没有直接说出“全党办报”的字眼，但是都强调全党要阅读党报，要为党报写文章，并且为党报的发行提供帮助，实际上这些就是“全党办报”的核心内涵。

关于群众办报。作为中国共产党的一个重要的办报思想，群众办报是与全党办报紧密联系的。它强调的是报纸编辑部内的专业办报人员应该充分利用编辑部外的广大人民群众的智慧与力量，以保证办报的方向与质量。这个新闻理念在当时的苏区表现得非常清晰。

---

① 李立三：《党报》，见《中国共产党新闻工作文件汇编》（下），第 127 页，北京：新华出版社，1980 年 12 月。

② 《党报启事》,《斗争》第 2 期，1933 年 2 月 4 日。文中“按集材料”中的“按集”一词，是原件照录。

③ 李卓然：《怎样建立健全的党报》，《战斗》第 1 期，1931 年 7 月 1 日。

苏区的报刊常把“群众的报纸”作为办刊的目标，这实际上是群众办报思想的另一种体现方式。张闻天在《使“红中”变为更群众的报纸》一文中说：“《红色中华》的诞生是在第一次全国苏维埃代表（大会）之后，它是苏维埃政府政权下千百万工农劳苦大众的喉舌，它是同群众的生活不能片刻分离的。”因而，他呼吁：“让《红色中华》报更变为群众的报纸，更变为群众斗争的领导者与组织者，在党的总路线之下为苏维埃政权的发展和巩固而斗争罢！”[①]在总结《青年实话》的办报实践时，他也把“群众化报纸”作为其发展的方向。他说：“本报是工农劳苦青年大众的，我们相信依于爱读本报的读者与爱护本报的投稿诸同志的共同努力，我们是有足够的力量，来克服我们的缺点，我们要根据少共国际的根本指示，以及接纳同志们的许多意见，改善本报的内容，使它真正成为群众化的报纸。”[②]

张闻天强调要办“群众化的报纸”，很大程度上是指报纸应该符合工农群众的文化层次和接受习惯，涉及的是办报的品位与格调。而在办报实践中，则注意建构属于报社自己的通讯员队伍，意在让更多的人参与到报纸的采编业务之中。这些内容显然不能完全等同于我们现在所说的“群众办报”，因为理论上的群众办报与此相比，涵义更加丰厚、深刻。但是不可否定，当时中央苏区的一些办报思路与实践，已经具有群众办报的基本性质。

（三）开展新闻批评的观念

中央苏区时期的共产党人已经认识到在报纸上开展新闻批评，对于推动实际工作与实现既定目标的重要意义。针对有人把党报看作只是提高党内同志理论上的认识，宣传党外群众接受本党的理论与策略的作用，李卓然撰文指出：这是“忽略了党报有系统地整理各种斗争经验，正确地发展自我批评，健全党的组织的责任。这点在目前尤其重要，因为我们一直到现在，还没有正确地利用‘自我批评’这个武器，来揭发并纠正党内组织或群众组织的一切错误和缺点”[③]。

① 张闻天：《使“红中”变为更群众的报纸》，《红色中华》第100期，1933年8月10日。

② 阿伪：《本报发刊两年来的回顾》，《青年实话》第2卷第21号，1933年7月2日。

③ 李卓然：《怎样建立健全的党报》，《战斗》第1期，1937年7月1日。

正是基于同样的认识，中央苏区的一些报刊都自觉地把新闻批评列为自身应尽的职责。《红色中华》在《发刊词》中就谈及：“要指导各级苏维埃的实际工作，纠正各级苏维埃在工作中的缺点与错误。目前改造苏维埃，特别是建立乡苏维埃，以及纠正过去土地革命及现时肃反工作的非阶级路线，对于经济政策的忽视与错误等都成为目前建设苏维埃的急要工作，需要以自我批评的精神，检阅工作的成功与缺点，找出正确的方法。”《红星》报的创刊号《见面的话》中则表示：“他（指《红星》报）要是一个裁判员，红军里消极怠工，官僚腐化，和一切反革命的份子都会受到他的处罚，并且使能明白他们罪恶。”

是否具有批评性，成了评价报刊的一个重要视角。瞿秋白在《关于〈红色中华〉的意见》一文中说：“自我批评的发展在这张报纸上也已经有相当的发展，但是，还不够。”①盛荣在评价《青年实话》时认为：“在她每期的斗争中，起了她组织者的作用，团结无数的积极分子，在她自己的周刊，每期关于这类稿子特别多，开始的发动反脱离群众、贪污、腐化的官僚主义的斗争，在几次斗争中，打击了官僚主义领导，获得党团内外群众的拥护，得到光荣伟大的成绩，开辟了苏区轻骑队的建立。”②

当时中央苏区的报刊不仅在观念上把开展新闻批评视为报刊的生存状态之一，乃至不可须臾或缺的责任，而且还充分地将此种观念贯穿到日常的采编业务中。具体来说，在苏区的主要的报刊上，基本上都会设置专门的栏目刊发批评性文章。以中央苏区四大报刊为例，《红色中华》报的“突击队”“铁棍”“铁锤”“轻骑队通讯”和“生活批判”等栏目，都是专门发表批评性文稿的园地。此外，“党的生活”与“苏维埃建设”两个栏目以发表研究性的文章为主，其中也包括批评色彩浓重的稿件。《青年实话》虽然专门发表批评性文章的栏目不太多，主要是“轻骑队”和“自我批评”，单篇文章的篇幅也不长，大多在200字以内，但是，这类文章的出现比较密集。1932年4月25日出版的第16期上，就刊登了11篇。

中央苏区报刊虽然形式各异，种类繁多，但是有一点是相同的，即它们都具有机关报的性质。机关报是要代其背后的机关立言的，它们必然要受到当时在党内一度占据主导地位的“左”倾错误思想的影响。所以，这些报刊都或

---

① 瞿秋白：《关于〈红色中华报〉的意见》，《斗争》第50期，1934年3月11日。

② 盛荣：《〈青年实话〉出现的历史》，《青年实话》第2卷第21号，1933年7月2日。

多或少地传播了一些错误的观点。当时的中央苏区报刊在新闻采编业务上也存在一些明显不尊重新闻规律的地方，例如在工作中以主观思想和情绪代替客观事实，这就是一种不尊重新闻规律的表现。

但总体而言，中央苏区新闻事业的贡献是历史性的，值得加以充分肯定。中央苏区新闻事业第一次让报刊如此深入地走向底层百姓，为了一个新生的工农政权的生存竭情呼号，其历史贡献无论如何都不容低估。而且，它作为人民政权下的新闻事业所展开的全部探索，已经成了中国共产党的一笔精神遗产，为延安时期的新闻工作，乃至新中国成立后的人民新闻事业的发展与繁荣，提供了珍贵的思想源泉与历史经验。

（作者陈信凌系南昌大学新闻与传播学院院长、教授；陈可新系南昌大学马克思主义学院博士生）

延安

延安时期党的新闻事业的成熟：走向集中和深入

郭小良

内容摘要：延安时期是中国共产党百年新闻事业发展史上承前启后的一个重要时期，党的新闻事业由此进入了发展根据地报刊，并探索和总结党的新闻工作经验及规律的成熟期。这一时期党的新闻事业走向集中和深入，新闻思想走向成熟，新闻改革与社会改革形成互动，逐渐深入，是作出重大实践成果和理论贡献的时期，在中国共产党新闻思想史和马克思主义新闻观中国化进程中有着重要的历史地位。

关键词：延安时期；党的新闻事业；成熟；集中；深入

“延安时期”，是指从1935年10月9日至1948年3月28日，中国共产党中央领导机关驻扎延安的13年时间。这一时期是中国共产党建立陕甘宁及其他根据地，动员人民群众，发展人民武装，抗击日本帝国主义侵略，以及在抗日战争胜利后争取和平建设民主国家的关键时期。这一时期，中国共产党领导新闻事业的快速发展是中国共产党不断走向成熟的一个重要体现。

在此期间，中国共产党新闻事业进入了新阶段：发展根据地报刊，并探索和总结党的新闻工作经验及规律，形成一系列反映党的新闻工作基本原理、重要原则及客观规律的新闻观点，从而确立了党报理论的基本范畴。因此，延安时期是中国共产党新闻思想走向成熟、作出重大理论贡献的重要时期，在中国共产党新闻思想史和马克思主义新闻观中国化进程中有着重要的历史地位。

一、建立集中完善的新闻宣传体制

新闻事业的发展需要有科学合理的组织制度和体系，其中包括内部的管理体系，这是新闻事业与一定社会政治、经济、文化关系的制度化体现。“在这个社会里，大众传媒固有的传递信息、沟通意见、传承文化、娱乐身心、促进经济、政治、文化、社会事务自由有效展开的功能得以充分实施，前提是传媒本身具有良好、科学、高效的体制。”[①]

中国共产党新闻事业发展的一百年也是不断探索、形成、完善新闻宣传体制的一百年。可以说，中国共产党的新闻宣传体制建立经历了大革命时期的探索、土地革命时期的实践和抗日战争时期的成熟、新中国成立以来的完善和新时期的改革五个阶段。延安时期新闻宣传体制的形成是建立在中国共产党成立 20 余年新闻宣传实践基础上的。因为“中央苏区报刊的设置有其内在的秩序与逻辑，其总体特征可以概括为：纵横布局，错落配置”[②]，体现出初步的层级特征，这是党的新闻事业发展一脉相承的具体体现。

1935 年，红军长征到达陕北后，在中央苏区创办的《红色中华》便在保安（志丹县）复刊。1937 年 1 月，红中社随中共中央由保安迁到延安后更名为新华通讯社，《红色中华》更名为《新中华报》。1940 年 12 月 30 日，延安新华广播电台开始播音。至此，中国共产党在延安建立起了以党报为主，报刊、通讯社、电台“三位一体”的新闻事业体系。

创刊于 1941 年的延安《解放日报》，是中国共产党人对 20 年（1921—1941）党报工作的全面总结与创新。1941 年 5 月 14 日参加创刊的同志齐集位于延安清凉山的报社编辑部办公室，召开了第一次编辑会议。经过一天的试报后，5 月 16 日，由《新中华报》和新华社的《每日新闻》合并而来的《解放日报》正式诞生，最终在延安确立起以中央级机关报为核心的媒体格局。

此外，中央级或者具有中央级媒体性质的还有《解放周刊》，诞生于延安王皮湾的陕北新华广播电台，《八路军军政杂志》《中国妇女》《中国青年》《中国工人》等。边区级的刊物有《陇东报》《大众报》《关中报》《三边报》《边区群众报》等；县级报纸有《延川报》《米脂报》《群众生活》《农村生活》《富县通讯》等；乡一级主要传播媒体为黑板报、壁报。陕甘宁边区创办

① 童兵：《为传媒体制改革提供理论支持》，《新闻界》2005 年第 6 期，第 4 － 6 页。

② 陈信凌：《中央苏区新闻事业的历史贡献》，《中国社会科学报》2021 年 6 月 17 日。

的 100 余种媒体不同层次地分布于陕甘宁边区各个地区，不同程度地发挥着新闻宣传、教育和社会动员作用。

由此，中国共产党在领导延安时期新闻事业的发展过程中，从陕甘宁边区经济社会发展实际出发，探索、建立了适应革命形势发展需要、从中央—边区—分区—县—乡全面覆盖的新闻宣传体系。在当时的媒介环境下，这一体系的信息传播主要体现在对中央级报纸、媒体报道内容的二级传播，建立在大众传播基础上的组织传播和人际传播是主要传播形式。在当时的历史条件下，基于陕甘宁边区政府作为民主政治试验田的政治环境，以及比较滞后的社会事业、经济发展现状，特别是相对较低的受众文化水平，这样一种体系发挥了有效的社会宣传动员作用。

延安时期所建立的相对较为成熟的新闻宣传体系，对新中国新闻事业的发展具有铸定模式的意义，对后来党的新闻媒体层级格局产生了直接而又重要的影响。由此可以看出，中国共产党领导建立新闻宣传体系的实践充分说明，任何一种新闻宣传体系的建立，必须坚持从实际出发，实事求是。

二、推动马克思主义新闻观中国化

恩格斯在给威·桑巴特的信中指出：“马克思的整个世界观不是教义，而是方法。它提供的不是现成的教条，而是进一步研究的出发点和供这种研究使用的方法。”[①]毛泽东在中国共产党第六届中央委员会扩大的第六次全体会议上指出：“对于中国共产党说来，就是要学会把马克思列宁主义的理论应用于中国的具体的环境。成为伟大中华民族的一部分而和这个民族血肉相联的共产党员，离开中国特点来谈马克思主义，只是抽象的空洞的马克思主义”[②]。

中国共产党百年新闻事业，正是不断把马克思主义新闻观与中国革命的具体实践相结合，不断推动其中国化的过程。这个过程与毛泽东思想、邓小平理论、“三个代表”重要思想、科学发展观、习近平新时代中国特色社会主义思想的形成逻辑高度一致。而且，前者是后者的重要组成部分。但从成果形成和中国化进程角度审视，在中国共产党百年新闻事业中，延安时期是马克思主义新闻观中国化理论重大成果的集中形成时期。

① 《马克思恩格斯选集》，北京：人民出版社，1995 年，第 742 － 743 页。

② 毛泽东：《毛泽东选集》（第 2 卷），北京：人民出版社，1991 年，第 534 页。

1941年创刊的延安《解放日报》，从1942年4月1日发表社论《致读者》开始到1944年2月16日发表社论《本报创刊一千期》，用1年10个月的时间完成了从一张“不完全的党报”到一张“完全的党报”的转变，完成了从“清凉山人办报”到“全党办报”和“群众办报”的转变。这次改版也是中国共产党人把马克思主义新闻观与延安时期新闻宣传工作具体实际相结合的过程。通过延安《解放日报》的改版，党对无产阶级新闻事业的性质、功能和发展规律的认识走向成熟。这也是党报发展史上具有里程碑意义的第一次改版，影响深远。

“依据马克思主义新闻观，党报的特征主要是党性、群众性、战斗性和组织性。”[①]延安《解放日报》的改版经历了两个阶段。第一阶段的改版在报纸的群众性方面解决了一定的问题，但是与党中央的联系还不够紧密。1942年8月29日，中央政治局对《解放日报》作出新的决定，指出《解放日报》“未完全成为中央的机关报”。编委会召开会议，陆定一传达了毛泽东的意见，“《解放日报》有了很大的进步，但尚未真正成为党中央的机关报。日常政策必须经常报告党中央。……报纸尚未与中央息息相关，虽然总路线是对的。”[②]第二阶段集中解决增强报纸党性的问题，将党性、群众性、战斗性、组织性作为基本遵循，并一统于党性，即“一统四性”。

值得一提的是，延安《解放日报》的改版，带动了各个抗日根据地、各级党报和军报的改版。以贯彻中央《为改造党报的通知》，以中央党报《解放日报》为榜样，各报社陆续开始了积极的自我检查，公开自我批评，提出了改版措施，如《抗战日报》《关中报》等。

“当代中国的党报理论主要源于马克思主义经典作家的党报思想，特别根源于中国共产党各个历史时期的党报实践以及对党报实践的理论总结”。[③]作为党报发展史上最早的，也是最重要一次党报改革，《解放日报》的改版影响深远，推动了马克思主义新闻观与中国具体革命实践的结合，明确了党对报纸的绝对领导，确立了以党性原则为统领的群众性、战斗性、组织性原则。可

---

① 童兵：《坚持马克思主义新闻观中国化的正确方向——延安〈解放日报〉改版76周年回望及反思》，《新闻界》2018年第11期，第4－11页。

② 王敬著：《延安〈解放日报〉史》，北京：新华出版社，1998年，第8、20、40页。

③ 杨保军：《论当代中国“党媒”理论体系的构建》，《新闻界》2021年第1期，第16－25页。

以说，党的新闻宣传工作的基本原理、重要原则、重要理论成果的形成均与这一次大规模、多层面的报纸改版活动相关。

三、建立纵横交错的信息传播网络

在信息传播和宣传的过程中，有效信息传播网络是实现信息采集、传播的重要前提，是关键性的信息通道建设环节。以政治体制建设为主导、具有隶属领导关系的宣传机构建设是引导新闻宣传工作的纵向机构，也是权力机构；而以指导新闻宣传业务为主要职能的各级党报委员会文化委员会则是横向结构，也是业务机构。其实，早在中央苏区时期，中国共产党就在探索实践这样一种纵横交错的信息传播网络格局。延安时期，新闻事业发展的形势与挑战使这种纵横交错的传播网络格局的形成成为可能，并在特殊社会历史环境中迅速走向成熟。

根据 1944 年底陕甘宁边区政府秘书处对外公布的数据，边区辖有延属、绥德、关中、陇东、三边 5 个分区，31 个县（市），214 个区、1254 个乡。人口 150 万人，面积近 13 万平方公里。[①]地广人稀，人口分布不均匀是其主要特征，加之交通极为落后，这些都是新闻事业发展、信息有效传播的严重制约因素，也是中国共产党必须解决的问题。

如何实现新闻宣传工作的有效发展和信息的有效传播成为当时亟须解决的问题。中国共产党依靠强有力的组织体系、高效的发行队伍、庞大的通讯员队伍克服了以上困难，建立起了从“边区—分区—县—区委—乡”层层归属的纵向组织结构，以及党报委员会、文化委员会、编审委员会、发行部和通讯员网为覆盖的横向体系。这样一种纵横交错、控制力极强的新闻宣传工作管理体系是对边区地广人稀、交通滞后的媒介发展环境最有效的应对措施，有力地推动了新闻事业的发展。据统计，1941 年边区邮件的投递量是 26.67 万件，这些邮件投递全靠步行在 13 万平方公里的陕甘宁边区东西南北往返行走。[②]但是，邮件丢失、损坏的情况却很少发生，由此可见这一体系的有效性。

---

① 李顺民等：《陕甘宁边区行政区划变迁》，西安：陕西人民出版社，1994 年，第 64 页。

② 李智勇：《陕甘宁边区政权形态与社会发展》，北京：中国社会出版社，2001 年，第 93 页。

另外，中国共产党在延安时期建立了数量众多、分布广泛的通讯员队伍。通过开展通讯员定期培训、建立通讯员与领导干部联系制度、通讯员表彰奖励制度等，提高了通讯员工作的积极性。通讯员成为纵横交错的信息传播网络中最为活跃的力量。由此，扩大了新闻报道的辐射范围，强化了报纸与群众的联系，有力地推动了全党办报、群众办报的实现，同时也丰富、发展和完善着无产阶级党报理论。

四、开展党的新闻工作历史上第一次大规模媒介素养教育活动

媒介素养事关新闻信息传播的效果，新闻宣传的质量，社会动员的力量，也是信息传播得以实现并循环发生作用、反复影响社会的关键。虽然媒介素养是针对接受者接触媒介内容所需要的能力，但是社会文化是媒介素养的基本环境，因为其决定着媒介体制。[①]

延安时期，文字是新闻宣传工作的主要信息传播符号。识字水平成为制约新闻宣传工作的一个重要因素。但是，据统计，陕甘宁边区的文盲率高达95%[②]。因此，发展新闻事业并以此实现对边区群众的教育和动员，首先要解决的就是文盲问题。提高识字水平不仅是解决文盲问题，也是促进边区群众了解新闻宣传工作、认识媒体功能作用的重要抓手。由此，中国共产党开展了以扫盲为主要突破口的媒介素养教育活动。

在解决这个问题的过程中，中国共产党主要采取了读报组和识字组，短期培训班和夜校等方式。当时的做法是，“地委即派人到三十里铺街道组织了一个‘三、六、九’读报组，每隔三日在晌午由组长读报一次”[③]。正是通过这种夜校和短训班的方式，提高了边区群众的识字率，确保了新闻宣传工作的有效性。

在扫盲的基础上，中国共产党在延安时期进行了自成立以来最大规模的媒介素养教育活动。这其中，利用各种媒体开展媒介素养教育是主要特征。当

① 王贵斌：《媒介素养三题：基于本土化视野》，《编辑之友》2016 年第 7 期，第 87 – 91 页。

② 李文：《陕甘宁边区新闻事业》，北京：人民出版社，2017 年，第 13 页。

③ 华山：《通过现有群众组织推行文教工作，庆阳天主教徒赵怀忠，组织天主教堂读报组》，《解放日报》1944 年 10 月 1 日。

时，党组织充分利用报纸、壁报、黑板报、广播等手段对边区群众开展媒介素养教育。例如延安《解放日报》就刊发过《爱惜报纸》《请和我们携手》等文章，向边区群众普及关于媒体的基本知识等，教育群众如何给报纸投稿，告诉群众报纸需要什么样的稿子，引导群众参与新闻事业发展过程。以此来提升边区群众对媒体的认识和关注度，从而保证以宣传和动员为主要出发点的新闻宣传工作目标以及新闻宣传工作党性、群众性、组织性、战斗性的实现。

由此可见，读报活动具有利用报纸识字和获取信息、增强群众群体意识的重要作用。特别是在组织读报的过程中，采取了以提高效率为主要目的的分类组织。读报活动在提高边区群众文化水平的过程中，极大地提升了报纸在群众心目中的地位与影响。例如，当时在陕甘宁边区群众中流传着这样一个谜语："有个好朋友，没脚会走路；七天来一次，来了不停口；说东又道西，肚里样样有；交上这朋友，走在人前头"[①]，指的就是被边区群众亲切地称为"咱们的报纸"的延安《边区群众报》。从这一点可以看出，中国共产党在领导新闻工作的过程中，善于从实际出发，解决党报工作中传播效果问题，这是延安时期新闻事业能够取得有效传播、实现广泛社会宣传和动员的关键。

五、开展社会改造为媒体发展创造社会环境

新闻媒体的发展与一定的社会环境存在着相互影响、相互制约的内在互动关系。这种互动表现在以建设性、警示性为主要表现的媒体力量和以制约性、推动性为主要表现的社会力量。"交流的媒介对于文化的精神重心和物质重心的形成有着决定性的影响"。[②]在特殊的延安时期，新闻事业初期发展面临的严峻挑战和中国共产党所采取的有效措施，是新闻事业与社会发展互动关系的典型体现与有力实践。

由于教育和文化的落后，当时陕甘宁边区面临土匪之患、毒品之害、封建迷信等许多严重的社会问题。这些都严重地销蚀着边区的经济社会发展，同时也制约着新闻宣传工作的发展。当时在延安流传着这样一种说法："延安府，

① 胡绩伟：《办一张人民群众喜闻乐见的报纸——回忆延安〈边区群众报〉》，《新闻研究资料》1985 年第 2 期，第 1－27 页。

② [美]尼尔·波兹曼：《娱乐至死》，章艳译，桂林：广西师范大学出版社，2011 年。

柳根水，十有九个洋烟鬼”[①]，可见毒品问题之严重。另据资料记载，仅延安城里就有将近 500 个“二流子”[②]。

从历史唯物主义的角度审视社会发展，中国共产党深知在边区开展社会改造的重要性和紧迫性。深刻的社会改造运动离不开媒体的宣传教育和引导，反过来也是新闻宣传工作持续发展的基础环境。为此，陕甘宁边区政府每年投入的教育经费占财政支出的四分之一以上，这个比例是罕见的；并采取社会教育、家庭改造、一般劝诫、特殊教育等多种途径开展有效工作。

在党中央的坚强领导下，当时的社会改造和教育活动取得了明显的效果，陕甘宁边区呈现出“一没有贪官污吏，二没有土豪劣绅，三没有赌博，四没有娼妓，五没有小老婆，六没有叫化子，七没有结党营私之徒，八没有萎靡不振之气，九没有人吃磨擦饭，十没有人发国难财”[③]的景象。

在这场深刻的社会改造运动中，党领导的新闻媒体成为积极的参与者和践行者，它们组织了大量的宣传报道，发挥了重要的作用。而在这一过程中，新闻媒体自身也成为受益者，它们以有力的形成和有效的工作推动了社会改造，提升了媒体的公信力和影响力。

延安时期中国共产党领导新闻宣传事业不断发展的过程，也是延安精神逐渐形成的过程。中国共产党在领导新闻事业不断发展的过程中，实事求是，一切从实际出发，尊重新闻事业发展与社会发展的内在规律，努力创设新闻事业发展所必需的各种条件，取得了重要的实践成果，产生了深远的历史影响。而这一切得益于一条根本经验，就是新闻宣传工作必须始终坚持党的领导。

（作者郭小良系延安大学文学与新闻传播学院新闻系主任、副教授）

---

① 李智勇：《陕甘宁边区政权形态与社会发展》，北京：中国社会出版社，2001 年，第 107 页。

② 李文：《陕甘宁边区新闻事业》，北京：人民出版社，2017 年，第 14 页。

③ 毛泽东：《毛泽东选集》（第 2 卷），北京：人民出版社，1991 年，第 718 页。

第四篇

中国共产党百年新闻政策变迁与发展

- 百年中国共产党新闻政策变迁研究：意义、问题、内容
- 西柏坡：赓续前行 传承红色基因
- 论新民主主义革命时期中国共产党新闻政策的变迁、发展及其价值意义
- 社会主义革命和建设时期中国共产党新闻政策的变革与发展
- 改革开放时期中国共产党新闻政策的改革与发展
- 新时代中国共产党新闻政策的创新与发展

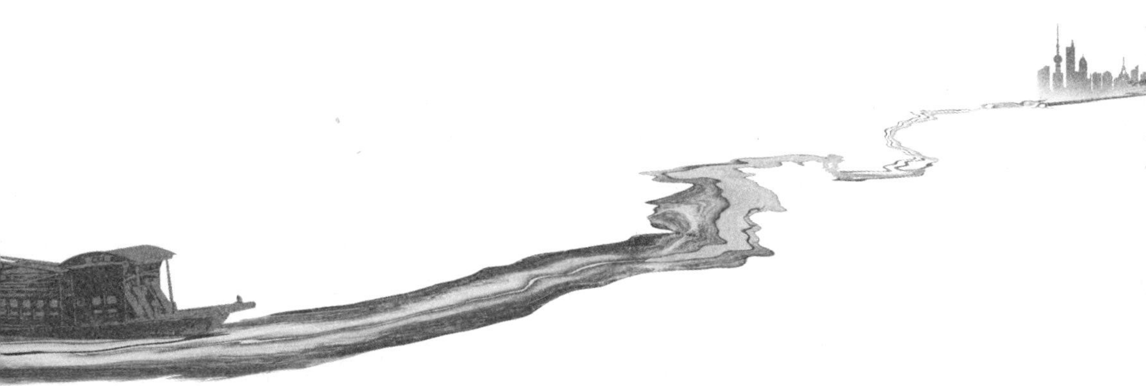

百年中国共产党新闻政策变迁研究：意义、问题、内容*

王仕勇　郑保卫

内容摘要：总结百年来中国共产党所取得的历史性辉煌成就，与时俱进地制定与调整党的新闻政策是一个重要因素。在党的百年华诞即将到来之际，开展百年中国共产党新闻政策变迁研究，是新时代党和国家科学处理国内外复杂关系的需要，是完善我国新闻政策体系及提高新闻舆论工作“围绕中心、服务大局”能力的需要，也是推进国家治理体系和治理能力现代化的需要。此项研究的主要内容包括百年中国共产党新闻政策发展历史阶段，各个阶段在党的百年历史发展纵轴上的地位及影响研究，以及百年中国共产党新闻政策体系构成及其历史变迁、变迁逻辑、发展方向及其影响因素与历史经验研究等。

关键词：中国共产党新闻政策；百年变迁；意义；问题；内容

中国共产党自1921年诞生至今，在近百年波澜壮阔的发展与奋斗历程中，领导中国人民从苦难走向辉煌，作出了伟大的历史性贡献。回望党的百年征程，出色的新闻宣传、有效的舆论导向、正确的新闻政策、科学的新闻思想，是确保其各项事业顺利发展的重要条件。

中国共产党的新闻政策是中国共产党为维护无产阶级和广大民众利益和意志，对新闻机构、新闻活动、新闻从业人员工作目标、行动原则、行为方式等所制定的一系列权威性和标准化规范的总称，是中国共产党管理新闻工作的重

* 本文系2019年度国家社科基金重大项目“百年中国共产党新闻政策变迁研究(1921—2021)”(项目编号：19ZDA321) 阶段性研究成果。该项目首席专家为郑保卫教授，子课题负责人有丁柏铨、胡孝汉、王仕勇、易文教授。

要手段及依据。党的新闻政策具体体现在党和政府所制定的有关新闻报道业务规范、新闻宣传方针原则，以及媒体经营与管理等活动的行为准则及规范之中。

广义的新闻政策包括新闻报道政策、媒体管理与经营政策、对外宣传与国际传播政策、新闻发布政策、外国媒体与记者管理政策、新闻队伍与人才培养政策、新闻教育与学术研究政策等。狭义的新闻政策通常指的是新闻报道政策，包括新闻报道业务领域的方针、原则、规范等。

一、百年中国共产党新闻政策变迁研究的重要意义

中国共产党自 1921 年成立起，就极为重视创办与发展新闻事业，并不断加强对新闻事业的领导和管理。在此过程中，中国共产党根据不同历史阶段的政治使命和中心任务，结合党的新闻工作的实际需要，在总结自身经验教训和借鉴苏联以及西方发达国家新闻管理实践和理论的基础上，制定了一系列用于领导和管理新闻工作的政策和策略，并逐步形成了一套较为完备的，适应我国党情国情社情的新闻政策体系。

这些政策历经百年变迁，不断丰富完善，创新发展，指导和规范党的新闻事业从无到有，由弱变强，逐步走向繁荣发展，成为党的一笔宝贵的精神财富。在全党和全国人民即将迎来中国共产党百年华诞之际，研究党的新闻政策的百年变迁，梳理其发展历程，总结其经验教训，概括其理论成果，探讨其未来发展，具有十分重要的意义。

（一）有助于党和政府科学处理国际国内复杂关系

研究百年中国共产党新闻政策变迁，是新时代我国党和政府科学处理国际国内复杂关系的需要。我们要在百年未有之大变局中实现中华民族伟大复兴的战略目标，需要处理好各种错综复杂的国际国内关系。现代社会是一个社会各子系统相互影响相互制约的风险社会，始终面临着各种危机和矛盾。在这种情况下，科学有效的新闻政策，可以更好地服从和服务于党的总政策和总策略的需要。因此，在我国革命、建设和改革的长期实践中，科学的新闻政策始终具有特殊地位和重要功能。

当前，我国新闻媒体如何肩负起为实现国家富强、民族复兴和人民幸福的中国梦“提供强大精神力量和舆论支持”的职责使命，科学应对日趋复杂的国际国内关系，党和国家给予厚望。尤其是近些年来随着我国的快速发展和全

球影响力的提升，世界上以美国为代表的少数国家和政治势力对我国采取打压和妖魔化的手段，使得我国始终面临着错综复杂的国际环境，承受着巨大的政治风险。在这种情况下，我国新闻事业作为社会这个大系统中的一个子系统，更需要承担并发挥好自己所肩负的职能和作用。

因此，总结和探讨中国共产党新闻政策的知识体系、时代特征、建构策略，研究百年来党的新闻政策变迁的整体脉络、内在逻辑、一般规律，以及未来通过不断创新，进一步走向科学化、规范化、制度化和法治化的发展趋向等，多维度、多视角对中国共产党新闻政策作全面研究，可以丰富和发展中国特色话语体系，规范新闻传播行为，增强新闻媒体传播力、公信力、引导力和影响力，创新发展新时代党的新闻政策，这将有助于我们党和政府借助媒体和传播有效处理各种国际国内关系，应对各种国内外突发事件，战胜各种前进道路上的艰难险阻，实现党和国家的战略发展目标。

（二）有助于完善党的新闻政策体系

研究百年中国共产党新闻政策变迁，是完善我国新闻政策体系，提高新闻舆论工作“围绕中心、服务大局”能力的需要。百年中国共产党新闻政策研究，需要在把握百年党的新闻政策具体内容的基础上，对不同历史时期中国共产党新闻政策“为什么能够形成”和“为什么能够发展（变化）”两大问题进行探讨，同时还需要在更深层次上研究“怎么办”的问题。在研究过程中，既要从横向维度研究不同时期中国共产党如何制定、如何实施、如何评估、如何调整新闻政策的渐进演变的实践过程，又要从纵向维度研究整个百年历史时期内中国共产党的新闻政策是如何发展演变的。

秉持“一切历史都是当代史”的理念，我们可以从百年中国共产党新闻政策的变迁历史中，探寻党的新闻决策与制定系统、信息与咨询系统、实施与执行系统、监督与反馈系统等新闻政策体系的运行过程及规律[①]，为当下完善新闻政策体系、促进新闻舆论工作在新时代更好“围绕中心、服务大局”提供有益的经验启示和价值意义。

---

① 郎劲松：《中国新闻政策体系研究》，北京：新华出版社，2003 年，第 41 – 43 页。

（三）有助于推进国家治理体系和治理能力现代化

研究百年中国共产党新闻政策变迁，是推进国家治理体系和治理能力现代化的需要。随着新媒体的勃兴和信息传播渠道的多元化，媒体环境日趋复杂多变，从而给新闻事业的治理带来了许多新的挑战。2013 年，党的十八届三中全会提出“推进国家治理体系和治理能力现代化”；2019 年，党的十九届四中全会审议通过了《中共中央关于坚持和完善中国特色社会主义制度、推进国家治理体系和治理能力现代化若干重大问题的决定》，党中央对国家治理体系和治理能力现代化提出了更高的要求。新闻事业治理体系和治理能力的现代化是国家治理体系和治理能力现代化的重要组成部分，不但需要同步进行，以实现预期治理效果，而且还须借助自身的独特功能及优势发挥好舆论宣传和导向作用，为促进国家治理体系和治理能力现代化作出贡献。

研究党的新闻政策，厘清党的新闻政策的演变特点、基本规律，掌握新闻政策变迁的动力与机制，能够为创新国家新闻事业治理理念、方式、方法、体制、机制提供历史借鉴，也有利于推动新时代党的新闻事业治理体系和治理能力的现代化进程，促进党和国家治国理政、定国安邦战略目标的实现。

二、百年中国共产党新闻政策变迁研究需要回答的基本问题

百年中国共产党新闻政策变迁研究涉及的内容方方面面，要解决的问题也是林林总总，包罗万象，但其基本问题是要弄清楚百年来中国共产党新闻政策变迁的脉络路径和主要内容是什么；弄清楚这种变迁过程遵循着怎样的逻辑和规律，以及为什么会遵循这样的逻辑和规律，这种逻辑和规律又是怎样体现中国社会百年巨变走过的历史足迹的。

（一）从理论内涵、历史脉络、逻辑规律、经验启示等方面研究百年党的新闻政策的变迁发展

具体来说，百年中国共产党新闻政策变迁研究主要包括三个层面的问题：一是百年中国共产党发展历程中不同历史时期的新闻政策的理论内涵是什么？它是如何变迁的，以及为何会发生这样的变迁？二是百年中国共产党新闻政策变迁的历史脉络和逻辑规律，以及所带来的经验启示是什么？三是百年中国共产党新闻政策变迁能够展现出中国共产党新闻事业经历了怎样的奋斗历程？反映出中国共产党管理新闻事业形成了哪些核心理念？以及这些理念又是如何在中国特色社会主义新时代发挥作用的？

从学理角度看，百年中国共产党新闻政策变迁研究，不仅涉及中国共产党新闻政策的历史变迁问题，即历史层面的问题，同时还涉及中国共产党新闻政策的体系建构问题，即理论层面、实践层面和价值层面的问题。

从研究视角看，百年中国共产党新闻政策变迁研究，不仅需要从新闻学、传播学、政策学、政治学、管理学、马克思主义理论等多学科视域展开审视，而且需要充分利用多维视角，从多个侧面、多个层次进行研究，将宏观与微观相结合、纵向和横向相结合、理论层面与实践层面、历史层面乃至价值层面相结合，来综观百年中国共产党新闻政策变迁的历史脉络及过程。

从研究路径看，百年中国共产党新闻政策变迁研究，首先需要对研究对象进行概念上的界定，进而通过文献资料来寻找其具体表现，回答“是什么”的问题。然后需要转向历时性研究的维度，探究“为什么是这样”和“怎么变成这样”的问题，即某一项具体的政策是怎么在“制定→实施→评估→调整→实施→评估→调整……”过程中一步步变化和发展的，又是如何在“新民主主义革命时期→社会主义革命和建设时期→改革开放时期→中国特色社会主义新时代”这个百年历程中一步步发展演变的。

此外，还需要研究“怎么办”的问题。研究党的百年新闻政策，不能仅限于理论层面和历史层面的探讨，还需加入实践层面的调查研究。回归现实是研究路径的最后落脚点。因此，此项研究需要结合现实去思考研究政策变迁历史给当下的新闻事业发展和新闻工作改革能够带来哪些经验和启示，这就涉及对中国共产党新闻政策变迁历史进行价值评判的问题。

（二）从历史发展、理论形成、研究价值等不同角度研究百年党的新闻政策变迁发展所要解决的问题

不同社会制度、不同党情国情、不同历史文化等，均会导致新闻政策的差异。即使是同一政党的新闻政策，因为历史条件和时代变化，也会因势因时而做出调整。百年中国共产党新闻政策变迁研究，需要研究和解决的主要问题可以从以下三个角度考虑：

从历史发展角度考察，需要划分出中国共产党新闻政策百年发展历程的依据是什么，以及如何划分更加科学？现有的研究成果，多集中于革命战争时期和改革开放以来党的新闻政策研究，而对新中国成立以后到改革开放之前这段历史的研究较少。从更宏观和长远的历史发展角度考察，如果按照党的建立、土地革命战争、抗日战争、全国解放战争、社会主义革命和建设、改革开放和

中国特色社会主义新时代等这几个历史阶段划分，这种依据历史大事件划分的方法，固然可以较为细致地根据这些历史时期的新闻工作方针、原则、理念、规范等研究新闻政策的百年变迁发展，但却容易忽略党的新闻工作自身的发展规律。因此，如何从我们党在不同历史时期和媒介自身发展规律的角度找到一个更加科学的，能够涵盖多方面因素的阶段划分方法是一个重要问题。

从新闻政策理论形成的角度分析，我们需要研究党的新闻政策的理论内涵及其体系构成，以及发展方向和变迁逻辑，这就要求掌握大量历史资料和文件。而在这些历史资料和文件中，含有党的几代领导人关于新闻工作的重要讲话及相关文献，这些资料、讲话和文献如何从静态与动态、理论与实践、中国与世界的多维视角，为党的新闻政策百年变迁提供学理依据，构架起宏观、中观和微观的新闻政策体系和结构要素，以整体的观点和方式把握中国共产党新闻政策百年的发展方向和变迁逻辑，这就需要厘清党的新闻政策调整变迁发展的整体运行方向。例如是否推进了党的新闻政策的系统化、科学化、法制化？是否与中国共产党发展进程中的话语变迁（如从学习借鉴苏联到探索中国特色社会主义道路，从封闭半封闭到全方位开放，再如从革命党到执政党，再到长期执政，从注重经济建设到实现政治、经济、文化、社会、生态五位一体发展等）有着密切关系？

从研究价值角度看，在中国共产党百年发展进程中有哪些内部和外部因素影响了党的新闻政策的发展方向？党的新闻政策百年变迁发展的历史经验是什么？中国共产党新闻事业从形成起步到逐渐完善，再到改革创新等几个阶段，应该有一条符合中国共产党党情，以及世情、国情、社情，并且符合新闻传播自身发展规律的脉络，这条脉络指引着党的新闻政策形成与发展的方向。按照事物发展变化的哲学观照，必然有各种内因和外因等不同因素在影响着它的发展变化。那么这些内因和外因各自发挥着怎样的作用，在特定的历史时期中，这些作用发挥影响的机制又是什么？另外，在深入分析时代背景、实践过程、实施效果、经验教训的基础上，贯穿中国共产党新闻政策百年变迁发展始终的历史经验有哪些？其中，带有根本性、全局性、稳定性、长期性的历史经验是什么？这些经验，在中国特色社会主义进入新时代的历史背景下，对我们有哪些重要启示？当下，我们应该如何顺应时代发展，进行改革创新，等等。这些问题都是需要深入研究的，并且需要得出明确的结论。

三、百年中国共产党新闻政策变迁研究涉及的主要内容

百年中国共产党新闻政策变迁研究的主要内容，包括党自成立以来所制定和通过的关于新闻宣传工作的一系列文件、通知、条例等，其中也包括党的历代领导人关于新闻工作的指示、讲话、批示及其所内含的理念、观点与思想等；国家新闻出版、广播电视、互联网等相关管理部门所制定和出台的一系列规章制度、政策文件、法律法规、准则条例等，以及党报党刊上发表的一系列带有指示性质的宣言、决议、声明、社论等。从具体内容上讲，包括党和政府对新闻事业、新闻传播活动、新闻宣传报道、新闻从业队伍建设等方面的管理规定及规范要求。

回顾中国共产党走过的百年历程，党的新闻事业形成了为人民服务、为社会主义服务、为全党全国工作大局服务，以及团结、稳定、鼓劲，正面宣传为主等一系列新闻工作的基本方针；形成了党性和人民性相统一、正确舆论导向、真实报道新闻、依法管理媒体等一系列重要原则；形成了关于舆论宣传、新闻报道、传媒经营、媒体管理，以及新闻队伍建设、职业道德规范等一系列制度规范。这些方针、原则和制度规范等，构成了一个完整的中国共产党新闻政策体系。

综合起来，从整体上和变迁发展脉络上看，百年中国共产党新闻政策变迁研究的内容，主要包括以下几方面：

（一）百年中国共产党新闻政策发展的历史阶段及各阶段在百年中国共产党历史发展纵轴上的地位和影响研究

中国共产党在对中华民族救亡图存与发展振兴道路的艰难探索中，始终重视新闻事业的创建、发展和改革、创新，这是百年中国共产党发展史中的重要内容。根据中国共产党党史的阶段划分，并结合新闻事业自身的发展历史，我们可以将中国共产党新闻政策百年发展的历史划分为新民主主义革命时期（起步与成长阶段）、社会主义革命和建设时期（变革与发展期）、改革开放时期（改革与发展期）和中国特色社会主义新时代（创新与发展期）等四个历史时期。这四个时期的主题分别是革命、建设、改革与创新。

在这四个历史时期中，又可分为不同的历史阶段。如新民主主义革命时期，这是党的新闻事业形成起步，并在艰苦斗争环境中艰难发展的时期，也是党的新闻政策开始出现并在战争环境中不断总结经验教训，逐步走向成熟发展的时期。这一时期包括建党前后（1921—1927 年蒋介石背叛革命）、大革命和土

地革命时期（1927—1937 年）、全面抗日战争时期（1937—1945 年）、解放战争时期到新中国成立（1945—1949 年）等阶段。

社会主义革命和建设时期，这是党的新闻事业和党的新闻政策在进入社会主义时期后探索前进、艰难发展、积累经验和总结教训的时期。这一时期包括社会主义改造、社会主义建设、“文化大革命”等阶段。

改革开放时期，这是党的新闻事业发展最快，新闻政策出台最多，最能代表和体现中国共产党新闻政策变迁发展成就的时期。这一时期经历了从计划经济为主、市场调节为辅——有计划的商品经济——国家调节市场、市场引导企业——建立社会主义市场经济体制——完善社会主义市场经济体制——深化和加快完善社会主义市场经济体制等阶段。

中国特色社会主义新时代，这是党的新闻事业走向繁荣发展的重要时期，也是党的新闻政策与时俱进，守正创新，进入规律性总结，朝着规范化、科学化、制度化、法治化方向发展的重要时期。这一时期包括党的十八大以后和党的十九大以后两个阶段。

这四个历史时期和其中的历史阶段，都涉及新闻政策的变迁发展，成为百年党的新闻政策研究中的基础性内容。

在不同历史时期新闻政策的变迁发展过程中，都包括一些重大事件，比如新民主主义革命时期，党的机关报刊出现、新华社诞生、延安《解放日报》改版、反“客里空”运动、整风运动、毛泽东对《晋绥日报》编辑人员谈话、刘少奇对华北记者团谈话等；社会主义革命和建设时期，新闻总署成立、社会主义新闻事业形成并不断发展、新闻管理制度出台、私营媒体社会主义改造、“双百方针”提出、学习苏联经验、1956 年《人民日报》改版、电视事业出现、“文化大革命”时期新闻事业遭遇挫折等；改革开放时期，真理标准大讨论、全面新闻改革、总结 1989 年政治风波舆论导向教训、“以正面宣传为主”方针确立、邓小平南方谈话、都市报快速发展、广州报业集团成立、传媒产业与媒介市场形成、互联网出现与快速发展、广播电视与网络媒体管理条例颁布及实施、“三贴近”方针提出、政府信息公开条例颁布并执行、建立新闻发言人制度、“走转改”活动开展等；中国特色社会主义新时代，习近平总书记新闻舆论工作重要论述、“党媒姓党”“以人民为中心工作导向”和“党性人民性相统一”思想形成、“一带一路”倡议和“人类命运共同体”理念的提出及其宣传、马克思主义新闻观教育深入开展、推进媒体融合战略全面实施、县级融媒体中心快

速建设等。这些重大事件有的是出自领导同志重要讲话，有的是新闻工作方针原则和规章制度出台，有的是新闻媒体重大实践等。

不同历史时期新闻政策的形成与发展，在整个百年党的新闻政策变迁发展历史进程中的地位不同，影响和作用也不一样。其地位和影响，往往与一些重大事件的发生紧密联系在一起。新民主主义革命时期，是中国共产党新闻政策形成与创立时期，为后来百年变迁发展奠定了坚实的理论基础，提供了重要的思想指南和行动向导；社会主义革命和建设时期，是新中国社会主义新闻事业起步和探索时期，也是党的新闻政策变革、调整和完善的重要时期，同时也是经历重大曲折的非常时期；改革开放时期是我国新闻事业发展的黄金时期，是中国共产党新闻政策改革、发展最为突出和内容最为丰富的时期；中国特色社会主义进入新时代后，很多新闻政策科学地回答了事关党的新闻事业长远发展的一系列带有根本性、战略性、全局性的重大问题，是新闻政策通过创新，逐步走向法治化科学化系统化的重要时期。

（二）百年中国共产党新闻政策体系构成及其历史变迁研究

中国共产党新闻政策，从广义上讲包括新闻事业管理政策、新闻报道政策、新闻人才培养与队伍建设政策等。从狭义上讲，新闻政策主要指新闻报道政策，包括新闻采写原则、编辑方针和宣传纪律等。新闻政策是一个有着宏观内在系统的体系，它规定着新闻工作的指导思想、目标任务和总体方向等。其表现形式包括党的宣言、纲领、决议、声明；领导人讲话、文章、批示；党报党刊重要社论、文章；新闻宣传部门文件、通知，以及相关条例、法规等。

总体而言，中国共产党的新闻政策体系有着自己特定的主体与客体，涉及主客体之间的关系。而国家和社会的环境因素、政策运行系统等，都会对新闻政策的制定和执行起到重要作用。新闻政策体系既包括总体政策、基本政策，也包括具体政策，其内容涉及新闻工作的业务规范、政治规范、道德规范、法律规范等。

中国共产党对新闻政策的探索，从中国共产党成立之初创办第一份报纸就开始了。它经历了从制定、调整、实践到再制定、再调整、再实践的过程，形成了一个与中国共产党及中国社会的历史发展同步的轨迹。从时间的纵向坐标上看，党的新闻政策百年变迁经历了四个历史时期，其变迁过程是对宣传方针、报道内容、活动范围、传播方式、工作纪律等不断探索与规范的过程。

作为一个建立百年，执政 70 多年的无产阶级政党，中国共产党在波澜壮阔的百年革命、建设、改革奋斗历程中，始终牢牢把握着新闻事业这一政治阵地和思想武器，领导新闻事业为实现党在各个不同历史时期的政治目标和中心任务服务。而也正是在这一过程中，中国共产党制定了一系列行之有效的，用以领导和管理新闻事业和新闻工作的新闻政策，并且始终注意根据国内外形势的发展变化和新闻改革的实际需要，适时调整新闻政策，以使新闻工作更加顺应时代潮流，更加适合群众需要，更加符合新闻规律，更加有利于新闻事业健康发展。尤其是在新中国成立70多年的实践探索中，新闻政策的一些基本内容已经相对固定下来，有的已发展为法治规范，发挥着越来越重要的作用。

（三）百年中国共产党新闻政策发展方向和变迁逻辑研究

中国共产党建立百年来，努力践行“为中国人民谋幸福、为中华民族谋复兴”的初心和使命，实现了中华民族从站起来、富起来到强起来的伟大飞跃。百年新闻政策的发展方向，始终围绕着两大历史任务，即争取民族独立、人民解放和实现国家富强、民族振兴、人民幸福，从而发展壮大党的新闻事业，服务于党的政治目标和中心任务，努力循着坚持正确政治方向、正确舆论导向、正确新闻志向和正确工作取向的方向和目标，不断调整、充实和完善。中国共产党新闻政策百年发展的方向，就是在社会变革、经济转型、民主推进、文化创新、制度创新、理论创新等事关中国发展前途、社会前进方向等一系列重大事件面前，能够因时因势不断创新与发展。

中国共产党新闻政策的百年历史变迁始终有着自身的逻辑，这些逻辑包括理论逻辑、历史逻辑和现实逻辑等。

从理论逻辑来看，中国共产党新闻政策的百年变迁始终是在马克思主义新闻观的指引下进行的。在百年奋斗历程中，中国共产党学习和继承了世界无产阶级的办报传统，如早期党的许多新闻政策文件、领导人讲话、报刊重要文章等，都学习和借鉴了列宁的新闻思想，以及共产国际和苏联的办报经验，如党性原则、群众办报、新闻批评、实事求是、真实客观问题等基本理论都源自这些方面。再如《解放日报》改版和反“客里空”运动等，也和学习列宁新闻思想和苏联办报经验有关。而作为中国共产党指导思想的毛泽东思想、邓小平理论、“三个代表”重要思想、科学发展观、习近平新时代中国特色社会主义思想，本身也都是发展了的和中国化的马克思主义，这些思想中都包含着党的新闻政策思想，都是马克思主义新闻观中国化的具体体现。

从历史逻辑来看，中国共产党新闻政策百年来形成的科学体系，有力地引领和规定着党的新闻管理，规范着新闻媒体和新闻从业者的职业行为。在新民主主义革命时期，中国共产党人以马克思列宁主义为指导，从中国特殊的国情出发，形成和发展了有利于革命斗争实践的新闻政策；在社会主义革命和建设时期，中国共产党人以探寻社会主义改造和建设道路，建立和巩固社会主义制度为根本任务，强调用新的新闻政策助力社会主义改造和大规模经济建设；在改革开放时期，中国共产党人致力于建设有中国特色的社会主义，致力于解放生产力和发展生产力，致力于全面协调可持续的科学发展，在此背景下强调新闻工作的“三贴近”原则，制定《关于进一步改进会议和领导同志活动新闻报道的意见》，促进政府信息公开，建立新闻发言人制度，加强和改进舆论监督，把传媒业作为重点扶持发展的文化产业等，形成了一系列适合这一时期新闻事业改革发展的新闻政策；在中国特色社会主义新时代，围绕一系列引领实现民族复兴伟大梦想的价值理念，如以人民为中心的发展思想，创新、协调、绿色、开放、共享的新发展理念，以及实现国家治理体系和治理能力现代化，实现“一带一路”和“人类命运共同体”建设目标等，创新发展党的新闻政策，并使之逐渐走向科学化、规范化、系统化和法治化。

从现实逻辑来看，中国共产党的新闻政策体系，总是围绕着“中国共产党始终代表着中国人民的根本利益”这一要求，确立了自己的基本内容及主要规范。例如建党初期，中国共产党通过制定关于新闻出版和宣传工作的一系列文件，为党的新闻工作确定了思想原则和行为规范，从而形成了党的新闻政策的基本内容及主要规范。再如社会主义市场经济条件下的新闻政策制定，也都是紧密结合我国新闻事业所面临的现实环境，一方面力求遵循和反映新闻传播的一般规律，同时又努力探究无产阶级政党和社会主义新闻事业的特殊规律，在此基础上形成了符合新时代和新阶段需要的党的新闻政策的基本内容及主要规范。

（四）中国共产党新闻政策发展方向的影响因素和百年发展的历史经验研究

中国共产党在百年发展历程中经历了革命、建设和改革几个不同的历史时期，党情、世情、国情、社情不同，党和国家的历史使命、政治目标不同，社会面对的主要矛盾和主要问题不同，因而决定了新闻工作的主要使命和任务也不同，这些都构成了中国共产党新闻政策发展方向的影响因素。

中国共产党各个历史时期新闻政策的制定，总是在各种有利条件或优势条件，以及不利条件或制约因素的综合作用下进行的，总体上是在对综合因素的全面分析下，尽可能充分利用优势条件或有利条件，尽可能避开不利因素或转化制约因素来制定的。例如，党的新闻政策的制定都是为维护广大人民群众根本利益，推动社会生产力解放和发展，推动社会主义文化繁荣，实现党的政治理想和不同历史时期的奋斗目标服务的，这是所有新闻政策制定的最重要最基础最根本的影响因素。

中国共产党成立百年来，在对新闻宣传工作长期实践经验进行科学总结的基础上制定和调整新闻政策的基本经验包括：必须以马克思列宁主义、毛泽东思想和中国特色社会主义理论体系为指导思想；必须坚持党性原则、坚持政治家办报，坚持用正确的舆论引导人；必须坚持团结、稳定、鼓劲，正面宣传为主；必须坚持群众性原则，坚持全党办报、群众办报；必须坚持真实性原则，力求新闻报道真实、客观、公正、全面、有立场；必须坚持民主集中制原则，严格遵守新闻宣传纪律；必须坚持改革，讲求艺术，不断提高新闻传播水平等。[①]2016 年 5 月 17 日，习近平总书记在哲学社会科学座谈会上的讲话中提出了哲学社会科学研究要“坚持不忘本来、吸收外来、面向未来”的要求。百年中国共产党新闻政策变迁研究也须秉持这一要旨。这就需要传承好中国新闻学和社会主义新闻事业的传统、经验和基本理念；总结好中国共产党新闻工作的历史经验和理论成果；阐述好习近平新时代中国特色社会主义新闻工作的新特点、新规律和新思想，同时还要借鉴好国外新闻学的专业理念与学术成果，借此为当下中国共产党的新闻政策实践和新闻工作实践提供有益的指导和参考。

百年中国共产党的新闻政策研究需要通过对各个不同历史时期党新闻政策形成、实施和发展的不同机制和方式的分析考察，总结归纳出新闻政策在中国共产党新闻事业发展过程中所扮演的角色、所处的地位及其演变规律，这对于新时代新环境下各不同形态媒体正确理解党的新闻政策，理解习近平新时代中国特色社会主义的基本理论、基本方针和基本政策等，都具有重要指导意义。

① 郑保卫：《论新闻法制与新闻政策、纪律和职业道德规范的关系》，《新闻学论集》（第 22 辑），2009 年。

（作者王仕勇系重庆工商大学文学与新闻学院院长、教授、硕士生导师，中国人民大学新闻学院2018级博士生，国家社科基金重大项目“百年中国共产党新闻政策变迁研究（1921—2021）”子课题负责人；郑保卫系广西大学新闻与传播学院院长、国家社科基金重大项目“百年中国共产党新闻政策变迁研究（1921—2021）”首席专家）

西柏坡：赓续前行 传承红色基因

——西柏坡时期的新闻传播

乔云霞

内容摘要：1947 年 5 月，中央工委进驻河北平山县西柏坡，党的工作进入“西柏坡时期”。这一时期中国共产党负有推翻旧世界，建立新世界一身兼二任的特殊使命，领导了伟大的全国解放战争。这一时期形成的“西柏坡精神”是“迈入新中国殿堂前的精神洗礼”，形成了与其他历史时期革命精神有区别的“赶考”精神。这一时期的新闻传播赓续前行，传承了红色基因，“两个务必”向全党提出了在新形势下加强党的思想作风建设、拒腐防变、艰苦创业的告诫，同时也构成了新闻工作者的道德根基与灵魂。

关键词：中国共产党；西柏坡时期；新闻传播；红色基因

从 1947 年 5 月中央工委进驻西柏坡，到 1948 年 5 月，中共中央迁至西柏坡，再到 1949 年 3 月中共中央迁移北平，这 1 年 10 个月构成了中共党史上的“西柏坡时期”。这一时期恰恰是中国共产党在新民主主义革命过程中最辉煌、最成功的历史时期。这一时期中国共产党人面临的是将革命进行到底，实现工作重心转移，主要任务是由革命战争向和平建设转变；面临的全新课题是由革命党和局部执政党向掌握全国政权的执政党转变。中国共产党人负有推翻旧世界，建立新世界一身兼二任的特殊使命。

正是在这样一个特殊而又重要的历史转折时期，中国共产党形成了独特的“西柏坡精神”。“西柏坡精神”有大决战硝烟的洗礼，有迎接胜利喜悦的撞击，有摧毁旧政权、建设新政权的各种困难的挑战，有长期从事农村工作得心应手、炉火纯青经验的升华。“西柏坡精神”是“迈入新中国殿堂前的精神洗礼”，形成了与其他历史时期革命精神有区别的“赶考”精神。

西柏坡时期的新闻传播，传承了红色基因，“两个务必”向全党提出了在新形势下加强党的思想作风建设、拒腐防变、艰苦创业的告诫，同时也构成了新闻工作者的道德根基与灵魂。

一、党中央进驻西柏坡的历史背景

解放战争全面爆发后，人民解放军很快便击退了国民党军队的猖狂进攻，并转入战略反攻阶段。在国民党军队大举进攻解放区时，共产党人勇敢地提出了“打倒蒋介石，解放全中国”的目标，这意味着要把蒋介石统治集团排除在外，正式把建立新国家付诸行动。在准备离开陕北时，毛泽东、朱德、刘少奇等商议东迁晋察冀的平山县，原因是这里具备党组织健全、抗战时就有闻名遐迩的“平山团”、地形有利作战等特点。

山西的《朝阳日报》曾报道过平山县红军游击队的消息。早在大革命时期，平山县就有了共产党员，20 世纪 30 年代又发展了一批党员，并且组建了平山县各级党组织。平山县的革命斗争在党组织的领导下开展得轰轰烈烈，影响很大，平山县的红军游击队活动频繁，曾有力策应了红军北上抗日及东渡黄河，平山县也因此一度被称作“北方兴国”。

1937 年 10 月，八路军 359 旅在平山的征兵工作仅开始了 1 个月零 3 天，就组织起了 1500 余人的“平山团”——八路军 359 旅 718 团。人民群众自然要支持人民的军队，这生动诠释了“江山就是人民，人民就是江山”。这个团在党的领导下，转战大河上下、大江南北、大漠内外，灭日寇、剿敌匪、屯垦戍边，处处当主力、打头阵，战无不胜、威名赫赫，被聂荣臻元帅誉为“太行山上铁的子弟兵”。1938 年 7 月，《新华日报》发表了长篇通讯《一个不平凡的县》，详细报道了平山县抗日游击队和“平山团”的事迹，平山县再次以抗日模范县之名享誉全国。

平山县位于太行山东麓，冀晋交界处，东距石家庄仅 40 公里。全县自然地形西高东低，栉比倾斜，属山西台地与华北平原的过渡地带，东部为平原、丘陵；西部万山嵯峨，地势险要，绵延西部县境，有古长城断垣和多处关口，易守难攻。境内有滹沱、冶河两大河流，另有 12 条支流，沿河两岸宜种麦种稻，物产丰富，平山县人民勤劳淳朴，听党的话，跟着党走。“白毛女”的故事就发生在平山县。刘少奇、朱德和聂荣臻进一步商定中共中央工作委员会驻地的时候，确定了平山县。

朱德派他的秘书潘开文、卫士长齐明臣，由聂荣臻的一位副官陪同，骑马沿滹沱河南岸逆流而上，一个村庄一个村庄地查看，走了30多公里，之后沿滹沱河北岸走，选择了西柏坡。潘开文绘制了一张地图，在地图边上列举了选中这里的理由：地理位置适中，正是大山与平原的交界处，能进能退，能攻能守，进可通向全国各大城市，退可固守太行。

同时，党在太行山地区有《晋察冀日报》《晋绥日报》《冀中导报》《冀南日报》《冀东日报》和晋冀鲁豫的《人民日报》等报刊，它们在彻底揭露国民党破坏和平、挑起内战的真面目，揭露、抨击国民党军队进攻解放区、屠杀民众的战争罪行方面，搞得有声有色，可以承担解放区党的新闻宣传任务。

二、西柏坡时期党的新闻工作及贡献

1948年5月，中共中央由陕北迁至河北平山县西柏坡，对解放区的部队及行政编制做了合并，对新闻机构也进行了大刀阔斧的整合，使得党的新闻工作能够更好地服务于斗争的需要。

新华社晋冀鲁豫总分社与晋察冀总分社合并，成立华北总分社。晋冀鲁豫边区机关报《人民日报》与晋察冀边区机关报《晋察冀日报》合并，出版新的《人民日报》，作为中共中央华北局的机关报。两报合并是毛泽东在阜平新房子村做出的决定。[①]《晋察冀日报》要先行一步搬到平山县里庄，一边出报，一边为迎接晋冀鲁豫《人民日报》做好准备。[②]两报分别在自己报上发布了合并消息，《晋察冀日报》1948年6月14日发《本报终刊启事》。1948年6月15日，合并后的《人民日报》由毛泽东亲笔题写报头，使用至今；由张磐石任社长兼总编辑，王亢之、袁勃、安岗任副总编辑。该报刊登了社论《华北解放区的当前任务——代创刊词》，在平山县里庄正式创刊。选择里庄主要是它距华北局和华北军区驻地的烟堡村只有3里，并邻平（山）井（陉）公路，交通方便。人民日报社一边向土改区、战斗一线派记者采访报道，一边办培训班，培养办报的新人。

① 钱江：《战火中诞生的人民日报》，北京：人民日报出版社，2008年，第7页。

② 同上书，第13页。

1948 年 5 月 23 日，中央人民广播电台的前身——陕北新华广播电台从涉县沙河村迁至平山张胡庄继续播音，发射功率是延安台的十倍，信号覆盖南京、上海甚至欧美地区，在中共中央的直接领导下，为迎接全国胜利和新闻事业的大发展做了各种准备。随着人民解放军的节节胜利，解放区随之扩大，利用原国民党或日伪广播电台设备，人民广播事业相继在一些新解放的城市建立起来。到 1949 年 3 月，解放区已经有广播电台 24 座，并开始由农村向城市发展，形成了一个以陕北新华广播电台为中心的解放区广播宣传网。到 1949 年 10 月，人民的广播电台发展到 46 座。这些广播电台为解放战争的胜利进军，为迎接全国胜利，为已解放地区恢复和发展生产，做了很好宣传。

为了配合解放战争战略决战的胜利，分化瓦解国民党军的广播攻势同步展开。1948 年秋冬，中国人民解放军相继发动了辽沈、淮海、平津三大战役。陕北新华广播电台及全国解放区各广播电台，运用消息、通讯、评论等文体，配合三大战役开展，全面反映战场实况，迅速报道了人民解放军的英勇事迹，及时评述战局发展。解放区广播电台为了加强对敌军的宣传攻势，还创办了《对国民党军广播》节目，用以分化瓦解国民党军官兵战斗意志，积极配合了人民解放军在前线的作战。各台曾反复播出过中国共产党、人民解放军、各地行政委员会等党政军机关发布的政令、布告、公开信，放下武器的国民党将领的广播讲话等。广播的结束语均为：“打倒蒋介石，解放全中国！”

因此，共产党在新闻舆论战中做到了以我为主，先声夺人，用主渠道的消息占领新闻宣传阵地，从而使战时新闻宣传达到我方所需的功效。从舆论上以优势压倒了蒋介石，形成我军必胜，蒋军必败的舆论定势。由于宣传对象更为广泛，这一时期也是英文广播的重要发展期，广播承担起对外宣传的重任，影响力进一步提高。[①]

为适应迅速发展的大好时局，1948 年 10 月，中央加强了对新华社的领导，任命胡乔木为新华社总编辑，并决定抽调一部分业务骨干在西柏坡集体办公。新华社集编印《参考消息》、通讯社、广播电台三重任务于一身，以新闻发布的权威性和准确性，成为党中央最信赖的“新闻发言人”。

① 乔云霞：《中国广播电视简史》，呼和浩特：内蒙古人民出版社，2001 年，“解放区区广播电台的建立与发展”部分。

1948 年 4 月 2 日，毛泽东在从延安前往西柏坡的过程中，途经晋绥地区，会见了《晋绥日报》编辑人员，发表了《对〈晋绥日报〉编辑人员的谈话》。毛泽东的谈话内容丰富，论述深刻，说理充分，针对性强。在谈话中，毛泽东首先肯定了《晋绥日报》编辑人员捍卫新闻真实性所做的一系列工作；从全党和全局的高度，较为系统地阐述了党报性质任务和功能作用、办报方针原则和策略方法、报纸风格及新闻工作者作风，以及全党办报、群众办报等有关党的新闻工作的一系列重要问题。它是毛泽东关于新闻宣传工作讲话中的经典之作，已成为中国共产党新闻思想史上具有里程碑意义的经典文献。

西柏坡时期，新闻媒体的形态更加丰富。《工人日报》《解放军画报》《中国青年》《人民邮电报》等行业报和专业报刊快速发展起来，向着北平蓄势待发。1947 年 11 月 12 日，中共第一张城市党报——《石家庄日报》的前身《新石门日报》创刊。1948 年 8 月 15 日，中共中央宣传部发出了《关于城市党报方针的指示》，就城市党报的读者对象、消息报道及报纸副刊等问题，提出了原则性意见。

西柏坡时期的新闻实践构筑起新中国新闻事业的基本框架。这一时期，党的新闻事业迅速发展壮大，创建了新闻宣传配合中心任务、履行历史使命的一个最优秀的范本。西柏坡时期的新闻实践，生动记录了波澜壮阔的土地革命和三大战役，使一批新闻记者因作品而成名。

为了迎接新中国成立后即将到来的更加繁重的新闻宣传任务，1948 年九十月间，中共中央书记处和有关部门在平山县陈家峪举办了一次培训班，叫作“华北记者团”，新华社华北总分社和《人民日报》先后抽调 21 人参加了培训。参加培训的人员，新中国成立后都成为新闻宣传战线的中坚力量，众所周知的邓拓、范长江、李庄、安岗、杜导正、张磐石、陈克寒等就在其中。

这次学习，廖承志介绍了学习安排，作了时局分析报告。胡乔木谈了记者工作方法，总社（范长江）讲新闻业务，中央政策研究室负责人讲政策问题，①刘少奇谈记者任务。在战争年代，《人民日报》和新华社的资深或新任记者们还是第一次如此密集地聆听中央领导人和新华社负责人的讲话。

刘少奇在华北记者团学习集训班上的讲话，即《对华北记者团的谈话》也成为经典文献。刘少奇在谈话中有许多新鲜见解：其一，以政治家的视野认

① 钱江：《战火中诞生的人民日报》，北京：人民日报出版社，2008 年，第 114 页。

为新闻媒介是党和人民联系的桥梁。桥梁的作用就是双向行走的，即上情下达、下情上达，这是党的群众路线在新闻工作中的体现。其二，提出新闻工作者应具备的职业道德。他认为一个合格的党的报刊工作者，应该具备四个条件：树立为人民服务的宗旨；高度的马列主义理论和思想修养；独立地做相当艰苦的工作；熟悉党的路线和政策。其三，对新闻报道提出了“真实、全面、深刻、精彩”四项基本要求，特别强调新闻的真实性。这些思想观点涉及新闻工作的各个方面，不仅充实和发展了马克思主义新闻理论，也对全国解放后新闻媒体迅速适应新形势要求，担负起党和人民赋予的历史使命，发挥了重要的指导作用。[①]

西柏坡时期也是毛泽东从事新闻写作的高峰期。毛泽东常常亲自动手写新闻、写理论文章，由新华社向外播发，供报刊、广播所用。仅在三大战役期间，他为新华社撰写和修改的评论、述评、广播稿和消息等作品就多达 17 篇。从《毛泽东新闻工作文选》看，他写了 11 篇新闻理论文章：《宣传一定要适应形势的发展》《对〈晋绥日报〉编辑人员的谈话》《党报必须无条件地宣传中央的路线和政策》《关于标题、导语和综合报道》《宣传约法八章不要另提口号》等；他还写了《中原我军占领南阳》《人民解放军总部向黄维兵团的广播讲话》等新闻稿；修改新闻稿 12 篇。毛泽东充分利用新闻媒体进行舆论引导。其中，《中原我军占领南阳》《中国军事形势的重大变化》《将革命进行到底》《人民解放军占领南京》等成为经典的新闻作品。他还详细指导新华社的新闻报道，写给当时主持新华社工作的胡乔木的信件有 20 多封。他对新闻工作的指导非常具体，多次为稿件修订标题。淮海战役打响后，毛泽东在半个月的时间先后撰写修改了 5 篇广播稿，仅 1948 年 11 月 27 日一天就写了两篇。[②]

1948 年 10 月，蒋介石命令傅作义军队趁人民解放军调至晋北和冀东作战，石家庄兵力单薄，几乎成空城之际，发动大规模进攻。面临险境，以毛泽东为首的党中央迅速采取“围魏救赵”的军事部署，并运用新闻攻心战术，打了一场漂亮仗。10 月 27 日，毛泽东为新华社写了《华北各首长号召保石沿线人民准备迎击蒋傅军进扰》，消息进行反复广播。10 月 29 日，毛泽东为新华社写了口播稿：“傅作义匪军郑挺锋、刘春芳、鄂友三、杜长城（爆炸队长）等

① 刘少奇：《对华北记者团的谈话》，《刘少奇选集》上卷，北京：人民出版社，1981 年。

② 《毛泽东新闻工作文选》，北京：新华出版社，1983 年。

部总共不过二万人，昨廿八日已窜至保定以南之方顺桥。”“我保石线两侧各县……广大人民群众，均已完成作战准备，等待着匪军到来，配合正规军大举歼敌。”[①]10月31日，毛泽东为新华社写了评论《评蒋傅军梦想偷袭石家庄》，说蒋介石在北平两周经手送掉范汉杰、郑洞国、廖耀湘三支大军，“无面目见江东父老”，想偷袭石家庄刺激军心。这些新闻稿写作周密、具体、朴实、易记，胜似千军万马，在发表后，影响了许多人对周围情况的判断，迫使傅作义军11月1日转身北窜。

那时，记者的重要稿件都由中央领导审阅修改，之后在记者中传阅，从中培养和历练了一大批新闻才俊。

三、西柏坡时期党的新闻工作的经验与影响

西柏坡时期，党的新闻工作赓续前行，传承红色基因，积累了新的经验，在党的历史上产生了重要影响。概括起来主要有以下几方面：

一是这一时期毛泽东的《对〈晋绥日报〉编辑人员的谈话》，刘少奇的《对华北记者团的谈话》成为经典新闻文献，从新闻理论、新闻业务、新闻机制和队伍建设等方面有力指导了党的新闻事业。

二是党的艰苦奋斗和爱国主义精神得以继承和发扬。西柏坡时期，新闻工作的条件虽然较延安时期大有进步，但仍然非常艰苦。在距离西柏坡不足10公里的南滚龙沟，至今依稀可辨当年隐蔽在深沟密林中的《晋察冀日报》的印刷厂，还能找到把牛棚羊圈当编辑部的旧址。《人民日报》在里庄，由于印刷机器时常出故障，很多时候只能用人力畜力代替马达；报纸仅靠人背马驮，投递到太岳、冀中、冀鲁豫、平西、冀热辽解放区。西柏坡新闻实践中积淀的新闻精神依然熠熠闪光，对指导今天的新闻工作有重要意义。

三是“两个务必”培育了新闻工作的公信力，增强了新闻传播的创新力。1949年3月5日，中共七届二中全会在西柏坡开幕。从此，诞生了不朽的箴言：“务必使同志们继续地保持谦虚、谨慎、不骄、不躁的作风，务必使同志们继续地保持艰苦奋斗的作风。”[②]“两个务必”向全党提出了在新形势

---

① 胡哲峰：《毛泽东武略》，北京：人民出版社，2001年，第190页。

② 毛泽东：《毛泽东选集》（第4卷），北京：人民出版社，1991年，第1438－1439页。

下加强党的思想作风建设、拒腐防变、艰苦创业的告诫，同时也构成了新闻工作者的道德根基与灵魂。西柏坡时期的新闻精神是新闻事业发展的动力和创新源泉。

历史是一个因果之中的过程，正如习近平总书记在党的十九大报告中所言，“中国共产党从成立之日起，既是中国先进文化的积极引领者和践行者，又是中华优秀传统文化的忠实传承者和弘扬者。”[①]西柏坡时期的红色新闻文化，是中国新闻传播史上最富于创新精神和创造力的新闻文化，这一时期党的新闻实践和新闻理论，以及由此所积淀出的新闻精神在中国共产党新闻史上熠熠闪光。

西柏坡时期，中国共产党面临着实现革命的彻底胜利、建立新的国家政权和即将执掌全国政权的重大考验。在这样一个重大的历史转折关头，以毛泽东为代表的中国共产党人进行了艰苦卓绝的斗争，为建立新政权、执政全中国作了充分的政治、经济、思想、组织和军事准备。

特别是毛泽东提出的以“两个务必”为核心内容的“赶考”命题和凝练的“赶考精神”，成为中国共产党的一笔宝贵精神财富，它激励着全党同志去克服艰难险阻，迎接革命胜利，建设新型国家。当前，面对国内外复杂局势，我们要努力弘扬“赶考精神”，时刻牢记“两个务必”，加强党的思想和作风建设；在建设社会主义强国的伟大事业中，不断学习新本领，战胜新困难、完成新任务。

近年来，智能手机与移动互联网技术发展迅速，微博、微信、微视频与App移动客户端，即“三微一端”，组成了社交媒体矩阵，代表了信息传播发展的重要趋势。但是，人们的信仰不应改变，要以救亡图存的紧迫感，扎实推进融合发展，不断巩固宣传思想文化阵地、壮大主流思想舆论。

习近平总书记提出，实现中国梦，是物质文明和精神文明比翼双飞的发展过程。“既需要薪火相传、代代守护，也需要与时俱进、推陈出新。”[②]“在新的时代条件下，党的新闻舆论工作的职责和使命是：高举旗帜、引领导向，

① 《中国共产党第十九次全国代表大会文件汇编》，北京：人民出版社，2017年，第36页。

② 习近平：《在中国文联十大、中国作协九大开幕式上的讲话》，北京：人民出版社，2016年，第15页。

围绕中心、服务大局，团结人民、鼓舞士气，成风化人、凝心聚力，澄清谬误、明辨是非，联接中外、沟通世界。”[①]我们要努力传承西柏坡时期红色新闻文化所创立的好传统和所积累的好经验，讲好中国故事，传播好中国声音，阐释好中国特色，为繁荣发展中国特色社会主义新闻事业作出新的更大贡献！

（作者乔云霞系河北大学新闻传播学院教授）

① 《习近平新闻思想讲义》，北京：人民出版社、学习出版社，2018 年，第 45 页。

论新民主主义革命时期中国共产党新闻政策的变迁、发展及其价值意义*

丁骋 郑保卫

内容摘要：中国共产党在新民主主义革命期间制定的新闻政策是一百年来党的新闻政策的起点。本文追溯了党的新闻政策的理论来源，并根据革命史的分期时段来考量党的新闻政策变迁路径。文章认为处于“革命党”时期的中国共产党总是根据国内外形势变化，分析中国革命发展不同历史阶段的特征和任务，从革命的实际要求出发来制定并不断调整新闻政策。这一系列新闻政策既是马克思主义新闻观中国化的具体体现，也丰富和发展了马克思主义新闻观。

关键词：新民主主义革命；中国共产党；新闻政策；变迁发展；价值意义

中国共产党迎来了百年华诞，梳理总结百年来中国共产党新闻政策的变迁与发展，对于我们了解并传承党的新闻事业革命传统和新闻思想理论精髓有着重要理论价值和现实意义。本文将对新民主主义革命时期党的新闻政策变迁路径及其价值意义作梳理和研究，以展现中国共产党早期新闻政策的变迁与发展。

一、研究的缘起及依据

中国共产党历来重视新闻宣传工作，将其视为党的全部工作的重要组成部分。党的新闻政策是党依据特定的社会制度、政治纲领及其任务而制定的

* 本文是2019年度国家社科基金重大项目“百年中国共产党新闻政策变迁研究（1921—2021）”的阶段性成果，项目编号：19ZDA321。

新闻宣传的准则和新闻工作的规范，旨在新闻工作中全面反映党的意志。新民主主义革命时期，从党的新闻宣传工作历史实践看，这一时期中国共产党的新闻政策总是因革命任务的阶段性变化而处于不断调整、变迁与发展之中。新民主主义革命时期作为中国共产党新闻事业的起步阶段，期间新闻政策的形成与发展，深刻影响着中国共产党新闻事业的历史进程，并为后来党的新闻事业的发展奠定并筑牢了基础。因而立足于“革命战争”这一特殊环境，考量中国共产党新闻政策形成的理论渊源及实践依据，梳理从中国共产党创立至新中国成立前党的新闻政策的演变路径，继而进一步研究该时期中国共产党新闻政策形成与发展的价值意义，是本文所关注的主要问题。

二、新民主主义革命时期中国共产党新闻政策形成发展的历史溯源

新民主主义革命时期，中国共产党新闻政策的形成与发展，继承了来自方方面面的理论成果。在制定新闻政策时，我党在将列宁的新闻思想作为指导思想的同时还借鉴并吸收了俄共（布）及其领导的社会主义新闻政策与办报经验。

当时中国共产党制定新闻政策最重要的理论来源是列宁有关报纸功用的论述。其中 1901 年 5 月列宁在《火星报》第 4 号上发表的《从何着手？》里提出的著名论断“报纸不仅是集体的宣传员和集体的鼓动员，而且是集体的组织者”[①]，以及 1905 年 11 月列宁在《新生活报》上发表的《党的组织和党的出版物》关于党的出版物党性原则问题重要论述中提出的党的报刊是“整个无产阶级事业的一部分”，是党的一个组织和工作机构等观点[②]，更是这一时期中国共产党制定新闻政策的基本依据。

1919 年 3 月建立的共产国际则进一步将马克思、恩格斯和列宁的办报思想带给了中国共产党。首先，共产国际章程成为早期中国共产党制定新闻政策的重要指针。共产国际章程的第 9 条指出，在代表大会休会期间，执行委员会领导共产国际的全部工作；至少要用四种文字出版共产国际中央机关刊物（《共

① 《列宁全集》（第 5 卷），北京：人民出版社，2013 年，第 8 页。

② 《列宁全集》（第 12 卷），北京：人民出版社，2017 年，第 93 页。

产国际》期刊），用共产国际的名义发表必要的宣言，并向所有参加共产国际的政党和组织下达具有约束力的指示。[①]

1920年，列宁拟定的《加入共产国际的条件》第一条要求“党掌握的各种机关报刊，都必须由已经证明是忠于无产阶级革命事业的可靠的共产党人来主持”。第十二条提出，“不管整个党目前是合法的或是不合法的，一切定期和不定期的报刊、一切出版机构都应该完全服从党中央委员会；出版机构不得滥用自主权，实行不完全符合党的要求的政策”[②]。共产国际与中国的马克思主义者合作，推动了马克思主义思想包括新闻思想在中国的传播。1920年，共产国际东亚书记处参与了《新青年》的改组工作，并帮助“中国组织出版工作”，在北京、上海、哈尔滨等地建立了出版中心，帮助《新潮》等刊物出版。

中国共产党的一大、二大依据共产国际的章程对创办党报作出一系列政策规定，包括创办党报党刊的条件及要求，以及新闻宣传工作的党性原则、党报党刊的共产主义性质等均作出明确指示。1921年7月，中共一大召开，会议通过了《中国共产党第一个决议》，其中明确指出“一切书籍、日报、标语和传单的出版工作，均应受到中央执行委员会或临时中央执行委员会的监督。每个地方组织均有权出版地方通报、日报、周刊、传单和通告。不论中央或地方出版的一切出版物，其出版工作均应受到党员的领导。任何出版物，无论是中央的或地方的，均不得刊登违背党的原则、政策和决议的文章”[③]。

中共二大译发的《加入共产国际条件》中，也要求党的报刊不能将革命理论“只当作背得烂熟的流行公式来谈论”，而应“使每一个普通的男工、女工、士兵、农民都能通过我们报刊上每天系统登载的活生生的事实，认识到实行无产阶级专政的必要性”[④]。

---

① 孙武霞、许俊基编：《共产国际与中国革命资料选辑（1919—1924）》，北京：人民出版社，1985年，第56页。

② 《列宁全集》（第39卷），北京：人民出版社，2017年，第202页。

③ 中共中央文献研究室、中央档案馆编：《建党以来重要文献选编（1921—1949）》（第1册），北京：中央文献出版社，2011年，第4页。

④ 孙武霞、许俊基编：《共产国际与中国革命资料选辑（1919—1924）》，北京：人民出版社，1985年，第183页。

由此可见，受共产国际章程的影响，中国共产党创立之初就已经对“党管报刊”等基本新闻政策和新闻理念有了正确认识，并以文件形式作出明确规定。在党的一大组建的两个中央领导机构中，一个是组织室（部），一个是宣传室（部），足见新闻宣传工作在党的整个工作中的重要地位。

三、新民主主义革命时期中国共产党新闻政策变迁的路径

新民主主义革命时期，中国共产党根据国内外形势变化，从实际出发，制定了一系列有利于革命斗争的新闻政策。

（一）大革命时期中国共产党新闻政策的制定与调整

大革命时期，中国共产党新闻事业面临许多困难。这期间，党的新闻政策分为两个方面，一是作为刚成立的年轻政党要探索制定符合自身需要的新闻政策；二是要对党的新闻政策进行调整，以促进国共两党的第一次合作。

党的一大以后，党关于宣传方面的文件只是在中央文告中出现。这表明中国共产党早期对于宣传工作并不熟悉，需要形成符合自身需要的新闻政策。1922 年 8 月中央发布的《教育宣传问题的议决案》，就是党早期新闻政策探索中的重要成果。这份议决案明确划定了政治、教育等五方面的宣传原则和相关政策。该议决案是党的历史上首次对中央的宣传方针进行明确规范，同时强调在宣传路径上，地方应该与中央保持一致。

1923 年 6 月召开的中共三大，正式决定共产党员可以个人身份加入国民党实行“国共合作”，这促使中国共产党新闻宣传工作迅速转折。1923 年 7 月创刊的中共中央机关刊物《前锋》发刊词，一方面“知道除了广大而且剧烈的国民运动，没有别的方法可以去掉军阀和外国势力的压迫”，另一方面又“知道除了汉奸卖国贼以外，凡是爱国的中国人”都“已经起来或将要起来加入国民运动”，表明共产党将团结带领所有“爱国的中国人”——包括同“爱国的”国民党人一起推进国民运动以拯救“国家生命”，这改变了“第一次纲领”中“彻底断绝同黄色知识分子阶层及其他类似党派的一切联系”的提法[①]。

1925 年党中央发布的《对于宣传工作之决议案》指出，“今后本党宣传工作的主要目标必须根据大会关于中国民族革命运动的新审定，努力宣传民族

① 张宝明主编：《中共早期期刊历史系谱》（上卷），北京：人民出版社，2018 年，第 246 页。

革命运动与世界革命运动之关联和无产阶级在其中的真实力量及特性——世界性与阶级性，以端正党的理论方向。”[①]

中国共产党的第一次新闻宣传政策转折营造了有利于“国共合作”舆论氛围，帮助并促成了以国民党改组及国共合作进行反帝和反北洋军阀为主要内容的“大革命运动”。这一时期，党的新闻政策基本上以社会动员的方式，以争取党的发展为主要目标。

（二）土地革命时期中国共产党新闻政策的变迁

大革命失败后，党领导的人民革命进入低潮阶段。这一时期中国共产党新闻政策制定的导向很明确：一是宣传土地革命；二是宣传抗日救亡。

在革命陷入低潮之后，以毛泽东为代表的中国共产党人建立工农武装，展开武装斗争，开辟了井冈山革命根据地，后来又在瑞金建立了中华苏维埃政府。此时党和红军增强了对新闻宣传工作的认识，将其作为与武装斗争同等重要的武器，作为“红军第一个重大工作”。[②]苏维埃地区大张旗鼓地展开了新闻宣传活动。这其中，《时事简报》的创办对革命根据地的新闻宣传工作发挥了巨大的指导作用。

1929 年 12 月，毛泽东起草的《古田会议决议》第四部分“红军的宣传工作问题”提出“壁报为对群众宣传的重要方法之一”[③]，各军及纵队应办一壁报，均命名为《时事简报》。1931 年 3 月毛泽东以中央革命军事委员会总政治部主任名义撰写并下达了在红色区域“普遍地举办《时事简报》”的通令，同时下发了《怎样办〈时事简报〉》的小册子，进一步阐述了“怎么办报”和“办一张什么样的报纸”的问题，提出了为群众办报，办群众看得懂、愿意看的通俗报纸，依靠群众办报等重要新闻理念，并在实际办报过程中贯彻落实了真实性、接近性、通俗化、内容简明扼要等编写原则。[④]这一系列具有现实指导性和理论建设性的措施初步形成了红军宣传工作的规范。

---

① 中共中央文献研究室编：《建国以来重要文献选编》（第 2 册），北京：中央文献出版社，1992 年，第 255 页。

② 《毛泽东新闻工作文选》，北京：新华出版社，1983 年，第 15 页。

③ 同上书，第 26 页。

④ 孙菲：《新民主主义革命时期中国共产党新闻政策变迁发展案例（一）》，《青年记者》2021 年第 1 期，第 38 页。

需要指出的是，如果说在大革命时期的宣传实践中，对报刊功能的认识主要是其政治指导功能，到了土地革命时期，中国共产党再次强调要把列宁关于党报作用的理论作为认识党报功能的指导思想和理论依据。1930 年 5 月 10 日，中共中央政治机关报《红旗》发表文章《党员对党报的责任》，开头一句话就是："列宁说，党报不仅是一个集体的宣传者与鼓动者，而且是一个集体的组织者。从列宁这句话便可以知道，党报的作用是多么伟大"。

土地革命时期党的新闻政策主要体现在 1928 年党的六大和 1929 年党的六届二中全会通过的《宣传工作决议案》中："现时党的工作重心必须移至夺取广大工农兵群众与实施工农群众之政治训育。此种任务需要党的宣传工作之根本变动而增加对于扩大群众工作的注意。"[①] 1931 年 1 月《中央政治局关于党报的决议》说："以后党报必须成为党的工作及群众工作的领导者，成为扩大党在群众中影响的有力的工具，成为群众的组织者。"[②] 1936 年 1 月，《中共中央为转变目前宣传工作给各级党部的信》中指出："目前宣传工作最中心最紧急的任务，就在于用一切的力量去暴露日本强盗的凶暴侵略行动，与蒋介石无耻的卖国政策及欺骗……"这说明党中央对反对帝国主义和反对国民党军阀战争宣传作出了明确规定。同时要求："目前我们的宣传工作必须适合于党的策略战线，适合于夺取更广大的群众，适合于民族革命统一战线而急剧的转变"[③]。

一系列政策的出台显示党中央对新闻宣传工作提出了新的要求，即旗帜鲜明地宣传马克思主义；做党和根据地政府以及各类革命团体联系群众的得力工具；在新闻工作中要大力发扬群众路线，通过创办通俗刊物宣传革命思想，传播文化知识，沟通社会信息。这些举措打开了根据地新闻宣传工作的新局面。

（三）抗日战争时期中国共产党新闻政策的变迁

救亡图存是抗战时期中国社会最重要的话题。中国共产党根据当时的国情和战争的实际需要，为了建立起广泛的统一战线，在思想上动员全体人民参与革命斗争，在对外宣传上争取国内外新闻界的理解与支持，要求新闻宣传工

---

① 中共中央文献研究室、中央档案馆编：《建党以来重要文献选编（1921—1949）》（第 5 册），北京：中央文献出版社，2011 年，第 483 页。

② 中国社会科学新闻研究所编：《中国共产党新闻工作文件汇编》（上），北京：新华出版社，1980 年，第 71 页。

③ 同上书，第 41 – 83 页。

作要加强对统一战线思想、抗日斗争政策、马列主义理论、新民主主义理论的宣传。1938 年 10 月在中共六届六中全会上，毛泽东指出："必须动员报纸、刊物……及其他一切可能力量，向前线官兵、后方守备部队、沦陷区人民，全国民众，作广大之宣传鼓动……用以达到全国统一致继续抗战之目的。"[①] 1941 年 6 月 20 日，《中共中央宣传部关于党的宣传鼓动工作提纲》指出，"必须使我党的宣传鼓动工作，循着建立最广泛的统一战线的道路来进行，并善于同各种不同的同盟军建立各种不同程度的合作。"[②]

这一时期以延安《解放日报》改版为标志，中国共产党的新闻思想开始走向成熟。与此同时，党的新闻政策也适应形势的需要，不断调整与变革，逐步丰富和完善。作为党中央机关报，《解放日报》在 1942 年延安整风期间，发挥了重要作用。该报先后发表《为改造党报的通知》《致读者》《毛泽东在解放日报改版座谈会上的讲话》《党与党报》《报纸是人民的教科书》《我们对于新闻学的基本观点》等 20 余篇关于新闻工作的评论、社论和理论文章，对党报的性质、路线、工作方针和工作原则等重大问题进行了深入阐述，提出了明确要求。《解放日报》的改版使党报工作发展到了一个新的阶段，也助推了党的新闻政策的转变与发展。

整风运动期间，中国共产党新闻政策一方面侧重于对新闻管理工作的整顿，如中共中央对新闻宣传工作和组织工作作出明确规定，"必须把宣传部的工作接近于党的实际活动。各级宣传部对中央及各地高级党委各项政策和决议，务必贯彻始终，宣传解释，检查反映，不要离开当时当地的实际问题去空空洞洞的宣传。"[③] 另一方面致力于纠正新闻工作中出现的各种错误偏向。例如，土地改革时期，一些地方在新闻宣传工作中一度出现了右的偏向，为此，解放区新闻界开展了一场反对"客里空"运动。其间，彭真著文指出，各地党报"必须开展批评和自我批评"，以"肃清目前弥漫边区的'客里空'作风"。《反对"客里空"作风，建立革命的实事求是的新闻作风》一文也指出，"客里空"

① 中共中央宣传部新闻局编：《马克思主义新闻工作文献选读》，北京：人民出版社，1990 年，第 143 页。

② 中共中央文献研究室、中央档案馆编：《建党以来重要文献选编（1921—1949）》（第 18 册），北京：中央文献出版社，2011 年，第 425 页。

③ 中共中央文献研究室编：《文献和研究》（1984 年汇编本），北京：人民出版社，1986 年，第 219 页。

作风“代表了新闻报道工作中一种最恶劣的倾向，一种讲假话、吹牛拍马、无原则的倾向”……党报必须建立一种“人民的报纸所应有的革命的，实事求是的作风”[①]。一系列政策指示为在新闻工作中开展反“客里空”运动提供了指南。

除了开展反“客里空”等错误偏向外，当时党中央还对党报工作中的其他一些错误倾向进行了批评和指正。中共中央发出《关于纠正土地改革宣传中“左”倾错误的指示》，要求加强对土改的宣传工作进行反省，反对新闻工作中的“左”倾错误，保障土地改革的顺利进行。

中国共产党通过开展整风运动和反“客里空”运动，不仅改造了新闻宣传工作，加强了党内批评和自我批评，树立了实事求是的工作作风，同时还调整和发展了党的新闻政策。这一系列新闻政策和措施主要体现在毛泽东、陆定一等中共领导人的新闻论述，中共中央、中共宣传部关于新闻工作的文件，《解放日报》等重要报刊发表的社论中。其内容主要包括新闻宣传工作任务（发展党报党刊及广播事业）、新闻工作原则（坚持党性与新闻真实性的统一）、新闻工作方针（为抗战服务为人民服务）、新闻工作制度（建立较为完备的新闻管理体制，强调新闻宣传纪律）、新闻工作策略（强调斗争性与灵活性的统一）等，初步形成了中国共产党新闻政策的理论框架。[②]

（四）解放战争时期中国共产党新闻政策的变迁

抗战胜利后，中国共产党面临着新的斗争形势，对新闻宣传工作提出了与时俱进的新要求：揭露国民党反动派内战阴谋、宣传土地改革政策、阐释和平建国设想等。这一时期，党的新闻政策主要体现在毛泽东对《晋绥日报》编辑人员的谈话和刘少奇对华北记者团的谈话中，以及《中共中央关于宣传工作中请示与报告制度的决定》等讲话和文件中，标志着党在战争年代指导新闻工作的政策日益完善和成熟。

这一时期党的新闻宣传政策呈现出以下特点：一是注重军事宣传报道，强调提高业务水平；二是重视新闻真实问题，总结反思问题，开展批评和自我批评；三是强调严明新闻纪律，重视舆论导向和工作重心转移方向。[③]

---

① 中国社会科学院新闻研究所编：《中国共产党新闻工作文件汇编》（下），北京：新华出版社，1980 年，第 289 页。

② 张志伟：《抗战时期国共两党文化政策研究》，长春：东北师范大学，2012 年，第 28 － 38 页。

③ 张蒙：《浅谈抗日战争与解放战争时期中国共产党新闻政策的演变》，《新闻研究导刊》2017 年第 11 期，第 71 － 72 页。

1948 年 4 月 2 日毛泽东对《晋绥日报》编辑人员的谈话，主要从党委的角度对如何做好党报工作提出了一些基本要求。而半年后，1948 年 10 月 2 日刘少奇对华北记者团的谈话则主要从群众的角度对党报工作提出了一些基本要求。这两个谈话对党的新闻工作的方方面面进行了全面阐述，为做好党的新闻工作提出了一些基本原则和规范，成为指导党报工作的重要文献，为当时党制定相关新闻政策提供了依据，也成为后来党的一系列新闻政策制定的出发点和前提。

面对军事上的节节胜利和国民党发起的舆论攻击，中国共产党开始针对新的形势调整宣传策略，提出新的新闻政策，加强了对新闻宣传工作的集中统一领导，以利于复杂的战争形势和舆论环境。1948 年 8 月，在《中共中央关于宣传工作中请示与报告制度的决定》的第三稿中，毛泽东特意加上了一段话，“各地党报必须无条件地宣传中央的路线和政策，并不得在宣传中将中央和受中央委托执行中央的路线、政策和任务的机关（即各中央局、分局、军委分会和前委会）相平列。相反地，必须公开向党内外申明，各受中央委托的机关是执行中央的路线、政策和任务的。各中央局、分局、军委分会和前委会在发出自己的决议、指示、命令和训令时，亦必须注意此点，不得将自己和中央相平列，甚或向党内军内将自己造成高出中央的影响。”[①] 1948 年 9 月，中共中央政治局会议正式通过决议，再次强调“党报必须无条件地宣传中央的路线和政策”，使坚持党性原则成为中国共产党党报工作的一条重要原则，也成为后来制定党的各项新闻政策的基本依据。

1949 年 3 月 5 日，在新中国成立前夕，毛泽东在党的七届二中全会上所作报告的第四部分中指出，“通讯社报纸广播电台的工作，都是围绕着生产建设这一个中心工作并为这个中心工作服务的”[②]。根据这一指示，自此党的新闻工作的重心开始逐渐转移到了生产建设上来。1948 年 8 月 15 日中宣部发布的《关于城市党报方针的指示》要求报纸的报道内容要以是否宣传了马克思主义观点为标杆，真正为工人、农民、士兵提供服务，同时，报纸也要加强和干部、工商业者、知识分子的联系。

---

① 中共中央文献研究室编：《毛泽东文集》（第 5 卷），北京：人民出版社，1996 年，第 127 页。

② 毛泽东：《毛泽东选集》（第 4 卷），北京：人民出版社，1991 年，第 1428 页。

1948 年至 1949 年，解放战争进入最后决战阶段，为了迎接新中国的成立，如何在新解放的城市对原有的国民党的媒体和商业内容进行改造，同时如何尽快建立起新的人民新闻机构，成为中国共产党的一项重要任务。在此形势下，党的新闻事业要经历从农村走向城市的大变革，党的新闻政策也须随之而变。

为此，中共中央前后发布了《关于新解放城市中外报刊通讯社处理办法的决定》《对新解放城市的原广播电台及其人员的政策的决定》《关于处理新解放城市报刊、通讯社中的几个具体问题的指示》《对处理帝国主义通讯社电讯办法的规定》等多项新闻政策。这一系列政策主要从四个方面规范了关于新解放城市新闻事业管理的办法准则，具体包括：对新解放城市中报纸、刊物和通讯社的接收要求和条件；新闻媒体出版发行与内容核查的规定；对于旧有新闻、广播工作人员的处理办法；对外国通讯社，外国记者，外国出版的报纸、刊物的处理办法。这些政策的出台，使得当时一些地方和地委在接管新解放城市新闻机构过程中出现的错误做法得到及时纠正，为发展新解放城市中的人民新闻事业提出了具体原则和办法，这是新中国成立之后对旧社会新闻媒体进行改造的一个序曲。与此同时，在新解放城市积极开展新闻宣传也成为党的新闻工作的一项中心任务。

这一时期，中国共产党通过积极主动、灵活多样的新闻宣传和舆论动员，为争取广泛的社会支持而呼号，最终取得了解放战争的全面胜利。为了迎接新中国的成立，为了在新解放城市对旧有新闻事业进行必要改造，并且迅速建立起以党的机关报为中心的新闻宣传体系，中国共产党制定了一系列新闻政策，为中国共产党新闻事业从农村走向城市进行充分的思想和物质准备，这标志着党在战争年代的新闻政策已经成熟，同时也为社会主义新闻制度的确立奠定了坚实的基础。

四、新民主主义革命时期中国共产党新闻政策变迁、发展的价值意义

党在新民主主义革命时期的中心任务始终是“革命救国”，因此，新闻政策的制定始终都是围绕“争取民族独立、人民解放”这个中心工作展开的。这一时期党的新闻政策是整个党的新闻政策体系的起点，对新中国成立后党的新闻事业发展产生了深远影响。

因此，考量这一时期党的新闻政策变迁发展路径，一方面须透视当时中国共产党所处的时代背景，以及新闻政策所形成的原因，从而有助于厘清党的新闻事业发展历程；另一方面要注意把握当时新闻宣传与革命运动以及政党发展之间的关系，找到红色基因，进而为当下制定新闻政策提供历史镜鉴。

（一）奠定了中国共产党百年新闻政策的理论基础

党的新闻政策不是一时的应对策略选择，而是党的新闻观念与新闻思想的具体呈现。中国共产党的新闻观念与新闻思想主要来源于马克思主义理论，是马克思主义新闻观中国化的理论成果。中国共产党从成立之日起就十分注意学习和继承世界无产阶级的办报传统及经验，党的许多新闻政策文件、领导人讲话、报刊重要文章，都是在学习和借鉴马克思恩格斯和列宁办报思想，以及苏联办报经验的基础上形成的。

而中国共产党人自身在长期新闻实践中也积累了丰富经验，逐渐形成了独具特色的新闻观念与新闻思想。这一时期形成的党的新闻政策，如“坚持党性原则”“坚持群众路线”“坚持新闻真实”“实行全党办报、群众办报”等，都是在当时我国具体历史和社会背景下对马克思主义新闻思想的继承和发展，是一种与时俱进、中国化了的马克思主义新闻思想。这一时期的新闻政策，为党的百年新闻政策变迁与发展奠定了坚实的理论基础，提供了思想上的指南和行动上的向导。

（二）指导了中国共产党的新闻宣传实践

中国共产党在成立之初的报刊活动中就开始了对新闻政策的探索，后来在整个新民主主义革命时期逐步形成一系列新闻政策，有力地指导和规范了党的新闻宣传工作，引领和规范了新闻媒体和新闻从业人员的传播行为。这一时期中国共产党从中国特殊党情和国情出发，依据中国革命自身特点和规律，形成了一系列有利于革命斗争的新闻政策。例如，土地革命期间，党、政、军首脑机关所在以中央苏区为代表的农村革命根据地红色政权——中华苏维埃共和国，是中国历史上第一个由无产阶级政党依托红色军队建立的人民政权，党的新闻政策实际上具有政府新闻法制的功能，基本上形成了包括新闻事业管理制度、新闻宣传运行程序和新闻宣传工作纪律等新闻政策体系。

抗日战争时期，延安成为中国共产党的政治中心与指挥枢纽，中国共产党实现了马克思主义同中国实际相结合的历史性飞跃。这一时期以整风运动和《解放日报》改版为背景所形成的一整套中国共产党新闻政策，包括增强新闻工作党性，实行全党办报群众办报，服务建立全国抗日统一战线目标，统一对外宣传和加强对敌军宣传报道等，成为党的新闻政策中独具特色的内容。

新民主主义革命时期中国共产党所制定的新闻政策无不服务于赢得革命战争胜利，建立人民政权的目标，这些具有鲜明时代特征和历史特点的新闻政策有效地指导了当时的革命斗争实践和新闻宣传工作实践。

（三）为后来中国共产党新闻政策的完善与发展提供了指南

新民主主义革命时期党的新闻政策的出台都经历了从制定、调整、实践到再制定、再调整、再实践的过程，呈现出了与社会变动发展同步的轨迹，充分体现了新闻政策与社会互动和与时俱进的特征。从历史发展的角度来看，这一时期党在新闻政策制定方面形成的诸多重要理论和实践经验，促进了中国共产党新闻事业的发展，同时为新中国成立后制定科学的新闻政策体系建立打下了基础。

新民主主义革命时期新闻政策的制定始终都是从“革命救国”“中国共产党始终代表着中国人民的根本利益”出发，在政策实施过程中不断进行检验、淘汰、更新，最终基本形成了中国共产党新闻工作的政策体系。例如早在中国共产党成立初期，党就颁布关于新闻出版和宣传工作的文件以确立新闻工作的基本原则、基本理念和基本规范，也为后来中国共产党新闻政策的不断完善与发展奠定了理论基础，提供了思想指南。

因此，研究新民主主义革命时期党的新闻政策的变迁与发展，有助于我们更好地认识中国共产党新闻政策的演进脉络与发展过程，指导我们更好地顺应时代发展需要，紧密联系工作实际，推动党的新闻政策的科学化、规范化、制度化和法治化。

（作者丁骋系广西大学新闻与传播学院副教授、2019年广西大学国家社科基金重大项目“百年中国共产党新闻政策变迁研究（1921—2021）”课题组成员；郑保卫系广西大学新闻与传播学院院长、2019年广西大学国家社科基金重大项目“百年中国共产党新闻政策变迁研究（1921—2021）”首席专家）

社会主义革命和建设时期中国共产党新闻政策的变革与发展*

李仕生 钱婕 郑保卫

内容摘要：社会主义革命和建设时期是百年党的新闻政策变革与发展的重要时期，这期间党的新闻政策的变革与发展取得了不少成果，积累了许多经验。本文对此作了较为全面、客观的梳理和评价，既总结了成功经验，也分析了失误教训，同时在此基础上阐述了它所带给我们的启示。

关键词：社会主义革命和建设时期；中国共产党；新闻政策；变革发展

1949年中华人民共和国的成立，揭开了中国历史的新篇章。领导和组织人民革命并取得革命胜利的中国共产党，成为在全国范围内执政掌权的党，踏上了带领人民创造美好生活的新征程。[①]马克思列宁主义、毛泽东思想是新中国各项事业的指导思想，自然也成为新闻事业的指导思想。从1949年新中国成立到1978年十一届三中全会召开前的社会主义革命和建设时期，中国共产党正是按照这一指导思想，结合当时国内经济、政治、社会、文化发展以及党的新闻工作的实际需要，制定了一系列新闻政策，确保新闻事业能够坚持社会主义方向，坚持正确舆论导向，实现平稳健康发展。

但在这一过程中，尤其是在社会主义改造基本完成，国家进入社会主义建设探索时期之后的20年时间里，我国社会主义新闻事业在保持稳步发展的

---

* 本文为国家社科基金重大项目资助课题“百年中国共产党新闻政策变迁研究（1921—2021）”（项目批准号为：19ZDA321）成果之一。

① 《中国共产党简史》，北京：人民出版社、中共党史出版社，2021年，第145页。

同时，由于受到“左”的思潮影响，也经受了一些曲折，留下了不少教训。[1]而党的新闻政策也受到一定影响，处在不断调整与变革的过程之中。

一、新中国成立到社会主义改造基本完成时期中国共产党新闻政策的变革与发展

中华人民共和国的成立，开辟了中国历史的新纪元，也开创了新中国新闻事业的新纪元。从 1949 年 10 月新中国成立到 1956 年底社会主义改造基本完成这一时期（过渡时期），是中国共产党领导的新中国社会主义新闻事业创建和初步发展的时期。

这一时期，中国共产党领导下的社会主义新闻事业逐步形成了以党报为中心、多种报纸并存的结构体系。党的新闻政策以党在过渡时期总路线为依据，以马克思主义新闻理论为指导,以改造和加强党对新闻事业的领导为主要宗旨，经历了一个由宽松、鼓励型到收缩、限制型的变化过程，内容涉及报道政策、媒介经营、队伍建设等诸多方面。[2]

这一时期，中国共产党对社会主义新闻实践和理论进行了初步探索，积累了较为丰富的经验，“形成了同经济、政治基本适应的新闻体制和新闻政策”[3]。

（一）建立第一个管理新闻事业的行政机构——新闻总署

1949 年 11 月 1 日，中央人民政府政务院成立新闻总署，作为政府行政机构行使对全国新闻事业的领导与管理职能。

新闻总署的成立改变了我国新闻事业原先由党的宣传部门直接领导与管理的体制，这对迅速理顺新闻事业管理体制、稳定新闻事业运行秩序发挥了积极作用。

新闻总署成立后，先后组织召开了全国报纸经理会议、全国新闻工作会议，并制定和发布了《关于建立广播收音网的决定》《关于统一新华通讯社组织和

---

① 郑保卫、王青:《论中国共产党新闻思想百年发展历史进程》,《社会科学战线》2021 年第 6 期，第 15 页。

② 胡正荣主编:《21 世纪初我国大众传媒发展战略研究》，北京: 中国广播电视出版社，2007 年，第 18 页。

③ 郑保卫主编:《中国共产党新闻思想史》，福州: 福建人民出版社，2004 年，第 322 页。

工作的决定》和《关于改进报纸工作的决定》等文件，对新闻事业的规范管理起到了重要推动作用。

新闻总署和出版总署于1952年8月、1954年相继撤销，全国新闻事业重新恢复由中宣部领导与管理的格局。

（二）对原有报刊、电台、通讯社实行调整和改造

这一时期，党和政府完成了对旧中国新闻事业的清理整顿，接管了国民党政权经营的报业，用于发展人民的新闻事业。原有的私营报纸先是实行公私合营，进而改为公营。在新中国成立头3年国民经济恢复时期，经过有领导、有计划、有步骤的调整和发展，在全国形成了以《人民日报》为首，并以共产党机关报为核心的，多种报纸并存的报业结构。①

在广播事业方面，从中央到各大行政区、省和直辖市以及省以下各级政府，先后建立和健全了广播领导机构。1949年10月1日，中央广播事业管理处改组为中央广播事业局，其身份既是新闻宣传机关，又是事业管理机关。

新华通讯社从中共中央的宣传机关改组成为中华人民共和国的国家通讯社。从此，新华社作为国家新闻统一发布机构，受权发布中央人民政府的一切公告及公告性新闻，并负责每日供给全国报纸和广播电台以国内国际重要新闻。②

（三）出台多种文件或通过领导人指示指导新闻政策调整

1949年到1956年间，中共中央出台了多种文件，毛泽东等党的领导人对新闻工作作过一系列指示，用以指导新闻政策调整。

1. 中央出台《关于在报纸刊物上展开批评和自我批评的决定》

为了更好地贯彻落实毛泽东在党的七届二中全会上提出的“两个务必”（务必保持谦虚、谨慎、不骄、不躁的作风，务必保持艰苦奋斗的作风），确保党在取得全国政权之后能够经受住执政的考验，1950年4月19日，中共中央发布了《关于在报纸刊物上展开批评和自我批评的决定》。《决定》首先明确了在报纸刊物上展开批评和自我批评的必要性，要求加强对广大党员干部和新闻工作者的教育，正确展开批评。《决定》还提出了正确开展批评和自我批评的一些具体办法：公开的批评由报纸记者编辑负独立的责任；报纸与党组织要支

① 方汉奇主编：《中国新闻事业通史》（第三卷），北京：中国人民大学出版社，1999年，第2页。
② 同上书，第26页。

持工农通讯员撰写批评稿件；报刊要重视发表读者来信中真实而又有益的批评；要注重批评效果与反馈，给批评者以平等的答辩权利，对打击批评者的行为会给予党纪政纪或国法的处理等。《决定》对调整新闻批评政策，指导报刊批评和舆论监督起到有效作用，受到社会好评和群众赞誉。

2．中宣部作出关于"党报不得批评同级党委"的指示

1953 年 3 月 4 日，中共广西省宜山地委机关报《宜山农民报》在一篇社论中批评宜山地委，在报社内部以及报社与地委之间引起激烈争论。广西省委宣传部就此请示中共中央中南局宣传部和中共中央宣传部。3 月 19 日，中共中央宣传部作出批示："党报是党委会的机关报，党报编辑部无权以报纸与党委会对立。党报编辑部……不经请示不能擅自在报纸上批评党委会……党委会如犯了错误，应由党委会用自己的名义在报纸上进行自我批评。……党报编辑部即在上述情况下亦无权以报纸与党委会对立。"[①]史称"党报不得批评同级党委"的指示。

该指示明确了"党报不得批评同级党委"的原则，后来这一原则一直被严格执行。

3．毛泽东提出报纸批评要实行"开、好、管"的"三字方针"

1954 年 4 月，毛泽东对胡乔木（时任中共中央副秘书长）等人谈话时指出："关于报纸上的批评，要实行'开、好、管'的三字方针"，"三字方针"中的"开"，是指要开展批评，不开展批评、害怕批评、压制批评是不对的。"好"，是指批评要开展得好，批评要正确，要对人民有利，不能乱批一阵；什么事应指名批评，什么事不应指名，要经过研究。"管"，是指要把报纸批评这件事管起来，这是根本的关键，如果党委不管，批评就开展不起来，开展起来了也开展不好。

在毛泽东提出"三字方针"后的几十年中，我国报纸批评经历了曲折过程，既有成功经验，也有失误教训。实践证明，"开、好、管"的"三字方针"是开展新闻批评和舆论监督的正确方针，今后需要继续坚持。

4．《中共中央关于改进报纸工作的决议》出台

1954 年 7 月 17 日，党中央出台了《中共中央关于改进报纸工作的决议》。

① 中共中央宣传部新闻局编：《中国共产党新闻工作文献选编（1938—1989）》，北京：人民出版社，1990 年，第 29 页。

《决议》主要内容共分6部分：一是总结新中国成立4年来报纸工作的成绩、经验和不足；二是要加强各方面的宣传工作，包括理论宣传、党的生活的宣传、经济宣传和国际宣传等；三是要加强报纸的批评与自我批评工作；四是要有计划地改进现有的各种报纸，使各种报纸都有它自己的鲜明特点；五是要整顿编辑部的工作，提高在职的新闻干部的水平；六是要加强党委对报纸工作的领导。

《决议》的出台对我国报纸工作及时总结成绩，查找不足，进一步改进工作，提高宣传能力和水平，特别是加强报纸批评工作，为社会主义革命和建设营造良好舆论氛围起到了政策指导和推动作用。

5．“百花齐放，百家争鸣”方针的提出

1956年5月2日，毛泽东在最高国务会议第七次会议上正式提出“百花齐放，百家争鸣”的方针，这是中共中央在讨论十大关系的过程中确定的关于科学和文化工作的重要方针。毛泽东说：一百种花都让它开放，不要只让几种花开放，还有几种花不让它开放，这就叫百花齐放。他还指出：在中华人民共和国宪法范围之内，各种学术思想，正确的、错误的，让他们去说，不去干涉他们。①

党和国家最高领导人把“百花齐放，百家争鸣”作为繁荣文学艺术、发展科学文化的指导方针，这标志着“双百”方针正式成为党在科学与文化领域的工作指针，成为社会主义文化建设与科学发展的思想指南。

“双百”方针的提出为党的八大召开营造了良好舆论氛围，也为八大之后团结全国人民实现党的路线方针政策创造了良好条件。

（四）党和政府新闻事业管理法律法规陆续出台

加强对新闻事业的法制化管理，是社会主义国家管理新闻事业的重要内容。1948年11月，即将执掌全国政权的中国共产党就对如何在新解放城市中接管、清理旧中国新闻机构制定了一系列政策，用以保护人民的言论出版自由和剥夺反人民的言论自由。

1949年9月召开的中国人民政治协商会议第一届全体会议通过的《中国人民政治协商会议共同纲领》，对此作出明确表述，如第49条就规定：保护

① 《毛泽东与中国道路——全国纪念毛泽东同志诞辰120周年学术研讨会论文集》(上)，北京：中央文献出版社，2014年，第509页。

报道真实新闻的自由，禁止利用新闻以进行诽谤、破坏国家、人民利益和煽动世界战争等。此后一系列法律法规相继出台。

1950 年政务院有关部门公布了《全国报纸杂志登记暂行方法草案》，规定各地出版报纸杂志（包括公营和私营），必须实行申请登记，并对报纸必须遵守的具体要求进行了规定。

1954 年第一届全国人民大会通过了《中华人民共和国宪法》，其中第八十七条规定：中华人民共和国公民有言论、出版、集会、结社、游行、示威的自由。国家供给必需的物质上的便利，以保证公民享受这些自由。

1956 年，中共中央出台了《关于报纸和期刊的创办、停办或改刊和办理申请的几项规定》，统一规定全国从中央到地方各类报纸的创办、停办或改刊的批准手续，规定了各级批准权限。

这些新闻事业管理法律法规的制定与出台，是我国社会主义新闻事业法制化建设的初步成果，它们与这一时期我国国家政权建设和经济发展的一系列政策法规是相互适应的。尽管这些法律法规还不稳定、不健全，有些政策还由于多变而影响了执行效果，但仍代表了新中国成立初期我国党和政府对新闻事业法制化建设的可贵尝试。[①]

二、中共八大后中国共产党新闻政策的变革与发展

1956 年 9 月 15 日至 27 日，中国共产党第八次全国代表大会在北京召开，这是新中国成立后中国共产党召开的第一次全国代表大会。这次会议分析了社会主义改造基本完成以后，我国阶级关系和国内主要矛盾的变化，确定把党的工作重点转向社会主义建设。大会提出，生产资料私有制的社会主义改造基本完成以后，国内的主要矛盾不再是工人阶级和资产阶级之间的矛盾，而是人民对于建立先进的工业国的要求同落后的农业国的现实之间的矛盾，是人民对于经济文化迅速发展的需要同当前经济文化不能满足人民需要的状况之间的矛盾。

党的八大制定的路线总体是正确的。但由于我国尚处于社会主义建设探索期，许多新的思想观念和方针政策尚未确立并取得深刻共识。许多新的方针政策也还没有能够充分付诸实施，有的很快便发生了反复，致使这些思想观念

① 郎劲松：《中国新闻政策体系研究》，北京：新华出版社，2003 年，第 65 页。

和方针政策没有能够很好地得到贯彻落实。反映在党的新闻政策上，也出现了一些波折和反复，影响了对党的八大路线的有效贯彻和执行。

（一）毛泽东提出“阶级斗争工具论”

“阶级斗争工具”是20世纪50年代毛泽东对我国报纸性质的一种定位。1957年3月，毛泽东在《同新闻出版界代表的谈话》中说：“在阶级消灭之前，不管通讯社或报纸的新闻，都有阶级性。资产阶级所说的‘新闻自由’是骗人的，完全客观的报道是没有的。”[①]

“阶级斗争工具论”最早出现在1930年的《红旗日报》上。这年8月15日第1期的《发刊词》，以及报纸的9月9日宣言，都提到“报纸是一种阶级斗争的工具”。后来在中共中央文件和领导人的讲话中多次出现类似表述。

1957年6月14日，《人民日报》在毛泽东的授意下发表社论《〈文汇报〉在一个时间内的资产阶级方向》强调，“在社会主义国家，报纸是社会主义经济即在公有制基础上的计划经济通过新闻手段的反映，和资本主义国家报纸是无政府状态的和集团竞争的经济通过新闻手段的反映不相同，在世界上存在着阶级区分的时期，报纸又总是阶级斗争的工具。”[②]

“阶级斗争工具论”的基本观点是，在阶级社会里新闻媒体是阶级间进行政治斗争的工具。新闻事业作为一种政治性很强的事业，在依然存在阶级和阶级斗争的社会中，具有作为阶级舆论阵地和阶级斗争工具的属性，应该说是成立的。毛泽东从经济基础决定上层建筑的角度提出“报纸又总是阶级斗争的工具”，就反映了新闻事业的这种属性。马克思主义经典作家的相关新闻论述中也都提到过报纸以及整个新闻业是阶级斗争的工具、武器或阵地。

但如果把报纸性质及其主要功能，甚至是唯一功能定位为“阶级斗争工具”，那就绝对化了。自20世纪50年代起很长一段时间里，“阶级斗争工具论”作为一种基本理念主导着我国新闻工作，到了“文化大革命”中，更是把报纸等新闻媒体当成了“无产阶级专政的工具”，不仅误导新闻工作偏离了正确方向，给党和人民的事业带来了重大损失，也给党的新闻事业带来很大伤害。

---

① 中共中央文献研究室编：《毛泽东文集》（第7卷），北京：人民出版社，1999年，第263页。

② 《〈文汇报〉在一个时间内的资产阶级方向》，《人民日报》1957年6月14日。

（二）毛泽东提出“政治家办报”思想

“政治家办报”是毛泽东20世纪50年代提出的办报理念，后来成为我们党长期坚持的办报思想。1957年6月7日，毛泽东在与胡乔木和即将接任邓拓担任《人民日报》总编辑的吴冷西谈话时提出：“写文章尤其是社论，一定要从政治上总揽全局，紧密结合政治形势，这叫做政治家办报。”[①]这年6月，毛泽东在与吴冷西的另一次谈话中再次提出：“新闻工作，要看是政治家办，还是书生办。……要反对多谋寡断，没有要点，言不及义。要一下子看到问题所在，搞新闻工作，要政治家办报。”[②]

毛泽东强调“政治家办报”，是指办报的人要有政治意识、政治头脑、政治眼光和政治远见，要善于从政治上观察和思考问题，从政治上总揽工作全局，要能够抓住事情要害，紧密配合国内外政治形势，以使新闻工作更好地为全党和全国工作大局服务，这是中国共产党新闻工作长期积累的传统和经验。

“政治家办报”后来成为邓小平、江泽民、胡锦涛、习近平等中国共产党领导人始终坚持和传承的思想观点。他们都重申“政治家办报”的重要性，都强调要将其作为我国新闻工作必须遵循的基本方针和重要原则。这一思想也成为各个时期我们党制定相关新闻政策的依据。

（三）反右斗争中宣传报道的政策变化

1957年4月，党中央为了纠正当时党内存在的官僚主义、宗派主义和主观主义等问题，决定进行整风。4月27日中共中央发出《关于整风运动的指示》，要求在全党进行一次以正确处理人民内部矛盾为主题，以反对官僚主义、宗派主义、主观主义为内容的开门整风运动。5月2日《人民日报》发表了《为什么要整风》的社论，要求“让人民有不同的意见敢于自由发表，能够自由讨论”。

整风运动得到了广大人民群众、知识分子和爱国民主人士的热烈响应。为帮助中国共产党整风，他们提出了许多意见，其中有很多意见是建设性、善意的、正确的和有益的。但也有极少数敌视社会主义制度、对中国共产党心怀不满的人，借整风运动之机在公开场合或报刊上以所谓的“大鸣”“大放”“大民主”为由，大肆攻击人民民主专政和党的领导。

---

① 《缅怀毛泽东》，北京：中央文献出版社，1993年，第203页。

② 中共中央文献研究室，新华通讯社编：《毛泽东新闻工作文选》，北京：新华出版社，2014年，第215－216页。

正当“鸣放”在全国深入进行之时，6 月 8 日，针对当时整风运动出现的严重状况，中共中央发出了《关于组织力量准备反击右派分子进攻的指示》。同一天，《人民日报》发表社论《这是为什么？》，文章强调国内大规模的阶级斗争已经过去，共产党也要倾听党外人士一切善意的批评，但阶级斗争还在进行着，我们还必须用阶级斗争的观点来观察当前的这种迹象，并且得出正确的结论。此后，全国开展了大规模的反右斗争，一直持续到 1958 年夏季才基本结束。

反右斗争对极少数资产阶级右派分子的恶毒攻击进行反击是必要的，但是由于错估了斗争形势和知识分子队伍，致使反右斗争被严重扩大化了，一大批知识分子被错划成右派。

在这场运动中，由于前后期在新闻政策上调整变化太大，致使一些媒体在新闻报道和舆论导向上出现偏差和失误，给我们留下了很多教训。

（四）毛泽东致信广西省委领导对党报工作进行指导

1958 年 1 月，中央工作会议在广西南宁召开。毛泽东在会议期间给时任广西省委第一书记刘建勋和广西省省长韦国清二位同志写了封信，对如何办好《广西日报》做了明确指示。这封指示信的主要内容大致包括以下几方面：一是提出报纸的“五大作用”，即“组织、鼓舞、激励、批判、推动”；二是强调省委要加强对省报的领导和指导，要求省委书记和省长要亲自抓党报工作，同时强调社论的重要性，要求第一书记要带头为省报写社论；三是要求领导要用心学习钻研，成为办报行家；四是办报要善于做比较，向同行学习。[①]

该信提出了许多党报工作中的重要问题，尤其是强调党委要重视党报工作，加强对党报工作的领导，意义重大；1958 年 11 月在《新闻战线》杂志公开发表后对全国新闻工作，特别是对省级党报工作具有重要指导意义。

（五）“大跃进”的错误宣传及纠偏

1957 年，我国超额完成第一个五年计划，反右斗争在政治战线、思想战线也取得了“决定性的胜利”。在这种形势下，1958 年 5 月党的八大二次会议通过了“鼓足干劲、力争上游、多快好省地建设社会主义”的总路线。会后，“大跃进”运动在全国范围内迅速从各方面开展起来。当时许多人对经济建设

① 中共中央文献研究室编：《毛泽东文集》（第 7 卷），北京：人民出版社，1999 年，第 338 页。

发展速度估计过高，认为应该打破第一个五年计划经济增长速度的“常规”，来一个“巨大的跃进”。于是，一些地方的决策者在制定工农业生产计划时好高骛远，贪多求快，提出了一些脱离实际的目标，引发严重的浮夸风。不少地方争先恐后地竞放高产“卫星”。一些新闻媒体积极配合组织报道，推助了这场“大跃进”运动，也助长了当时的浮夸风。

1958 年的“大跃进”运动，加上同时在农村开展的人民公社化运动，反映了当时党和广大人民群众迫切要求改变我国经济文化落后状况的普遍愿望，但违背了经济建设和社会发展所必须遵循的客观规律，给党和人民的事业造成严重损失。而新闻媒体在这场运动中缺乏冷静思考，跟风造势，起到了火上浇油、推波助澜的作用，教训极为深刻。

1958 年 8 月 3 日，中共中央针对“大跃进”中一些媒体对工农业等生产领域宣传报道中出现的浮夸不实、弄虚作假、“大放卫星”等乱象，发布了《中央关于目前生产大跃进新闻宣传中注意事项的通知》。《通知》对这些错误倾向作出警示，并提出了一些具体要求，强调必须坚持实事求是的原则。《通知》在落实过程中取得了一定效果，但由于 1959 年庐山会议后开展的反右倾运动的影响，《通知》的精神没有能够很好地落实。

1958 年 11 月 11 日，毛泽东在与时任新华通讯社社长、《人民日报》总编辑吴冷西的谈话中提出，“记者头脑要冷静”。他说：“记者到下面去，不能人家说什么，你就反映什么，要有冷静的头脑，要作比较。”①

毛泽东认为记者遇到问题要善于具体问题具体分析，要看到矛盾的正面、侧面、各个方面，这些思想对当时纠正新闻报道中的浮夸风起到一定作用，但是当时的整体形势，以及后来反右倾运动的影响，没有收到预期的效果。

（六）典型报道的倡导及其丰富实践

从新中国成立初期到 20 世纪 60 年代中期是我国典型报道相对集中的时期。这一时期，党中央延续革命战争年代的新闻报道与管理模式，强调用思想政治工作、群众运动、牺牲精神等来改造世界。毛泽东要求报纸要发挥“组织、鼓舞、激励、批判、推动的作用”，并提出“典型宜多，综合宜少”。

---

① 中共中央文献研究室、新华通讯社编：《毛泽东新闻工作文选》，北京：新华出版社，2014 年，第 263 页。

在这种背景下，典型报道得以迅速在各种媒体上发展起来。这一时期我国新闻媒体根据全国开展的“工业学大庆、农业学大寨、全国学习解放军”活动，推出了一系列典型报道，在社会上产生了重大影响。铁人王进喜、解放军战士雷锋、县委书记焦裕禄、知识青年邢燕子等，一大批典型人物的事迹通过媒体宣传为社会和公众所知晓，成为大家学习的榜样，起到了鼓舞士气、凝聚民心的作用，大大推动了社会主义各项事业的发展。新闻媒体也在典型报道中不断积累经验，总结教训，克服存在问题，形成了一些较为成熟的做法，使得典型报道在实践中得到不断强化。

（七）“五一六通知”的出台及其对全国的影响

1966 年“文化大革命”的发动，虽然有防止资本主义复辟，探寻新形势下建设社会主义道路等原因。然而由于当时对社会主义社会建设发展规律的认识还不是太清楚，加之“左”的错误在实践和理论上不断积累，很多关于社会主义建设的正确思想没有得到贯彻落实，最终酿成内乱。“文革”十年，使我国社会主义事业遭受新中国成立以来最严重的挫折，也给党的新闻事业造成极大摧残，其教训十分惨痛。

“文革”的发动缘起于“五一六通知”。1966 年 5 月 16 日，中央政治局扩大会议通过了《中国共产党中央委员会通知》，即“五一六通知”。《通知》呼吁：“全党必须遵照毛泽东同志的指示，高举无产阶级文化革命的大旗，彻底揭露那批反党反社会主义的所谓‘学术权威’的资产阶级反动立场，彻底批判学术界、教育界、新闻界、文艺界、出版界的资产阶级反动思想，夺取在这些文化领域中的领导权。”新闻界作为要被彻底批判和夺权的“五界”之一，成为最早受到批判和冲击的单位。

5 月 25 日，新改组的北京市委撤换了《北京日报》《北京晚报》和《前线》编委会，要求《前线》杂志停刊整顿。5 月 31 日，陈伯达率工作组进驻《人民日报》，宣布由工作组领导人民日报社，吴冷西停职反省。1967 年 1 月初，上海造反派组织夺取了上海市的党政领导权，并掀起“一月风暴”。1 月 4 日和 1 月 5 日，上海的《文汇报》和《解放日报》相继被反动派“夺权”，宣布“新生”。1 月 14 日和 1 月 17 日，北京人民广播电台和上海人民广播电台也相继被造反派夺权。夺权的运动很快蔓延至全国新闻界，各级新闻机构因此失去了党的正确领导，偏离了正确的道路。

（八）“文革”前期的新闻政策与新闻实践

“文革”中正式出台的新闻政策数量有限，当时指导和规范新闻工作的主要依据是“五一六通知”。而林彪和“四人帮”等人炮制的言论，以及“两报一刊”（《人民日报》《解放军报》和《红旗》杂志）上发表的社论，都实际上承担着对全国新闻工作的指导作用。比如林彪为争取政治资本，刻意迎合，将对毛泽东的个人崇拜推上顶峰。他在60年代多次下达指示给《解放军报》，要求“在一切宣传中坚持以毛泽东思想为指针……是报纸的最高政治标准”①，并号召夺权，称“乱”不要紧，“乱”然后才能治。这些给《解放军报》的指示对全国报纸起到了很坏的示范作用。再如1968年9月1日，陈伯达、姚文元合伙炮制的《把新闻战线的大革命进行到底》一文，攻击、诬陷刘少奇和新闻出版界领导，全面颠覆了新中国成立后建立起来的马克思主义指导下的社会主义新闻理论和党的新闻工作优良传统，也彻底否定了邓拓、吴冷西等党的新闻工作者多年来所作的新闻改革尝试，带来很大的思想混乱。

在极左思想影响下，“以阶级斗争为纲”逐步取代了新闻工作的党性、真实性和群众性原则。“文革”期间，民众获取信息的通道被政治鼓噪和大量满是“假、大、空、套”话的文章所拥塞。中央“文革”小组以及后来的林彪反党集团和“四人帮”把媒体当作实现其政治野心的工具，无视新闻客观真实的基本要求，甚至提出“事实要为政治服务”“材料从斗争的需要出发”“没有的可以加上去”等观点，致使出现大量虚假报道和“高、大、全”的假典型。这些虚假报道和假典型误导了人民群众，也损害了媒体声誉。

“文革”中，报业结构也出现了较大变动。1967年1月，《中共中央关于报纸问题的通知》提出，除了《人民日报》《解放军报》和《光明日报》，“有些省市的报纸，停刊闹革命，这是可以的”。受到中央允许报纸“停刊闹革命”的指示，加之新闻界因夺权斗争受到严重冲击，很多报纸停刊，国内舆论听命于中央“文革”小组牢牢控制的“两报一刊”。与此同时，“文革小报”倏忽兴起，盛极一时。迄今已见到或有确切记载的北京地区的“文革小报”近1000种，约计8770期，全国出版的“文革小报”（铅印或胶印）超过6000种。②

---

① 《一定要把军队报纸办好——〈解放军报〉社论》，《新闻业务》1964年第5期，第1－4页。

② 方汉奇主编：《中国新闻事业通史》（第三卷），北京：中国人民大学出版社，1999年，第226－227页。

这些小报经常刊发一些对自己一派组织有利的“首长讲话”和动态消息，其内容真假混杂，多有歪曲、夸大之处，充满政治鼓噪和攻击漫骂之词。[①]

（九）“文革”中新闻政策的调整与媒体乱象的纠正

面对“文革”中的媒体乱象，毛泽东、周恩来等国家领导人是警惕的，并多次提出要求进行新闻政策调整。1967 年 12 月，为扭转广播电视系统因夺权导致的混乱和无政府的局面，中共中央决定对中央广播事业局实行军管。至 1973 年 1 月的五年中，军管小组对稳定局势、确保安全播出起了积极作用。面对日渐高涨的个人崇拜，毛泽东多次表示不满，提出批评。尤其是“文革”中，外宣任务由新中国成立初期规定的“对外介绍中国的情况和主张，促进世界人民对中国人民的了解和同情”，变成了“宣传毛泽东思想和推动世界革命”。[②]“文革”前曾确立的“内外有别，外外有别”的外宣策略也被推翻，激进的外交政策与空洞高调的宣传语言相配合，不仅让原本对华友好的海外读者、听众渐渐流失，也致使外交纠纷频频发生，使得我国在国际社会空前孤立。[③]

为此，1967 年至 1969 年，毛泽东和周恩来数十次就外宣工作中的极左做法作出批示和指示，要求删去“伟大的导师、伟大的统帅、伟大的舵手”这类字眼，一再强调“不要强加于人”。1974 年至 1976 年间，毛泽东创造性地提出“三个世界”的重要理论和战略思想，由此“三个世界”划分的理论，成为我国外宣工作中对不同国家采取不同宣传方针的依据。

实事求是地讲，毛泽东的指示对“文革”中新闻工作纠偏起到了一定作用，但由于“文革”中实际掌握宣传舆论权力的是中央“文革”小组，因此批示的执行效果在一定程度上打了折扣。在某些情况下为纠正一个问题提出的策略，又会导致另外的问题。如 1968 年下半年，毛泽东针对当时新闻宣传工作中出现的“假、大、空”现象，指示《解放军报》“综合宜少，典型宜多”，但却导致了后来典型报道的畸形发展。

1971 年，林彪出逃的“九一三”事件发生后，周恩来和邓小平相继主持日常工作。周恩来在极端困难的条件下整顿和加强工业企业管理，落实正确的

---

① 方汉奇主编：《中国新闻事业通史》（第三卷），北京：中国人民大学出版社，1999 年，第 228－229 页。

② 甘险峰：《中国对外新闻传播史》，福州：福建人民出版社，2004 年，第 197 页。

③ 姚遥：《新中国对外宣传史》，北京：清华大学出版社，2014 年，第 196 页。

农村经济政策，邓小平也在1974年上台后大刀阔斧地对交通、工业、农业、科技、军事等各条战线进行整顿。这一时期，新闻媒体一方面按要求批判极左思潮，清除林彪反革命集团的影响，另一方面配合全面整顿工作，积极向国内外宣传我国的建设成就，取得了不少成绩。

“文革”后期，“四人帮”虽仍能管控舆论，但其控制力和影响力已经开始不断削弱。1976年1月8日周恩来总理逝世，姚文元提出不得在报道中突出周恩来总理，不准用大字号标题，不准刊登总理遗像，不准播出周恩来生平照片等多项无理要求。新闻界许多人不顾禁令，记录下了大量人民群众沉痛悼念周总理的感人场面。其中，纪录电影《敬爱的周恩来总理永垂不朽》，为我们留下了北京市民冒着严寒十里长街送总理的珍贵历史资料。

1976年10月6日，“四人帮”被粉碎，“文革”结束。舆论宣传的领导权重新掌握在党中央的手中，新闻界在经历了拨乱反正后重新回到正轨。

三、社会主义革命和建设时期中国共产党新闻政策变革与发展的启示

中国共产党的新闻政策是党的纲领主张和政治意志在新闻工作中的集中体现。中国共产党是执政党，所以党的新闻政策也是国家指导和管理新闻工作的政治原则，它主导并规范着我国新闻事业的发展方向。

在近30年的社会主义革命和建设时期，中国共产党的新闻政策有许多调整与变革，也取得一定发展，值得我们认真总结。这一时期中国共产党许多重大的新闻政策都是以中共中央名义颁行全国的。另外，毛泽东等党中央领导同志都对新闻工作发表过许多重要讲话；党的新闻宣传主管部门也根据当时新闻工作实际情况制定了一系列政策措施和具体规定。

这些重要文件、讲话和政策规定，不仅保证了当时我国新闻宣传工作的社会主义方向，促进了社会主义各项事业的发展，同时对后来中国共产党新闻政策的理论研究与改革实践也有重要指导意义。而在社会主义建设探索时期，中国共产党在新闻政策调整与变革过程中出现的一些问题和教训同样也给我们留下了许多理论和实践方面的思考与启示。

（一）党的新闻政策的调整与变革要确保党对新闻事业的领导

与世界上许多国家相比，我国新闻事业管理有其特殊性，这是由我国的

社会主义国家性质所决定的。我国新闻事业管理的理论依据主要源自“党报理论”，即强调新闻事业是党的有机组成部分，从属于党组织的领导，是党的喉舌。这是党制定新闻政策的理论前提和依据。

新闻政策必须有助于引导和规范新闻事业坚持党的领导，坚持党性原则，唯此才能确保我国新闻事业的社会主义方向，促进新闻事业的繁荣和发展。事实证明，党的新闻事业能否健康发展，与这一原则是否得到贯彻落实紧密相关。“文化大革命”时期林彪和“四人帮”把控宣传舆论大权，严重背离了这一原则，新闻媒体成为他们实现其政治野心的工具，使党的新闻事业乃至党在人民群众中的威信蒙受巨大损失，教训极为深刻。

因此，确保党对新闻事业的领导，是党的新闻政策调整与变革所要遵循的基本原则，要通过新闻政策来确保新闻事业始终坚持党性原则，坚持正确政治方向。唯此，才能使党的新闻事业稳步健康发展，否则便会事与愿违。

（二）党的新闻政策的调整与变革要最大限度地维护人民群众与社会公共利益

在社会主义国家，人民是国家和社会的主人。国家的利益是人民群众个人利益、集体利益和国家利益的统一体，是全局利益与局部利益的统一体，这在客观上要求在国家政治体系内，各层次、各要素的利益需要实现有机整合。新闻政策的制定、调整和变革也须充分考虑最大限度地维护人民群众和社会公共利益，实现各种不同利益的整合。

所谓“利益整合”就是要在承认人民群众个人利益、局部利益和国家利益相对独立和存在差异性的前提下，强调个人利益、局部利益服从全局利益、国家利益，当它们之间发生冲突时，应把全局利益、国家利益放在第一位。[①]

因此，最大限度地维护广大人民群众利益和社会公共利益，也是党的新闻政策调整与变革所要遵循的基本原则，要通过新闻政策来确保新闻事业始终为人民群众和社会公共利益服务，要使人民群众成为媒体主人、报道主体和新闻主角。实践证明，凡是党的新闻政策能够最大限度地维护人民群众利益和社会公共利益的时候，就会得到人民群众拥护，其执行效果就好，反之便会受到人民群众唾弃，也无法得到预期效果。

① 胡正荣:《21世纪初我国大众传媒发展战略研究》, 北京: 中国广播电视出版社, 2007年, 第25页。

（三）党的新闻政策的调整与变革要体现严肃性和权威性

新闻政策是对新闻工作客观规律的一种反映，因此它应该具有严肃性和权威性。新闻政策的严肃性和权威性，不仅在于新闻政策本身的正确，而且也在于这些正确的新闻政策能否得到认真贯彻和执行。执行新闻政策不能东摇西摆、时松时紧，更不能随心所欲地按个人好恶来解释和对待新闻政策。

在社会主义革命和建设时期，中国共产党颁布的各项新闻政策大多都能较好地贯彻和执行，也有一些新闻政策，或是由于政策本身脱离实际，有违民意和公益而缺乏严肃性和权威性；或是由于执行者认识不高，行动不力，执行效果不理想，影响了新闻政策的有效执行，使原本正确的新闻政策在执行过程中失去了严肃性和权威性。

还须注意的是，从我国新闻政策通常的发布程序看，我们对新闻事业的管理和规制多是通过行政命令、部门条例、暂行办法等，正式的法律条文不多。由此看来，推进新闻政策的法制化，更多地借助法治来管理和规范新闻事业是今后新闻政策变革与发展的必由之路。

（四）党的新闻政策的调整与变革要保持稳定性和连续性

任何政策都要保持一定的稳定性和连续性，党的新闻政策也一样。通常情况下，如果新闻政策不稳定，缺乏连续性，会造成执行者无所适从，飘忽不定的情况，甚至会出现忽左忽右的问题，给新闻工作带来不便，造成损失。同时，也会使一些新闻主管部门、媒体机构及相关执行者养成看风使舵、消极等待上级指令的习惯。因此，党的新闻政策保持稳定性和连续性，对于促进我国新闻事业健康有序发展至关重要。

当然，党的新闻政策保持一定稳定性和连续性，并不意味着可以墨守成规，一成不变。根据形势的不断发展和情况的不断变化，党的新闻政策可以适时作出合理调整。有些则需要加以补充完善，但要避免陷入“一抓就死，一放就乱”的状况。

（五）党的新闻政策的调整与变革可以通过不同形式来体现

鉴于我国特殊的政治体制，新闻政策的内容主要是通过新闻立法、新闻法规、领导人讲话和党的文件等多种形式来体现的。

新闻立法方面。我国虽然没有专门的新闻法，但宪法、刑法、民法通则、突发事件应对法等，都有与新闻传播紧密相关的条文，可以作为依据。

新闻法规方面。新中国成立后，党的新闻政策多数情况下还是以行政法规和部门规章的形式体现的。这些行政法规和部门规章涉及广泛，在一定程度上可以解决因新闻法缺位而带来的问题，但这些行政法规和部门规章也存在法律效力不高、普适性不强等问题。

领导人讲话和党的文件方面。由于我国特殊的党情和国情，党的领导人的一些针对新闻工作的重要讲话，特别是一些系统性讲话在很多情况下是作为党的新闻政策组成部分而发挥作用的。为了贯彻领导人的讲话精神，宣传部门以及其他新闻主管部门，往往会依据这些讲话适时发布相关指导性文件，监督和促进新闻政策的贯彻与落实。此外，一些中央领导或主管部门对某一事件（或问题）的批示，有时不一定大范围公开，也不会专门颁布正式文件，但很多情况下也可视为新闻政策的一部分。

（六）党的新闻政策的调整与变革要防止“左”和右两种倾向的影响

在我国实行社会主义改造时期，新闻政策的调整与变革相对来说比较平顺，但后来由于连续不断的政治运动，使得我国新闻政策的调整与变革出现了一些反复。比如，在革命战争年代，“阶级斗争工具论”观点有其合理性和必要性，但在进入社会主义建设时期，敌我矛盾已经不再是国内主要矛盾，而更多的是人民内部矛盾的情况下，此时仍然过分强调“阶级斗争工具论”，就容易激化矛盾，导致不良后果。同时，这种观点忽视了新闻事业作为一种文化事业的特点，把属于上层建筑意识形态范畴的新闻事业同军队和司法等暴力机关等同起来，不仅理论上是片面的、不科学的，而且实践上也是非常有害的。对这样一些错误和偏差，需要以实事求是、认真负责的态度，从党和国家事业发展大局出发，从维护广大人民群众根本利益出发及时纠正，并总结教训，避免重犯类似错误。

除了要注意防止新闻政策制定过程中的“左”的倾向外，也要注意防止对新闻工作中出现的一些违反党的路线方针政策和法律法规的现象放任不管的右的倾向。总之要防止“左”和右两种倾向对新闻政策造成的负面影响。

四、结语

在从新中国成立到中共十一届三中全会召开的这段时间里，由于国际大背景和国内复杂情势等原因，也由于中央高层在决策上的某些失误，曾经有一段时期（如“文化大革命”）国内政治局面出现了混乱状态，党的新闻政策的变革与发展也受到冲击和影响。但总体而言，在社会主义革命和建设时期，中国共产党根据马克思主义新闻理论和我国具体新闻实践制定了大量具有重大理论和实践价值的新闻政策和法律法规，这些政策和法规的出台是马克思主义新闻理论在中国的具体实践。其理论成果、成功经验，包括失误教训，对十一届三中全会之后改革开放新时期党的新闻改革和新闻政策的制定有着重要启示和参考价值。

（作者李仕生系广西大学新闻与传播学院副教授、2019 年广西大学国家社科基金重大项目“百年中国共产党新闻政策变迁研究（1921—2021）”课题组成员；钱婕系山东师范大学新闻与传媒学院副教授、2019 年广西大学国家社科基金重大项目“百年中国共产党新闻政策变迁研究（1921—2021）”课题组成员；郑保卫系广西大学新闻与传播学院院长、2019 年广西大学国家社科基金重大项目“百年中国共产党新闻政策变迁研究（1921—2021）”首席专家）

改革开放时期中国共产党新闻政策的改革与发展

叶俊 郑保卫

内容摘要：自 1978 年国家实行改革开放以来，中国共产党的新闻政策适应国内外形势深刻变革和新闻宣传工作全面改革的需要不断改革、完善和发展，积累出许多经验。本文对这一时期党的新闻政策的改革与发展进行了系统梳理，分析其时代背景，探寻其主要内容，总结出其坚持解放思想、坚持遵循新闻传播规律、坚持党管媒体原则、坚持顺应全球化趋势和坚持推进市场化改革等基本经验。

关键词：改革开放时期；中国共产党；新闻政策；改革发展；基本经验

2021 年，中国共产党迎来了百年华诞。回顾百年来，中国共产党在领导新民主主义革命、开展社会主义革命和建设、推动改革开放和现代化建设中取得了巨大进步和成就，可以发现在此过程中，党的新闻事业根据不同历史阶段的政治使命和中心任务，结合新闻工作实际需要，在总结自身经验教训和借鉴苏联以及西方国家新闻管理实践和理论的基础上，制定了一系列用于领导和管理新闻工作的新闻政策，并逐步形成了一套较为完备的适合我国新闻工作实际需要的新闻政策体系。[①]

1978 年到 2012 年，我国处于全面改革开放的重大转型和发展时期，党的新闻政策在这一时期也随之进行了全面改革，取得了重大发展。本文将对改革

① 郑保卫：《百年政策变迁 案例精彩纷呈——“百年中国共产党新闻政策变迁研究”案例选登开篇致语》，《青年记者》2021 年第 1 期，第 36 页。

开放时期党的新闻政策的改革与发展进行梳理，分析其时代背景，探寻其主要内容，总结其基本经验，以推动我国社会主义新闻事业获得更大发展。

一、改革开放时期中国共产党新闻政策改革与发展的时代背景

改革开放时期中国共产党新闻政策的一系列改革与发展，与该时期的时代背景息息相关。结束“文化大革命”完成了思想政治上的拨乱反正，社会主义现代化建设以及社会主义市场经济的发展促进了生产力解放，信息全球化浪潮为我国对外开放融入世界提供了动力，中国共产党新闻政策的改革与发展正是在这些时代背景下发生的。

（一）解放思想的客观要求

“实践是检验真理的唯一标准”的大讨论，开启了我国新时期解放思想的历史进程，成为指导我国新闻事业以及新闻政策改革与发展的重要推动力。大讨论对新闻政策改革与发展的推动主要体现在，通过解放思想恢复了实事求是的传统，摆脱了僵化保守和形式主义的思想束缚，维护新闻传播基本规律等开始得到重视。

在纠正“重在宣传个人”的做法方面，1980年7月30日，中共中央出台的《关于坚持“少宣传个人”的几个问题的指示》中提出：“报纸上要多宣传马列主义、毛泽东思想，多宣传社会主义优越性和工、农、兵、知识分子为四个现代化奋斗的成就，多宣传党的政策方针决议，少宣传领导人个人的没有重要意义的活动和讲话。”[①] 1994年1月10日，《关于切实做好减少中央领导同志过多事务性活动的意见》中重申了“党中央、国务院领导同志出席部门举办的会议和活动，一般不做新闻报道”，以及“不要把领导同志的出席作为报道与否或报道规格的标准”[②]等规定。这些政策基于解放思想的背景，也是解放思想的表现，为新闻事业改革提供了新环境。

① 中共中央宣传部新闻局编：《中国共产党新闻工作文献选编（1938—1989）》，北京：人民出版社，1990年，第45页。

② 中共中央文献研究室编：《十三大以来重要文献选编》（下），北京：人民出版社，1993年，第2181页。

在维护新闻传播基本规律方面，中宣部分别在1983年和1985年发布《关于新闻宣传要考虑内外影响注意社会效果的通知》和《关于当前报刊在法制宣传方面应注意的几个问题的通知》。这两个文件都强调新闻媒体在配合报道违法犯罪活动的时候一定要权衡利弊，考虑内外影响，注重社会效果，维护新闻的真实性。随着互联网技术的发展，2000年11月6日，国务院发布《互联网站从事登载新闻业务管理暂行规定》，要求互联网新闻必须保证真实性、准确性、合法性。解放思想、实事求是提高了新闻工作对传播效果和规律的重视程度。

除此之外，突发事件报道对时效性、真实性都有着严格要求，因此新闻政策还格外重视对突发事件报道的管理。1989年1月发布的《关于改进突发事件报道工作的通知》，2003年8月发布的《关于进一步改进和加强国内突发事件新闻报道工作的通知》，都强调要改进和加强国内突发事件新闻报道工作，坚持与时俱进，保证信息的全面性和准确性，保障人民群众的知情权。

（二）发展社会主义市场经济的内在要求

党的十一届三中全会作出把党和国家的工作重心转移到经济建设上来，实行改革开放的伟大决策。在实行改革开放过程中，党中央不断深化对计划与市场关系的认识，逐步形成了以市场为导向的经济体制改革思路。党和国家工作重心的战略转移和社会主义市场经济的快速发展，也推动了新闻工作重心的战略转移，促进了新闻政策的不断调整与改革。这一时期党和政府制定的新闻政策注重对新闻媒体刊播广告工作的管理，以及理顺新闻工作社会效益与经济效益的关系，推动新闻媒体市场化改革等。

推动新闻媒体刊播广告的管理。20世纪80年代，商业广告的发展使得媒体刊播广告成为必然，中共中央发布了一系列关于媒体广告的管理政策。1985年发布的《关于报纸、书刊、电台、电视台经营、刊播广告有关问题的通知》和1988年发布的《关于报社、期刊社、出版社开展有偿服务和经营活动的暂行办法》，为新闻媒体刊播广告作出正确引导。针对新闻媒体刊播广告过程中出现的问题，1985年和1989年，中共中央又分别发布了《关于加强广告宣传管理的通知》和《关于严禁新闻出版的单位所属记者站、办事处经营广告业务的通知》，对媒体广告业务进行了规范管理。

理顺新闻工作社会效益和经济效益的关系。1993年7月31日，新闻出版署出台的《关于加强新闻队伍职业道德建设，禁止“有偿新闻”的通知》，强调新闻工作者必须将社会效益放在首位，不得盲目追求经济效益。通知明确指出，关于“有偿新闻”等不正之风会损害新闻工作信誉，腐蚀新闻队伍，必须坚决制止。1994 年 4 月 19 日，中央宣传部发布《关于坚持不懈地抓好新闻队伍职业道德建设的通知》，重申了对新闻队伍职业道德建设的严格要求。

推动新闻媒体市场化改革。1994 年发布的《关于加强管理进一步办好报纸“周末版”的意见》指出，报纸“周末版”的经营和发展体现出我国新闻媒体对社会主义市场经济的适应。2002 年 7 月 2 日，新闻出版总署发布《关于深化新闻出版广播影视业改革的若干意见》，对集团化建设、多媒体兼营、跨地区经营、拓宽融资渠道等重要改革问题提出意见。2004 年以后，大批国有经营性文化单位进行企业工商注册登记，核销事业编制，注销事业法人。截至 2011 年底，已有近 1200 家国有文艺院团、570 余家国有出版社、1600 多家报刊完成转企改制。在一系列新的政策规范和引领下，我国新型媒体在市场竞争中迅速成长起来。①

（三）信息全球化浪潮的必然要求

20 世纪八九十年代，国际政治格局发生深刻转变，经济全球化、网络信息化的浪潮叠加，席卷了世界各国，对我国也产生了深刻影响。在世界范围内的多样化交流，促使我国新闻政策的制定需要考虑如何在适应新形势发展需要的前提下坚持社会主义新闻工作根本原则的问题。信息全球化浪潮对我国新闻政策改革与发展的推动，主要体现在加强对外宣传和国际传播、保护国家意识形态安全和加强网络信息工作管理等方面。

加强对外宣传和国际传播。1997 年 3 月，《关于利用国际互联网络开展对外新闻宣传暂行规定》对网络对外传播作出严格管束，强调所有机构必须“在中央对外宣传信息平台统一入网”。1999 年 10 月 16 日，中央宣传部发布《关于加强国际互联网络新闻宣传工作的意见》，对加强国际互联网络上的新闻宣传作出了部署。2008 年 10 月 17 日，国务院发布《外国常驻新闻机构和外国记者采访条例》，对外国常驻记者、外国短期采访记者和外国常驻新闻机构的采访活动提出了相关规范和要求。

维护国家意识形态安全。1987 年，中共中央发布《关于坚决妥善地做好报纸刊物整顿工作的通知》，中央宣传部发布《关于改进新闻报道若干问题的

① 《文化体制改革 造福文化民生》，《人民日报》2012 年 6 月 4 日。

意见》，这两个文件都强调要端正新闻舆论阵地的思想政治方向，对宣扬资产阶级自由化观点，脱离党性原则的报刊和电台要重点整顿。1991 年 12 月 21 日新闻出版署发布的《关于建立新闻、出版三资企业审批程序的通知》明确规定，“新闻、出版行业（包括图书、期刊、报纸、音像的出版、印刷、复录、发行单位），禁止设立外资企业，原则上也不搞在华中外合资、中外合作企业。”

加强网络信息工作管理。2005 年发布的《互联网信息服务管理办法》，对互联网新闻信息服务单位的设立、互联网新闻信息服务规范、监督管理、法律责任等事项，明确了管理方法和要求。2006 年发布的《信息网络传播权保护条例》为保护著作权人、表演者、录音录像制作者的信息网络传播权提供了保障。2009 年，全国整治互联网低俗之风专项行动办公室发布了《清理整治网上低俗内容的 13 条标准》，提出了 13 条具体标准，以遏制网上低俗之风蔓延，进一步对网络文化环境进行净化。

综上所述，改革开放时期，国际国内形势都发生了深刻变化，为顺应形势发展需要，我国新闻政策在此背景下，为推进解放思想、发展社会主义市场经济，促进信息全球化浪潮进行了一系列改革，并通过不断修订和完善，服务于党和国家全面改革开放的总体目标。

二、改革开放时期中国共产党新闻政策改革与发展的主要内容

改革开放时期，针对新闻工作中出现的新形势新任务新问题，中国共产党领导人就新闻工作发表了一系列重要讲话，党和政府颁布了一系列新闻政策，为新闻工作规范管理提供了思想引领和行动指南。这一时期的新闻政策内容全面、覆盖广泛。从媒体类型上看，包括报刊、广播电视、互联网等方面；从新闻工作主体上看，包括新闻报道、经营管理和新闻记者等方面。

（一）改革开放初期党的新闻政策的改革与发展

“真理标准大讨论”在改革开放历史上有着重要意义，对后来我国新闻宣传的政策导向起到了引领作用。1978 年 5 月 10 日，中央党校内部刊物《理论动态》刊登了南京大学胡福明撰写的《实践是检验真理的唯一标准》一文。5 月 11 日《光明日报》以本报特约评论员名义公开发表了这篇文章，新华社当天向全国转发，由此一场关于真理标准问题的大讨论在全国轰轰烈烈地展开。《真理标准》的发表及其引发的讨论，为十一届三中全会制定正确政治路线，

进而把党和国家的工作重心从“以阶级斗争为纲”转移到以经济建设为中心上来奠定了重要的思想基础。

1978年12月13日，邓小平在中央工作会议上所作的《解放思想，实事求是，团结一致向前看》的讲话中，高度评价了这场讨论的伟大意义。十一届三中全会以后，党在实践中逐步形成了建设有中国特色社会主义的理论、方针、政策。在此过程中，新闻媒体以其独有的方式着眼于马克思主义理论宣传和实际问题思考。《红旗》杂志、《人民日报》等均表现出新时期党媒宣传在任何情况下都要坚持党的正确理论，积极拥护改革，广泛宣传改革开放伟大成就的自觉性与坚定性。

新闻媒体要作为“全国安定团结的思想上的中心”，是这一时期的重要指导思想。邓小平作为中国共产党第二代领导集体的核心，一方面致力于指导我国新闻事业在宣传和推进改革开放事业，坚持和维护四项基本原则方面发挥积极作用；另一方面致力于积极恢复党的新闻工作的优良传统，匡正党的新闻宣传的基本理论，同时根据进入改革开放时期后时代发展、形势变化和新闻宣传实际工作需要，提出了许多新的理论观点。1980年1月16日，邓小平在中央政治会议上发表了《目前的形势和任务》的重要讲话。讲话对当时的国内国际形势进行了深刻分析，同时强调了安定团结的重要性。邓小平强调“在我国目前的情况下，可以说，没有安定团结，就没有一切”。他还提出新闻、理论等意识形态工作“对人民特别是青年的思想倾向有很大影响，对社会的安定团结有很大影响”，因此，党的报刊要旗帜鲜明地宣传“四项基本原则”，要“成为全国安定团结的思想上的中心”，要将促进安定团结作为一项经常性的基本任务。“思想中心”论是邓小平在20世纪80年代我国进行社会主义现代化建设的历史背景下，针对党的报刊工作提出的要求，对新闻宣传工作及此后新闻政策制定具有深刻的指导意义。

与此同时，一系列具体的新闻政策相继出台。例如，1981年1月29日，中共中央出台《关于当前报刊新闻广播宣传方针的决定》提出，对报刊、新闻、广播、电视的工作，应该加强集中统一的领导，使它们能够切实坚持党性原则，密切联系群众，发扬实事求是、旗帜鲜明、真实准确、生动活泼的优良作风。[①] 1983年4月26日，中央宣传部发布的《关于新闻宣传要考虑内外影响注意社会效果的

① 中共中央宣传部新闻局编:《中国共产党新闻工作文献选编(1938—1989)》，北京:人民出版社，1990年，第47－53页。

通知》提出，新闻宣传一定要考虑内外影响，注意社会效果。1984 年 3 月 28 日，广播电视部发布《关于市、县建立广播电台、电视台的暂行规定》，确定了我国广播电视事业实行四级办广播、四级办电视、四级混合覆盖的方针。1985 年 4 月 17 日发布的《关于报纸、书刊、电台、电视台经营、刊播广告有关问题的通知》，对各媒体开展广告业务的相关事宜作出明确规定。1987 年 3 月 29 日，中央发布的《关于坚决妥善地做好报纸刊物整顿工作的通知》提出，重点解决报刊的根本政治原则、政治方向问题。1988 年 2 月 6 日，中央宣传部发布《关于新闻报道工作的几项规定》，对外国国家元首和政府首脑采访、领导人活动报道、社会敏感问题和重大突发事件的报道等作出明确规定。1989 年 1 月 28 日发布的《关于改进突发事件报道工作的通知》提出，要“提高开放程度，增大信息量”和“重大情况让人民知道”的精神，继续努力改进突发事件的报道工作。这些新闻政策涉及报刊、广播电视以及新闻宣传、外宣工作、报刊经营管理等各个方面内容，对改革开放初期党的新闻事业的规范与发展起到重要作用。

（二）中共十三届四中全会后党的新闻政策的改革与发展

党的十三届四中全会以后，我国以经济建设为中心，坚持四项基本原则，坚持改革开放，取得了很大成绩，全国局势日益稳定，各项工作都有进展，但也存在许多问题和困难。

“坚持正面宣传为主”，是这一时期党中央提出的一个新闻工作重要指导方针。制止动乱和平息反革命暴乱之后，一些思想认识问题的深入解决还有许多工作要做；西方国家对我国的经济“制裁”仍在继续；东欧一些国家政局出现动荡和变化，需要我们冷静对待。在此背景下，1989 年 11 月 25 日，中共中央政治局常委李瑞环在全国省、市、自治区党报总编辑新闻工作研讨班上，发表了题为《坚持正面宣传为主的方针》的长篇讲话。他指出，无论是从新闻工作的一般意义上讲，还是从当前各方面的实际情况来讲，或是从稳定是压倒一切这个大局来讲，关键的问题是新闻报道必须坚持以正面宣传为主的方针。他认为，这是社会主义新闻事业必须遵循的一条极其重要的指导方针。坚持这个方针，就是要准确、及时地宣传党的路线、方针、政策，实事求是地反映社会现实生活的主流，让人民群众用创造新生活的业绩教育自己、形成鼓舞人们前进的巨大精神力量，在当前就是要造成一个有利于稳定局面的舆论环境。①

① 李瑞环：《坚持正面宣传为主的方针——在新闻工作研讨班上的讲话》，《新闻战线》1990 年第 3 期。

从此以后，以正面宣传为主成为我国新闻舆论工作的一项基本方针，对党的新闻舆论起到了重要指导作用，对相关新闻政策的制定也起到了引领作用。

“坚持正确舆论导向”是这一时期江泽民提出的一个新闻工作重要指导思想。1996 年 9 月 26 日，江泽民在视察人民日报社时提出：“历史经验反复证明，舆论导向正确与否，对于我们党的成长、壮大，对于人民政权的建立、巩固，对于人民的团结和国家的繁荣富强，具有重要作用。舆论导向正确，是党和人民之福；舆论导向错误，是党和人民之祸”[①]。1997 年 9 月 12 日，“把握正确的舆论导向”被写入十五大报告之中。舆论导向“祸福论”的内涵包括对舆论导向的重要性、判断舆论导向正确与否的标准、把握和引导正确的舆论导向的方法等一系列重要问题进行的系统思考和回答，是一套比较完整的关于舆论导向的思想体系。这一思想也成为后来党和政府制定一系列新闻政策的基础性理论依据。

与此同时，中央也发布了一系列具体的新闻政策，使新闻事业，尤其社会主义市场经济体制确立之后的新闻事业能够实现更加有效的规范化管理。这一时期党和政府制定的新闻政策有两个鲜明特点：一是前期的新闻政策以职业规范职业道德为主。例如，1989 年 6 月 21 日发布的《关于严禁新闻出版的单位所属记者站、办事处经营广告业务的通知》，重申严禁新闻出版单位设立的记者站、办事处等机构承办广告业务，严禁新闻记者借采访名义招揽广告等规定。1990 年 5 月 16 日发布的《内部报刊管理原则》，对申办内部报刊的条件、内部报刊的刊载内容、内部报刊不得进行或参与任何经营活动(包括经营广告)，不得开展公开性的社会活动，不得在广播、电视和正式报刊上为自己进行广告宣传等方面做了详细规定。1991 年 1 月 19 日，《中国新闻工作者职业道德准则》颁布。1993 年 7 月 31 日，针对当时新闻队伍中出现的一些违反职业道德准则的问题，新闻出版署出台了《关于加强新闻队伍职业道德建设，禁止“有偿新闻”的通知》。1994 年 3 月 15 日，中央发布《关于加强管理进一步办好报纸“周末版”的意见》，对“周末版”报刊的内容选择、经营管理等方面提出意见。1994 年 4 月 19 日，中央宣传部发布《关于坚持不懈地抓好新闻队伍职业道德建设的通知》，重申了对新闻队伍职业道德建设的严格要求，对做得好的，要进行表彰；对继续搞“有偿新闻”的，要严肃查处。

---

① 江泽民：《在视察人民日报社时的讲话》，《人民日报》1996 年 10 月 21 日，第 1 版。

二是后期的新闻政策开始偏向互联网新闻政策。例如，1997 年 3 月发布的《关于利用国际互联网络开展对外新闻宣传暂行规定》，对网络传播作出严格管束。1999 年 10 月 16 日发布《关于加强国际互联网络新闻宣传工作的意见》，从争夺 21 世纪思想舆论制高点的高度，明确了网络新闻宣传工作的发展方向，并对网上新闻信息发布提出了原则规范。2000 年 10 月 8 日发布的《互联网电子公告服务管理规定》，对互联网上为用户提供信息发布条件的行为，制定了相关规范要求。2000 年 11 月 6 日，为规范互联网站登载新闻的业务，国务院发布了《互联网站从事登载新闻业务管理暂行规定》。这些新闻政策对规范新闻工作，推动新闻职业道德建设，促进我国互联网发展与繁荣起到重要的奠基作用。

（三）中共十六大后党的新闻政策的改革与发展

党的十六大以后，我国取得世界瞩目的发展成就，综合国力不断增强，人民生活水平显著提高。党中央在改革开放的探索中领导全党加强和改进领导水平和领导能力，有力地推动了党和国家事业的发展。但是面对新形势新任务，党的领导方式、工作机制还不完善，部分党员干部思想政治水平、依法行政能力有待提高，脱离群众甚至腐败问题突出。以胡锦涛同志为总书记的党中央据此作出了加强党的执政能力建设的战略部署，并把提高舆论引导能力，作为党的执政能力建设的重要内容。

“以人为本”是科学发展理念在新闻宣传领域的具体体现。在 2003 年全国宣传思想工作会议上，胡锦涛提出：“思想政治工作说到底是做人的工作，必须坚持以人为本。”它要求新闻宣传工作贯彻“立党为公，执政为民”的宗旨，把实现好、维护好、发展好最广大人民的根本利益作为新闻宣传工作的出发点和落脚点，把体现党的主张和反映人民心声统一起来，把坚持正确导向和通达社情民意统一起来，增强新闻报道的亲和力、吸引力和感染力。2003 年召开中共中央政治局会议研究改进会议和领导同志活动新闻报道时，胡锦涛要求新闻单位“努力使新闻报道贴近实际、贴近群众、贴近生活，更好地为人民服务、为社会主义服务、为党和国家工作大局服务”。“三贴近”遂成为新闻宣传工作的基本原则，也成为党和政府制定新闻政策的思想引领和根本依据。

舆论引导能力建设是这一时期新闻工作指导思想的主线。十六大以后，党中央先后发布了“三个意见”，对各级党委、政府提出了严格要求，对信息公开等工作做了制度化安排，对新闻媒体阐明了业务规范，成为破解这些难题的政策保障。一是改进会议和领导同志报道。针对会议和领导同志活动新闻报道形式主义严重等问题，2003 年 3 月，中央政治局召开会议专题研究，要求中央和国家机关带头，各级领导机关和领导干部严格自律，自觉支持新闻媒体改进报道工作。4 月，中共中央印发了《关于进一步改进会议和领导同志活动新闻报道的意见》，对改进会议和领导同志活动新闻报道做出了具体规定。二是重大突发事件报道。针对群众议论颇多、媒体感到困扰的重大突发事件报道问题，2003 年 8 月，中共中央办公厅发布了《关于进一步改进和加强国内突发事件新闻报道工作的意见》，文件以满足人民群众知情需要为依据对解决该难题做了原则规定，强调新闻媒体对国内突发事件要作出及时、充分、负责的报道。三是舆论监督。针对群众对新闻舆论监督问题的意见，2005 年 3 月，中央办公厅印发了《关于进一步加强和改进舆论监督工作的意见》，成为党加强舆论监督工作第一个专门性的重要指导文件，为推进新闻舆论监督工作改革提供了政策保障，为正确开展舆论监督制定了行为规范。

在党中央指导和示范下，各级党委、政府依据“三个意见”制定了实施细则，新闻媒体进行了改革探索，更多的镜头对准了基层、更多的版面留给了群众；信息公开成为常态，突发事件新闻报道有了明显的加强和改善；舆论监督有了更有效的回应，也收到了很好的社会效果，整个新闻宣传呈现出丰富多彩、生动活泼的新局面。

与此同时，实行政府信息公开成为这一时期新闻政策的一个重要突破。经历“非典”之后，2003 年 5 月，国务院出台了《突发公共卫生事件应急条例》，该条例规定国家要建立突发事件的应急报告制度、举报制度、信息发布制度；任何单位和个人对突发事件不得隐瞒、缓报、谎报或者授意他人隐瞒、缓报、谎报。随后，政府信息公开成为一项重要议题。2007 年 1 月 17 日，《中华人民共和国政府信息公开条例》正式通过，确立了“公开为常态，不公开为例外”的基本原则。这是我国第一部关于政府信息公开的全国性法律条文，标志着我国初步建立了政府信息公开制度，迈出了中央推动信息公开法治化与制度化进程的一大步，在我国政府信息公开制度建设中具有里程碑意义。

随着互联网的发展，舆论引导工作日益重要，成为党的执政能力建设的重要组成部分。2008 年，胡锦涛在人民日报社考察工作时，要求新闻单位“把提高舆论引导能力放在突出位置，进行深入研究，拿出切实措施，取得新的成效”。他对这些“切实措施”做出了原则性阐释：坚持党性原则，牢牢把握正确舆论导向；坚持以人为本，增强新闻报道的亲和力、吸引力和感染力；不断改革创新，提高舆论引导的针对性和实效性；加强主流媒体和新兴媒体建设，形成舆论引导新格局；切实抓好队伍建设，增强凝聚力和战斗力等。这些思想和原则为这一时期新闻政策的制定确定了正确方向和路径。

在规范新闻事业管理方面，2003 年起党中央启动了治理党政部门报刊散滥和利用职权发行行动，优化了报刊的结构、净化了报刊市场；深入推进文化体制改革，释放媒体发展潜力，以省级卫视和报业集团为代表的舆论阵地的综合实力迅速增强；着力加快新兴媒体建设和政务媒体建设，人民网等新型主流媒体快速成长。同时，互联网领域的政策法规也不断完善。例如，2005 年 9 月 25 日发布的《互联网信息服务管理办法》，对互联网新闻信息服务单位的设立、互联网新闻信息服务规范、监督管理、法律责任等事项明确了管理方法和要求。2006 年 5 月 18 日通过的《信息网络传播权保护条例》，为保护著作权人、表演者、录音录像制作者的信息网络传播权提供了政策保障。

三、改革开放时期中国共产党新闻政策改革与发展的基本经验

改革开放时期我国新闻政策改革与发展的历史告诉我们，新闻事业在任何时期都必须坚持解放思想实事求是的思想路线、遵循新闻传播规律、坚持党管媒体。同时，新闻事业必须尊重本国新闻制度的特殊性，推进新闻媒体的市场化改革，审时度势，顺应世界发展趋势。在新时代背景下，我们需要充分发挥这些经验的作用，进一步推进当下新闻政策的改革、完善和发展。

（一）坚持以遵循新闻传播客观规律为基础调整改革新闻政策

改革开放以来，中国共产党新闻政策的改革与发展始终注意遵循新闻传播规律，即坚持以新闻传播规律为基础来调整改革新闻政策。自 1978 年国家实行改革开放开始，传播学与信息论、系统论、控制论相继从西方传入中国，由此引发了新闻界对受众反馈和传播效果的重视，新闻与宣传的关系得到科学认知，新闻传播中“以新闻为本位”的传播观念开始回归，新闻传播规律也由此受到重视，新闻政策由此展开了系列改革。

在改革开放大背景之下，基于新闻本位的回归，新闻事业的指导方针和报道政策发生了重大变化。改革开放初期，针对新闻界存在着的多以领导人活动为新闻选择标准、报道时效滞后、缺乏及时有针对性的报道等问题，邓小平

提出："报纸必须抓住每个地方的特点，这就是指导性。"[①]新闻工作要把握指导性，首先不能脱离工作实际，其次必须具有针对性，要真实地反映各个地方的具体情况。1987 年 7 月 18 日发布的《改进新闻报道若干问题的意见》，就当时新闻工作中存在的问题提出意见，强调新闻报道要增强针对性、时效性、沟通性。这一时期，我国新闻界在学习邓小平讲话和中央有关文件的过程中，对新闻传播客观规律有了更深刻的理解，一些新闻报道规律在实践中重新受到重视，新闻政策的改革与发展收到一定效果。

随着社会主义市场经济制度的确立和传媒业的市场化改革，媒体上开始出现虚假报道和低俗之风，一些媒体的广告节目和娱乐节目陷入了过分追求经济效益的误区，给社会带来不良影响。为使新闻工作回到正确的发展轨道上来，党的领导人这一时期就新闻工作发表了多次重要讲话，中共中央也发布了一些政策性文件，对维护新闻传播客观规律产生了积极影响。例如江泽民对如何正确把握新闻真实性作了深入阐述，他指出："我们的新闻工作者要做到真实地反映生活，就要深入进行调查研究，不仅要做到所报道的单个事情的真实、准确，尤其要注意和善于从总体上、本质上以及发展趋势上去把握事物的真实性。"[②]他在视察人民日报社时提出了新闻工作者要做到"敬业、实事求是、艰苦奋斗、清正廉洁、严谨细致、勇于创新"的"六大作风"，特别强调新闻工作者要"自觉抵制拜金主义、享乐主义、极端个人主义思想的侵蚀，恪守职业道德，坚决反对搞有偿新闻"，对纠正上述问题起到了导向作用。[③]

党的十六大后，新闻传播规律进一步得到重视。2002 年 1 月 11 日，胡锦涛在全国宣传部长会议上讲话时指出："要坚持讲真话、报实情，实事求是地反映情况，坚决反对弄虚作假"，"要尊重舆论宣传的规律，讲究舆论宣传的艺术，不断提高舆论引导的水平和效果。"[④]2008 年 6 月，胡锦涛在视察人民日报社时指出："要坚持用时代要求审视新闻宣传工作，按照新闻传播规律办事，创新观念、创新内容、创新形式、创新方法、创新手段，努力使新闻宣传

① 邓小平：《邓小平文选》（第 1 卷），北京：人民出版社，1989 年，第 146 — 147 页。

② 中共中央文献研究室编：《十三大以来重要文献选编》（中），北京：人民出版社，1991 年，第 766 — 778 页。

③ 中共中央文献研究室编：《江泽民思想年编》，北京：中央文献出版社，2010 年，第 254 — 255 页。

④ 胡锦涛：《在全国宣传部长会议上的讲话》，《人民日报》2002 年 1 月 12 日。

工作体现时代性、把握规律性、富于创造性，不断提高舆论引导的权威性、公信力、影响力。”[①]

与此同时，新闻职业道德建设不断推进。1991年1月19日，全国新闻工作者协会制定出台《中国新闻工作者职业道德准则》；1993年7月31日，针对当时新闻队伍中出现的一些违反职业道德准则的问题，新闻出版署出台了《关于加强新闻队伍职业道德建设，禁止“有偿新闻”的通知》；1994年4月19日，中央宣传部发布《关于坚持不懈地抓好新闻队伍职业道德建设的通知》，再次重申对新闻队伍职业道德建设的严格要求。这些政策都体现出这一时期中国共产党对新闻传播客观规律的重视。

重视新闻传播规律是改革开放时期中国共产党新闻政策改革和发展的一条重要历史经验。从1978年到2012年，邓小平、江泽民和胡锦涛等中央领导同志始终坚持强调新闻工作要遵循新闻传播客观规律，并以此为基础对新闻政策作出调整，成为改革开放时期新闻政策改革的主要特点之一，也是新闻传播成熟发展的重要标志之一。新闻传播活动既具有普遍性又具有特殊性。这就要求新闻工作要坚持及时、准确、真实、全面、客观、公正的原则，同时要做到有立场，确保新闻舆论朝着正确的方向发展。

（二）坚持以经济建设为中心调整改革新闻政策

党的十一届三中全会上，邓小平深刻总结社会主义国家，特别是新中国成立以来正反两方面的经验，确立全党的工作重点转移到以经济建设为中心的方向上来，成为指导改革开放时期的重要战略思想。邓小平指出：“离开了经济建设这个中心，就有丧失物质基础的危险。其他一切任务都要服从这个中心，围绕这个中心。”[②]1991年7月，江泽民在与党建理论研究班同志座谈时指出，中心只能有一个，就是以经济建设为中心，不能搞“多中心论”。进入新世纪以后，面对新的发展格局，胡锦涛指出：“要坚定不移地贯彻发展是硬道理的战略思想，牢牢扭住经济建设这个中心，始终做到聚精会神搞建设、一心一意谋发展。”

① 胡锦涛：《在人民日报社考察工作时的讲话》，《人民日报》2008年6月21日。

② 邓小平：《邓小平文选》（第2卷），北京：人民出版社，1994年，第250页。

以经济建设为中心的政策，为新闻事业的中心工作指明了方向，为确定新闻政策提供了重要依据。与“以经济建设为中心”的基本国策相适应，改革开放时期的新闻政策始终强调新闻工作要以经济建设为中心。如1981年中央发布的《关于当前报刊新闻广播宣传方针的决定》中，就要求新闻工作必须积极配合国家实现经济调整和政治安定的需求。1988年的《新闻改革座谈会纪要》首次系统提出了新闻改革的设想，“在新闻法公布之前，作为政治体制改革重要组成部分的新闻改革，应采取既坚决又审慎的方针，继续积极进行探索。要坚持‘一个中心，两个基本点’，为巩固社会主义制度、加强党的领导，更加生动活泼地反映改革”。[①]1991年出台的《中国新闻工作者职业道德准则》中规定，新闻工作者必须贯彻执行党的基本路线，以经济建设为中心，坚持四项基本原则，坚持改革开放。以经济建设为中心也是改革开放时期新闻政策发展的基本特点之一。正是因为新闻事业始终坚持以经济建设为中心，新闻政策改革把服务经济建设这个中心视为重要依据，改革开放时期的新闻政策才有了科学的改革与快速的发展，并为改革开放时期我国经济社会全面发展提供了舆论基础。

（三）以坚持党的领导为根本原则调整改革新闻政策

党的新闻事业的根本性质是党、政府和人民的耳目喉舌，是党和国家重要的舆论阵地。改革开放时期，中国共产党就新闻事业发展发布了一系列重要文件，制定了一系列新闻政策，反复强调新闻事业必须坚持党的领导，并将其作为一项根本原则。在党的历代领导人讲话中，坚持党的领导始终是一个最重要的根本性原则，得到反复重申。邓小平明确提出党报党刊“一定要无条件地宣传党的主张”，要旗帜鲜明地宣传四项基本原则，“要成为全国安定团结的思想上的中心”。江泽民1996年在视察人民日报社时指出：“党的新闻事业与党休戚与共，是党的生命的一部分。”[②]胡锦涛2003年在全国宣传思想工作会议上指出，党管宣传、党管意识形态，是我们党在长期实践中形成的重要原则和制度，是坚持党的领导的一个重要方面，必须始终牢牢坚持，任何时候

① 《新闻工作文献选编》，北京：新华出版社，1990年，第313页。

② 《江泽民同志重要论述研究》，北京：人民出版社，2002年，第807页。

都不能动摇。[1]胡锦涛2006年在考察解放军报社时强调："要高举旗帜、听从指挥，坚持鲜明的党性原则，坚持正确的政治方向和舆论导向。"[2]

改革开放时期共产党新闻政策改革与发展的经验表明，党的新闻事业必须坚持党的领导，新闻工作必须坚持党性原则和党管媒体原则。新闻工作如果脱离党的领导就会偏离政治方向。同时也表明党的领导是新闻政策改革与发展的基础和动力。因此，在新闻事业发展进程中，需要不断加强和改进党的领导，而党的新闻政策的改革与发展也须始终以维护和确保党对新闻工作的领导为基本立场和原则。

（四）新闻政策改革要顺应全球化信息化市场化趋势

改革开放时期处于全球化信息化市场化的时代大背景中，新闻政策的改革与发展离不开这一时代背景。新闻事业不仅是党和政府与人民群众沟通的桥梁，也是国际沟通的重要渠道，是国家软实力的重要组成部分。因此，顺应全球化信息化市场化的趋势，是新闻事业发展和迎接全球媒体挑战，提升媒体国际竞争力和话语权的必然要求。

改革开放时期的历史经验表明，新闻政策改革与发展首先要致力于提高全球化信息化背景下我国新闻媒体的国际传播能力和国际竞争力，进而提升国家文化软实力。尤其是当前面临百年未有之大变局和复杂的国内外意识形态舆论斗争形势，更需要通过新闻政策调整与改革，加强国际传播力建设，增强国际话语权，打造具有较强国际影响力的国际新闻媒体。

其次，新闻政策的改革与发展要充分注意市场要素，通过市场化来提升传媒行业的整体发展水平和竞争力。市场化是提升新闻媒体竞争力的一种有效方式，尤其是在面对国际传媒冲击，唯有借助市场化，才能赢得竞争优势。改革开放时期，市场化、集团化发展，对提升我国传媒行业实力进而提升舆论引导能力起到重要作用。

再次，新闻政策改革要与时俱进，要紧跟全球化与信息化的步伐，不断作出调整和改革。如今的互联网已经进入快速发展期，一系列新技术新平台相继涌现，对传媒行业带来巨大冲击和挑战，更需要不断改革、完善与发展新闻政策，发挥新闻政策对新闻事业的规范和推动作用。

---

① 胡锦涛：《在全国宣传思想工作会议上的讲话》，《人民日报》2003年12月8日。

② 胡锦涛：《在解放军报社考察工作时的讲话》，《人民日报》2006年1月4日。

党的十一届三中全会以来，我们党确立了解放思想、实事求是的思想路线，始终高度重视抓作风建设，始终高度重视保持党同人民群众的血肉联系，全党精神面貌和作风状况焕然一新，为改革开放和社会主义现代化建设顺利推进提供了重要保障。以十一届三中全会为起点，中国共产党新闻政策改革与发展取得了重要的历史性成绩，对我国新闻事业的快速发展起到重要的推动作用，很多新闻政策至今仍然发挥着重要作用。当今世界正经历着百年未有之大变局，新闻舆论的重要性更加凸显，需要我们更好去总结改革开放时期新闻政策改革与发展的历史经验与教训，为发展中国特色社会主义新闻事业提供智慧和动力。

（作者叶俊系中国社会科学院新闻与传播研究所副研究员、2019 年广西大学国家社科基金重大项目“百年中国共产党新闻政策变迁研究（1921—2021）”课题组成员；郑保卫系广西大学新闻与传播学院院长、2019 年广西大学国家社科基金重大项目“百年中国共产党新闻政策变迁研究（1921—2021）”首席专家。上海大学新闻传播学院硕士研究生田汾晋承担了本文资料搜集整理工作）

新时代中国共产党新闻政策的创新与发展*

王辉　郑保卫

内容摘要：进入新时代以来，由于国内形势的深刻变化、国际格局的深刻调整以及传播格局的深刻变革，中国共产党的新闻政策在创新中调整，特别是习近平总书记系列重要论述形成了体系完整、科学系统的新闻舆论工作指导方针。同时，他对媒体融合发展、推进国际传播能力建设、互联网建设与治理、新闻舆论工作队伍建设等也提出了一系列新观点新要求。本文认为，新时代党的新闻政策创新与发展的基本经验包括党媒姓党、人民至上、党性和人民性相统一、遵循新闻传播规律和新兴媒体发展规律等。

关键词：新时代；中国共产党；新闻政策；创新发展；基本经验

中国共产党新闻政策百年来经历了新民主主义革命、社会主义革命和建设，以及改革开放时期的不断发展，取得了丰硕成果。2012年党的十八大以来，习近平总书记高度重视新闻舆论工作，发表了一系列重要论述，为做好新时代党的新闻工作提供了根本遵循，也为新时代党的新闻政策的创新与发展指明了方向。

党的十九大报告指出，“经过长期努力，中国特色社会主义进入了新时代，这是我国发展新的历史方位。”[①]新时代以来，我国面临的国内外舆论环境、

---

* 本文系国家社科基金重大项目资助课题“百年中国共产党新闻政策变迁研究（1921—2021）”的阶段性成果，项目批准号为：19ZDA321。

① 习近平：《决胜全面建成小康社会 夺取新时代中国特色社会主义伟大胜利——在中国共产党第十九次全国代表大会上的报告》，《人民日报》2017年10月28日。

不同媒体格局、各种传播方式发生着深刻变化。媒体深度融合发展推进界限消融，呈现跨行业、全链条、全时空的竞争态势，新兴媒体影响力不断上升，传统媒体的生存与发展面临巨大挑战。

媒体融合的深刻变革必然带来新闻政策的调整，特别是习近平总书记系列重要讲话深刻阐述了新时代做好新闻舆论工作的重大意义、职责使命、方针原则、创新发展等问题，形成了体系完整、系统科学的新闻舆论工作指导方针。同时，他对传统媒体与新兴媒体融合发展、推进国际传播能力建设、互联网建设与治理、新闻舆论工作队伍建设等也提出了一系列新观点新要求。这些重要新闻论述与中国共产党长期形成的新闻政策既一脉相承又相互促进，丰富和发展了新时代中国共产党的新闻政策，为做好新时代新闻舆论工作指明了前进方向。

一、新时代中国共产党新闻政策创新与发展的时代背景

“时代是思想之母，实践是理论之源”。[①]新时代党的新闻政策的创新与发展，始终围绕着如何站在时代的高度，着眼党和国家事业发展的全局，从世情国情党情的新变化来解决党的新闻工作所面临的新课题，从媒体格局和舆论生态的新调整来应对党的新闻工作面临的新挑战。总之，新时代党的新闻政策的创新要立足于当下，要体现出强烈的时代意识和清晰的历史方位感。

（一）充分认识国内形势的深刻变化

党的十八大以来，“中国特色社会主义进入新时代，我国社会主要矛盾已经转化为人民日益增长的美好生活需要和不平衡不充分的发展之间的矛盾。”[②]在全面建成小康社会、实现第一个百年奋斗目标的基础上，我国正在乘势而上开启全面建设社会主义现代化国家新征程，向第二个百年奋斗目标进军。新时代以来，我们解决了许多长期想解决而没有解决的难题，办成了许多过去想办而没有办成的大事，推动党和国家事业发生历史性变革，党和国家事业发展取得辉煌成就，中国特色社会主义展现蓬勃生机。这是党的新闻政策守正创新，推动新闻舆论工作完成职责使命的根本基础。

---

① 习近平：《决胜全面建成小康社会 夺取新时代中国特色社会主义伟大胜利——在中国共产党第十九次全国代表大会上的报告》，《人民日报》2017 年 10 月 28 日。

② 同上。

当前，我们仍面临各种长期、复杂、严峻的考验，各种社会矛盾相互叠加、集中呈现，意识形态领域斗争依然复杂。特别是媒体融合的深度发展，深刻改变着新闻舆论的生成方式和传播方式，“两个舆论场”的客观存在给不同思想价值观念交流交融交锋带来前所未有的影响。不少错误思想价值观念往往因网而生，因网发酵，互联网日益成为意识形态斗争的主阵地、主战场、最前沿。

在这一背景下，我们更需要充分认识国内形势的深刻变化给新闻工作带来的新问题、新挑战，提出的新任务、新要求，不断开拓创新党的新闻政策，以适应新时代党的新闻工作改革发展的需要。

（二）密切关注国际格局的深刻调整

当下，放眼世界，我们面对的是百年未有之大变局，整个国际格局正在发生深刻调整，全球治理体系正在发生深刻变革，国际力量对比正在发生近代以来空前剧烈的调整与变化，世界历史进程和人类发展趋向呈现出难以预料和把控的重大态势。正是在这场国际格局的深刻调整之中，我国日益走近世界舞台的中央，综合国力和国际地位不断提升。这一结果引发了国际社会的强烈关注，使得我国在获得许多友好国家赞许和尊重的同时，也引起一些西方国家政治势力的恐惧和敌视。特别是美国，近些年来千方百计地对我国进行诋毁、攻击和妖魔化，不择手段地构筑反华阵营，以破坏和阻挡我国的改革发展。2020年新冠肺炎疫情全球大流行以来，我国面对的国际舆论环境更加复杂，最直接表现是欧美利用其话语霸权在国际舆论场上设置各种中国负面议题、制造标签、营造对立的新闻报道框架，对我国的疫情防控以及国家体制进行污名化、标签化和政治意识形态化。

在此背景下，如何维护好我国的国际形象，努力掌控国际话语权，解决在国际传播领域长期存在的“西强东弱”和“外强我弱”的局面，解决我国所面临的“有理说不出、说了传不开”的尴尬境地，解决信息流进流出的“逆差”，我国真实形象和西方主观印象的“反差”，以及我国软实力和硬实力的“落差”，是当下我国需要正确面对和大力解决的重大问题。为此，贯彻落实习近平总书记 2021 年 5 月 31 日在中共中央政治局第三十次集体学习时强调的“讲好中国故事，传播好中国声音，展示真实、立体、全面的中国，是加强我国国际传播能力建设的重要任务”[①]，显得更为重要和迫切。

---

① 习近平：《加强和改进国际传播工作 展示真实立体全面的中国》，《人民日报》2021 年 6 月 2 日。

（三）努力适应传播格局的深刻变革

当前，传播技术发展推动我国正在加快构建全媒体传播格局。云计算、大数据、物联网、区块链、人工智能等快速发展，移动应用、社交媒体、问答社区、网络直播、聚合类平台、自媒体公号等新应用新业态不断涌现，进而带来了信息传播方式和手段前所未有的巨大变化，推动媒体传播格局走向全面重构，舆论生态走向重塑。在此媒体格局新变革和舆论生态新变化的背景下，高度重视传播手段的创新与发展，实现传统媒体和新兴媒体的深度融合，有效占领舆论阵地，抢占信息传播制高点，构建舆论引导新格局，提高新闻舆论传播力、引导力、影响力、公信力，是当前我国新闻舆论工作面临的重大课题。

新时代以来，国际国内环境日益复杂化，人们的价值取向、思想观念更趋多元多样多变，互联网和新兴媒体迅速发展，传播格局和舆论环境发生深刻变化，越是在这种文化多样、观念多元、思想多变的情况下，我们越要做好凝聚共识、解疑释惑工作，越要弘扬主旋律、传播正能量，不断巩固马克思主义在意识形态领域的指导地位，巩固全党全国人民团结奋斗的共同思想基础。

二、新时代中国共产党新闻政策创新与发展的主要内容

新时代中国共产党新闻政策创新与发展的主要内容，集中体现在习近平总书记关于新闻舆论工作的一系列新表述之中，体现在党和政府在媒体深度融合、推进国际传播能力建设、强化互联网建设与治理和加强新闻舆论工作队伍建设等方面提出的一系列新要求，以及作出的一系列新的政策规定之中。

（一）习近平总书记关于新闻舆论工作的新思想新观点新论断

党的十八大以来，习近平总书记对党的新闻舆论工作的性质地位作出新定位、职责使命作出新表述、方针原则作出新论断、创新发展作出新擘画，特别是对网上新闻舆论工作作出新部署。习近平总书记对新时代做好新闻舆论工作的新思想新观点新论断指明了党的新闻舆论工作改革发展的新方向，是党和政府调整和创新新闻政策的重要依据和根本遵循。

2016 年 2 月 19 日，习近平总书记在党的新闻舆论工作座谈会上从党和国家事业发展全局的战略高度，就新闻舆论工作的性质地位、职责使命、基本方针、重要原则、创新理念、发展路径、人才培养、队伍建设和党的领导等事关新闻舆论工作长远发展的重大问题作了全面、系统、深刻的阐述（以下简称“2 · 19”

讲话），提出了一系列新思想新观点新论断，形成了他独特的新闻舆论观。

习近平总书记在“2 · 19”讲话中，用五个“事关”（旗帜和道路、贯彻落实党的理论和路线方针政策、顺利推进党和国家各项事业、全党全国各族人民凝聚力和向心力、党和国家前途命运）对党的新闻舆论工作性质地位作出新定位。用48个字“高举旗帜、引领导向，围绕中心、服务大局，团结人民、鼓舞士气，成风化人、凝心聚力，澄清谬误、明辨是非，联接中外、沟通世界”[①]对党的新闻舆论工作职责使命作出新表述。“要承担起这个职责和使命，必须把政治方向摆在第一位”[②]。用四个“牢牢坚持”（党性原则、马克思主义新闻观、正确舆论导向、正面宣传为主）对党的新闻舆论工作方针原则作出新论断。从六个要求（最根本是坚持党的领导、全面坚持正确舆论导向、必须遵循的基本方针、工作必须创新、加快培养工作队伍、加强和改善党的领导是根本保证）对做好党的新闻舆论工作方法提出新部署。从九个方面（理念、内容、体裁、形式、方法、手段、业态、体制、机制）[③]对党的新闻舆论工作创新发展提出新擘画；提出“时度效”检验党的新闻舆论工作水平标尺的新观点。

习近平总书记在“2 · 19”讲话中用“新闻舆论”替代“新闻宣传”，“内涵更加丰富，领域更加宽广，主体更加众多，对象更加广泛。”[④]此外，他强调“要把网上舆论工作作为宣传思想工作的重中之重来抓”[⑤]。习近平总书记这些对党的新闻舆论工作认识和论述上的创新，是引领和指导我国新闻政策创新与发展的根本遵循和基本依据。

（二）新时代网络媒体融合发展政策的创新与发展

“媒体融合”既是由互联网技术革命推动的传统媒体转型，更是国家从顶层设计谋划与推动传统媒体和新兴媒体融合发展的深刻变革。新时代以来，以习近平同志为核心的党中央高度重视、长期关注传统媒体和新兴媒体的融合发展问题，制定了一系列的重要指导方针。

①②③ 习近平：《坚持正确方向创新方法手段 提高新闻舆论传播力引导力》，《人民日报》2016年2月20日。

④ 丁柏铨：《学术智慧的凝聚——习近平新闻舆论观研究综述》，《当代传播》2020年第2期。

⑤ 习近平：《胸怀大局把握大势着眼大事 努力把宣传思想工作做得更好》，《人民日报》2013年8月21日。

党的十八大以来，习近平总书记多次为媒体融合发展的功能性目标与实施路径作出明确规划和要求。2013 年，在全国宣传思想工作会议上，他正式提出了媒体融合基本理念。2014 年，他主持召开中央全面深化改革领导小组第四次会议，通过了《关于推动传统媒体和新兴媒体融合发展的指导意见》文件，为传统媒体与新兴媒体的融合发展提供了政策指引。2015 年，他在视察解放军报社时指出，“要顺应互联网发展大势，勇于创新、勇于改革，利用互联网特点和优势，推进理念、内容、手段、体制机制等全方位创新。”[①]2016 年，在党的新闻舆论工作座谈会上，他要求“推动融合发展，主动借助新媒体传播优势”。2018 年，在全国宣传思想工作会议上，他提出“要扎实抓好县级融媒体中心建设，更好引导群众、服务群众”。2019 年，在人民日报社就全媒体时代和媒体融合发展的讲话中，他围绕“加快推动媒体融合发展，构建全媒体传播格局”，从全媒体时代宣传思想工作和主流媒体的机遇与挑战、媒体融合发展的趋势和规律、媒体融合纵深发展的思路和路径等方面给出了明确的方向。2020 年，在中央全面深化改革委员会第十四次会议上，他强调要推动媒体融合向纵深发展。同年，中办、国办联合印发了《关于加快推进媒体深度融合发展的意见》。这一系列讲话、文件从重要意义、目标任务、工作原则三个方面明确了媒体深度融合发展的总体要求，都是对媒体融合发展的政策导向。

新时代以来，以习近平同志为核心的党中央对传统媒体和新兴媒体的融合发展问题，从提出“互联网＋”，到“你中有我，我中有你”，再到“你就是我，我就是你”；从提出“推动媒体融合发展的重大任务”到“推动媒体融合向纵深发展”；从加强顶层设计到提出“采编发”流程再造以及“融媒体中心”建设等操作步骤，形成了独具特色的指导媒体实现融合发展的工作总思路。深化改革从中央级媒体到省级、地市级媒体，尤其是县级媒体，媒体融合在全国范围内普遍展开，并逐步向纵深发展，不断取得阶段性成果，顺应了全媒体时代发展要求，扩大了主流价值影响。在媒体不断深度融合发展实践中，媒体融合政策不断出新，逐步深化，渐成系统。

---

① 习近平:《坚持军报姓党坚持强军为本坚持创新为要 为实现中国梦强军梦提供思想舆论支持》,《人民日报》2015 年 12 月 27 日。

（三）新时代加强国际传播能力建设政策的创新与发展

“落后就要挨打，贫穷就要挨饿，失语就要挨骂。”[①]习近平总书记这一论断深刻阐明了推进国际传播能力建设，增强国际话语权的极端重要性。党的十八大以来，以习近平同志为核心的党中央充分认识到国际舆论格局总体上“西强我弱”，我国国际传播能力不够强，声音总体偏小偏弱，西方主流媒体依然左右着国际舆论走向的现状，对加强国际传播能力建设问题，从国家战略的高度进行顶层设计，统筹规划，大力推进，并且制定了一系列方针政策，推进了国际传播能力建设工作的进展。

随着我国综合国力和国际地位的不断提升，国际社会对我国的关注度前所未有，我国日益走近世界舞台中央，迫切需要对外讲好中国故事，传播好中国声音。为此，新时代以来党中央高度重视加强国际传播能力建设工作。2013年，习近平总书记在全国宣传思想工作会议上强调，“要精心做好对外宣传工作，创新对外宣传方式，着力打造融通中外的新概念新范畴新表述，讲好中国故事，传播好中国声音。”[②]2016年，在党的新闻舆论工作座谈会上，他要求“加强国际传播能力建设，增强国际话语权，集中讲好中国故事，同时优化战略布局，着力打造具有较强国际影响的外宣旗舰媒体”[③]。2018年，在全国宣传思想工作会议上，他提出要“推进国际传播能力建设，讲好中国故事、传播好中国声音，向世界展现真实、立体、全面的中国，提高国家文化软实力和中华文化影响力”[④]。2021年，他在主持十九届中央政治局第三十次集体学习时，以高瞻远瞩的宏大视野和深谋远虑的系统思维，深刻洞察国际传播发展趋势，揭示了国际传播规律，指出“讲好中国故事，传播好中国声音，展示真实、立体、全面的中国，是加强我国国际传播能力建设的重要任务”[⑤]，为切实加强我国新时代国际传播能力建设提供了具有全局性、理论性、实践性的科学指引。

---

① 习近平：《在全国党校工作会议上的讲话》，《求是》2016年第9期。

② 习近平：《胸怀大局把握大势着眼大事 努力把宣传思想工作做得更好》，《人民日报》2013年8月21日。

③ 习近平：《坚持正确方向创新方法手段 提高新闻舆论传播力引导力》，《人民日报》2016年2月20日。

④ 习近平：《举旗帜聚民心育新人兴文化展形象 更好完成新形势下宣传思想工作使命任务》，《人民日报》2018年8月23日，第1版。

⑤ 习近平：《加强和改进国际传播工作 展示真实立体全面的中国》，《人民日报》2021年6月2日。

党中央的决策部署和习近平总书记的系列重要讲话，为加强我国国际传播能力建设提供了思想引领和政治保障，同时也为调整和创新相关政策提供了重要遵循和依据。2012 年以来，以习近平同志为核心的党中央围绕国际传播能力建设，不断调整内宣外宣体制，打造具有国际影响力的一流媒体，积极推动中华文化走出去，有效开展国际舆论引导和斗争，初步构建起多主体、立体式的大外宣格局，国际话语权和影响力显著提升。从加强顶层设计和作出整体布局，从提供政策保障，到确保资金、人员、设备顺利到位，我国新时代对外宣传和国际传播体系正在形成，体制机制正在逐渐理顺，这些都为我国加强国际传播能力建设，提升国际话语权提供了保障。

（四）新时代互联网建设和治理政策的创新与发展

作为一种基础性科技发明，互联网推动了工业社会向信息社会的转型。为了将“这个最大变量变成事业发展的最大增量”，新时代以来，我国进行了持续探索并逐渐形成以“建设好、利用好、管理好”为核心的互联网治理“中国经验”。

党的十八大以来，习近平总书记针对网络传播、网络宣传、网络安全、网络治理和网络强国建设等相关问题，发表了一系列重要讲话，作出了一系列部署，采取了一系列对策，对创新我国新时代互联网治理政策起到了导向和引领作用。2013 年，习近平指出，网络和信息安全牵涉到国家安全和社会稳定，是我们面临的新的综合性挑战。2014 年，他在中央网络安全和信息化领导小组第一次会议上强调：“网络安全和信息化对一个国家很多领域都是牵一发而动全身的”，“没有网络安全就没有国家安全，没有信息化就没有现代化”，“建设网络强国的战略部署要与‘两个一百年’奋斗目标同步推进”[①]，标志着治理互联网已经上升到国家战略的高度。2014 年，他在致首届世界互联网大会的贺词中指出，要“建立多边、民主、透明的国际互联网治理体系”。2015 年，他又提出推进全球互联网治理体系改革的“四项原则”和共同构建网络空间命运共同体的“五点主张”。2016 年，他在网络安全和信息化工作座谈会上系统阐述了网络强国战略思想，将“人类命运共同体”理念拓展至网络空间，强

① 习近平：《总体布局统筹各方创新发展 努力把我国建设成为网络强国》，《人民日报》2014 年 2 月 28 日。

调要“携手构建网络空间命运共同体”，深刻回答了事关网信事业发展的一系列重大理论和实践问题，为加快推进网络强国建设指明了前进方向。2018 年，他在全国网络安全和信息化工作会议上的讲话中要求，“要加强网上正面宣传，旗帜鲜明坚持正确政治方向、舆论导向、价值取向……推进网上宣传理念、内容、形式、方法、手段等创新，把握好时度效。”[①]

新时代以来，针对过去互联网管理体制存在的多头管理、职能交叉、权责不一、效率不高等弊端，党和政府对互联网管理体制进行了全面改革，逐步形成了“党委领导、政府管理、企业履责、社会监督、网民自律”的多主体参与，经济、法律、技术等多种手段相结合的综合治网格局。习近平总书记亲自担任中央网络安全和信息化领导小组组长。我国互联网管理从原来的“九龙治水”模式，进入了党委领导下多主体共同参与的网络综合治理体系。这种制度设计和政策规制，既解决了互联网治理中的许多难题，也是互联网建设与治理的重要政策创新。

随着“网上舆论斗争”成为新闻舆论工作的“重中之重”，习近平总书记强调党的新闻工作在网上舆论斗争中要“顶得住、打得赢，要敢于发声、敢于亮剑，牢牢掌握主动权”[②]。要加强互联网内容建设，营造清朗的网络空间。网络已成为舆论主阵地，要建立网络综合管理体系。要提升学网、用网、管网水平。习近平总书记提出的做好互联网工作的一系列重要论述，其中许多涉及互联网建设与治理政策的调整和创新要求。从近些年的实践看，我国已经积累了一定经验，取得了一定成效，这也是互联网政策不断创新的结果。

（五）新时代新闻工作队伍建设政策的创新与发展

新闻工作队伍的政治素质、理论修养、政策水平和业务能力，直接关系到党的新闻工作质量与效果。党的十八大以来，习近平总书记高度重视新闻工作队伍建设，多次作出重要论述和指示。2016 年，他在党的新闻舆论工作座谈会讲话中，强调“媒体竞争关键是人才竞争，媒体优势核心是人才优势”，

① 习近平：《在网络安全和信息化工作座谈会上的讲话》，《人民日报》2016 年 4 月 26 日。

② 习近平：《胸怀大局把握大势着眼大事 努力把宣传思想工作做得更好》，《人民日报》2013 年 8 月 21 日。

明确提出要“加快培养造就一支政治坚定、业务精湛、作风优良、党和人民放心的新闻舆论工作队伍”。[①]

新时代以来，党和政府对加强新闻工作队伍建设采取了很多措施，提出了很多要求，形成了一系列政策规范。特别是习近平总书记在系列讲话中对此提出了许多具体要求，对新闻工作队伍建设起到了思想规范和政策引领的作用。在“2 · 19”讲话中，他强调“要深入开展马克思主义新闻观教育，引导广大新闻舆论工作者做党的政策主张的传播者、时代风云的记录者、社会进步的推动者、公平正义的守望者”，[②]并对新闻舆论工作者提出“增强政治家办报意识”“提高业务能力”“转作风改文风”“严格要求自己”四个要求，为我国新闻舆论工作队伍建设从根本上解决了政治方向和行为标准问题，开拓了新闻舆论工作队伍建设的新局面。

2016 年，习近平总书记在会见中国记协第九届理事会全体代表和中国新闻奖、长江韬奋奖获奖者代表时，又向广大新闻工作者提出了“四向四做”的要求，具体是要坚持正确政治方向，做政治坚定的新闻工作者；要坚持正确舆论导向，做引领时代的新闻工作者；要坚持正确新闻志向，做业务精湛的新闻工作者；要坚持正确工作取向，做作风优良的新闻工作者。“要做党和人民信赖的新闻工作者”[③]，这是对新时代党的新闻工作者能力素质提出的新要求，也是加强新时代党的新闻工作队伍建设的新目标。

2018 年，习近平总书记在全国宣传思想工作会议讲话中指出，宣传思想干部要“不断掌握新知识、熟悉新领域、开拓新视野，增强本领能力，加强调查研究”，要“不断增强脚力、眼力、脑力、笔力”，努力打造一支“政治过硬、本领高强、求实创新、能打胜仗的宣传思想工作队伍”。[④]他突出强调增强“四力”要求，既阐明了新时代新闻工作者本领能力的重要内容，也为新时代新闻工作者提升本领能力指明了方法和路径。

---

① 习近平：《坚持正确方向创新方法手段 提高新闻舆论传播力引导力》，《人民日报》2016 年 2 月 20 日。

② 同上。

③ 《习近平在会见中国记协第九届理事会全体代表和中国新闻奖、长江韬奋奖获奖者代表时强调 做党和人民信赖的新闻工作者》，《人民日报》2016 年 11 月 8 日。

④ 习近平：《举旗帜聚民心育新人兴文化展形象 更好完成新形势下宣传思想工作使命任务》，《人民日报》2018 年 8 月 23 日。

习近平总书记多次看望慰问新闻工作者，召开会议与新闻工作者座谈，发贺信鼓励新闻工作者，对广大新闻工作者提出48字职责使命、要做“四者”“四向四做”和增强“四力”等新要求，为推动新时代新闻工作队伍建设的政策创新提供了遵循和依据。

（六）新时代中国共产党新闻政策法治化创新与发展

我国新闻工作是党的事业的一部分。长期以来，中国共产党及其领导人在领导和管理新闻工作的过程中，作出了大量指示、决定及其他各种规章制度，形成了系统完整的新闻政策。我国现行新闻法律规范，有许多规制来自党的主张和政策。虽然党的新闻政策不能等于新闻法律法规，但当党的某些规范性的新闻政策由于某些原因还来不及制定为法规，而在实际新闻工作中又必须执行时，这些党的新闻政策也可以起到新闻法规的作用。

新时代以来，随着媒体融合的发展，我国新闻工作超越了过去单纯党的宣传工作的范畴，广大网民通过新兴媒体传播信息，表达意见，寻求并获取信息的自由度大为提升。与此同时，在“依法治国”背景下，以法律规范新闻活动越来越受到党和政府的重视，党的新闻政策也更多地走向科学化、法治化和规范化。

2019 年，中共中央政治局会议审议通过的《中国共产党宣传工作条例》作为中国共产党建党百年以来第一部关于宣传工作的党内法规文件，“以法规形式对宣传工作实践作出规定，使宣传工作在舆论监督、法治建设、舆论引导、文化生产、新媒体管理、人才队伍建设等方面有了法律法规的规范”[①]，标志着党的宣传工作科学化规范化制度化建设迈上新的台阶，在党的新闻宣传政策法规史上具有重要里程碑意义。

随着“依法治国”进程的推进，党的十八大以来，一批涉及新闻工作的法律法规相继出台，对加强新闻法治发挥了重要作用。例如 2017 年 6 月 1 日正式实施的《中华人民共和国网络安全法》是我国网络安全领域第一部基础、综合性法律。同时相关部门配套出台了一系列网络安全法规和规范性文件，如《信息网络传播权保护条例》（2013 年）、《即时通信工具公众信息服务发

① 郑保卫、尹延永：《论〈中国共产党宣传工作条例〉出台的背景及意义》，《新闻爱好者》2020 年第 1 期。

展管理暂行规定》(2014年)、《互联网新闻信息服务单位约谈工作规定》(2015年)、《互联网直播服务管理规定》(2016年)、《互联网新闻信息服务许可管理实施细则》(2017年)、《微博客信息服务管理规定》(2018年)、《网络信息内容生态治理规定》(2019年)、《关于加强网络直播规范管理工作的指导意见》(2021年)等。网络安全法律政策框架基本形成，网络安全各项工作纳入法治轨道。《中华人民共和国网络安全法》作为我国第一部全面规范网络空间安全管理方面问题的基础性法律，是一系列政策转化为法治化的成果，是依法治网的法律武器，是确保互联网依法健康运行的重要保障。

2021年3月16日,国家广播电视总局起草的《中华人民共和国广播电视法(征求意见稿)》向社会公开征求意见。这是新时代党的新闻政策法治化创新的生动实践，不仅意味着我国将拥有第一部规范广播电视活动的法律，推动广播电视依法健康发展，而且必将推进广播电视国家治理体系和治理能力现代化。

虽然我国个人信息保护的制度在《网络安全法》《民法典》等中已有专章规制或具体涉及，但2021年11月1日开始施行的《中华人民共和国个人信息保护法》将为个人信息权益保护、信息处理者的义务以及主管机关的职权范围提供全面的、体系化的法律依据。

新时代以来，我国明显加快了新闻法治化进程，丰富的不断创新发展的新闻政策为新闻法治化提供了重要基础。随着“依法治国”的不断推进，相信会有更多的新闻政策转化为新闻法律法规，我国新闻工作将更加科学化、法治化和规范化发展。

三、新时代中国共产党新闻政策创新与发展的基本经验

新时代以来，党的新闻政策不断创新与发展的实践依据，就是要解决“在新的时代条件下更好地服务于治国理政、定国安邦的战略任务，服务于‘两个一百年’奋斗目标，更好地发挥新闻宣传和舆论导向功能和作用的问题”[①]。习近平总书记从党和国家事业发展全局，和治国理政、定国安邦整体布局的战略高度对宣传思想、新闻舆论、文化出版、理论研究等意识形态领域的工作发

① 习近平:《举旗帜聚民心育新人兴文化展形象 更好完成新形势下宣传思想工作使命任务》,《人民日报》2018年8月23日。

表了一系列重要讲话，形成了独特的新时代新闻观，为做好新时代宣传思想工作和党的新闻舆论工作指明了政治方向，提供了政策导向。

作为现任总书记，习近平是“中国共产党百年新闻思想的集大成者”[①]。他全面总结和分析了建党百年来，特别是新时代以来党的新闻工作的基本经验，形成了科学的思想理论体系，成为党的新闻政策创新与发展的根本遵循和重要依据。例如他在2016年“2 · 19”讲话中提出的“三个坚持”（坚持党的领导、坚持正确政治方向和坚持以人民为中心的工作导向）和“四个牢牢坚持”（坚持党性原则、坚持马克思主义新闻观、坚持正确舆论导向和坚持正面宣传为主）就是对新时代党的新闻工作指导方针、工作原则和新闻政策的全面概括与深刻总结。因此，我们可以依据习近平总书记的系列重要论述来总结新时代党的新闻政策创新与发展的基本经验，即始终坚持“党媒姓党”“人民至上”“党性和人民性相统一”“遵循新闻传播规律和新兴媒体发展规律”。

（一）始终坚持“党媒姓党”

“党媒姓党”是习近平总书记在2016年“2 · 19”讲话中阐述的一个重要观点，他明确指出：“党和政府主办的媒体是党和政府的宣传阵地，必须姓党。”[②]“党媒姓党”就是要坚持党对新闻舆论工作的领导，全面实现党管媒体、党管宣传、党管意识形态；新闻工作要自觉坚持党性原则，接受党的领导和监督。“党的新闻舆论工作坚持党性原则，最根本的是坚持党对新闻舆论工作的领导”。[③]这一观点也是新时代我国新闻政策的重要内容。

“党媒姓党”需要通过坚持党管媒体原则来实现，严格落实政治家办报要求，确保新闻宣传工作的领导权始终掌握在对党忠诚可靠的人手中。党和政府主办的媒体是党和政府的宣传阵地，必须成为党和人民的喉舌，做到爱党、护党、为党。如果管不住媒体，党管媒体原则就会被架空。我国是中国共产党领导的社会主义国家，所有媒体，包括一切能够提供信息传播和意见表达平台的网络媒体，无论它是什么背景（主办单位、经费来源、业务范围、工作手段等），都须自觉接受党的领导和监督。

---

① 郑保卫：《论中国共产党百年新闻思想的核心与精髓》，《新闻爱好者》2021年第9期。

② 习近平：《坚持正确方向创新方法手段 提高新闻舆论传播力引导力》，《人民日报》2016年2月20日。

③ 同上。

党管媒体的原则和制度不能变，更不能动摇。特别是在当前要特别重视管好用好互联网，这是新时代贯彻落实“党媒姓党”政策的重中之重。互联网时代新闻舆论阵地在哪里，党管媒体就应该落实到哪里。新兴媒体不能脱离党的领导，更不能成为“法外之地”。如果管不住新兴媒体，党管媒体的原则在互联网上就会被架空，我们就会犯下历史性错误。

坚持党管媒体，就是要把各种不同的媒体都置于党的领导下，确保党对各级各类媒体的主导权、管理权，这是新时代加强和改善党对新闻舆论工作领导的必然要求，也是党的新闻政策的重要创新与发展。

（二）始终坚持人民至上

我国是中国共产党领导的社会主义国家，党和国家的根本性质决定了我国新闻事业既是党的事业，也是人民的事业；既要做党的耳目喉舌，又要做人民的耳目喉舌。2013 年，习近平总书记在全国宣传思想工作会议上的讲话中把“树立以人民为中心的工作导向”作为新闻舆论工作“坚持人民性”的基本要求。他指出：“坚持人民性，就是要把实现好、维护好、发展好最广大人民根本利益作为出发点和落脚点，坚持以民为本、以人为本。要树立以人民为中心的工作导向，把服务群众同教育引导群众结合起来，把满足需求同提高素养结合起来。”[①] 2016 年，他在党的新闻舆论工作座谈会上强调要“坚持党的领导，坚持正确政治方向，坚持以人民为中心的工作导向。”“以人民为中心”同“党的领导”和“正确政治方向”一起成为新闻舆论工作中最重要、最核心的问题。2016 年 4 月 19 日，习近平总书记主持召开网络安全和信息化工作座谈会，提出要树立“以人民为中心”的网信发展导向。

新闻工作坚持“人民至上”，要求我国新闻工作者要明确自己的工作是为人民服务的，而且要始终依靠人民群众的参与和支持做好工作，每个新闻从业者都应该自觉地做人民满意、放心和信赖的新闻工作者。新闻工作要“多宣传报道人民群众的伟大奋斗和火热生活，多宣传报道人民群众中涌现出来的先进典型和感人事迹，丰富人民精神世界，增强人民精神力量，满足人民精神需求”[②]，从而解决好“为了谁、依靠谁、我是谁”这一根本问题。

---

① 习近平：《胸怀大局把握大势着眼大事 努力把宣传思想工作做得更好》，《人民日报》2013 年 8 月 21 日。

② 同上。

（三）始终坚持党性和人民性相统一

坚持“党媒姓党”是新闻工作筑牢“姓党为民”宗旨意识的根本要求，这是由我国新闻媒体的地位、职责和功能决定的。2013 年，习近平总书记在全国宣传思想工作会议讲话中专门就党性和人民性的关系问题作了系统阐述，旗帜鲜明地提出“党性和人民性从来都是一致的、统一的”。

要坚持“党媒姓党”，就要坚持党性和人民性的统一，就要在党的统一领导下，坚持“以人民为中心”的工作导向，为实现党的中心工作和根本任务服务。要认识人民性是党性的深刻内涵，“党性寓于人民性之中。坚持党性就是坚持人民性，坚持人民性就是坚持党性，没有脱离人民性的党性，也没有脱离党性的人民性。”①习近平总书记强调党性和人民性都是整体性的政治概念，党性是从全党而言的，人民性也是就全体人民而言的，不能简单地从具体的党组织、部分党员和个别党员来理解党性，也不能简单地从具体的群众阶层、部分群众和具体群众来理解人民性。因此只有站在全党的立场和全体人民的立场上，才能真正把握好党性和人民性。

过去曾有人用割裂、对立的观点来看党性和人民性关系，甚至用人民性来否定党性，企图摆脱党对新闻工作的领导。“人民性”被曲解成为与“党性”对立的概念，这于理论上错误，于实践上有害。习近平提出的“党性和人民性统一论”对“人民性”从正面作出阐释；揭示了把握“人民性”本质的关键，“强调人民性是党性的内涵和基础”；对党性和人民性的关系作了深刻阐述，“从根本上阐明了正确认识两者关系的理论前提，澄清了以往对党性和人民性问题的认识误区”，为我们全面理解、把握和践行“党性和人民性统一论”指明了正确方向。②这也是对党的新闻政策的重要创新贡献。

（四）始终坚持遵循新闻传播规律和新兴媒体发展规律

在习近平总书记关于新闻工作的系列讲话中，他多次强调要遵循新闻传播规律和新兴媒体发展规律的问题。早在 2014 年中央全面深化改革领导小组第四次会议上的讲话中，习近平就指出，推动传统媒体和新兴媒体融合发展，要“遵循新闻传播规律和新兴媒体发展规律”。其实，“新兴媒体发展规律”和“新

① 郑保卫：《党媒“姓党”也“姓民”——对党的新闻舆论工作党性和人民性关系的思考》，《新闻与写作》2016 年第 9 期。

② 郑保卫：《习近平“党性人民性统一论”的理论内涵及价值》，《现代传播》2018 年第 1 期。

闻传播规律”，并不是两个并行的概念，也不是在同一逻辑层面上的概念。[①]新兴媒体包含着多种媒体形态，进行新闻传播的新兴媒体，必须既要遵循新兴媒体发展规律，又要遵循新闻传播规律。新兴媒体的工作人员，不能无视新闻传播规律，否则就会受到规制约束。而传统媒体融合新兴媒体进行新闻传播，除了遵循新闻传播规律外，也必须遵循新兴媒体发展规律，否则无法真正地实现媒体融合发展。

尊重新闻传播规律是马克思主义新闻观的基本要求，所以习近平总书记在提出形成“现代传播体系”时要“遵循新闻传播规律和新兴媒体发展规律”，前者是从马克思主义新闻观角度提出的要求，而后者则是媒体融合发展趋势下对遵循新闻传播规律的延伸要求。

习近平总书记在2014年主持召开的中央网络安全和信息化领导小组第一次会议上的讲话中还指出，“要创新改进网上宣传，运用网络传播规律……把握好网上舆论引导的时、度、效，使网络空间清朗起来。”[②]他强调网络传播也有规律，并把“时、度、效”的检验标尺延伸到网络舆论工作中。

遵循新闻传播规律和新兴媒体发展规律，网络传播也有规律，作为新时代新闻政策的重要创新与发展，不仅是推动传统媒体和新兴媒体融合发展的必然要求，而且在提高新闻舆论引导能力，加强互联网建设与治理，推进国际传播能力建设，加强新闻工作队伍建设等方面均有重要意义。

习近平总书记对新时代党的新闻舆论工作的重要论述是对党的百年新闻政策的全面总结和创新发展，这些理论成果标志着党对新闻舆论工作，包括对新闻政策的认识进入了一个全新的历史阶段。学习和梳理新时代以来中国共产党新闻政策的创新与发展，可以帮助我们守正创新、继续前进，更好地繁荣发展中国特色社会主义新闻事业，加快构建中国特色社会主义新闻学的科学体系。

（作者郑保卫系广西大学新闻与传播学院院长、中国人民大学新闻学院教授，教育部社会科学委员会委员兼新闻传播学科召集人、国家社科基金重大项目“百年中国共产党新闻政策变迁研究（1921—2021）”首席专家；王辉系广西大学新闻与传播学院副院长）

① 丁柏铨：《略论新兴媒体发展规律—兼及它与新闻传播规律的关系》，《新闻记者》2015年第10期。

② 习近平：《总体布局统筹各方创新发展努力把我国建设成为网络强国》，《人民日报》2014年2月28日。

第五篇

其他

- 中共早期新闻宣传工作的发展历程与经验总结
- 中国共产党早期党报管理思想及其新时代传承与发展
- 中国共产党建党前后苏联在华的新闻活动及其对中国革命的影响
- 毛泽东关于《普遍地举办〈时事简报〉》通令的颁布背景、主要内容及实践意义
- 论土地革命战争时期中国共产党的出版发行政策
- 新时代我国广电政策的规范与创新
- 论无产阶级新闻工作党性观的发展进路及意义

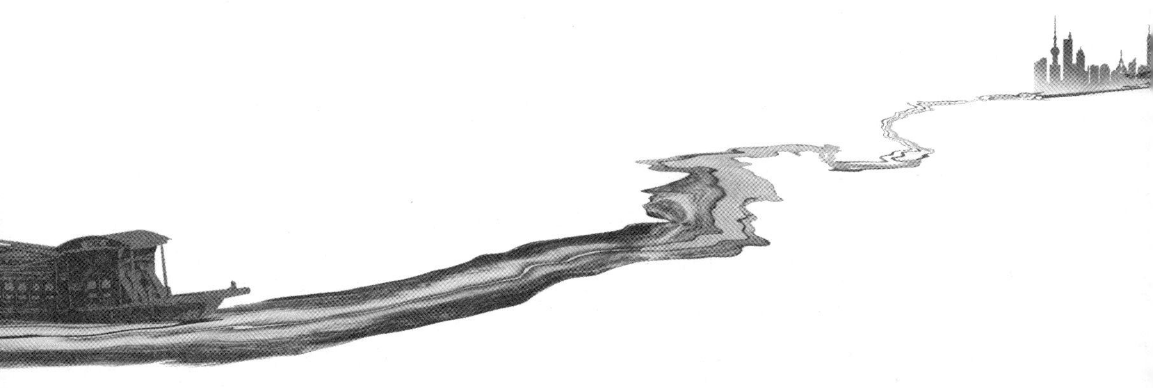

中共早期新闻宣传工作的发展历程与经验总结

方增泉 殷鹤

内容摘要：中国共产党成立早期，新闻宣传工作是其传播思想、树立形象、赢取民心的重要手段。它传播了马克思主义，弘扬了无产阶级力量，推动了工人革命发展，奠定了党的百年新闻宣传工作的基础，为我们留下了宝贵的经验：始终坚持中国共产党对新闻宣传工作的领导；始终坚持以人民为中心的新闻宣传工作方针；始终与时俱进创新新闻宣传工作方法。

关键词：中国共产党；早期新闻宣传工作；发展历程；经验总结

新闻宣传工作是以新闻报道为形式、新闻媒介为手段进行的宣传活动，是我党宣传思想工作的重要组成部分。为突破国民党的新闻封锁，传播新思想、新观念，也为更好地团结带领人民群众投入到民族救亡运动中，早期的中国共产党创办了报刊、电台等新闻媒介，开启了党的新闻宣传工作的发展历程，积累了宝贵的经验。

一、中共早期新闻宣传工作的发展历程

早期的中国共产主义者意识到了用科学的理论武装群众、指导革命的重要性，而报纸、杂志等则是传播科学理论的最有效载体，党的新闻宣传工作由此诞生。革命的不断深入对新闻宣传工作提出了更高要求，中国共产党审时度势，不断加强和改进新闻宣传工作方式方法，在加强了同人民群众联系的同时也促进了自身形象的有效传播，推动了革命事业的顺利进行。

（一）马克思主义传播的需要促进了中共新闻宣传工作的形成

一个政党的建立，需要充分的理论准备和实践基础。十月革命的伟大胜利，建立了世界上第一个社会主义国家——苏维埃俄国，为马克思主义的科学性和建立社会主义国家的可行性进行了充分的论证，也为中国共产党的建立提供了理论遵循与实践基础。如何推动马克思主义在中国的大众化成为摆在中国早期共产主义者面前的一道重要难题。创新理论在一开始往往不可能为社会大众普遍认可，它的扩散要经过获知、说服、决定、实施、确认等五个步骤，在这五个步骤中意见领袖和传播媒介发挥了重要作用。马克思主义传到中国后，李大钊、陈独秀等早期共产主义者充当了意见领袖的作用，他们通过翻译马克思主义著作、撰写评论文章等方法传播马克思主义，而这一传播过程往往需要通过新闻传播媒体进行。1920 年 9 月，《新青年》改组成为中国共产党上海发起组的机关刊物，开启了中国共产党新闻宣传工作的序幕。

马克思主义的大众化是中共早期新闻宣传工作的主要任务，青年群体与劳动阶级作为最能接纳新思想与最具革命精神的群体则是中共早期新闻宣传工作的主要受众。1923 年 6 月，《新青年》改为季刊，承担起了启迪青年群体、教育劳动平民的重任，其发刊词认为中国的“真革命”只有劳动阶级才能担负，能够真正解救中国的也只有可能是劳动阶级，而资产阶级只会走向半途而废或“失节自卖”。《新青年》季刊翻译发表了《列宁主义概述》，介绍了讴歌社会主义的诗集《新梦》，还对国民党右派进行了猛烈批判，明确提出了“中国无产阶级应当努力实行国民革命，引导一切平民参加民族解放斗争”[①]，成为传播马克思主义的阵地和无产阶级革命的罗盘。与《新青年》季刊类似，《劳动界》也致力于向以劳动阶级为主要对象的人民群众传播马克思主义，试图教会劳动阶级“充足的智识和善良的方法”[②]，以排斥资产阶级，并推动工人运动的发展，也为中共早期新闻宣传工作的开展起到了重要作用。

马克思主义是关于无产阶级革命的学说，预示了资本主义必然灭亡，取而代之的则是物质财富极其丰富、人们精神境界极大提高，每个人都自由而全面地发展的共产主义。而这一切的实现都依赖于无产阶级的力量，他们是资本主义的掘墓人，也是共产主义的建设者。尽管马克思主义的科学性是经过实践

① 瞿秋白：《瞿秋白文集：政治理论编》（第三卷），北京：人民出版社，2013 年，第 464 页。

② 郝卫东：《解放前珍贵红色报刊发刊词：〈新青年〉到〈人民日报〉原貌再现》，北京：中央编译出版社，2011 年，第 30 页。

证明了的，但在中国，其作为一个新的理论成果，要想实现其终极目标，则必须为人民群众，特别是工人阶级所掌握。此外，作为中国共产党的指导思想，马克思主义为中国共产党成立的合法性与必要性进行了充分的论证，这就要求共产主义者利用新闻传播媒介来推动马克思主义的传播，要求共产主义者充分注重新闻宣传工作的开展，以此教会工人阶级自觉接受共产党的领导，并学会推翻资本主义的方式和方法。这一切都促进了中国共产党新闻宣传工作的形成。

（二）中国革命的不断深入推动了中共新闻宣传工作的发展

随着中国革命的深入发展，中国共产党在革命中所起的作用日益突出，特别是国民党在革命中的软弱性与妥协性日益暴露——他们既不敢与帝国主义彻底决裂，又不敢依靠和发动广大人民群众，共产党必须担负起拯救国家于危亡、实现民族之复兴的重任。然而，20 世纪 20 年代的中国共产党尚处于幼年时期，内有国民党反动派的疯狂打压，外有帝国主义的虎视眈眈，还并不能轻易取得久经忧患，甚至对现状已感到麻木的人民群众的信任与支持。这就要求夹缝中的中国共产党将新闻宣传工作推向一个新的高度，在宣传马克思主义思想的同时，还要传播自身的纲领和主张，并鼓动人民群众敢于斗争、勇于斗争，积极投身到革命的洪流中去，为建设一个全新的中国而奋斗。

作为中共创办的第一份党刊，《共产党》立足案例和理论，围绕“建党”“国家”和“革命”三个重点，翻译、刊载了大量世界无产阶级政党建设、无产阶级政权发展以及无产阶级革命情况的文章，畅想并论述了中国革命道路和党的政策主张，号召用社会主义来解救中国，为共产党在中国革命中发挥更大作用营造了舆论氛围。《向导》是中共中央第一份政治机关报，甫一创刊就宣传党的民主革命纲领。它立足现实，记录了大量党领导工农大众进行的反帝反封建斗争，突出展示了中国共产党在革命中的作用和地位。而随着四一二反革命事件的爆发，党的新闻宣传工作还出现了一个新的任务——在反帝反封建的同时还要“反国民党”。《布尔什维克》深刻揭露了国民党领导层背叛革命、背弃“三民主义”的罪行，《红旗日报》则作为当时中共新闻发言人，发表共产党对革命各个问题的观点与主张。可以说，此时的中共新闻宣传工作已初具雏形，形成了正面宣传和负面揭露相结合的新闻宣传工作体系，发展了列宁的党报思想，为中国革命的顺利进行发挥了积极作用。

随着革命的不断深入，中国共产党面临的主要任务也随之发生转变，对新闻宣传工作的要求也不断提高。在促进马克思主义大众化的同时，中国共产党还应该促进自身形象的传播，让更多人民群众了解共产党，支持共产党，并自愿跟随共产党。特别是随着国民党反动性质的暴露，党的新闻宣传工作中还出现了一个新的任务——在反帝反封建的同时还要“反国民党”，要揭露国民党反动派的罪行，具体说来，就是一方面要“使帝国主义、国民党骇得发抖”[①]；另一方面，通过公开发行扩大影响，为彻底“推翻帝国主义国民党的统治”做好舆论引导工作。

（三）抗日战争的磨砺促进了中共新闻宣传工作的成熟

随着抗日战争的到来，中华民族危机进一步加剧，中国共产党的新闻宣传工作也在实践中得到了磨砺而变得成熟。这一时期，中共新闻宣传工作的主要任务是团结一切可以团结的力量投入到抗日救亡运动中来，为抗日战争的胜利获取群众基础和舆论支持。广播电台的有效投入，弥补了报纸在传播范围与传播时效上的不足，更好地传播了中共的抗日方针政策。分众化传播方式的运用，弥补了大众化传播方式的不足，根据不同受众的不同特点制定不同的新闻宣传策略，在全国乃至世界范围内传播了中国共产党的正面形象，赢得了最广大的群众基础和国内国际支持。

中国共产党自成立以来就十分重视新的传播工具的使用。在苏联的援助下，1940 年底，中国共产党克服重重困难，在延安创办了广播电台，并要求各地注意接收广播，以广宣传，一定程度上突破了国民党的新闻媒体封锁，促进了党的新闻宣传工作效率的提高。随着党对人民群众特点和需求掌握的逐渐精准化，新闻宣传工作也呈现出分众化特点。针对普通民众文化水平不高的特点，中国共产党发明了《时事简报》这一用大张纸、大黑墨手写的消息传播媒介。它字体大、字数少、浅显易懂，更受群众喜欢。针对青年人的心理特点和接受能力，中国共产党创办了题材丰富、图文并茂、感染力强的《战时青年》。它积极反映国内抗战情形，观照并引领着全面抗战时期青年群体的一言一行。针对部分日军的思乡厌战情绪，中共还创办了不少对日宣传报刊，它们与日军内部的宣传针锋相对，渲染侵华战争的非正义性和必败性，以达到瓦解日军的目的。

总而言之，抗战时期中国共产党的新闻宣传工作逐渐走向成熟，特别是新闻宣传方式方法不断丰富，新闻宣传效果不断增强，将一个文盲半文盲人口

① 张之华：《中国新闻事业史文选（公元 724 年—1995 年）》，北京：中国人民大学出版社，1999 年，第 388 页。

占绝大多数的旧中国人民群众紧密地团结起来，促进了民族独立和民族解放战争的最终胜利。

二、中共早期新闻宣传工作的经验总结

新闻宣传工作不仅关系到人民群众新闻信息的获取，更关系到党意识形态高地的占领。总结中共早期新闻宣传工作的宝贵经验，在新时代的今天尤其具有重大意义。

（一）必须坚持中国共产党对新闻宣传工作的领导

中共一大决议规定：“不论地方或中央出版的一切出版物，其出版工作均应受党员的领导。不得刊登违背党的原则、政策和决议的文章。”①坚持党对新闻宣传工作的领导，就是要坚持党关于新闻宣传工作的各项方针政策，就是要在进行新闻宣传的过程中体现党的意志。

一方面，坚决贯彻党的新闻宣传工作方针。中国共产党成立后，中央多次出台方针政策规范党的新闻宣传工作。中共一大要求报刊等一切宣传工具必须由中央执行委员会或临时中央执行委员会经办，翌年又出台《关于教育宣传问题的决案》，对中央和地方的宣传路径进行了统一，要求地方必须严格按照中央宣传路径来开展新闻宣传工作。中国共产党早期刊物《向导》《前锋》等正是在这一新闻宣传方针的指引下创办起来的，不仅在思想上保证了权威性，成为地方理论学习的素材和创办报刊的蓝本，而且在发行上也取得了巨大的成功，在全国范围内产生了重大影响。1924 年中共四大召开，对党报党刊存在的一系列问题进行了揭露，并提出了应对策略，《新青年》《向导》等也随之进行了整改，保证了党的新闻宣传政策的有效落实。

另一方面，新闻宣传工作要体现党的意志。党报党刊是党的喉舌，是党联系人民群众的重要手段，必须体现党的意志，传递党的声音。幼年时期的中国共产党虽然抱有为民族复兴而奋斗的宏图大志，但不可否认自身还十分弱小，甚至需要在夹缝中求得生存。于是，新闻宣传工作就成了党传播主张、展示形象的必要途径。中国共产党创办的一切新闻媒体都以传播党的指导思想、行动纲领为己任，都以教育并团结广大人民群众投入到反帝反封建的革命斗争中去

① 中共中央文献研究室、中央档案馆编：《建党以来重要文献选编（1921—1949）》（第 1 册），北京：中央文献出版社，2011 年，第 5 页。

为己任。中共四大还要求《向导》负责解释党中央的政策方针，《新青年》将马克思列宁主义的理论运用到实践当中……一系列要求为党报党刊更好地传播党的主张、体现党的意志指明了方向，促进了党的新闻宣传工作的发展。在以后的抗日战争中，中国共产党更是通过不断改进和创新新闻宣传工作，在全国范围内展现了自身形象，赢得了最广泛人民群众的支持，并结成了抗日民族统一战线。

（二）必须坚持以人民为中心的新闻宣传工作方针

中国共产党坚持以人民为中心的发展思想，更将人民群众作为取得一次又一次胜利，创造一次又一次辉煌的力量源泉。与国民党不同，中国共产党敢于发动人民群众，敢于依靠人民群众，敢于将发展成果为人民群众共享。早期的中国共产党在开展新闻宣传工作时同样将人民群众放在重要位置，不仅积极动员人民群众投身党的新闻宣传事业，还致力于以科学的理论来教育引导人民群众投入到革命斗争的洪流中去。

一方面，坚持依靠人民群众做好党的新闻宣传工作。毛泽东在指导办报时指出，弄清读者“欢喜什么，不欢喜什么，这是很重要的，这样才能使这个报办得好”[①]。中国共产党早期就十分重视人民群众在新闻宣传工作中的作用，不仅虚心接受人民群众对新闻宣传工作的意见和建议，更将人民群众作为新闻宣传工作发展方向的决定力量。中国共产党早期建立了通联工作制度，将培养和发展通联队伍作为加强党的新闻宣传工作的重要途径，而工农群众就是通联队伍的主要来源，他们成为党了解群众生产生活面貌、掌握群众所思所想的重要渠道，也是党的新闻传播媒介新闻素材的主要来源。此外，人民群众还在党的新闻宣传工作中发挥了“口口传播”的作用。中国共产党早期虽然依靠新闻媒介来传播自己的主张、观点，但是囿于条件限制，并不是所有人都接触得到新闻媒介或者读得懂党报党刊，于是人民群众自发成为党的政策方针的宣传媒介，通过人际传播，将党的新闻宣传工作效果最大化。

另一方面，做好新闻宣传工作的最终目的是实现人民群众的根本利益。中国共产党成立初期的旧中国，人民群众深受帝国主义、封建主义和国民党反动派的三重压迫，革命是求得解放的唯一途径。马克思主义是革命的指导思想，共产党是革命的领导力量，加强中国共产党的宣传工作是为了革命事业的发展，

① 毛泽东：《毛泽东选集》（第2卷），北京：人民出版社，1991年，第728页。

是为了解救人民群众于水火，实现其根本利益。在新闻宣传工作中，中国共产党紧紧围绕“服务群众”这一目的，不仅“帮助他们闻知天下事，了解世情、国情和身边发生的各种事情”[①]，还让他们通过报纸刊载的信息，得到材料，得到经验，得到教训，得到指导。以《新华日报》为例，为了更好地满足国统区人民群众的需求，它开辟了生活专栏，反映人们的所思所想，报道他们的悲惨境况，并教会他们如何与现实作斗争。

（三）必须与时俱进创新新闻宣传工作方法

中国共产党是马克思主义政党，注重用发展的眼光看待问题，并指导各项工作。随着时代的发展，中国共产党面临的国际国内形势也在不断发生变化，新闻宣传工作也应该做到与时俱进。早期的中国共产党面临着经费短缺、技术落后、人民群众文化水平不高等各种问题，为了做好新闻宣传工作，占领舆论主战场和意识形态高地，中国共产党注重将新闻宣传工作与人民群众需求密切结合，因时而进，因事而化，因势而新，不仅善于创新新闻宣传话语体系，针对不同受众需求采取不同的新闻宣传策略，还能够充分利用不同新闻宣传媒介的特点，将新闻宣传媒介的功效做到最大化，保证了特殊年代党的新闻宣传工作的有效开展，也对中国共产党自身的发展壮大与群众基础的增强起到了关键性作用。

一方面，围绕人民群众需求创新新闻宣传话语体系。创新新闻宣传话语体系即是在新闻宣传过程中摒弃传统的思维方式和话语表达方法，针对人民群众的接受能力和信息需求，用人民群众喜闻乐见的方式方法进行信息传播和理论宣传。针对工农群众文化水平不高、媒介接近能力有限的特点，中国共产党创办了“极大黑墨字，稀松七八条，看上去明明朗朗，看完了爽爽快快”[②]的《时事简报》，该报严格遵守真实性原则，用十分浅白的普通话向工农群众传递与自身息息相关的新闻，并要求每条新闻字数不超过 40 字，以此降低报刊的阅读难度，在满足工农群众信息需求的同时，促进党的新闻宣传工作的发展。为满足知识分子，特别是青年知识分子对马克思主义和党的方针政策的需求，中国共产党在创办《向导》时，在信息选择、栏目设置、内容安排、语言艺术等各方面都对接目标受众的特点，让其自觉接受马克思主义理论的洗礼并认可共产党的主张。

---

① 马寅桂：《抗战时期新闻宣传群众工作及其现实意义》，《青年记者》2014 年第 12 期，第 99 – 100 页。

② 中共中央文献研究室：《毛泽东文集》（第 1 卷），北京：人民出版社，1993 年，第 265 页。

另一方面，根据信息传播规律创新新闻宣传媒介。人类社会各种传播媒介层出不穷，但是新的传播媒介在弥补旧的传播媒介不足的同时，并不会完全取代旧的传播媒介，因为每一种传播媒介都有着其他传播媒介无法比拟的特点，特别是针对特定传播受众时能够发挥出重大作用。尽管中国共产党早期新闻宣传工作能够用到的新闻媒介并不多，就连创办报纸都存在一定的难度，但这并没有阻碍党对新的传播媒介——广播电台的使用，中国共产党要求新闻宣传工作者要“善于使用一切宣传鼓动的工具，熟知它们一切的性能……发展通讯社事业、无线电广播事业”①。延安新华广播电台正是在这种背景下克服重重困难得以创建，发挥了报刊无法比拟的作用，成为抗战时期不可或缺的新闻宣传媒介以及对外宣传最有力的武器，被誉为“茫茫黑夜中的灯塔”。

（作者方增泉系北京师范大学新闻传播学院党委书记、教育新闻与传媒研究中心主任，研究员、博士生导师；殷鹤系北京师范大学马克思主义学院博士生）

① 中共中央文献研究室、中央档案馆编：《建党以来重要文献选编（1921—1949）》（第18册），北京：中央文献出版社，2011年，第425页。

中国共产党早期党报管理思想及其新时代传承与发展

王晓岚

内容摘要： 中国共产党的党报管理思想随着党的成长壮大和党的新闻事业的发展而逐渐成熟完善发展。回首百年发展历程，中国共产党的新闻媒体始终是党建和舆论动员的重要工具，今后也仍然会继续扮演这一角色。随着互联网、微博微信移动客户端的发展，中国共产党的党报管理思想也将不断与时俱进，成为新时代中国特色社会主义新闻思想的重要组成部分。

关键词： 中国共产党；党报管理思想；传承；发展

中国共产党的党报管理思想是随着党的成长壮大和党的新闻事业的发展而逐渐成熟完善发展的。党在早期革命活动中，自觉接受共产国际的指导帮助，认真学习列宁的党报思想，及时总结国内各地共产主义小组的办报经验，在此基础上，对党报采取了一系列有效的管理措施，逐步形成了自己的党报管理思想，为党报工作的健康发展奠定了良好基础。

一、建党初期中国共产党的党报管理思想及其传承

中国共产党建党初期对党报的管理强调的是纪律管理、政策管理和组织管理，并直接接受了共产国际的监督和指导。中国共产党早期领导者在考虑组织机构设置时，首先参照了苏联和共产国际的党报管理模式，使党的新闻事业传承了这种因素，并在以后的年月里深受其影响。

（一）中国共产党党报管理思想的发端

一百年前，中国各地的共产主义小组陆续创办了自己的机关报刊，初步

提出并践行了党报管理思想。如 1920 年 9 月 16 日，蔡和森从法国写信给毛泽东，倡议成立中国共产党并出版党的刊物，“出版物又须组织一个审查会。凡游移不定的论说与主义矛盾的东西，皆不登载。”[①]也就是说，党的报刊必须经过党组织的审查，决不能登载与党的主张相左的文章。这一思想后来一直贯穿于蔡和森担任党的中央宣传部部长主持党报工作的整个时期。毛泽东当时对蔡和森的这一思想表示完全赞同，并极力称赞《共产党》月刊，“颇不愧‘旗帜鲜明’四字”[②]。

1921 年 7 月，在中国共产党第一次全国代表大会上，党报工作是各地共产主义小组报告的一项重要内容。当时全国党员只有 50 余名，人手少，还不能提出广泛的战斗任务，只能集中全副精力向知识分子和工人阶级进行宣传和组织工作。[③]党报便成为这种宣传和组织工作的最有效的手段和工具。党的主要领导者们也大都从事党报工作，参与或主持一种或数种党的报刊工作。这样，党报工作几乎从一开始就是党的工作的一项重要内容，尤其是在建党初期，党报工作几乎成为党的最主要的工作内容。

中共一大根据各地共产主义小组的报告和对当时形势的分析，在共产国际的指导和帮助下，通过了中国共产党的第一个决议。决议中明确规定：“一切书籍、日报、标语和传单的出版工作，均应受中共执行委员会或临时执行委员会的监督。每个地方组织均有权出版地方的通报、日报、周刊、传单和通告。不论地方或中央出版的一切出版物，其出版工作均应受党员的领导，任何出版物，无论是中央的或地方的，均不得刊登违背党的原则、政策和决议的文章。”[④]在当时的特殊情况下，决议对党报提出组织管理和纪律管理的规定办法，保证了中国共产党在组织上和思想理论上的统一性和战斗性。这是党统一管理党报的开端，在党报史上具有划时代的意义。

党报的工作人员多是党员，党员自然要受党章的约束。中共二大通过的《中国共产党章程》第二十一条和三大通过的《中国共产党第一次修正章程》的第二十二条都同样规定：“区或地方执行委员会及各组均须执行及宣传中央执行委员会所定政策，不得自定政策，凡是关系全国之重大政治问题发生，中央执

① 《蔡和森文集》，北京：人民出版社，1980 年，第 71 页。

② 同上书，第 73 页。

③ 中央档案馆编：《中共中央文件选集》（第 1 册），北京：中共中央党报出版社，1989 年，第 14 页。

④ 同上书，第 6 – 7 页。

行委员会未发表意见时，区或地方执行委员会，均不得单独发表意见，区或地方执行委员会所发表之一切言论倘与本党党纲宣言章程及中央执行委员会之决议及所定政策有抵触的，中央执行委员会得令其改组之。”[①]并在《关于共产党的组织章程决议案》中规定：“无论何时何地各个党员的言论，必须是党的言论。”这就从组织纪律上保证了党报和党在政治上能够保持一致。这一点之后一直成为党报管理的一个重要的指导思想。

党还初步建立了党报管理的汇报请示制度，要求各地方委员会由专人定期向教育宣传委员会作一次相关报告，该委员会则每月审查并讨论相关工作进展的方法。在这种例会上，编辑部需要报告出版成绩，包括各刊物本月所注重的问题及其原因。这种例会制度和报告制度较之以前一年一次的党代会上的中央报告和各地党组织的报告又前进了一大步，它使党能够比较及时地掌握党报工作的情况，及时发现问题，进行指导，使党报更好地为党的各项工作服务。

此外，党还根据工作需要拟定具体的宣传要点和方针，使党报据此进行宣传，聚焦社会舆论。这在党报管理上也形成了一大特色，即党在某一个特定的时间里，指示党报对某个问题展开集中的宣传或批评，以造成某种强度的声势，引领社会舆论与思潮。

（二）共产国际对中国共产党党报管理的参与及影响

1919年共产国际成立后，对加入自己组织的各国共产党的机关报进行宏观上的管理和政策上的指导，要求各国支部“都必须由已经证明是忠于无产阶级革命事业的可靠的共产党人来主持编辑工作”[②]，“有计划有步骤地撤销改良主义者和‘中派’分子在工人运动中（在党组织、编辑部、工会、议会党团、合作社、地方自治机关等等中）所担任的比较重要的职务，用可靠的共产党人来代替他们。”[③]并且，“不管整个党是合法的或是不合法的，一切定期和不定期的报刊、一切出版机构都应该完全服从党中央委员会；出版机构不得滥用自主权，实行不完全符合党的要求的政策。”[④]同时规定，“各国共产党的中央机关报，必须刊布共产国际执行委员会一切重要的正式文件。”[⑤]此外，共产国际还要求各国支部将自己的出版物送交执委会，以便进行监督和管理。

① 中央档案馆编：《中共中央文件选集》（第1册），第96－97、162页。

②③④⑤《加入共产国际的条件》，《列宁全集》（第39卷），北京：人民出版社，1986年。

先后受派来到中国的共产国际代表维经斯基、马林等人在中国活动时，把共产国际对党报管理的办法和经验也带了进来，对当时中国共产党的党报管理起到重要的指导作用。

尽管中共一大时还没加入第三国际，但在中共的第一个纲领里明确写着“联合第三国际”，并且还在党的第一个决议里明文规定，“党中央委员会应每月向第三国际报告工作。在必要时，应派一特命全权代表前往设在伊尔库茨克的第三国际远东书记处。”不难看出，这个时期的中国共产党已从组织上接受了共产国际的领导。

到中共二大时，党决定加入第三国际，“完全承认第三国际所决议的加入条件二十一条，中国共产党为国际共产党之中国支部。”[①]此时，中共对党报的管理便完全纳入了共产国际的管理模式。

事实上，中共初期的党报无论是创立还是管理，都无不与共产国际密切相关。一方面，中共中央主动与共产国际联系、汇报，如 1922 年 6 月 30 日中共中央执行委员会书记陈独秀给共产国际的报告中就多处谈到了党报的现状。另一方面，共产国际对中央党报也十分关心，并给予一定的资助。《新青年》就是从 1920 年秋天开始接受共产国际的资助，并逐步转变为共产主义刊物的。[②]党成立后，党的经费也几乎完全是从共产国际得到的。[③]除了物质上的帮助，共产国际还积极参与了中国共产党党报的创立、编辑和管理。

1922 年 8 月 29 日至 30 日，在马林的参与下，中共中央在杭州西湖举行了特别会议，会议决定出版中共中央机关刊物《向导》周刊。罗章龙回忆说，《向导》的经费主要来源于共产国际，马林、伍延康都是编委会的成员，参与了《向导》宣传方针的制定，并在实际上起着把关的作用。毋庸置疑，中共中央的第一份正式机关报是在党中央和共产国际的双重管理下编辑出版的。

共产国际的管理方式保证了各国共产党政治上的一致性和战斗性。尤其是对于早期的中国共产党来说，能够得到共产国际物质上和策略上的帮助是很可贵的。《向导》创刊后，处于全国舆论的领导地位，使中国的民族革命运动深受党的宣传工作的影响。这在某种程度上不能不说是得益于共产国际的领导。

① 《中国共产党加入第三国际决议案》(1922 年 7 月),中央档案馆编:《中共中央文件选集》(第 1 册),北京:中共中央党校出版社, 1989 年, 第 67 页。

② [苏] K. B. 舍维廖夫:《中国共产党成立史》,《远东问题》1980 年第 4 期。

③ 《陈独秀在中国共产党第三次全国代表大会上的报告》(1923 年 6 月),中央档案馆编:《中共中央文件选集》(第 1 册),第 168 页。

但是《向导》亦不可避免地宣传了共产国际的一些错误决定，使党在后来蒙受损失并险些夭折。

（三）列宁的党报思想及其对中国共产党的影响

党从共产国际沿承而来的这种新闻管理模式，从理论上讲是传承于列宁的办报思想，《加入共产国际的条件》就是列宁起草的。列宁的党报思想诞生于他的党建实践。他认为要建立和巩固党，“必须经过一番努力。首先，必须做到巩固的思想一致，排除意见分歧和思想混乱……必须用党的纲领来巩固思想一致。其次，必须建立一个组织，专门负责各个运动中心的联络工作，完整地和及时地传递有关运动的消息，正常地向俄国各地供应定期报刊。只有建立起这样的组织，建立起俄国的社会主义邮递工作，党才能稳固地存在，党才能成为真正的事实，从而成为强大的政治力量。”[①]他要求从思想上巩固党，而这个使思想统一的工具在当时就是党报，所以必须建立和发展党报的发行工作。

列宁的党报思想中包含着丰富的党报管理思想，其主要内容包括如下方面：

1. 党要取得思想一致首先需要严格按照一定方针办报，这个方针就是马克思主义

列宁认为，党要取得思想上的一致，首先需要“严格按照一定的方针办报。一言以蔽之，这个方针就是马克思主义”。[②]因为“没有报纸就不可能系统地进行有坚定原则的和全面的宣传鼓动”，进行这种宣传鼓动应是党的经常的和主要的任务。[③]列宁主张要不断发展马克思和恩格斯的思想，坚定地以马克思主义为指导，坚决反对“那些似是而非的、暧昧不明的和机会主义的修正”，坚持原则，从思想上统一党，党报不能“变成一个形形色色的观点简单堆砌的场所”[④]。但是，统一思想的前提是进行充分的讨论，党的机关刊物上应允许同志之间进行论战。经过论战之后，取得思想一致。

2. 报纸不仅是集体的宣传员、鼓动员，而且是集体的组织者

列宁说：“报纸的作用并不只限于传播思想、进行政治教育和争取政治上的同盟者。报纸不仅是集体的宣传员和集体的鼓动员，而且是集体的组织者。”他把报纸比作脚手架，“依靠报纸并通过报纸自然而然会形成一个固

---

① 《列宁全集》（第 4 卷），北京：人民出版社，1984 年，第 316 页。

② 同上。

③ 《列宁全集》（第 5 卷），北京：人民出版社，1986 年，第 6 页。

④ 《列宁全集》（第 4 卷），北京：人民出版社，1984 年，第 316 页。

定的组织”，“这样的工作不仅可以培养和造就出最能干的宣传员，而且可以培养和造就出最有才干的组织者，最有才能的党的政治领袖”。[①]

3. 党的新闻媒体必须接受党的领导和监督

在列宁起草的《加入共产国际的条件》中，明确要求“党掌握的各种机关报刊，都必须由已经证明是忠于无产阶级革命事业的可靠的共产党人来主持编辑工作”。[②]

列宁把党的出版物看作党的整个事业的一部分，并严格要求其工作人员须维护党的统一。他在《党的组织和党的出版物》一文中明确指出：“写作事业应当成为整个无产阶级事业的一部分”[③]。虽然每个人都有写作自由，“但是每个自由的团体（包括党在内），同样也有自由赶走利用党的招牌来鼓吹反党观点的人。”[④]否则，党就会在思想上被瓦解。

4. 党的新闻媒体必须具有战斗性

列宁认为，党的新闻媒体必须具有战斗性，他曾致信《真理报》编辑部，希望它战斗，“把激烈的、奋不顾身的、无情的战斗同彻底的原则性结合起来”，使全国都知道事情的真相，知道斗争是围绕哪些思想进行的。否则的话，就会葬送党的事业。[⑤]

列宁的党报思想深刻影响了建党初期的中国共产党，并在后来不断地得以发扬光大。不难预料，在党的领导下，只要媒体“姓党”，列宁的办报思想，包括其党报管理思想就会继续传承并扩展至所有的具有舆论动员能力的平台。无论是网站，还是 App、微博、微信，只要是党和政府主办的，就必须接受党的领导和监督，同党中央保持高度一致，坚持马克思主义，同一切错误现象做斗争，发挥战斗性，做党的集体的宣传员、鼓动员和组织者。这是由党的媒体的性质所决定的。回首百年发展历程，中国共产党的新闻媒体一直都是党建和舆论动员的重要工具，今后也仍然会继续扮演这样的角色。

二、新时代中国共产党党报管理思想的传承与发展

中国共产党新闻管理思想后来经过三次国内革命战争和抗日战争这些战争年代的洗礼，得到了进一步的发展和完善，并不可避免地呈现为战时特点。

---

① 《列宁全集》（第 5 卷），北京：人民出版社，1986 年，第 9 － 10 页。

② 《列宁全集》（第 39 卷），北京：人民出版社，1986 年，第 202 页。

③ 《列宁全集》（第 12 卷），北京：人民出版社，1987 年，第 93 页。

④ 同上书，第 95 － 96 页。

⑤ 《列宁全集》（第 46 卷），北京：人民出版社，1990 年，第 150 页。

其实，列宁的党报管理思想就是战时管理思想，这也是他的理论思想为什么能够得到中国共产党传承和发扬的原因。因为适合的就是合理的，列宁思想更加适应中国这片土壤。解放以后虽然进入和平建设年代，但是新中国强敌环伺，处于被包围与被孤立的国际环境以及百废待兴的国内环境，战争年代所形成的党报管理思想与管理模式理所当然地得以传承。进入 21 世纪尤其是近年，美国等西方大国千方百计打压中国，在这样的国际环境中，新闻管理只能加强而不会也不能够松懈。

下面来具体看看新时代党的新闻管理思想有哪些变化。

（一）新闻管理的重要性提升到了前所未有的高度

习近平总书记高度重视新闻管理，认为新闻舆论工作是党的工作的重要组成部分，是治国理政、定国安邦的大事，要从党和国家工作全局的高度来把握其定位。他指出“做好党的新闻舆论工作，营造良好舆论环境，是治国理政、定国安邦的大事”，并用“五个事关”来强调新闻舆论工作的重要性：“事关旗帜和道路，事关贯彻落实党的理论和路线方针政策，事关顺利推进党和国家各项事业，事关全党全国各族人民凝聚力和向心力，事关党和国家前途命运。”[①]

（二）确立党管媒体、党管意识形态原则，旗帜鲜明地强调要全方位地加强对新闻工作的领导和管理

习近平总书记还从党和国家工作全局的高度确立党管媒体、党管意识形态原则，旗帜鲜明地强调要全方位地加强对新闻工作的领导和管理。

1. 把所有的具有舆论动员能力的平台都纳入新闻管理范围

习近平总书记认为，“党和政府主办的媒体是党和政府的宣传阵地，必须姓党。党的新闻舆论媒体的所有工作，都要体现党的意志、反映党的主张，维护党中央权威、维护党的团结”，“在思想上政治上行动上同党中央保持高度一致”，“把党的理论和路线方针政策变成人民群众的自觉行动”。[②]

互联网在中国普及之后，曾经有相当一段时间不在党的管理范围之内，微博、微信普及后也有相当一段时间不受管制，致使我国在新闻与信息传播领域出现了两个舆论场，即以党媒为主体的传统媒体舆论场和以互联网等新兴媒

① 中共中央文献研究室编：《习近平总书记重要讲话文章选编》，北京：党建读物出版社、中央文献出版社，2016 年，第 417 页。

② 习近平：《习近平谈治国理政》（第 2 卷），北京：外文出版社，2017 年，第 332 页。

体为平台的新媒体舆论场。二者各说各话。而后者由于其独特的传播优势，在很多热点问题上往往抢占先机，成为党媒主流舆论的解构工具，大大抵消了党媒宣传的影响。

对此，习近平总书记提出的解决方案是“不能搞两个标准、形成‘两个舆论场’”[①]，要求所有的新闻媒体、新闻体裁和各类节目都要讲导向，“要把党管媒体的原则贯彻到新媒体领域，所有从事新闻信息服务、具有媒体属性和舆论动员功能的传播平台都要纳入管理范围，所有新闻信息服务和相关从业人员都要实行准入管理”[②]，都必须接受党的管理，维护党的领导，宣传党的主张，体现党的意志。新媒体不能充斥黄赌毒新闻，不能以“新闻自由”为由，“公然攻击中国共产党的领导体制和我国的社会主义制度”。

2. 全面依法管理网络舆论传播

在新闻舆论传播中有两个群体往往能左右互联网的议题，这就是新媒体从业人员和网络“意见领袖”。习近平总书记高度重视，要求有关部门“把这些人中的代表性人士纳入统战工作视野，建立经常性联系渠道，加强线上互动、线下沟通，引导其政治观点，增进其政治认同”[③]。他还提出要深入开展马克思主义新闻观教育，“引导广大新闻舆论工作者做党的政策主张的传播者、时代风云的记录者、社会进步的推动者、公平正义的守望者”[④]。

2017 年秋季发布的《互联网群组信息服务管理规定》，要求互联网群组建立者、管理者应当履行群组管理责任，群组成员不得利用互联网群组传播法律法规和国家有关规定禁止的信息内容，互联网群组信息服务提供者对违反法律法规和国家有关规定的互联网群组，“依法依约采取警示整改、暂停发布、关闭群组等处置措施，保存有关记录，并向有关主管部门报告”。该规定使党管媒体的原则真正贯彻落实到了新媒体领域里，最大限度地消解了当代中国“最大变量”之忧。

3. 媒体管理要明确具体负责人

习近平总书记认为，媒体管理工作需要抓好落实，明确具体负责人。他不但要求各级党委主动谋划本地区本部门的新闻舆论工作，自觉承担起政治责

① 中共中央文献研究室编：《习近平总书记重要讲话文章选编》，北京：党建读物出版社、中央文献出版社，2016 年，第 424 页。

② 同上书，第 422 页。

③ 习近平：《习近平谈治国理政》（第 2 卷），北京：外文出版社，2017 年，第 325 页。

④ 同上书，第 332 页。

任和领导责任，并且说："运用舆论工具宣传真理、动员群众、传播经验、指导工作，应成为领导干部的一项基本功。"[①]他强调领导干部要增强同媒体打交道的能力，关键时刻要讲话，主动引导舆论，绝对不能造成严重的舆论危机，并要求各地各单位一把手要亲自抓意识形态工作。在党中央的重视下很多地方党委签订了责任状，守土有责，从组织上保证了意识形态管理的力度。

（三）突出政治家办报原则并提出具体量化标准

"政治家办报"是由毛泽东提出的，党的几代领导人都有过相关的论述，是党报工作的光荣传统和重要原则。毛泽东强调宣传人员要增强党性，要遵守宣传纪律，不能闹独立性，并要求各地领导切实地负起责任来，加强对宣传人员的管理和教育，务使宣传完全符合党的政策。[②]实际上，办好党报是党的一种重要的工作方法。一张完全符合党的政策的报纸就是一部好的教材，就是党的工作的得力助手。[③]

习近平总书记指出："办报办刊办台办网都需要坚持这个原则。政治家办报，首先要有大局意识。'不谋全局者，不足谋一域。'要自觉在大局下思考、在大局下行动，在围绕中心、服务大局中找到坐标、找准定位，做到服从服务于党和国家大局不错位、党和人民需要时不缺位。"新闻舆论工作绝对不是单纯的业务工作，是政治性、政策性很强的工作，讲政治应该是第一位的。"党的新闻舆论战线的同志不是自由职业者，不是自由撰稿人，而是党的事业的一分子，要不断解决好'为了谁、依靠谁、我是谁'这个根本问题，不允许在公开宣传中发表同党中央决定相违背的言论，不允许发表违反宪法法律的新闻和言论。"[④]

习近平总书记还具体提出了用五个方面来检验是不是做到了政治家办报：1. 是不是确立了马克思主义新闻观；2. 是不是有坚定的政治意识、大局意识、核心意识、看齐意识，自觉在思想上政治上行动上同党中央保持高度

---

① 中共中央文献研究室编：《习近平总书记重要讲话文章选编》，北京：党建读物出版社、中央文献出版社，2016 年，第 440 页。

② 毛泽东：《增强报刊宣传的党性》，中共中央宣传部编：《毛泽东周恩来刘少奇朱德论党的宣传工作》，北京：中共中央党校出版社，1989 年，第 242 – 243 页。

③ 同上书，第 246 – 248 页。

④ 中共中央文献研究室编：《习近平总书记重要讲话文章选编》，北京：党建读物出版社、中央文献出版社，2016 年，第 436 页。

一致；3. 是不是忠实宣传党的理论和路线方针政策，让党的主张成为时代最强音，促进筑牢全党全社会团结奋斗的共同思想基础；4. 是不是把纪律挺在前面，严格遵守党的政治纪律、宣传纪律和长期形成的规矩；5. 是不是具有政治定力，在大是大非面前旗帜鲜明，在重大原则问题上敢于发声、敢于斗争。[①]

习近平总书记提出要“加快培养造就一支政治坚定、业务精湛、作风优良、党和人民放心的新闻舆论工作队伍”。要深入开展马克思主义新闻观教育，使新闻舆论工作者不断增强政治家办报意识，既要讲政治，严格要求自己，加强道德修养；又要钻研业务，“转作风改文风，俯下身、沉下身，察实情、说实话、动真情”，努力成为全媒体、专家型人才，不断推出“有思想、有温度、有品质的作品”。[②]

（四）强调坚持正确舆论导向并提出具体操作方法

习近平总书记说，所有的媒体都要讲导向，所有的报道、节目也要讲导向，“要把坚持正确舆论导向贯穿新闻采集、撰写、编排、发布各个环节，落实到采写人员、编辑人员、签发人员身上，层层把关、人人负责。”[③]

那么，什么是最重要、最根本的导向呢？习近平总书记提出了“四个有利于”，即：有利于坚持中国共产党领导和我国社会主义制度、有利于推动改革发展、有利于增进全国各族人民团结、有利于维护社会和谐稳定。

在具体操作方法上，习近平总书记也列举了几点：

1. 以正面宣传为主。“团结稳定鼓劲、正面宣传为主，是党的新闻舆论工作必须遵循的基本方针。”[④]

2. 要善于设置议题。“让该热的热起来，该冷的冷下去，该说的说到位。……要让我们设置的议题成为引导社会舆论的话题，而不是被社会舆论牵着鼻子走。”[⑤]要坚持问题导向，牢牢掌握新闻舆论工作的主动权。

3. 构建主流舆论矩阵。“一个主题要有多种传播方法，形成全方位、多层次、多声部的主流舆论矩阵，达到‘大珠小珠落玉盘’的效果。”不同媒体要有自

① 中共中央文献研究室编：《习近平总书记重要讲话文章选编》，北京：党建读物出版社、中央文献出版社，2016 年，第 436 页。

② 习近平：《习近平谈治国理政》（第 2 卷），北京：外文出版社，2017 年，第 334 页。

③ 中共中央文献研究室编：《习近平总书记重要讲话文章选编》，北京：党建读物出版社、中央文献出版社，2016 年，第 424 页。

④ 同上。

⑤ 同上书，第 428 页。

己的特色，有自己的受众定位，不能千报一面，重复雷同，“要适应分众化、差异化传播趋势，加快构建舆论引导新格局”[①]。

1. 宣传思想战线的同志要当战士，积极投身宣传思想领域斗争一线，要有战斗的姿态、战士的担当。“对重大政治原则和大是大非问题，要敢于交锋、敢于亮剑。对恶意攻击、造谣生事，要坚决回击、以正视听。”[②]强调战斗性是党报的特色，党的一切宣传工作都应旗帜鲜明，绝不吞吞吐吐，尤其在重大舆论斗争中要针锋相对、据理力争，做到有理有利有节，以取得最佳效果。

2. 主动融合新媒体。随着新媒体的发展，大家都上了网，上了QQ，上了微博、微信，习近平总书记说：“阵地是意识形态工作的基本依托。人在哪里，新闻舆论阵地就应该在哪里。”[③]并提出主动融合新媒体的具体方法，要求对新媒体不能停留在管控上，必须参与进去、深入进去、运用起来；要将传统媒体和新媒体真正融合发展，“从‘你是你、我是我’变成‘你中有我、我中有你’，进而变成‘你就是我、我就是你’，着力打造一批新型主流媒体”[④]。

提高舆论引导水平，就是提高思想政治工作的水平，就是提高党的执政能力。习近平总书记要求新闻媒体用群众喜闻乐见的形式讲好中国梦、中国故事，增强说服力、亲和力和感染力，“创新方法手段，切实提高党的新闻舆论传播力、引导力、影响力、公信力”[⑤]。

中国共产党新时代的新闻管理思想是马克思主义理论与时俱进的成果，是对党的新闻传统的继承和发扬，是新时代中国特色社会主义思想的重要组成部分，对提高舆论引导水平、改进新闻宣传工作具有重要的现实意义。

（作者王晓岚系河北省社会科学院新闻研究所研究员）

---

① 中共中央文献研究室编：《习近平总书记重要讲话文章选编》，北京：党建读物出版社、中央文献出版社，2016年，第428页。

② 同上书，第427页。

③ 同上书，第429－430页。

④ 同上书，第430页。

⑤ 习近平：《习近平谈治国理政》（第2卷），北京：外文出版社，2017年，第331页。

中国共产党建党前后苏联在华的新闻活动及其对中国革命的影响*

赵永华

内容摘要：本文主要考察了中国共产党建党前后苏联在华的新闻活动内容，简要分析了其特点及对中国革命的影响。文章认为苏联在华新闻活动的总体特点是政治色彩强烈，其目的不在新闻传播，而在革命影响。这些活动促进了马克思主义在中国的传播，向中国共产党人传授了苏联的报刊传统和办报经验，为中国共产党新闻事业的形成与发展提供了借鉴。

关键词：苏联；在华报刊；新闻活动；布尔什维克；共产国际；苏联记者

一、引言

五四运动前后，中国社会面临着激烈的转型，各种社会思潮涌现。中国分别从西方和苏俄学习了民主、科学思想和马克思主义。1917 年十月革命后俄国创建的社会主义制度为世界提供了一种国家制度的选择方案。在 20 世纪 20 年代初，中国突然出现了社会主义的狂飙和苏俄热，对于当时的情形，时在上海的潘公展评论道："一年来（指从 1920 年以来）社会主义的思潮，在中国可以算得风起云涌了，报章杂志上面，东也是研究马克思主义，西也是讨论鲍尔希维主义（指布尔什维主义）；这里是阐明社会主义的理论，那里是叙述劳动运动的历史，蓬蓬勃勃，一唱百和，社会主义在今日的中国，仿佛有'雄鸡一唱天下晓'的情景"。[①]

---

* 本文系国家社科基金重大项目"中俄媒体交流、战略传播与全球治理中制度性话语权的构建研究"（16ZDA217）的阶段性成果。

① 《东方杂志》第 18 期，1921 年 2 月 25 日，转引自吕芳上：《革命之再起——中国国民党改组前后对新思潮的回应》，台北："中央"研究院近代史研究所，1989 年，第 266 页。

这种社会主义宣传高潮与苏俄热的突然出现，与苏俄、共产国际在华的新闻宣传工作密切相关。那么，苏俄早期对华宣传的内容与方式有哪些？对马克思主义在中国的传播有什么作用？对该问题的研究不仅可以厘清苏联在华新闻传播的脉络，还可以反映出苏俄、共产国际同中共党人的早期联系和中共建党上的举措。因此，对苏联在华新闻活动及其影响进行考察与分析是必要的和有意义的。

二、受到严格新闻控制的在华布尔什维克报刊

由于北洋军阀政府的限制，苏联官方新闻机构在华的新闻活动并不多，在华办报的规模也很小。客观上讲，苏联官方在华新闻活动的影响微乎其微。这种情况下，苏联政府转而支持在华出版的左倾报刊，寻找代言人，利用他们的版面做适当的革命宣传。

在共产国际代表、苏联记者受派遣前来中国为共产党人亲自传授办报经验之前，哈尔滨当地的红党报纸就为中共早期的报刊宣传活动提供了生动鲜活具体的样板，直接展示了布尔什维克报纸的办报特点、方法策略。“红党报纸”的说法源于戈公振先生的《中国报学史》，按照戈公振的定义，“红党报纸”是指 1917 年以后在哈尔滨出版的倾向苏维埃的俄文报纸，与之对应的“白党报纸”则是指旧俄势力和白俄侨民出版的俄文报纸。从根源上讲，哈尔滨的布尔什维克报纸，即红党报纸，是苏联社会主义新闻事业在中国的衍生。但是，需要指出的是，这些红党报纸并不是苏联官方的新闻宣传机构，多半是由布尔什维克领导下的哈尔滨地方工人组织自发办起的一些报刊。

布尔什维克在华出版的报纸最早出现在哈尔滨，时间在 1917 年十月革命前后。1917 年 5 月 1 日前夕，哈尔滨俄国工兵代表苏维埃创办了俄文机关报《劳动之声》。这家俄文日报是在哈尔滨公开出版发行的第一家红党报纸，积极拥护十月革命，后于当年 12 月 13 日，在东北当局和中东铁路管理局总办霍尔瓦特的迫害下停刊，总计出刊 148 期。十月革命前，哈尔滨是沙皇俄国侵华的据点，是沙俄殖民机构中东铁路管理局的所在地。当时生活在哈尔滨的俄国居民，由工商业资本家和铁路工人、机务段职员、筑路工、修理工等组成，由此，哈尔滨俄国人社区形成两个对立的阶层——资本家与工人。哈尔滨大量存在的俄国工人为红色俄文报刊的创办提供了条件和基础。

十月革命胜利后，哈尔滨红党报刊曾一度呈现出繁荣的景象，但都好景不

长。当时主要的红党报纸有以下一些：《前进报》（1920.2.14—1921.6.5）、《俄罗斯报》（1921.6.14—1922.7.5）、《论坛报》（1922.8.16—1925.4.26）、《回声报》（1925.5.6—1926.12.10）、《风闻报》（1924.8.11—1929.1.5）、《青年社会主义革命者报》（1922.3.12—4.19）、《山隘报》（1921）和《俄罗斯真理报》（1922）等。红党报刊之所以旋生旋灭，跟中国当时军阀政府的反动政策有直接的关系。在严格的新闻控制下，这一类俄文报刊为数不多，刊期也较短，在新闻业务上也没什么特色，主要是政治上的宣传。

当时，布尔什维克报刊在中国遭到的限制主要来自北洋政府与东北地方当局。1924 年 5 月中苏建交时所签订的正式协定中，甚至有专门条款规定苏联不许在中国进行共产主义宣传。1918 年，北京政府为对抗苏俄对东北的影响，任命张作霖为东三省巡阅使，为他插手吉林进而统一东北创造了条件。1919 年，张作霖实现了吞并东三省的多年夙愿，成为名副其实的东北军阀。张作霖是反苏反共的极端分子，对宣传共产主义的中、俄文报刊实行严厉控制。1924 年 11 月，第二次直奉战争以直系失败而告终。11 月 14 日，张作霖以胜利者的姿态进入北京。迫于南方革命形势的发展，他邀请孙中山北上“共商国是”。1924 年 12 月 24 日，张作霖在天津张园会见孙中山时说：“孙先生，我是粗人，坦白言之，我是捧人的，我今天能捧姓段的，就可捧姓孙的。唯我是反对共产，如共产党，虽流血所不辞”。[①]张作霖对其仇视共产主义的真实本性，直言不讳。

1920 年 10 月 31 日，中国政府宣布将原中东铁路附属地改为东省特别区。12 月，设立东省特别区警察总管理处，收回了中东铁路路区的警察权。主管东省特别区内各种报刊的部门由原来的中东铁路管理局改为东省特别区警察总管理处，简称特警处。北洋政府与奉系当局指使特警处查禁俄共在哈的各种机构和取缔“赤化”宣传。特警处在成立之初就接连颁布了《管理报纸营业规则》（1921 年 3 月）、《限制各俄报登载之条例》（1922 年 12 月）。1925 年 11 月，特警处又制定了《暂行限制派销俄报办法》，1926 年 11 月 23 日又颁布了《检查宣传赤化书籍暂行办法》。20 年代以后的哈尔滨俄文报刊与 1917 年以前帝俄控制时期的俄文报刊不同，它们在创刊前必须向中国地方当局申请立案，获准后才可以出版，要接受中国地方政府的管理。

为了严防俄文报刊宣传共产主义，北洋政府和东北当局加强了对所有俄文报刊的控制。由于哈尔滨俄文报刊的大量存在和它们对当地社会舆论的强大影

① 常城等：《现代东北史》，哈尔滨：黑龙江教育出版社，1986 年，第 56 页。

响力，当局对其非常关注。1921 年 7 月 25 日，金荣桂就任东省特别区警察总管理处处长。次年 3 月，他接见了哈尔滨当地所有俄文报刊的主编，说道：“俄文报刊不能为党派目的在百姓中间搞政治纷争。我们不允许这里的报纸煽风点火。如果俄文报纸挑起百姓的不和，进行反道德的扰乱社会治安的犯罪行为时，我们就只得实行新闻检查制度了。”[①] 1923 年 3 月 1 日，护路军总司令朱庆澜就任东省特别区行政长官，不久即发表了对俄文报刊主编的讲话，希望“哈尔滨的俄文报刊不要做宣传鼓动，要做政府和社会各界的沟通媒介”，等等。[②]

由于反动军阀政府的阻挠，苏联没能在中国办起任何大型的俄文报纸。在军阀统治时期，不允许苏联人在华办报，视共产主义为洪水猛兽，常以“宣传过激行为”的罪名对布尔什维克报纸施以“停刊”“查封”等处罚，甚至逮捕办报人。苏联的社会主义新闻体制、观念与旧中国的新闻体制凿枘不合，两者很难共生共荣。

三、以记者身份在华工作的共产国际代表

在华从事新闻报道活动的苏联记者往往具有双重身份，很多是共产国际的代表。他们可能同时也受俄共（布）的派遣。“共产国际”是布尔什维克党和政府从事国际共产主义运动的一个组织形式。从道理上讲，俄共本身是共产国际的一个支部。实际上，苏俄党和政府的有关部门与共产国际不分彼此，协同工作。很难分清派到中国的代表到底受谁委派，归谁领导。派来中国工作的共产国际代表在执行共产国际委派任务的同时，以记者的身份把自己在中国的所见所闻写下来，发表在中国和苏俄国内的各大报刊上。共产国际代表、苏联记者与中国共产党的早期领导人曾有过亲密的接触，向中国共产党人传授布尔什维克的办报经验，对中共早期的新闻思想产生了深刻的影响。

俄共（布）[苏联共产党的名称在 1925 年 12 月以前是“俄共（布）”，在 1925 年 12 月以后是“联共（布）”] 机关报《真理报》从 20 世纪 20 年代开始，陆续刊登了一系列苏联记者有关中国的署名文章与通讯报道。最先在《真理报》上报道中共活动情况的是共产国际于 1920 年和 1921 年先后派往中国的两名代

① «Заря», 31. 3.1922, № 72, Стр. 4.《霞光报》1922 年 3 月 31 日，第 72 期，第 4 版。

② «Заря», 27. 3.1923, № 69, Стр. 4.《霞光报》1923 年 3 月 27 日，第 69 期，第 4 版。

表：维经斯基（Г. Н. Войтинский）[①]与马林（Маринг）[②]。

共产国际（又称第三国际）创建于1919年3月，次年3月，决定派遣代表前往中国，与中国的革命组织建立联系。由维经斯基及夫人库兹涅佐娃、萨赫扬诺娃、斯托扬诺维奇、马马耶夫、翻译俄籍华人杨明斋组成的代表团于1920年4月抵达北京。维经斯基到北京后经李大钊介绍，去上海会见了陈独秀。在上海，共产国际代表全都以俄文《上海生活报》编辑、记者的名义进行活动。维经斯基早年有从事出版印刷工作的经验。1918年，他在符拉迪沃斯托克（海参崴）市中心建立了布尔什维克出版印刷所，印制了大量俄、英等文种的小册子、宣传品和定期通讯等。除了供当地的俄国人阅读，也散发到在西伯利亚的协约国部队中。

《上海生活报》（«ШанхайскаяЖизнь»）是上海最早的一份俄文日报，创办于1919年10月，地址在仁记路35号（今滇池路），内容主要涉及社会政治与工商。初期，业主兼总编是扎安（Г. В. Заан），聘古尔曼（М. Л. Гурман）为主笔。从1922年11月1日起，报纸名称改为《新上海生活报》（«НоваяШанхайская Жизнь»）。该报原本是白俄办的报纸，后来主笔转入了苏联国籍，报纸言论开始倾向苏维埃。为了方便订户和读者，《新上海生活报》报社受理所有苏联报刊的征订工作，甚至代为读者从莫斯科和列宁格勒等地买书。该报还零售苏联报纸，如《真理报》、《消息报》、《工人报》、《经济生活报》、《红旗报》、《汽笛报》和《火星》杂志等。1926年9月24日，该报被上海公共租界总巡捕房控以“扰乱治安罪”，被会审公廨查封。

由于俄共（布）和共产国际在华的许多人员和各种活动多与俄文《上海生活报》有关，该报社甚至一度被视为布尔什维克在华活动的指挥部。正是从俄文《上海生活报》报社那里，维经斯基秘密发出指示，派遣人员指导中国、

---

① 维经斯基（Григорий Наумович Зархин）：1893年4月出生在俄国的一个小职员家庭。从小家境贫寒，初小毕业后到印刷厂做排字工人，后来做了会计。1913年，二十岁时，到美国谋生。1915年，在美国加入社会主义党。十月革命后，于1918年春回国，加入苏联共产党，参加革命工作。维经斯基受共产国际派遣分别于1920年、1923年、1926年三次来华工作。1927年7月，维经斯基回国。1932年至1934年，担任红色工会国际太平洋书记处书记。此后，长期从事科学研究和教育工作，写下了许多关于中国的文章，成为汉学家。1953年，在莫斯科病逝。

② 马林（Maring）：荷兰人，1883年生于鹿特丹市。1920年7月，以荷兰共产党代表的资格赴苏联出席共产国际第二次代表大会，被选为共产国际执委会委员。1921年初，受共产国际委托来到中国，筹建中国共产党，7月，在上海出席了中国共产党成立大会。1923年10月，调回莫斯科，在共产国际东方部工作。1924年4月，回荷兰任全国工会书记处主席。第二次世界大战期间，参加了反法西斯斗争，后被德国法西斯逮捕，1942年死于集中营。

日本、朝鲜和若干其他亚洲国家的革命运动，特别是共产党的筹建工作。[①]

在上海，维经斯基和杨明斋所担负的主要使命是帮助建立中国共产党。维经斯基是共产国际东亚书记处的负责人，直接指导了中国共产党的创建工作。共产国际代表在上海工作期间，为了便于公开活动，联系群众，决定创办华俄通讯社。通讯社由国际代表团翻译杨明斋负责，地址设在上海霞飞路（今淮海中路）渔阳里6号。华俄通讯社于1920年7月1日正式发稿，所发的第一篇稿件是《远东俄国合作社的情形》，次日为上海《民国日报》刊用。《申报》从1921年1月至1922年1月，粗略统计共采用华俄通讯社各类稿件近70篇，这些稿件来自莫斯科、赤塔、海参崴等地。华俄通讯社也把中国的重要消息译成俄文发往莫斯科等地。[②]华俄通讯社的规模和影响日渐扩大，到1926年春，总部设在北京，在上海、广州等大城市设有分社。

由于《上海生活报》用俄文出版，受语言限制，其影响很难扩大。1922年11月，共产国际的机关杂志《新俄》（The New Russia）在上海创刊，由苏联人布尔连亚（H. Bourrier）主编。该刊着重向中国人民介绍苏联的政治社会情况，发表了许多苏联和共产国际领导人（如季诺维也夫、拉狄克等人）的文章和《消息报》的报道。《新俄》是份英文周刊，发行量逐渐增加，在北京、天津、汉口、哈尔滨等中国城市和美国、日本、澳大利亚等国的一些城市都有公司代理其零售、订阅业务，比原来的俄文《上海生活报》影响要广泛，达到了扩大宣传面的目的。[③]

维经斯基受共产国际派遣分别于1920年、1923年、1926年三次来华工作。在华期间，他多次以“卫金”和“魏琴”为笔名在《新青年》杂志、中共中央政治机关报《向导》周报上发表文章，如1927年《向导》周报第195期上发表了维经斯基署名魏琴的悼念李大钊的文章，谈道：“李大钊同志是中国共产党的创始人之一，是为推翻一切反动势力而奋斗的最勇敢的战士。他的名字将永远牢记在人民群众心中”。[④]维经斯基还直接参与《向导》编辑部的工作，还在苏联《真理报》和《布尔什维克》杂志上向苏联人民介绍中国的革命形势。

---

① 李丹阳、刘建一：《〈上海俄文生活报〉与布尔什维克早期在华活动》，《近代史研究》2003年第2期。

② 马光仁主编：《上海新闻史（1850—1949）》，上海：复旦大学出版社，1996年，第518页。

③ 李丹阳、刘建一：《〈上海俄文生活报〉与布尔什维克早期在华活动》，《近代史研究》2003年第2期。

④ 李兴耕等：《风雨浮萍——俄国侨民在中国（1917—1945）》，北京：中央编译出版社，1997年，第203页。

四、苏联官方媒体的驻华记者

苏联官方在华新闻活动的主要组成部分是驻华记者对中国的报道。他们对中国革命的各个阶段都予以特别的关注，积极向外报道中国社会的进步和革命形势的实际情况，在国际舆论中发出了与西方国家记者不同的声音，打破了西方的新闻垄断。

苏俄国家通讯社（即罗斯塔社，POCTA，1918 年 9 月成立），于 1920 年 6 月初在北京正式建立分社，委派霍多洛夫（Ходлов）①首任驻北京记者。1921 年 6 月，在上海共产主义小组的帮助下在沪设立分社。1925 年，罗斯塔社改名为塔斯社，在上海、北京、广州、汉口派驻记者。1925 年 5 月 1 日，塔斯社又在哈尔滨设立分社。塔斯社哈尔滨分社每日向订户发行誊写复印稿，稿件一般是从苏联发来的消息。哈尔滨的一些较有影响的报纸曾刊用过该社的消息。他们发往苏俄的新闻，除普通电报消息外，还有照片、通讯、商业快讯等。当时，这些电讯都是通过大北电报公司架设的从上海到西伯利亚的陆地电线进行传输，经西伯利亚再传送至莫斯科。

据姜椿芳回忆，当时的地方军阀政权不准苏联人在东北办报，也不准塔斯社发电讯稿。苏联人只能借英美侨民的名义办报、办通讯社。由英国人哈同·佛利特创办的英亚社（全名“英国亚细亚社”），实际上是在发塔斯社的电讯。还把俄文稿译成中文，分送当地的中文报纸。采用英亚社电讯稿的报纸相当多，有关中国的消息较受欢迎。英亚社还在大连和天津设立了分社。②

在霍多洛夫之后继任塔斯社驻北京记者的是斯列帕克（С. И. Слепак）③，他在《真理报》上发表的《中国的政治局势》一文，分“内阁”“议会”“政府”

---

① 霍多洛夫1886年生于南俄重镇敖德萨。他从学生时代起便投身于反对沙皇专制统治的革命运动。于敖德萨大学法学院毕业后，他曾在一段时期内任出庭律师。俄国二月革命爆发后，他加入了俄国社会民主工党孟什维克派，同年 9 月赴远东前线，经伯力到海参崴并在那里主编一家刊物《遥远的边陲》。十月革命胜利后，他很快转而拥护列宁和布尔什维克的方针政策，并为苏维埃新政权工作。霍多洛夫 1919 年 4 月来华工作，1922 年末返回苏联。他在中国历史与现状方面具有丰富的知识，回国后很快开始从事东方学研究工作，还在莫斯科和彼得格勒的一些院校包括军事学院授课。霍多洛夫在汉学研究与教学领域辛勤耕耘多年，著述颇丰，并因此赢得了一定声誉。1949 年，他在肃反中被杀。

② 《文化灵苗播种人——姜椿芳》，北京：中国文史出版社，1990 年，第 205 – 206 页。

③ The Gates of November (Chaim Potok, 1996) 是一部关于斯列帕克父子的传记，书中详细叙述了老斯列帕克和他的亲密战友维经斯基这两位犹太人的经历。侨居美国纽约期间，两人相遇并参加革命活动，十月革命发生后相约归国，在温哥华逗留期间组织俄国码头工人工会。1918 年，一起在海参崴从事俄共地下工作。不久，两人一同被捕关押。出狱后，他们先后在中国和远东为共产国际和苏俄政府工作。以后，两个家庭保持了长期的友谊。老斯列帕克于 1978 年去世。

和“吴佩孚的军事胜利”四部分，介绍和评价了当时中国各派政治力量的斗争，作者在文章结尾处这样预言道：“……但不管怎样，已经开始觉醒的中国工人阶级可能会突然登上舞台，并立即决定这场斗争的胜利。”[①]斯列帕克来中国前，曾在共产国际远东书记处（1921 年春成立）情报部工作，专门为远东书记处的铅印机关刊物《远东人民》杂志准备材料。[②]

在中国，除斯列帕克是驻北京的专职记者外，为《真理报》撰稿的其他几人都是特约记者，如 1925 年离职回国的特列季亚科夫（С. М. Третьяков）是苏联驻华大使馆的文化专家，剧作家兼诗人。接替他为《真理报》撰写《中国书简》的则是北京大学俄籍教授伊文（А. Ивин）[③]。1920 年，在伊文和另一位在北京大学工作的俄籍教授鲍立维的协助下，维经斯基认识了李大钊，后又认识陈独秀，成为与中国共产主义者建立直接联系的第一个苏联党员。[④]

苏联报纸派驻中国的记者，除了以上提到的几位，《真理报》的特派记者还有达林、约尔克、塔尔汉诺夫等，《劳动报》《经济生活报》的特约通讯员由苏联驻华大使馆法律参赞埃托罗维奇兼任。其中，达林（С. А. Далин，1902—1985 年）在 20 世纪 20 年代初曾是共产国际远东书记处的成员，后来在青年共产国际执行委员会东方部工作。曾于 1922 年、1924 年、1926 年三次来华工作，会晤过中国共产党和社会主义青年团的创建人。1922 年，以共产国际全权代表的身份同孙中山进行过谈判，参加了大革命时期的一些重要活动。[⑤]达林把在华看到的革命情况和一些社会现象撰写成文，发表在苏联二十年代的报章杂志上。

以上这些人物，就构成了中共建党前后至第一次国共合作时期苏联报道和评价中国革命风云的主要作者队伍。

1927 年，蒋介石发动四一二反革命政变，中国的革命形势急转直下。蒋、

---

① 《1919—1927 苏联〈真理报〉有关中国革命的文献资料选编》第一辑，成都：四川省社会科学院出版社，1985 年，第 35 页。

② ［苏］С. А. 达林：《中国回忆录 1921—1927》，侯均初等译，北京：中国社会科学出版社，1981 年，第 31 页。

③ 伊文是他的笔名，原名伊万诺夫（ИвановАлексейАлексеевич），历史学博士，主要研究中国近现代史。1885 年出生于奥廖尔省。1909—1917 年在法国工作和学习。1917—1927 年在北京大学任教。参见中国社会科学院文献情报中心编：《俄苏中国学手册》（上），北京：中国社会科学出版社，1986 年，第 304 页。

④ ［苏］С. А. 达林：《中国回忆录 1921—1927》，侯均初等译，北京：中国社会科学出版社，1981 年，第 26－27 页。

⑤ 同上书，第 1 页。

汪大搞反革命活动的同时，禁止苏联布尔什维克党在中国的所有宣传活动。在北方，1927 年 4 月 6 日，由张作霖控制的北洋军阀政府指使奉军、警察厅数百人强行搜查苏联大使馆、大使住宅及中东铁路办事处，并捕去了苏联使馆工作人员和著名共产党人李大钊等 60 余人。张作霖杀害了中国共产党的创始人之一李大钊同志，强加上“实系赤党宣传共产，妄图扰害公安，颠覆政府”的罪名。[①]搜查苏联大使馆、逮捕使馆工作人员事件致使中、苏两国交恶，从此边境武装冲突不断，在哈尔滨出版的苏联工人报纸也被悉数封禁。此后直至抗战开始，苏联在中国的新闻活动受到极大限制。塔斯社的驻华记者也只剩下两个，一是在上海的罗维尔，另一个就是常驻北平的斯列帕克。

国民党宣布禁止布尔什维克在中国的一切活动后，这两名塔斯社记者的采访和发稿都遇到了极大困难，如在上海的罗维尔不得不侨居于租界内，才能顺利地向莫斯科寄发电讯，每月达四五千字；而斯列帕克则居住在北平的公使馆区，通过差役给当地各报馆秘密分发消息，他每月送往莫斯科的稿件，只有千字左右。[②]后来，即便是躲在租界也不能保证苏联记者的安全。上海租界警方曾多次应中国政府之请，搜查租界内的苏联机构和苏侨住所。1930 年 7 月 30 日，上海第一特区法院奉南京国民政府命令，派公共租界巡捕房对罗维尔的寓所进行搜查。虽然没有逮捕罗维尔，但是发现了许多材料和文件，有关当局拟追究罗维尔的刑事责任。[③]

1927 年张作霖下令清除苏联驻北京代表处和所有组织后，塔斯社是唯一没有被查禁的苏联机构。不过，当局没有承认塔斯社的合法地位。它一直无权在北京发稿，塔斯社的一切活动被认为是非法的。[④] 1931 年 7 月 19 日，北京当地警察局趁塔斯社驻北京记者离京赴沪之机，拘禁了他的最紧密的助手，一个姓刘（Лю Цзен чи）的帮助塔斯社记者往莫斯科邮寄电讯稿的中国年轻人。

苏联在中国的新闻活动受到极大限制的局面，一直延续到抗日战争爆发之后才有所改变。大革命失败以前，通过在华的观察家，苏联国内的主要媒体对于中国事务的报道和评价一刻也未停止过。尤其是在中国革命的每一重要时

① 王鸿宾主编：《张作霖和奉系军阀》，郑州：河南人民出版社，1989 年，第 183 页。

② 赵敏恒：《外人在华的新闻事业》，纽约：中国太平洋国际学会，1931 年，第 472 页。

③ 汪之成：《上海俄侨史》，上海：三联书店上海分店，1993 年，第 230 页。

④ «Заря», 7. 8. 1931, № 1042, Стр. 3; 11. 8. 1931, № 1045, Стр. 3.《霞光报》1931 年 8 月 7 日，第 1042 期，第 3 版；1931 年 8 月 11 日，第 1045 期，第 3 版。

期，塔斯社、《真理报》等都发表了一系列政论、述评及各种署名文章，积极地跟踪和评论中国社会所发生的种种变化，并给予许多的理解与支持，这是其他各国的中国报道所不及的。

五、共产国际代表、苏联记者与国民党方面的早期接触

第一次国共合作时期，共产国际代表、苏联记者与南方革命政府也有密切的接触。关于20世纪20年代苏联的对华政策，在费正清主编的《剑桥中华民国史》中写道："莫斯科为了支持和扩大中国的社会主义力量，在中国政策上采取了两面手法：通过共产国际给中国的革命力量提供援助；同时通过苏维埃政权与中国革命的敌人（如北京政府和地方军阀）建立良好的关系。"[①]据此，苏联与北京政府展开频繁外交的同时，共产国际也在积极支持国民党和共产主义者。根据共产国际的决定，中国革命走上国共合作的道路。苏联向广州国民政府派遣政治、军事顾问，苏联新闻界也加强了与国民党的联系。

1922年初，共产国际代表马林经过长途跋涉到达孙中山领导的南方政府的后方根据地桂林。在那里，他会见了一些国民党将领并研究了中国错综复杂的政治经济关系。回国后不久，在《真理报》上发表了《访问中国南方的革命者》一文。1922年夏，罗斯塔社驻北京分社社长霍多洛夫从北京到广州，远东共和国通讯社（Дальта）记者斯托扬诺维奇（Стоянович）则从上海回到广州，对孙中山进行了一次采访。此前不久，孙中山刚刚在广州国民政府的"非常国会"上被推举为大总统。霍多洛夫曾三次访问孙中山。

当时，斯托扬诺维奇携带家属住在广州的东山，协助他工作的是另一位远东共和国通讯社的越南人。斯托扬诺维奇的真实姓名是K. A. Мятин，此人也是帮助中国建立党组织的关键人物。他曾回忆说，1920年4月以后，"党组织派遣我到中国首都北京、天津、上海去组建共产党和建立地方党组织。到了天津，见到柏烈伟、维经斯基、霍多洛夫、阿噶芮夫，并和维经斯基做了分工。"[②]1920年8月，斯托扬诺维奇奉维经斯基派遣，从天津去广州，其重要使命是在那里成立一个革命局。据达林回忆录记载，此人身材高大，蓄着大胡子。原是俄国工人，革命前曾侨居法国，会说法语，革命后曾在契卡工作。

起初，斯托扬诺维奇对孙中山本人和国民政府均报有成见，认为他们实

---

① ［美］费正清主编：《剑桥中华民国史》，上海：上海人民出版社，1992年，第123页。

② В. Усов, Советская разведка в Китае 20-годы XX века. Стр. 137.

行的是敌视工人阶级的政策，把孙中山的老战友们说成是美国看中的军阀。但是，斯托扬诺维奇对陈炯明却有好感，觉得陈炯明支持工人运动并主动接近广州共产党组织。后来，随着事态的发展，斯托扬诺维奇改变了自己的观点。

1923 年 9 月，鲍罗廷（М. М. Бородин）来到中国，他是苏联政府驻广州国民政府的代表、苏联顾问。鲍罗廷到广州后，出版了用打字机打印的机关刊物《广州布尔什维克》，出 6 期后改名为《广州》，印数约 100 份，约尔克和塔尔汉诺夫曾在该杂志工作。这个刊物经常刊登讨论中国革命问题的材料，如人们迫切关心的出师北伐问题、在解放区建立新政权的问题等等，深受读者喜爱，享有很高声誉。在国民政府迁到武汉以后，《广州》杂志也随之移汉出版。这期间，共产国际领导下的红色工会国际太平洋工会的刊物《太平洋工人》也曾在武汉出版。

随着大批苏俄共产党人以政治顾问、军事顾问身份来华，以及鲍罗廷把持武汉国民革命政府，塔斯社又在广州、汉口等地建立了分社。在此期间，直到大革命失败之前，苏联国家通讯社——塔斯社对于中国的报道一直很活跃。

苏联与中国国民党、国民政府保持着密切的联系。在第一次国共合作时期，从 1923 年到 1927 年，苏联政府应孙中山的请求，派到中国的顾问共有百人左右。鲍罗廷任国民党中央总政治顾问，布留赫尔（В. К. Блюхер，Галин 加伦将军）担任黄埔军校和广州国民政府军事总顾问。他们帮助改组国民党，促成革命统一战线，创建黄埔军校，指挥北伐战争。同时，在他们领导下的苏联报刊和通讯社，积极向外界报道中国革命形势的发展情况。

六、结语

苏联在华的新闻活动明显具有政治色彩，其目的不在新闻传播，而在革命影响。来华工作的专业新闻记者并不多，也没有诸如“三 S”那样的名记者。无论是在华俄国工人自发创办的报刊，还是来华的共产国际代表、媒体记者，他们的使命是宣传共产主义，帮助中国开展革命，建立工农政权。在东方人民中间传布革命思想，发动反帝运动一开始就是苏联布尔什维克的一项重要任务。《真理报》于十月革命数日后就载文称：“亚洲被压迫民族与欧洲被压迫的无产阶级同样渴望推倒资产阶级的压迫统治。在一场反对帝国主义化的资产阶级的革命中把这些力量融汇到一起是工农俄国的历史使命。”[①]

① 李丹阳、刘建一：《霍多洛夫与苏俄在华最早设立的电讯社》，《民国档案》2001 年第 3 期。

与苏联布尔什维克报刊的传统相应，派驻中国的苏联记者善于利用新闻工具搞革命宣传，具有明确的政治意识。事实上，记者的身份更多的只是他们的掩护，掌握中国革命的情况，组建中国共产党，帮助和指导中国革命，才是他们的根本任务。同时，他们向苏联国内媒体发回了有关中国革命的大量报道，向苏联及世界人民介绍了中国的实际情况。

在第一次国共合作时期，苏联共产党与中国共产党、国民党均有密切接触，甚至对国民党寄予厚望。由于苏联政府与国民党的亲密合作，使中国大革命笼罩了一层布尔什维克的色彩。外界感到国民党处在共产主义的强烈影响之下，甚至于当国民政府迁到武汉后，汉口租界的外国人把国民革命军、国民政府和国民党称为“赤色分子”。[①]所以，在 1927 年大革命失败前，在苏联很少有关于中国共产党人的直接报道，而是把国、共混作一谈，笼统地谈“中国革命”。

不可否认的是，在华的布尔什维克报刊和来华的共产国际代表、苏联记者对马克思主义在中国的传播起到了很大的推动作用。新文化运动中，中国主要从西方引入了两股思潮：民主、科学的思想和马克思主义。当时，中国有一批先进的知识分子致力于研究马克思主义和在中国传播马克思主义，共产国际、俄共（布）也派代表到中国传播马克思主义。这一过程的世界历史背景即是苏联十月社会主义革命的胜利和苏维埃国家的建立。1917 年十月革命一声炮响，给中国送来了马克思列宁主义，中国革命进入新的历史阶段，工人阶级走上历史舞台，也诞生了中国无产阶级的新闻事业。初具共产主义思想的中国先进分子继承和借鉴了苏联的报刊传统和办报经验，学习了国际无产阶级的新闻理念和宣传政策，逐步开创了中国共产党的新闻事业。[②]在追溯党的新闻事业的源头时，可以说，苏联在这一过程中发挥了很大的影响作用。

（作者赵永华系中国人民大学新闻与社会发展研究中心研究员，中国人民大学新闻学院教授、博士生导师）

---

① ［苏］C. A. 达林：《中国回忆录 1921—1927》，侯均初等译，北京：中国社会科学出版社，1981 年，第 279 页。

② 参见郑保卫主编：《中国共产党新闻思想史》，福州：福建人民出版社，2004 年。张之华：《共产国际、联共（布）对中共早期新闻传播事业的影响》（上、下），《国际新闻界》2004 年第 2、3 期。

毛泽东关于《普遍地举办〈时事简报〉》通令的颁布背景、主要内容及实践意义

——写在通令颁布90周年之际*

孙菲

内容摘要：本文介绍了大革命失败后，以毛泽东同志为主要代表的中国共产党人率领革命队伍由城市转向农村，创建工农红军和革命根据地，并针对当时的实际状况号召军队及地方普遍地举办《时事简报》，以此种壁报的形式进行宣传鼓动，推动群众工作的情况。当时毛泽东所编写的《怎样办〈时事简报〉》小册子详尽介绍了编写内容及方法，维护新闻真实性、注重新闻接近性和消息内容易读性等编写技巧，使得《时事简报》颇受士兵与群众的欢迎，其中蕴含的关于新闻业务方面的实践和理论，集中体现了毛泽东的办报思想，对当前做好党的新闻舆论工作仍具重要的指导意义。

关键词：毛泽东；《时事简报》；颁布背景；主要内容；实践意义

《时事简报》作为中国共产党在中央苏区和工农红军初创时期的主要新闻宣传阵地，是古田会议之后由红军和地方工农民主政权主办的一种手抄壁报。1931年3月14日，时任总政治部主任的毛泽东为中央革命军事委员会总政治部撰写并下达了在红色区域“普遍地举办《时事简报》”的通令，并同时下发《怎样办〈时事简报〉》的小册子，明确了《时事简报》的创办宗旨、具体内

* 本文系国家社科基金重大项目“百年中国共产党新闻政策变迁研究(1921—2021)”(项目编号:19ZDA321)、黑龙江省艺术科学规划项目“移动互联视域下主流媒体社会效益评价考核体系研究”(项目编号:2018B037)的研究成果。

容和编写方法，要求红军各级政治部、地方各级苏维埃文化部迅速将《时事简报》举办起来，普及推广这一宣传模式。

90 年过去了，重温这一通令，了解其颁布的时代背景，研究其主要内容及其所蕴含的理论价值，认识其在中国共产党新闻宣传工作发展历程中所具有的重大历史意义，对于我们学习和践行马克思主义新闻观，做好新时期党的新闻舆论工作具有现实指导意义。

一、通令颁布的时代背景

大革命失败后，中国革命走向低潮，党的组织和工农革命运动遭到敌人极大摧残，新闻宣传工作几乎停滞。党内的投机主义、消沉主义、投降主义、“左”倾盲动主义等各种思潮涌动，加重了困难与损失，宣传鼓动工作也因此出现偏差。直至古田会议召开，确定了宣传工作成为红军“第一个重大工作”的根本原则，制定了“扩大政治影响、争取广大群众”作为红军宣传工作的基本任务，因地制宜、各种形式的宣传工作就此展开。

（一）党的新闻宣传事业遭到大革命失败的重创

1927 年蒋介石在上海发动四一二反革命政变，以暴力手段对中国共产党发动突袭实行“清党”，随后南方部分省份也相继开始搜杀共产党员和革命群众。7 月 15 日，汪精卫正式同共产党决裂，开始实行反共和屠杀政策。第一次国共合作全面破裂，由国共两党合作发动的大革命亦宣告失败。当时共产党的组织及其一切活动都被取缔，党的新闻事业遭受重创，几乎损失殆尽，陷于瘫痪局面，各类报刊纷纷被查封、改组和停刊，宣传和鼓动工作几乎处于停滞状态。

国民政府在南京建立之后，又先后出台了《指导党报条例》《审查刊物条例》《反革命宣传品规范》等多项条例和法规，对所有出版刊物实行新闻检查，凡“宣传共产主义及阶级斗争”的刊物均将被定性为反动宣传品。于是，当时在白区到处可见国民党攻击、污蔑共产党的反动宣传，但却看不到共产党的回应，党的政策宣传和鼓动更是无从谈起。在白色恐怖封锁之下，共产党的宣传工作亟须转变策略，创新形式，扭转不利的斗争局面。

（二）革命根据地的新闻宣传工作环境更为艰难

党的革命事业在城市中遭受重创之后，以毛泽东为主要代表的共产党人转向农村，创建工农红军，开辟革命根据地，走上了农村包围城市，武装夺取政权的革命道路。

当时的红军队伍大多由农民、小资产阶级以及被俘虏改编的旧军队士兵构成，他们的文化素质普遍不高，对于国际国内形势知之甚少，甚至漠不关心，思想觉悟和战斗力较低。那些由军阀内部倒戈的部队，纪律涣散，消极怠工，依然保持着雇佣军队思想，认为红军物质生活较差，常有离队的想法。而在革命队伍中占有很大比重的游民，受流寇主义思想的影响，不愿和群众一起做艰苦的根据地和人民政权的创建工作，只想走招兵买马、招降纳叛的路线，用流动游击的方法扩大政治影响。另外，国民革命失败导致红军将士士气低落，深感前途莫测，普遍产生悲观消极情绪，亟须宣传鼓动工作提振队伍士气，重塑革命信仰。

而党和革命队伍所创建的革命根据地大都位于贫困、落后的农村，当地群众多为世代务农的农民，文盲人口比例在九成以上，即使是文化水平较高的个别地区，识字的人口也不超过半数，愚昧保守与盲目排外并存的秉性与观念亟待改造。另外，由于国民党反动军阀对共产党的造谣与污蔑，使得很多群众对中国共产党和红军存在误解与恐惧，必须通过宣传工作有针对性地加以解释和纠正。

面对如此艰巨的任务与复杂的局面，当时红军的宣传思想工作队伍却无法担负起宣传鼓动的重任。残酷的斗争导致红军将士不断减员，宣传思想工作人员数量更是捉襟见肘，难以正常开展工作。另外，当时宣传思想工作队伍的人员成分复杂，有俘虏兵，有伙夫马夫等，素质低下，显然依靠这样的队伍开展宣传思想工作几乎是奢望。因此，如何改善红军宣传思想工作的缺失，成为当时根据地党组织亟待解决的难题。

（三）三次“左”倾思想对宣传工作造成消极影响

大革命失败后，党内存在着一股浓厚的“左”倾情绪，虽几次受到批评，却始终未能从根本指导思想上得到认真清理，由此产生的盲动主义、冒险主义、教条主义等错误思想给党的事业带来了巨大损失。1927 年底，“左”倾盲动主义倾向在党内取得支配地位，确定了以城市为中心的全国武装暴动计划，使大革命失败后保留下来的革命力量进一步遭到残酷镇压。1930 年夏，以李立三为代表的“左”倾冒险主义倾向再次爆发，错误地认为新老军阀混战之际正是新的革命浪潮到来之时，制定了集中红军主力进攻中心城市的计划，致使红军和革命根据地遭到严重损失，来之不易的向好革命形势毁于一旦。1931 年初，“立三路线”错误被纠正不久，王明“左”倾冒险主义、教条主义思想又在党内占据了统治地位，对革命性质、革命形势、阶级关系所进行的错误分析及对革命道路提出的错误政策，给中国革命造成严重危害。

“左”倾错误思想对党的新闻宣传工作也产生了较大影响，致使根据地党组织和红军始终未能建立起长效系统的宣传工作机制。盲动主义、冒险主义倾向主张“城市中心论”，忽视了农民在革命斗争中的重要作用，试图依靠少数党员和群众在全国城市组织毫无胜利希望的武装起义，因此在宣传对象方面，更偏重于城市、学生和工人，反而忽视了对于乡村广大农民群众的鼓动。

在宣传内容方面，在“立三路线”指导下的党报成了“单纯的对外的宣传品，失去其对党的工作的领导作用”[①]，未能对党的各种工作给予指示，没有总结各种斗争的经验教训，也没有展开党内讨论，所刊登的文章偏于理论问题和策略问题，无法指导实际工作，因此当时的党报被党员群众认为是“空谈理论”的刊物。

另外，在宣传方式方面，盲动主义、命令主义要求开展城市罢工、暴动，常常用“强迫”与“命令”的方式代替宣传鼓动，偏于从上而下，没有真正深入群众，未能唤起群众热烈的反应，忽视了只有说服群众才能争取群众、组织群众和领导群众的关键。

（四）《古田会议决议》确立新闻宣传工作的重要地位

1929 年 12 月 28 日至 29 日，中共红四军第九次代表大会在福建省上杭县古田召开，此即著名的“古田会议”。会议通过了由毛泽东起草的八个决议案，总称《中国共产党红军第四军第九次代表大会决议案》，又称《古田会议决议》（以下简称《决议》）。

《决议》不但规定了红军的性质、宗旨和任务，确立了中国共产党对军队的绝对领导原则，同时在《决议》的第四部分“红军宣传工作问题”中，毛泽东还从红军宣传工作的意义、现状及纠正路线三方面，对红军的宣传工作进行了全面的总结与指导，对改进红军宣传工作起到重要作用。作为中国共产党和红军建设的纲领性文件，《决议》对红军宣传工作制度的确立产生了极其深远的影响。

在《决议》中，毛泽东强调了红军的宣传工作作为“红军第一个重大工作”的重要地位，提出了红军宣传工作在内容和技术方面存在的 20 项不足之处，

---

① 中国社会科学院新闻研究所编：《中国共产党新闻工作文件汇编》（上），北京：新华出版社，1980 年，第 71 页。

认为红军忽视了对城市贫民、妇女群众、青年群众、流氓无产阶级和破坏地主阶级武装组织的宣传；宣传内容缺乏时间性和地方性；宣传队存在不健全的缺点，宣传员较少且成分差，缺乏足够的宣传费及对宣传员的必要培训；各种宣传形式也均存在问题，例如传单、布告、宣言等陈旧不新鲜，壁报、画报、口头宣传、群众大会较少，政治简报内容简略，字小看不清等等。[①]

针对中央根据地的实际情况，毛泽东提出对群众宣传的重要方法之一就是办壁报。军及纵队各为一单位办一壁报，名字均叫作“时事简报”，大张纸手写，每星期至少出一张，由政治部宣传科负责，内容包括国际国内政治消息、游击地区群众斗争情形、红军工作情形等等。编印要快，内容丰富，字大且清楚。上述各项原则很快在红四军得到贯彻，并陆续在红军各部展开落实。

二、通令的主要内容及特点

毛泽东编写的《怎样办〈时事简报〉》的小册子，从新闻业务角度出发，详尽介绍了采编流程、选稿原则、写作体裁、语言表达、发行方式等办报方法，并蕴含了真实性、接近性、可读性等新闻价值理论，有效地指导了党和红军的新闻宣传工作。这个小册子也成为毛泽东有关新闻论述，特别是新闻业务论述中的名篇力作。

（一）通令的主要内容

1. 编写内容

在内容方面，毛泽东提出，《时事简报》不做文章，只刊登各类消息，按照“乡、区、县、省、国内、国外”的次序，由近及远地进行刊登。内容包括群众打土豪、分田地、消灭地主武装、发展红色区域等斗争消息；苏维埃召开代表大会，发布重要公告等活动；红军作战胜利、辅助群众的行动；以及军阀混战等统治阶级的情形。来自本地或临近地区的消息，可以直接获取，较远地区和国内、国际的消息，则可从总政治部主办的《红军报》或其他报刊中摘取。

毛泽东提出，地方《时事简报》每期若包括 8 条消息，其中本县、临县的内容最受群众欢迎，可占 3 条，区苏、乡苏占 4 条，国内国际占 1 条，每条均不超过 40 字，每期总字数不超过 400 字。红军驻扎训练时编写的《时事简报》

---

① 中共中央文献研究室、新华通讯社编：《毛泽东新闻工作文选》，北京：新华出版社，1983 年，第 11 – 12 页。

应以本军消息最为紧要，至少包含一至三条，其次还需编辑地方斗争消息、一至两条的国内国际政治消息以及友军消息。上述消息的文字和材料要尊重事实，严禁扯谎，应具有鼓动性，用本地的土话或“浅白的普通话”来表述。如遇意义不明确的新闻，可穿插一两句有力的议论，以启发群众，但议论不宜过多，避免画蛇添足。

2. 编写技巧

在编辑办法方面，毛泽东提出地方《时事简报》采取由各级文化委员按照“县、区、乡”的顺序逐级添加本部消息的方式进行编辑。他要求“地方县苏文化部设一专人，每三天编一张稿”[①]，编好后按照区苏数目每区苏抄发一张，区苏文化委员接到稿子之后需添加上本区新闻后再寄与乡苏文化委员。直到乡苏文化委员最终加上本乡消息之后，本期稿件才算全部编成。部队编辑的《时事简报》则由军政治部形成初稿，逐级发往各师和各团，同样依次添加当地及本部消息后，编成终稿发往各连抄发张贴给群众与士兵。

3. 发行方式

在发行方面，毛泽东提出《时事简报》全部采用大张纸、极大的黑墨字手写，而非印刷。最初每星期至少出一张，后发展为每三天出一张，每月十张，“斗争紧张的地方可以一天出一张”[②]。根据乡村或部队连的数目，每村或每连一张，加上红色圈点记号，写上出报日子，张贴到各村醒目的地方展示给广大群众，最终形成“报”。红军编辑的《时事简报》不但是发动群众的有力武器，也是鼓舞士兵的重要工具，因此要避免以往不定期出版的弊端，有计划地编给群众和士兵，指定文书抄写，委派宣传员贴到村中显要之处，并在部队宿营地多挂几张，引导士兵观看。

（二）通令的主要特点

通令强调《时事简报》要注意宣传的接近性、坚持新闻的真实性、加强内容的可读性，并提出消息写作要精练等具体的业务要求，有着丰富的理论内涵。

1. 注重宣传的接近性

党的宣传鼓动工作应尽可能体现接近性，唯此才能使群众自觉认识、接受党的政治主张，并为之奋斗。毛泽东在《时事简报》的内容和编写方法中，

---

① 中共中央文献研究室编：《毛泽东文集》（第1卷），北京：人民出版社，1993年，第262页。

② 同上书，第263页。

多次强调刊登的消息要注重接近性，一方面要特别关注空间领域的接近性，多刊登最受群众欢迎的本县新闻和临县新闻，“由近及远，看得很有味道”。缺乏这部分内容，则不能称之为报，只是报的稿子，将无法引起群众注意，更不能达到简报的宣传鼓动效果。全省、全国、国际新闻能够引导群众参加更大范围的斗争，但不宜过多，每期刊登“条把”即可，以免挤占本地近地重要新闻的篇幅。

另一方面，宣传鼓动工作也要注意群众利益的接近性，编辑的内容“一定要是与群众生活紧密地关联着的。如牛瘟、禾死、米荒、盐缺、靖卫团、赤卫队、AB 团造谣、共产党开会等等”[①]。相比国内国际发生的时事，群众对甲乡瘟死十头牛，乙乡无盐无菜可吃等关于切身利益的事件更为关心，只有紧紧抓住新闻对广大农民群众的价值，才能真正发现新闻的意义。作为用来对士兵进行时事教育的红军《时事简报》亦是如此，也要将本军消息作为重点，至少刊发一至三条，加之本地近地等具有接近性的消息，要占到稿件总量的七成，这样才能引起士兵和广大群众的阅读兴趣和斗争情绪，达到《时事简报》预期的宣传效果。

2. 坚持新闻的真实性

实事求是一直是中国共产党的基本思想方法、工作方法和领导方法，也是毛泽东思想的灵魂与精髓。自党成立以来，党的章程及党报宣言均强调对于事实的尊重。毛泽东要求“《时事简报》不靠扯谎吃饭”，所用的文字和材料虽要具有鼓动性，但严禁失实。他指出将红军缴枪一千夸大成缴枪一万，将白军本有一万贬低说成只有一千，这些违背事实的说法都是有害的。

3. 加强内容的易读性

在革命根据地，针对士兵与群众进行宣传鼓动的报纸，无论是红军总政治部出版的《红军报》，还是出自各军各师或地方，都属于小字的印刷品，对于读者的文化素质有一定的要求，许多下层工农干事也无法真正读懂理解。对此，为方便群众阅读，毛泽东强调，《时事简报》的编写要完全使用本地的土话。从其他报刊摘录下来的内容如不通俗，则要将原文修改得通俗易懂。即使各级文化委员或政治委员不会写本地土话，也要使用十分浅白的普通话，以减少士兵与群众的理解障碍。

① 中共中央文献研究室编：《毛泽东文集》（第 1 卷），北京：人民出版社，1993 年，第 265 页。

在《时事简报》的表现形式方面，毛泽东提出要用大张纸，极大的黑墨字，写上稀松七八条，看上去明朗爽快。同时，这种简报也可以作为群众识字的材料，是看报与识字兼得的好办法。只有在内容与形式方面更贴近群众需求，符合群众喜好，才能真正成为群众读物，发挥宣传鼓动的强大力量。

4. 消息写作要精练

《时事简报》不同于一般报纸，地方与红军编辑的消息无论来自本地、近地，还是来自国内、国外，每条均不超过 40 字。地方简报每期至多 8 条，红军简报至多 10 条，总字数均不超过 400 字。而对于此类言简意赅短新闻的写作，毛泽东提出了“不做文章”的要求，即不要逐条消息插议论。对于意义明确的消息毋需插入议论；考虑到根据地广大群众和士兵的文化水平，只对意义不明显的消息插“句把”有劲的议论帮助理解即可，如插 3 条则过多。

三、通令颁布的历史意义

号召根据地和红军普遍地举办《时事简报》，是毛泽东运用马克思主义原理与中国革命实践相结合的原则，为党和红军的新闻宣传工作提出的指导方针和操作指南，不仅创新了新闻宣传工作的传播方式，而且丰富了马克思主义新闻观，构成了毛泽东新闻思想的重要组成部分，对于当前党的新闻舆论宣传工作依然具有重要启迪和指导意义。

（一）确立了新闻宣传“推动群众工作”的指导方针

在艰苦卓绝的战争年代，“如何壮大红军并赢得群众的支持，是关系到中国共产党能否取得最终胜利的关键因素。”[①]毛泽东在《古田会议决议》中明确指出，“红军宣传工作的任务，就是扩大政治影响争取广大群众”[②]。在没有报纸可看的小城镇与农村，普遍地举办《时事简报》能够有效地扫除广大群众思想保守、斗争热情不高的现象，有利于党和红军扩大斗争，争取全国胜利。

其一，缘于创办此类壁报能够“提高群众斗争情绪，打破群众的保守观念”[③]。广大农民阶级由于其自身的局限性和受教育程度的有限性，很难自发

---

① 郑保卫主编：《中国共产党领导人新闻实践与新闻思想研究》，北京：中国人民大学出版社，2011 年，第 54 页。

② 中共中央宣传部办公厅、中央档案馆编研部编：《中国共产党宣传工作文献选编（1915—1937）》，北京：学习出版社，1996 年，第 948 页。

③ 同上书，1996 年，第 987 页。

产生革命意识和革命信仰，必须加强宣传鼓动工作，提高群众的思想觉悟，点燃群众的革命斗志，使之自愿加入到革命队伍当中，为革命增添力量。

其二，在红军新开辟的地方，举办《时事简报》的作用更为重大，能够引导群众打土豪、分田地、废债务，建立游击队与革命政权。在广大农村，土地一直是农民赖以生存的基础，解决农民问题的实质就是解决土地问题。共产党紧紧抓住革命成败的关键，决心彻底变革封建土地制度，让农民获得土地使用权。通过《时事简报》的宣传鼓动，引导农民参与土地革命，保障自身生存需求，有利于党和红军赢得农民群众的支持与拥护，使之积极配合革命运动，投身革命事业。

其三，《时事简报》的举办也能够回答群众在斗争中所产生的各种疑虑，避免反动分子借机造谣与恐吓。由于反动军阀对共产党与红军的大量造谣与污蔑，使很多根据地群众对于红军存在怀疑和恐惧心理。对此，要求红军战士既是革命斗争中的战斗员，又是宣传员、鼓动员，所到之处要及时充分地对当地群众做好宣传，使群众充分了解党的政策和主张、红军的任务与使命、革命斗争的宗旨和意义。红军编辑的《时事简报》除面向士兵进行宣传之外，还要同时向当地群众张贴展示，揭穿反动分子的污蔑谣言，消除群众对中共和红军的误解，坚定群众对革命必胜的信念。

土地革命时期，党的群众工作路线取得了巨大胜利，留下了宝贵经验。如今，在实现中华民族伟大复兴的中国梦的关键时刻，面对日趋复杂的国内外舆论环境，党的新闻宣传仍需坚持“推动群众工作”的指导方针，不仅要满足人民群众的信息需求，而且承担着凝聚共识、厘清谬误，大力弘扬伟大的民族精神和爱国精神的重要使命，引领全国人民不懈努力、共同参与，为民族振兴的伟大事业作出贡献。

（二）促进了“全党办报”和“群众办报”思想的初步形成

1929 年 6 月《中共六届二中全会宣传工作决议案》中指出：“宣传工作必须成为每个党员乃至每个赤色工会会员的工作”[①]，而不仅仅是擅长文字与理论的部分干部的专责。要使党的宣传工作能够深入群众，每个党员及工会会员都要把握住每一个鼓动群众的机会，将宣传鼓动口号应用到实际工作中。

① 中共中央宣传部办公厅、中央档案馆编研部编：《中国共产党宣传工作文献选编（1915—1937）》，北京：学习出版社，1996 年，第 887 页。

针对革命根据地的壁报编辑工作，毛泽东提出，红军《时事简报》的举办由政治部宣传科负责，各军政治部编成初稿，各师政治部或政治委员、各团政治委员依次添加本地新闻和本部消息后发往各连。同样，地方《时事简报》也是由县苏、区苏、乡苏文化委员共同编辑，各自添加本地近地新闻后才算完成。依靠全党共同办报，依靠大家共同编辑，刊登的内容也一定要与群众生活紧密关联，这些观点的提出标志着毛泽东“全党办报”“群众办报”思想的初步形成，并在解放战争时期对《晋绥日报》编辑人员的谈话中最终确立。

（三）实现了新闻宣传形式和表达方式的多样化

党在创建之初就十分重视宣传工作，并逐步探索创新出诸多行之有效的宣传形式，总体看来可分为三大类别，包括报纸、传单、告示等文字形式，口号、演说、座谈等语言形式，漫画、歌谣、戏剧等艺术形式。

1921 年，中共一大通过的《第一个决议》第二部分中即提出了关于宣传工作的一些规定，“每个地方组织均有权出版地方通报、日报、周刊、传单和通告”[①]。1927 年毛泽东带领秋收起义部队在江西永新进行“三湾改编”时为红军制定了“写标语、贴标语、发传单、演讲宣传”等任务，以扩大政治影响。

1928 年，中共六大召开期间通过的《宣传工作的目前任务》议案中强调了报纸、传单、小册子、宣言等各种形式的刊物宣传方式，在口头宣传受到阻碍的条件之下具有极其重大意义，并提出应设法在工厂、企业与乡村内组织墙报和图报，甚至“粉笔队亦是我们宣传利器之一”。1929 年《中共六届二中全会宣传工作决议案》要求：“在不能办日报的地方，亦应当尽可能地办新闻式的定期刊物，尤其是在没有地方报纸之处，地方党部更应注意于办理此项刊物，因为这与日报差不多有同样的作用。”[②]

1929 年 12 月，毛泽东在《古田会议决议》中提出：“壁报为对群众宣传的重要方法之一”[③]。作为壁报的《时事简报》不用油印，一概大张手写，字大清晰；没有编号，也无固定出版周期，机动灵活；以本地近地消息为主要内容，编印迅速；用土话和浅白的普通话表达，通俗易懂。凡此种种，均不同于

---

① 中共中央宣传部办公厅、中央档案馆编研部编：《中国共产党宣传工作文献选编（1915—1937）》，北京：学习出版社，1996 年，第 325 页。

② 中国社会科学院新闻研究所编：《中国共产党新闻工作文件汇编》（上），北京：新华出版社，1980 年，第 55 页。

③ 中共中央文献研究室、新华通讯社编：《毛泽东新闻工作文选》，北京：新华出版社，1983 年，第 26 页。

真正意义上的报刊，但却很快在群众中产生了广泛影响，张贴之处即引起群众围观，眼睛看着，口里念着，颇受欢迎。在毛泽东看来，《时事简报》是不能被那些印刷出版，“只有干事才能看得懂”[①]的正规报纸所替代的，它比后者发挥的作用更大，能够大大改变根据地群众消息封闭、见闻狭隘的状况，也是党和红军新闻宣传形式与表达方式的有益尝试与创新。

党的多种新闻宣传形式和表达方式，因地制宜，各具特色，结合内容、时效、成本、对象等多种因素选择使用，在不同的历史进程中取得了良好的宣传效果。新时代的新闻舆论工作亦是如此，在融媒体语境下综合运用科技赋能的各种传播方式，形成多层次、立体化、全覆盖的传播合力，才能完成新时期新闻舆论工作的历史使命。

（四）提供了红军和地方宣传工作实践的操作指南

毛泽东编写的小册子对举办《时事简报》的各个业务环节进行了详尽介绍，从创办宗旨到采编流程，从内容条目到出版发行，可谓面面俱到，为红军和地方宣传工作实践提供了全面翔实的操作指南。其中，采编环节不仅包括稿件来源、稿件内容、排稿顺序、各类稿件配比、编写技巧，甚至涉及稿件数量、字数和每期总字数等细节；发行环节则涵盖了出版周期、出版流程、出版耗材及发行地点等方方面面，具有极强的针对性与实践性。

毛泽东自学生时代即酷爱读报，家里给他的学习费用，他大多都用来订阅各种报刊。1918 年，他在北京参加过北京大学新闻学研究会新闻培训班学习，成为我国第一批新闻学研习者；1919 年，他主编过《湘江评论》；1925 年，他在国共合作时期作为国民党中央宣传部代理部长主编过《政治周报》，并在各类报刊上发表了大量政论文章。可以说，毛泽东具有丰富的办报经验，并在这一过程中形成了独特的办报思想。

《时事简报》虽然只是个“简报”“快报”“壁报”，但毛泽东却是把它作为自己理想中的真正的报纸来办的。他写的通令和小册子，反映出他的许多办报主张。如果说他为《湘江评论》和《政治周报》写的发刊词，主要阐述的是“为什么办报”，讲的是办报的宗旨、目标和理念的话，那么他在关于举办《时事简报》的通令以及怎样办《时事简报》的小册子中，所阐述的是“怎么办报”和“办一张什么样的报纸”的问题。特别是在怎样办《时事简报》的

① 中共中央文献研究室编：《毛泽东文集》（第 1 卷），北京：人民出版社，1993 年，第 261 页。

小册子中，他不但提出了要为群众办报，要办群众看得懂、愿意看的通俗报纸，要依靠群众办报，要维护新闻真实性等重要新闻理念，而且还详尽地介绍了简报编写的内容及方法，并阐述了办报要注重新闻的接近性和消息内容的易读性等编写技巧，蕴含了他对办报业务的实践总结和理论思考，集中体现了他的办报思想。

因此，可以说通令和小册子是毛泽东早期办报思想的代表作，是中国共产党新闻思想中的经典文献，也是马克思主义新闻观中国化的重要成果。它是毛泽东结合当时期根据地的实际情况和革命斗争的现实需要，对党和红军新闻宣传工作的性质、任务、工作原则、业务规范等一系列理论与实践问题的深刻观察和理性思考。他所提出的一系列具有现实指导性和理论建设性的新闻思想，不仅对革命根据地的新闻宣传工作发挥了巨大的指导作用，而且大大丰富了中国共产党的新闻思想，对当前做好新时代党的新闻舆论工作依然具有重要指导意义。

（作者孙菲系黑龙江大学新闻传播学院讲师，2019 年广西大学国家社科基金重大项目“百年中国共产党新闻政策变迁研究（1921—2021）”课题组成员）

论土地革命战争时期中国共产党的出版发行政策

刘新利　孙菲

内容摘要：土地革命战争时期，中国共产党在上海重建党报系统，在秘密状态下出版发行党报，但后来在“左”倾错误影响下，冒险公开发行党报，结果使得党报工作人员、报贩及读者遭到逮捕甚至杀害，上海的党报全部被查封，党的组织遭到破坏。在苏区，中国共产党因地制宜，从出版壁报、墙报、简报开始到出版正式报纸，并运用灵活方式发行党报，使得苏区的新闻宣传工作取得了显著成效。党在国统区的出版发行政策存在失误，对党报的出版发行造成了很大的消极影响，同时，实践证明党在苏区的出版发行政策是正确的，对苏区党报的出版发行产生了积极影响。

关键词：土地革命；出版发行政策；国统区；苏区

党报的出版发行工作是加强党员和党组织、党组织和群众联系的重要手段，也是党组织实现新闻宣传目标的关键一环。因为唯有做好党的报刊的出版发行工作，将党报党刊顺利传递到党员和群众之中，为他们所接受，并激励他们为实现党的使命任务而奋斗，才算是达到了创办党报党刊的目的。在战争年代，党报的出版发行工作是一种特殊的政治斗争。在土地革命战争时期，中国共产党根据斗争形势的变化不断调整出版发行政策，指导党报的出版和发行工作，使新闻宣传成为对敌斗争的第二条战线。

一、中国共产党在国统区的出版发行政策

1927年大革命失败，中国共产党领导的人民革命斗争进入最艰苦的时期，即土地革命战争时期。国民党建立统治政权之后，在全国实行训政，宣布中国

共产党为非法党，并用军事、行政、法律、特务等手段残酷镇压一切革命活动，革命形势转入低潮。此时国民党的新闻政策侧重创建国民党自己的新闻机构，同时排除异己报刊，对共产党和其他社会团体的报刊进行严厉管控和取缔，共产党的报刊几乎全部被查封，党的报刊的出版发行工作不得不转入地下。为对抗国民党的新闻统制，共产党制定出有针对性的新闻政策。

（一）中国共产党的出版发行政策与国统区党报的出版

大革命失败后，中国共产党的报刊几乎全部被国民党查封，党的宣传和鼓动工作陷于停滞。而国民党的报纸却充斥着对共产党的污蔑与攻击，如污蔑共产党杀人放火、欺骗工农等。由于共产党的新闻宣传遭到国民党的封杀，群众看不到共产党的回应，以致于这种反动宣传在社会上广为传播，造成恶劣影响。鉴于此，1927 年中共八七会议指出当前的主要任务是“造成坚固的能奋斗的秘密机关”，要求一切支部进行秘密工作。为了响应这一指示，党决定按期出版秘密的党的机关报，设立出版委员会。1927 年 8 月 21 日，党中央又通过了《中共中央第四号——关于宣传鼓动工作》的文件，对党的对内对外刊物提出了要求：对内刊物，在中央创办《中央通讯》，省委创办《省委通讯》，较大的市委、县委创办对内刊物；对外刊物，中央恢复出版《向导》，省委要有鼓动的机关报，以下各级党部也要有鼓动性机关报。

为了响应《中共中央第四号——关于宣传鼓动工作》的文件，增强对国统区民众的宣传鼓动工作，1927 年 10 月，中国共产党在上海创办了中央机关报《布尔塞维克》，代替已经停刊的《向导》周报。《布尔塞维克》的发刊词阐述了该报是无产阶级的政党机关报，该报致力于宣传布尔塞维克精神和布尔塞维克思想，即推翻帝国主义及军阀的统治，武装夺取政权，建立社会主义制度。《布尔塞维克》发刊词体现了中国共产党在大革命失败后，重视党报战斗性的新闻政策。

1928 年，国民党在形式上统一中国后，开始在全国范围内实行“党治”。在新闻宣传领域，国民党实行“以党治报”的方针，规定非国民党的新闻事业必须接受国民党的管理。为此，国民党制定了一系列针对新闻出版的法律、条令，严密控制全国新闻界。

面对国民党的新闻统制，共产党及时调整自己的出版发行政策，推动党报的出版发行。1928 年 6 月 30 日，中共中央颁布《中共中央通告第五十五号》文件，要求各地党部须出版一种或几种灰色刊物，用于对小资产阶级的宣传、鼓动。同时，中央对这些灰色刊物提出了一些要求：这些刊物是灰色的，因此不能登载党的文件或论文中流露出与党组织关联的话，而应该作为第三种人的口气，即非国民党也非共产党。这种刊物说话的态度，不是拿党的口气也不是完全按照党的政策及口号。她的使命只在如何使小资产阶级脱离国民党的影响而投到我们方面来或力守中立。[①]在该政策的引领下，上海、江苏、广州等地的共产党组织纷纷出版了这种“灰色刊物”。

大革命失败后，上海成为中国共产党的党报党刊出版中心。当时，除了出版《布尔塞维克》外，1928 年 11 月 20 日，中国共产党在上海还创办了机关刊物《红旗》周刊，同年共青团中央创办了《列宁青年》，中华全国总工会创办了《中国工人》。1930 年 8 月，《红旗》周刊与上海市委机关报《上海报》合并为《红旗日报》。在国民党的白色恐怖下，中国共产党克服重重困难重建了党的中央级党报网络。

（二）中国共产党的出版发行政策与国统区党报的发行

1. 建立秘密发行系统

1927 年 8 月 21 日通过的《中共中央第四号——关于宣传鼓动工作》的文件，就报纸的出版和发行做了专门规定：如对内刊物都用油印出版，《向导》及理论小册子铅印，各地鼓动的机关报最好是铅印，不能则用石印，再不能则油印亦可；对内的出版物，中央的出版物，区委和县委至少有一份，省委以下的出版物，各支部都必须有一份；《向导》在秘密状态下印数不能过多，因此，上海、天津和广州设法翻印，以便分配到就近的区域。在中央系统系油印，须由各省委翻印。[②]

1929 年 6 月 25 日至 30 日，中国共产党在上海召开了中共六届二中全会，通过了《中共六届二中全会宣传工作决议案》，提出“建立秘密发行路线，扩大推销党的机关报于广大群众中间”[③]。

伪装封面和不断变更发行地点，是中国共产党在秘密状态下党报发行的重要策略。《布尔塞维克》用过的伪装封面有《少女怀春》《新时代国语教授

---

① 中国社会科学院新闻研究所：《中国共产党新闻工作文件汇编》（上），北京：新华出版社，1980 年，第 38 － 39 页。

② 同上书，第 36 页。

③ 同上书，第 56 页。

书》《中央半月刊》《中国文化史》《金银贵贱之研究》《平民》《虹》《中国古史考》；《红旗》用过的伪装封面有《快乐之神》《一顾倾城》《红泥姑娘艳史》《经济统计》《出版界》等；《红旗周报》的伪装封面最多，分别是《佛学研究》《新医药刊》《实业周报》《建筑界》《大潮》《晨钟》《平民》《时时刻周报》《机联会刊》《新生活》《现代生活》《大众文艺》《摩登周报》《光明之路》等。除了伪装报刊封面，中国共产党还不断变更报纸名称来迷惑国民党当局，如中共江苏省委在上海出版的《白话日报》曾改名《上海报》《天声》《晨光》《沪江日报》《海上日报》，最后又恢复《上海报》的名称。①

伪装封面是中国共产党针对国民党新闻检查摸索出的一种行之有效的发行策略，为在国统区开展对民众的宣传鼓动工作开创了新局面。

2．“左”倾错误对国统区党报发行的影响

大革命失败后，党内出现了“左”倾盲动主义和冒险主义等错误思想，给党的事业带来损失。1927 年 11 月到 1928 年 2 月，瞿秋白在《布尔塞维克》上发表文章，宣传“左”倾盲动主义的理论和策略，使刚刚恢复的白区工作遭受损失。1928 年 4 月，瞿秋白的“左”倾盲动错误得到纠正。但从 1930 年 3 月起，李立三又在《红旗》杂志上发表系列文章，宣传“左”倾冒险主义错误。1929 年 9 月至 1930 年 12 月，王明又在《红旗》《布尔塞维克》等报纸上发表一系列文章，宣传教条主义。“左”倾错误反映在白区报刊发行工作中，就是不顾白区工作需要采取秘密工作方式的特点，公开发行党报，其结果就是导致报刊工作人员及报贩遭到逮捕，印刷所及发行地点遭到破坏。

1929 年 6 月 25 日，《中共六届二中全会宣传工作决议案》中提出：“要利用一切的可能来扩大宣传，但必须反对合法主义的倾向。为使党的宣传能获得成千上万的广大工农群众的支持，党必须利用一些公开的可能来扩大宣传，纠正有些同志将宣传工作看作秘密工作的错误观念。”②在这种思想指导下，国统区党报开始进行公开发行。

在白色恐怖的上海，《红旗》的发行更加困难，阅读该报的读者会被定罪，甚至有生命危险。在国民党的高压之下，截至 1930 年 5 月，该报的发行量只有 2600 份。为了提高发行量，中共认为必须公开发行，公开订阅，这种做法

① 王晓岚：《中国共产党报刊发行史》，北京：中国社会科学出版社，2009 年，第 87 页。

② 中国社会科学院新闻研究所：《中国共产党新闻工作文件汇编》（上），北京：新华出版社，1980 年，第 49 页。

的结果是党的报刊遭到了更严重的破坏，不得不经常合并，《红旗》三日刊和《上海报》合并，1930 年改出《红旗日报》。

《红旗日报》自创刊之日起就公开发行，还代销一些地方党组织出版的报刊，另外还把一些革命运动的情报提前登在报纸上，这样做的结果就是不但使多名工作人员被捕，也使党组织和群众组织遭到不同程度的破坏。由于《红旗日报》不顾上海白色恐怖的舆论环境，坚持公开发行，严重违背了党在白区秘密工作的原则，使工作人员和群众遭受了无谓牺牲，党的报纸遭受了重大损失。1931 年 3 月 9 日，《红旗日报》改出周报，但仍然不能正常出版。《布尔塞维克》也在 1932 年 7 月停刊。至此，党在上海的地下报刊几乎全部遭到破坏，党在白区的宣传遭受重大损失。

（三）纠正“左”倾关门主义，调整国统区出版发行政策

由于“左”倾冒险主义错误的影响，党报不顾上海白色恐怖的险恶环境冒险公开发行，致使党组织被破获，报纸工作人员和报贩被捕甚至被杀，党的发行工作陷入低潮，党报和其他宣传品的发行受到很大影响。鉴于党在国统区的报刊经常被国民党查封，中国共产党开始尝试利用群众团体的出版物进行宣传鼓动工作，比如工会的工人报、学生会的学生报及左翼文化团体的刊物，并且要求他们和党报保持一致的声音。但在这种思想指导下，党领导的左翼团体的一些党员在写文章和办刊物时不由自主地流露出赤色面目，结果暴露了身份，使得刊物最终难以在白区生存。1930 年秋，国民党当局取缔左翼文化团体，迫使这些团体和刊物转入地下。1931 年春，左联只剩下 12 人，左翼文化团体在上海的刊物完全没有了。[①]鉴于此，中共中央委托瞿秋白到上海领导文化工作。瞿秋白纠正了“左”倾关门主义，左联的同志开始在民间报纸，甚至是国民党的报刊上发表文章。1931 年张闻天从苏联回国担任中宣部部长，进一步纠正“左”倾关门主义，他要求左联的刊物《北斗》办得灰色一点。《北斗》开始还比较灰色，但两三期后色彩逐渐变红，最终于 1932 年 7 月被国民党查封。1932 年 10 月，张闻天在《斗争》上发表题为《文艺战线上的关门主义》一文，批评“左”倾关门主义，争取小资产阶级文学家，实现广泛的革命统一战线。当时，对“左”倾关门主义和冒险主义及时作出深刻、系统批判的是刘少奇，他对转变党在白区的斗争策略发挥了重要作用。刘少奇主张组织灰色团体，出

① 王晓岚：《中国共产党报刊发行史》，北京：中国社会科学出版社，2009 年，第 122 页。

版灰色杂志。他还呼吁党在白区的新闻宣传来一个彻底转变，肃清宣传的形式化、刻板、琐碎、不注意事实及文章的八股化，弄清对内教育和对外宣传的区别，党的宣传与群众呼声的区别。[①]1937 年 5 月 17 日至 6 月 10 日，中共中央在白区召开党代表会议，刘少奇和张闻天分别做了报告，表述了上述观点。此后，党在国统区的新闻宣传开始运用合法方式，以另一种面貌出现。

二、中国共产党在苏区的出版发行政策

“中央苏区，又称中央革命根据地，是第二次国内革命战争时期，毛泽东等老一辈无产阶级革命家开辟的最大的一块革命根据地。它的地域范围包括江西的赣南、福建的闽西和闽赣、粤边的江西省、福建省、闽赣省、赣粤省、赣南省 30 多个县。从 1929 年初毛泽东、朱德等率红四军挺进赣南、闽西，开启以瑞金为中心的中央革命根据地，到 1934 年中央红军主力及党、政、军机关举行长征，有五年多的时间。”[②]在苏区，中国共产党克服物质上的种种困难，创建并发展了苏区的新闻事业。苏区的新闻宣传是从井冈山时期红军出版墙报开始的，据统计，从 1929 年到 1935 年苏区出版的报刊约有 200 种。[③]

（一）中国共产党的出版发行政策与苏区报刊的创办

1928 年，中共江西省第二次代表大会做出了关于苏维埃区域的决议案，强调要经常用党或苏维埃出版传单、宣言、标语、歌曲，并创办政府机关报或党的机关报，以扩大苏维埃在群众中的影响。[④]1928 年初，中共安远县委就在江西省安远县创办《红旗》报。1929 年 12 月下旬，红四军党的第九次代表大会（即古田会议）在福建上杭县古田镇召开。大会由陈毅主持，毛泽东撰写了《中国共产党红军第四军代表大会决议案》，其中第四部分谈到了宣传工作问题，特别提出要用“党报”“政治简报”对党员进行宣传教育。

1931 年，中共中央发布了一系列对苏区报刊工作的指示。1 月 12 日，中共中央第 202 号通告，决定改用党报方式加强党对实际工作的指导。1 月 27

① 王晓岚：《中国共产党报刊发行史》，北京：中国社会科学出版社，2009 年，第 127－128 页。

② 江西省文化厅革命文化史料征集办公室、福建省文化厅革命文化史料征集办公室：《中央苏区革命文化史料汇编》，南昌：江西人民出版社，1994 年，第 1 页。

③ 程沄：《江西苏区新闻史》，南昌：江西人民出版社，1994 年，第 7 页。

④ 同上书，第 14 页。

日中共中央通过关于党报的决议，指出“党报必须成为党的工作及群众工作的领导者，成为群众的组织者”。1931 年 3 月，毛泽东以中央革命军事委员会总政治部的名义，下达《普遍地举办〈时事简报〉》的通令，并专门撰写了一本小册子《怎样办〈时事简报〉》。3 月 5 日，中共中央通过《关于发展党的组织决议案》，要求做好党报的发行工作。4 月 21 日，中共中央又做出《关于宣传鼓动工作的决议》，对党报和苏维埃报纸提出了不同的要求。中共中央颁布的这些通告、通令和决议表明了党对苏区新闻宣传工作的高度重视。

1931 年 1 月 15 日，中共苏区中央局在宁都成立，7 月 1 日，机关报《战斗》创刊。10 月 8 日，中共湘赣省委成立，10 月底机关报《湘赣红旗》创刊。1931 年 11 月 7 日，中华苏维埃临时中央政府在瑞金成立，12 月 11 日，机关报《红色中华》创刊。从 1931 年到 1933 年，党的报刊和苏维埃的报刊迅速增加到 20 多种。在此期间，中共还创办了工人、妇女、青年、儿童报刊，以及各种专业报刊、特刊、捷报和墙报等。

（二）中国共产党的出版发行政策与苏区报刊的发行

对于中国共产党来说，发行工作不仅仅是一项技术工作，而且具有重要的政治意义，因为苏区报刊的发行工作直接关系到党在苏区宣传鼓动工作的成效，关系到党组织与群众的联系。

1930 年 3 月 26 日，《红旗》发表了《提高我们的党报的作用》一文，谈到了党报的发行问题。文章指出，“最大多数的同志，只将发行工作看成‘技术’工作，完全没有从政治上，从党与群众的关系上，去重视这一工作。”“只有党报的广大发行，才能建立党与群众之非常密切的联系。”[①]

1930 年 5 月 10 日，《红旗》又发表《党员对党报的责任》一文，也谈到了党报的发行工作，“党报的内容无论如何丰富精彩，假使没有很好的发行工作将党报散布到一般党员和群众中间，则党报的作用亦就等于失掉。因此每个党员必须认为推销党报，尤其帮助建设全国全省发行交通网，是自己的一种天职，要使党报通过发行交通网的传递，达到支部中去，更推销到群众中去，不仅是发行工作者的责任，更是每个党员的责任。”[②]

① 中国社会科学院新闻研究所：《中国共产党新闻工作文件汇编》（下），北京：新华出版社，1980 年，第 37 页。

② 同上书，第 132 页。

尽管党的报纸多次发文章强调党报发行工作的重要性，但是在实际工作中，发行工作并没有得到应有的重视。1931 年，中央审查了全国的发行工作后，认为目前全国的发行工作做得非常散漫。具体表现为：中央党报和各种书籍小册子及宣传品的发行没有统一规划，且多散布在上层机关，有的堆积在室内，有的甚至被烧掉，很少能传播到下层组织和群众中去，党的发行工作几乎完全脱离群众。

为此，1931 年 1 月 27 日，中共中央通过的《中共中央政治局关于党报的决议》提出，“为建立党的及其他革命刊物的全国完备发行网，应当在中央，省委区委成立发行部（或科），管理整个发行网的工作。中央及各级党部应当经过党团，建立工会、青年团互济会及其他团体的自下而上的发行系统。”①

1931 年 3 月 5 日，中共中央通过《中共中央关于建立全国发行工作的决议案》，对发行工作做出了具体部署，提出了明确要求：在全国各中心区域建立发行路线，使中央各种出版物能按期依照计划中规定的数目送达各处，各地出版物能按期送交中央，并能彼此互相交换；建立苏区发行工作，供给以党的和非党的各种重要书籍和刊物；建立巡视制度，经由中央巡视员和出版部自派的巡视员调查某一省区的发行工作，纠正其错误，并指示其发行工作的布置方针；建立自省委到群众的发行网。②

上述出版发行政策的出台，对苏区乃至全国党报党刊出版发行工作起到了重要的政策引领作用。根据文件要求，各级党组织把党的刊物的发行工作落实到各部门，各部门均承担起相应的责任。这些措施使得全党的发行工作能够有章可循，大大提高了发行工作的成效，也增加了党组织和党的刊物同群众的联系。在苏区，自上而下的发行网很快就建立起来了，并采取了灵活的发行策略，比如设立发行所、代派处、书店、邮政发行，还组织读报小组、读报团等，对全国党报的出版发行起到了表率作用。

1. 成立发行所、代派处

当时，中央苏区机关报《红色中华》报成立了专门的发行科，1932 年 4 月，为了适应工作发展需要，发行科改为中央出版局总发行部。除继续负责《红色中华》的发行外，该部门还负责统一管理苏区的报刊发行工作。为了扩大发行，

① 中国社会科学院新闻研究所：《中国共产党新闻工作文件汇编》（上），北京：新华出版社，1980 年，第 72 页。

② 同上书，第 74－75 页。

《红色中华》和其他一些报刊还在各地设立了推销代派处。各推销处为鼓励发行，对发行人员给予一定奖励。同时，《红色中华》还在各地组织发行竞赛，积极推动报纸的发行工作。《红色中华》在初创时期，发行量只有3000份，但到1933年发行量就猛增到40000份。《红星》报和《青年实话》也很重视发行工作。1933年，《红星》报设立出版科。《青年实话》设立总发行所，在苏区各地、红军各部队设立分发行所、分销处、代销处。

2. 通过书店、邮局发行

在苏区，中共创办了很多书店，有红军部队系统的书店，如“工农红军书店”；有地方苏维埃政府文化部门创办的书店，如“红色书店”或“赤色书局”；有报社创办的书店，如“《青年实话》书店”等。这些书店除了销售书籍，也销售报刊。比如，江西瑞金县城的工农红军书局就经营过《红星》报等报刊的销售业务；《青年实话》报社在瑞金创办“《青年实话》书店”，该书店主要销售《青年实话》及《青年实话丛书》。

1927年10月，毛泽东率军进入江西省宁冈县，接收当地中华邮局，并于1928年2月改名为“宁冈县赤色邮局”。后来，其他根据地也建立了赤色邮局。1932年5月，中华苏维埃邮政总局成立。邮政总局下设各省邮务管理局，各县根据地域大小、军事交通的需要设甲、乙两种邮局，县以下较大的乡镇或交通要道设邮政分局或邮政代办所。[①]这些邮局除了邮寄信件外，也邮寄报刊。比如，《红色中华》有一部分就是通过邮局寄送。另外，《红色中华》还与苏维埃邮政总局订立合约，自1934年2月22日起，该报发寄，统一按重量计费，不再逐件粘贴邮票。[②]通过苏区的邮局，苏维埃的报刊得到了广泛的发行。

3. 组织读报小组、读报团

苏区的群众基本上是农民，文化程度低，有很多是文盲，所以苏区的报刊发行采取与群众性读报活动结合在一起的方式。为了使报纸真正能对群众起到宣传鼓动作用，各级党组织和苏维埃政府都很重视群众的读报用报活动。1930年3月25日，闽西召开第一次工农兵代表大会，大会通过《文化问题决议案》，提出“各区应该尽可能建立阅报社、俱乐部”。[③]1931年4月21日，

① 程沄：《江西苏区新闻史》，南昌：江西人民出版社，1994年，第162页。

② 转引自邮电部邮电史编辑室编：《难忘的战斗岁月——革命战争时期邮电回忆录》，北京：人民邮电出版社，1982年，第72页。

③ 江西省文化厅革命文化史料征集办公室、福建省文化厅革命文化史料征集办公室：《中央苏区革命文化史料汇编》，南昌：江西人民出版社，1994年，第128页。

闽西苏维埃政府通过《闽西苏维埃政府文化委员会决议案》，提出建立读报团。《决议案》指出："政府的政治主张以及各种问题的策略，要能深入到群众中去，必须有组织地来阅读一切宣传品。"[①] 1932 年 7 月 16 日，临时中央政府内务人民委员会发布第三号令，为推广新闻报纸，发动群众普遍读报，决定新闻报纸寄费减价，并另令邮政总局同通告执行。1932 年 7 月 20 日，中共湘赣省委通过《关于宣传鼓动工作的决议》，要求各级宣传组织成立读报组，使每个同志都了解《湘赣红旗》的内容，通过读报活动提高他们的思想文化水平。读报组应普遍建立于贫农团、工会及反帝大同盟的小组内，党员应积极领导这一工作。[②] 1933 年 6 月 21 日，共青团苏区中央局发出通知，责成各级团的组织必须在团内、少队内、儿童团内、俱乐部内组织朗读班。[③]

在中共和苏维埃政府的号召之下，俱乐部、列宁室首先在机关、红军和学校建立起来。闽浙赣省（原称赣东北省）开展群众读报活动较早，1932 年 5 月，赣东北苏区成立读报委员会，并制定了读报条例，用来加强对群众读报的指导。

对于其他苏区来说，在部队，以连为单位设立了列宁室。列宁室有识字组和读报组。读报组每班一个组员（多由政治战士兼任），报纸一来，指导员把重要的做好记号，召集组员讲解一次，组员即能够立即回到各班自动进行读报。读的方法是先念一次，然后讲解。[④]在地方，一般的区、乡、村，都设立了俱乐部。俱乐部是进行社会教育的机关，它可以利用各种各样的教育方法直接或间接地教育广大群众。俱乐部的文化股主要负责办墙报和讲报工作。讲报队选总队长一人，分队长若干。总队长将各种报纸重要的文章选出来，交给分队长，分队长到各夜校和小学去，用讲故事的方式讲给学生听。然后在学生中选优秀分子，组成六个讲报队到各处进行宣讲。少先队也成立了读报室，每隔 5 或 7 天召集全体队员读《青年实话》《红色中华》《斗争》等报纸。

苏区报纸的发行和群众的读报活动相结合，使苏区报刊的发行量在 1933 年迅速上升，这样不但使得党的宣传鼓动工作得到群众的理解和支持，而且还取得了较好的经济效益。

---

① 江西省文化厅革命文化史料征集办公室、福建省文化厅革命文化史料征集办公室：《中央苏区革命文化史料汇编》，南昌：江西人民出版社，1994 年，第 148 页。

② 程沄：《江西苏区新闻史》，南昌：江西人民出版社，1994 年，第 162 – 163 页。

③ 同上书，第 162 页。

④ 同上书，第 144 页。

4. 订阅与零售相结合

在苏区，大部分报刊都成立了发行所、代销部，在这些地方，可以订阅报纸，也可以零售，有的报纸还用优惠手段吸引订阅。为了促进苏区报纸的发行，党政机关、社会团体还进行组织订阅。比如闽西苏维埃政府就发布过《闽西苏维埃政府通知四十七号》，要求“发动群众团体机关（如工会、雇农工会、贫农团、计济会、少先队、儿童团、读报团、新剧团及其他各革命团体、文化团体、机关、学校、商店）和个人起来订阅《红报》”[①]。组织订阅是在短时间内提高报纸发行量的重要手段，比如，《青年实话》一半以上的读者是红军官兵，这是组织订阅的成果。

苏区报纸的零售主要通过代销处和叫卖队，叫卖队主要由儿童团来承担。1931 年 4 月 21 日通过的《闽西苏维埃政府文化委员会决议案》就提出，“儿童应该做叫卖的工作，使党和政府的宣传品能普遍深入到群众中去。”[②]在苏区，由儿童团组成的叫卖队对苏区报纸的发行起到了重要作用。

三、结语

土地革命战争时期，中国共产党的出版发行政策有白区失败的教训，也有苏区成功的经验。大革命失败后，党的活动转入地下，党报的出版发行也随之转入地下。为了加强对国统区群众的宣传鼓动，中共在上海创办《布尔塞维克》《红旗》《红旗日报》《上海报》等报纸，为了对抗国民党的新闻检查，中共采取了秘密状态下发行党报的策略，具体采取的措施是伪装封面，不断变更出版地点，取得了一定的成效。但是在“左”倾路线盲动主义和冒险主义的影响下，中共开始公开发行党报，这样做虽然提高了发行量，但付出的代价也是惨痛的。公开发行使得报纸的工作人员、报贩、读者遭到逮捕，甚至被杀，而且使党的组织和群众组织遭到不同程度的破坏。由于公开发行违背了党的秘密工作原则，党在上海的全部报纸遭到查封。党在国统区的报刊遭到查封后，中共及时调整出版发行政策，纠正“左”倾关门主义，尽可能采用合法的公开的方式进行工作。此后，党在国统区的新闻宣传开始运用合法的形式。

---

① 江西省文化厅革命文化史料征集办公室、福建省文化厅革命文化史料征集办公室：《中央苏区革命文化史料汇编》，南昌：江西人民出版社，1994 年，第 150 页。

② 同上书，第 148 页。

中国共产党初到井冈山时，那里物资匮乏，交通不便，不具备创办报纸的条件，中共中央利用墙报、壁报、简报、捷报等方式进行宣传。毛泽东还号召“普遍地举办《时事简报》”。《时事简报》手写，没有编号，没有固定的刊期，不是真正意义上的报纸。但是，它机动灵活，有很强的针对性和贴近性，很受群众欢迎。它是中国共产党因地制宜，创新新闻工作的有益尝试。1931年中央苏区开始出版正式报刊，包括党的报刊和苏维埃政府的机关报和其他类型的报纸，从1931年到1933年，中共创办的报纸有20多种。同时，中共建立了自上而下的发行网络，设立发行所、代派处，通过书店、邮局发行，订阅和零售的方式结合，并组织读报小组、读报团，设立报纸张贴处等灵活的发行策略，使党的方针、路线及时、准确、高效地传达到地方，传递给群众。通过这些报纸使群众了解革命、同情革命、支持革命，进而投入到轰轰烈烈的革命运动中去。

总的来说，中国共产党在国统区的出版发行政策存在失误，对党报的出版发行造成了很大的消极影响，这些教训是我们应该吸取的。同时，实践证明党在苏区的出版发行政策是正确的，对苏区党报的出版发行产生了积极影响，这些经验是我们应该继承的。

（作者刘新利系西藏民族大学新闻与传播学院教授、2019年广西大学国家社科基金重大项目“百年中国共产党新闻政策变迁研究（1921—2021）”课题组成员；孙菲系黑龙江大学新闻传播学院讲师、2019年广西大学国家社科基金重大项目“百年中国共产党新闻政策变迁研究（1921—2021）”课题组成员）

新时代我国广电政策的规范与创新

——基于 NVivo 12 的政策文本分析

刘艳婧

内容摘要：党的十八大以来，我国广电业整体发展规模、实力和影响力都获得了显著提升，正在由高速增长阶段进入到高质量发展新阶段。这一切离不开党的广电政策的规范与创新及其所起到的引领作用。通过对新时代我国广电政策文本进行梳理，依托 NVivo12 plus 质性分析软件，本研究从政策内容和政策工具入手搭建二维分析框架，发现视听内容管理、行业规范和产业建设、技术创新和融合发展，是新时代我国广电政策的三大着力点。我国广电业在视听内容管理方面，已逐渐形成专项扶持、选题引导和播出规划三种完备的管理路径。现阶段，我国广电政策体系中存在着政策工具使用不均衡、管理政策碎片化等问题。

关键词：广电管理；规范；创新；政策文本；NVivo

党的十八大以来，在以习近平同志为核心的党中央关心和指导下，我国广电业改革力度不断加大，整体发展规模、实力和影响力都获得了显著提升。根据国家广播电视总局 2020 年 7 月发布的《2019 年全国广播电视行业统计公报》，2019 年全国广播电视行业总收入 8107.45 亿元，同比增长 16.62%。其中，广播电视和网络视听业务实际创收收入 6766.90 亿元，同比增长 19.99%。在实际创收收入中，2019 年广播电视机构融合发展业务收入 647.01 亿元，同比增长 25.29%。截至 2019 年底，全国首次纳入试点统计范围的国家级广播电视和网络视听产业基地（园区）共有 41 个，入驻广播电视和网络视听相关企业

4015家，产业园区总收入约1120亿元。[①]可以说，我国广电业正在由高速增长阶段进入到高质量发展新阶段。而这一切离不开广电政策的规范与创新及其所起到的引领作用。本研究通过对新时代我国广电政策文本进行梳理，立足于文本分析数据，对我国广电政策内容和政策工具体系进行客观描述和分析，对完善我国广电管理政策的顶层设计、提升广电治理效能具有一定指导意义。

一、样本选择与研究过程

（一）样本选择

“广电政策”，是指政党、政府或相关团体、机构为实现一定管理目标，针对广播电视视听系统中的相关人员、机构或组织、相关活动、存在问题或现象等制定的一系列行为准则或社会规范的总称。本研究涉及的广电政策文本全部为国家层面颁布的政策文件，主要来源于中央人民政府门户网站、国家广播电视总局官方网站和“北大法宝”专业法规政策检索数据库。我们遵循公开性、权威性、相关性和规范性原则，通过对法律、行政命令、规章制度和规范性文件等形式的文件进行收集和整理，并将筛选时段设定为2012年11月8日至2021年3月9日，最终共获得有关广电发展的政策文本108份。

（二）研究过程

本研究遵循质性研究方法论框架，依托NVivo12 plus质性分析软件，从政策内容和政策工具入手搭建二维分析框架，探索新时代我国广电政策的着力点和政策工具体系特征。

1. 分析框架的构建

（1）X维度：广电政策内容

本研究首先将108份政策文本导入NVivo12 plus分析软件，以政策文本条款为分析单元进行手动编码。通过一级编码，形成“自由节点”477项。然后对“自由节点”进行合并、聚类，将相互联系的“自由节点”纳入“子节点”，每个“子节点”均对应若干个“自由节点”，完成第二级编码。最后从“子节点”中归纳概括出“父节点”，完成第三级编码。经过三级编码后，形成“视

① 资料来源：国家广播电视总局，http://www.nrta.gov.cn/art/2020/7/8/art_113_52026.html，2020年7月8日。

听内容管理”“行业规范和产业建设”“技术创新和融合发展”3个“父节点”及其下15个“子节点”。

（2）Y维度：广电政策工具

“政策工具”，是指决策者用来解决社会公共问题、实现政策目标的途径和手段。科学正确的政策工具选择和设计是顺利实现政策目标的基本保证。[①] 针对政策工具的类型，公共政策研究领域学者提出了不同的分类依据，构建了不同的分类框架。结合我国广电政策的特点，基于麦克唐纳尔（McDon-nell）和艾拉莫尔（Elmore）的政策工具分类思路，本研究将推进我国广电改革与发展的政策工具分为命令性工具、激励工具、能力建设工具、象征与劝诫工具和系统变革工具五种。

“命令性工具”，具有强制性特征，比如“标准”“规定”“禁令”等；“激励工具”，注重正向或负向的刺激，包括“奖励”“处罚”“资金”等；“能力建设工具”，注重对政策目标对象提供各方面的支持，包括“培训教育”“设备工具”等；“象征与劝诫工具”，注重引导，包括“号召”“呼吁”等；“系统变革工具”，注重通过组织结构变革来实现政策目标，包括“体制机制改革”等。

通过对X维度（广电政策内容）和Y维度（广电政策工具）的整理，最终形成关于新时代我国广电政策文本分析的二维框架，如图1所示。

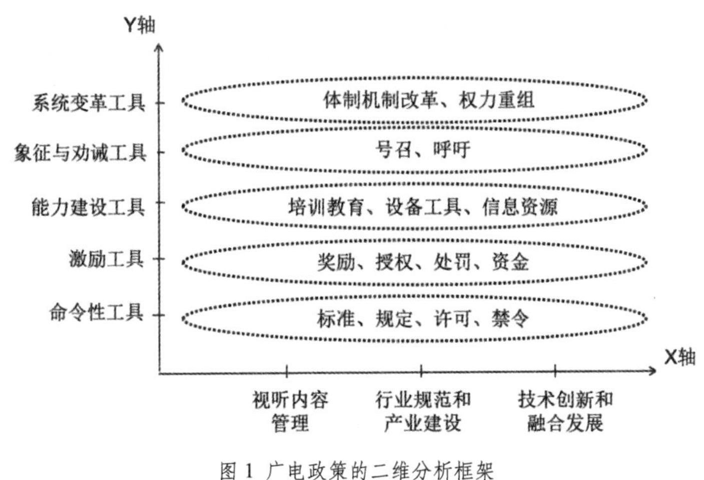

图1 广电政策的二维分析框架

① 顾建光：《公共政策工具研究的意义、基础与层面》，《公共管理学报》2006年第4期，第61页。

2. 编码信度检验

为了保证政策文本分析的客观性和准确性，本研究中广电政策文本的编码由两位了解 NVivo12 plus 编码程序且熟悉广电政策的新闻学博士生按照事先建立好的节点系统分别进行，完成后通过计算两者间的同意度百分比来对二者的编码一致性进行检验，即编码信度检验。同意度百分比公式为：

同意度百分比 =[相互同意的编码数 /（相互同意的编码数 + 相互不同意的编码数）] × 100%

结果显示，同意度百分比为 86%，按照相关要求，编码信度良好，结果可被接受。

二、研究发现

（一）新时代广电政策内容分析

依托 NVivo12 plus 的数据分析，得出新时代我国广电政策内容的编码统计结果（见表 1），发现视听内容管理、行业规范和产业建设、技术创新和融合发展是新时代我国广电政策的三大着力点。

表 1 新时代广电政策内容编码表

父节点	子节点	参考点数量	涉及的政策文本数量
视听内容管理	内容主题和题材管理	120	47
	网络视听内容管理	62	21
	文化类广播电视节目（栏目）管理	53	14
	影视剧管理	30	18
	广告管理	29	14
	节目语言、主持人及嘉宾管理	22	11
	知识产权保护	9	8
行业规范和产业建设	广电产业建设	45	10
	广电行业标准和准入资质管理	32	27
	广播电视对外贸易和文化交流	17	7
	人才队伍建设和人员管理	12	8
	广电行业违法犯罪行为整治	6	5
技术创新和融合发展	媒体融合发展	16	7
	创新技术应用	14	11
	智慧广电建设	10	5

注：本研究以政策文本条款为分析单元，所以一份政策文本中可有多个参考点。

1. 视听内容管理

视听内容管理，主要是对内容制作方、服务提供方等主体的管理。视听内容编码参考点占据全部参考点数量的68.13%，表明了近十年来我国广电政策管理的核心所在。以视听内容管理为父节点对政策文件进行编码，得到 7 个子节点：内容主题和题材管理、网络视听内容管理、文化类广播电视节目（栏目）管理、影视剧管理、广告管理、节目语言和主持人及嘉宾管理、知识产权保护。

内容主题和题材管理占据了广电视听内容管理的首要位置，编码参考点 120 个，涉及 47 份政策文本，体现出广电媒体作为党、政府和人民的喉舌，在有效引导社会舆论、全方位服务社会与公众方面发挥的重要作用。新时代，我国广电视听内容主题和题材管理方面已逐渐形成专项扶持、选题引导和播出规划三种完备的管理路径。“年度广播电视创新创优节目评选扶持项目评审体系”“年度优秀网络视听作品推选活动评审体系”“年度网络视听节目精品创作传播工程项目评审体系”等一系列专项扶持体系的建立和常态化运作，有效促进了优质视听内容的制作和传播。

选题引导也是国家开展视听内容管理的重要手段。年度主题出版重点出版物选题规划体系，在 2012 年“迎接党的十八大重点主题出版物”选题征集工作后被提升到国家战略高度，成为一项常规工作。现在该项工作已经建立起相对规范健康的运行方式和管理机制，在配合国家宣传工作、发挥导向性功能方面起到重大作用。[①]还有重大时间节点重点选题出版规划体系、年度重点题材电视剧创作规划体系等，这些围绕服务党和国家大局工作形成的出版物选题规划机制，发挥着强大的意识形态凝聚力和核心价值引领力。

近年来，播出规划在广电总局对视听内容的管理，特别是在配合一些特殊时间节点的宣传任务中也逐渐起到关键性作用。如 2019 年《关于做好庆祝新中国成立 70 周年纪录片、动画片展播宣传工作的通知》，2020 年《关于做好纪念抗战胜利 75 周年电视剧播出安排的通知》《关于开展理想照耀中国——国家广播电视总局庆祝中国共产党成立 100 周年主题作品创作展播活动》等。这些前瞻、周密的播出规划在形成宣传合力、塑造舆论氛围方面作用突出，业已成为广电视听内容管理的重要抓手。

---

① 庄莹:《从顶层设计到选题创新——主题出版重点出版物研究(2012—2020 年)》,《编辑之友》2020 年第 10 期, 第 35 页。

2008 年《互联网视听节目服务管理规定》发布，自此对于网络视听内容的管理开始成为广电视听内容管理的重要构成部分。在本文分析的 108 份政策文本中，属于网络视听内容管理的编码参考点共计 62 个，涉及 21 份政策文本。2014 年《关于进一步完善网络剧、微电影等网络视听节目管理的补充通知》发布，从节目制作资质、备案、格调等方面对 2012 年 7 月出台的相关通知进行了补充。2016 年后国家对网络视听内容的管理不断扩大，《关于加强微博、微信等网络社交平台传播视听节目管理的通知》《关于进一步加强网络视听节目创作播出管理的通知》《关于加强网络秀场直播和电商直播管理的通知》等一系列政策相继出台。

对于文化类广播电视节目（栏目）的管理也是广电视听内容管理的核心构成部分，涉及对真人秀等综艺节目、传统文化节目和养生类节目的管理。影视剧和广告管理一直是广电视听内容管理的主要方面。影视剧管理更多涉及创作主题和题材、发行许可、放映播出、分配机制等。而广告管理主要涉及违规、问题广告的禁播通告和主题公益广告作品的征集评选。

广电视听内容管理还包括知识产权保护、侵权违法行为打击，反映出国家对互联网时代数字版权保护的不断加强。

2. 行业规范和产业建设

行业规范和产业建设是新时代我国广电政策的又一着力点。本部分编码参考点共计 112 个，占全部参考点数量的 23.48%，涉及 45 份政策文本。以行业规范和产业发展管理为父节点对政策文件进行编码，得到 5 个子节点：广电产业建设、广电行业标准和准入资质管理、广播电视对外贸易和文化交流、人才队伍建设和人员管理、广电行业违法犯罪行为整治。

新时代我国广播电视产业深化供给侧结构性改革，产业进一步转型升级。“广电 +”跨行业产业融合运营提质，新产品、新模式、新业态不断涌现。这些成果直接得益于广电政策的引领。通过编码统计，广电产业建设方面的参考点 45 个，涉及 10 份政策文本。如 2013 年《关于加强数字出版内容投送平台建设和管理的指导意见》，2015 年《关于申报新闻出版产业示范项目的通知》，2019 年《关于推动广播电视和网络视听产业高质量发展的意见》，2020 年《关于推动新时代广播电视播出机构做强做优的意见》等。

广电行业标准和准入资质管理方面，主要涉及行业准入资质、技术标准和价格标准等。这些政策为广电行业的规范与成熟及科学管理的实现奠定了重要基础。还有少部分政策文本涉及境外影视剧引进与播出管理、广电行业违法犯罪行为整治、人才队伍建设等方面内容。

3. 技术创新和融合发展

新时代我国广电政策的第三大着力点集中于技术创新和融合发展方面。本部分编码参考点 40 个，涉及 16 份政策文本。以技术创新和融合发展为父节点对政策文件进行编码，得到 3 个子节点：媒体融合发展、创新技术应用和智慧广电建设。

2013 年 1 月，《关于促进主流媒体发展网络广播电视台的意见》发布。2014 年 8 月，中央全面深化改革领导小组第四次会议审议通过了《关于推动传统媒体和新兴媒体融合发展的指导意见》，提出要着力打造一批形态多样的新型主流媒体。2016 年 7 月，《关于进一步加快广播电视媒体与新兴媒体融合发展的意见》发布。2018 年，国家广播电视总局和中央广播电视总台的组建以及县级融媒体中心建设政策的出台，推动广电领域深度融合发展进入快车道。同年底，国家广播电视总局设立媒体融合发展司，专门负责引导和管理广电媒体的融合发展。2020 年 11 月，《关于加快推进广播电视媒体深度融合发展的意见》发布，就推进广电媒体深度融合发展作出新的全面部署。

从政策层面引导广电行业加强技术手段建设，一直是我国广电行业发展中的重要内容。尤其是近几年，随着网络信息、移动通信、人工智能等领域大量新技术成果的涌现，广电领域快速反应，通过一系列政策不断推进广播电视与网络视听对新技术的应用。2019 年 8 月，国家广播电视总局会同中宣部、科技部、中央网信办等六部门联合印发《关于促进文化和科技深度融合的指导意见》，提出探索将人工智能运用于新闻采集、生产、分发、接收、反馈中，利用 VR/AR 技术实现内容传播精细化与沉浸化，利用物联网、云计算、大数据、人工智能等新技术对公共文化服务和文化产业进行全方位、全链条的改造等发展目标。2020 年，“广电总局科技司已将‘发展 5G 高新视频新业态’写入国务院办公厅《关于以新业态新模式引领新型消费加快发展的意见》及国家发改委、科技部等四部门《关于扩大战略性新兴产业投资 培育壮大新增长点增长极的指导意见》等文件中，为加快培育和打造 5G 高新视频新业态新模式新产品营造了相应的宏观政策环境。”①

建设智慧广电，构建“广电 + 生态圈”的战略理念，于 2014 年开始出现在广电发展的顶层设计中。2016 年《关于进一步加快广播电视媒体与新兴

① 林沛:《2020 年广电政策发展研究报告》,《中国广播影视》2020 年第 12 期,第 22 页。

媒体融合发展的意见》提出努力寻求广播电视与政务、商务、教育、医疗、旅游、金融、农业、环保等相关行业合作与融合的有效路径，积极参与智慧城市、智慧乡村、智慧社区和智慧家庭建设。2018 年《关于促进智慧广电发展的指导意见》发布，明确了智慧广电建设的核心目标。2020 年《关于开展智慧广电专项扶贫行动的通知》《关于推动新时代广播电视播出机构做强做优的意见》等政策的出台，为智慧广电建设的推进提供了有力的支持。

（二）新时代广电政策工具类型分析

根据 Y 维度划分的五种政策工具，对 108 份广电政策文本进行政策工具类型编码，得到新时代我国广电政策的基本政策工具类型分布情况（见图 2）。整体看来，我国广电政策综合运用了命令性工具、激励工具、象征与劝诫工具、能力建设工具和系统变革工具五种政策工具，但五种不同政策工具类型的使用程度存在显著差异：

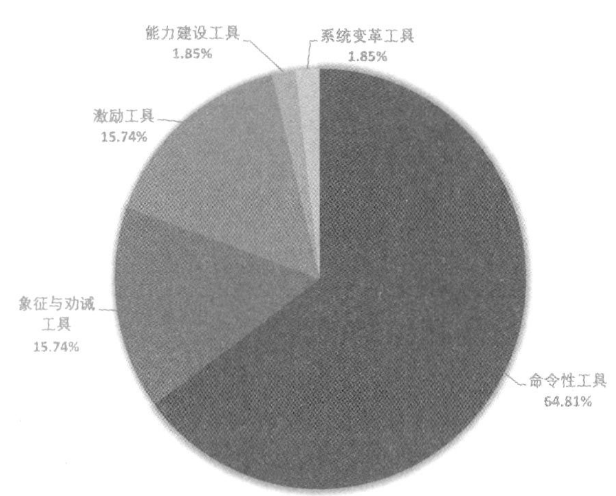

图 2 新时代我国广电政策工具类型分布图

1. 命令性政策工具占主导地位

根据统计结果可以看出，广电政策中命令性政策工具使用频率最高，占比 64.81%。命令性工具主要包括“规定”“许可”“禁令”等，在政策文本中常使用“要求”“不得”“必须”等词语。通过对政策内容和政策工具类型进行交叉分析（见表 2），发现在广电视听内容管理中更多用到了命令性工具，占比 75.11%，在行业规范和产业建设管理中的使用占比为 21.13%，在技术创

表 2 政策内容（X 维度）与政策工具类型（Y 维度）交叉分析

	命令性工具	激励工具	象征与劝诫工具	能力建设工具	系统变革工具
视听内容管理	75.11%	52.38%	45.45%	3.69%	14.29%
行业规范和产业建设	21.13%	33.33%	41.82%	2.82%	28.57%
技术创新和融合发展	3.76%	14.29%	12.73%	93.49%	57.14%
合计	100%	100%	100%	100%	100%

注：表中百分比为政策内容参考点所属政策工具类型的数量与该类型工具总数量的百分比，所以表中各列纵向相加为 100%，而各行横向相加并不等于 100%。

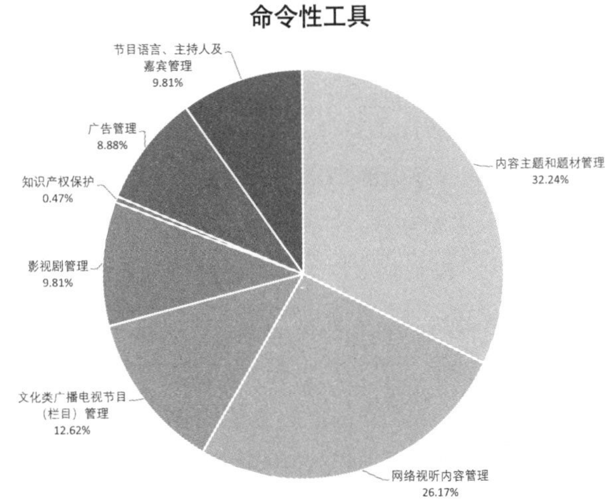

图 3 命令性工具在广电视听内容管理领域的使用情况

新和融合发展管理中使用占比为 3.76%。这表明在广电视听内容管理目标的实现中，政府权威发挥着极其重要的作用。命令性工具的优势在于自上而下的行政控制能够获得更高效率，尤其在应对特殊时期特定任务时，有利于相关部门迅速采取行动，且所需成本较低。

在广电视听内容管理领域，内容主题和题材管理、网络视听内容管理对于命令性工具的运用较为集中，占比分别为 32% 和 26%（见图 3）。说明政府对广电内容主题、题材和网络视听内容的管理较为迫切，急于从政策约束上加强对广电视听内容的管理效率。命令性工具还被运用在文化类广播电视节目（栏目）管理、影视剧管理、节目语言、主持人及嘉宾管理和广告管理中，占比分别为 13%、10%、10% 和 9%。

命令性政策工具的使用有利于构筑促进广电发展的良好制度环境，但它也存在着一定的缺点，如限制了基层部门的主动性和能动性，不利于实现因地制宜的发展等。

2. 激励性政策工具和象征与劝诫性政策工具使用频次较低

新时代我国广电政策中激励工具、象征与劝诫工具的整体使用频次均为15.74%，和命令性政策工具的使用情况相比，存在较大差距（见图2）。激励工具是通过正向或负向的刺激来促使机构或个人采取与政策目标相符合的行动，具体包括“奖励”“授权”“处罚”“资金”等。正向刺激可以为广电发展提供物质基础和动力源泉，负向刺激则以否定方式有力规范个人和机构的行动方向。从表2可知，激励工具被更多使用在广电视听内容的管理中，其次是行业规范和产业建设，使用最少的是在技术创新和融合发展管理中。通过进一步分析激励工具在广电视听内容管理领域的使用频次，发现排在前两位的分别是内容主题和题材管理（50%）、影视剧管理（18.75%）；在文化类广播电视节目（栏目）管理和知识产权保护中的使用情况相同，均为12.5%；在网络视听内容管理、广告管理和节目语言、主持人及嘉宾管理中的运用则很少。而激励工具在行业规范和产业建设管理中的运用，则更多涉及广电行业违法犯罪行为整治。

象征与劝诫工具主要是运用“号召”“呼吁”等方式来引导和劝说个人和机构的行动，但不涉及奖励和惩罚。在新时代的广电政策中，象征与劝诫工具占15.74%（见图2），被更多运用在广电视听内容管理、行业规范和产业建设管理中，在技术创新和融合发展管理中运用较少（见表2）。

3. 能力建设和系统变革性政策工具运用不足

图2反映出能力建设和系统变革工具是使用频次最低的两种政策工具类型，在全部样本中两者的占比均为1.85%，几乎很少被使用。能力建设工具注重为政策目标对象提供各方面的支持，包括“培训教育”“设备工具”等。通过分析发现能力建设工具更多被运用在广电技术创新和融合发展管理中，在一定程度上也反映出国家以提供智力、物力资源等方式获取广电技术创新和融合发展长效结果的管理思路。

系统变革工具是通过组织结构变革来实现政策目标，包括“体制机制改革”等。在新时代的广电政策中，系统变革工具更多被运用在广电技术创新和融合发展的管理中，其次为行业规范和产业建设，最后为视听内容管理。广电融合发展的深入离不开对原有体制机制的改革，系统变革工具在此领域的应用体现出政策工具的适切性。

三、结语

通过分析发现，新时代我国广电政策主要关注视听内容管理、行业规范和产业建设、技术创新和融合发展。在政策工具体系上，综合运用了命令性工具、激励工具、象征与劝诫工具、能力建设工具和系统变革工具五种政策工具。

在上文分析的基础上，我们总结出了新时代我国广电政策的规范与创新具有以下一些突出特征。

一是广电政策积极引领广电媒体打造新型主流媒体。打造新型主流媒体是广电媒体在新时期的重要任务，是广电政策的核心目标。新时代的广电政策更多聚焦于对广电视听内容的管理，特别是围绕着主题和题材管理，提出了明确的任务和要求，并形成了专项扶持、选题引导和播出规划三种完备的政策管理路径。在政策的引领下，广电媒体充分发挥党、政府和人民的喉舌角色，始终坚持“举旗帜、聚民心、育新人、兴文化、展形象”，在有效引导社会舆论、传播主流意识形态、弘扬社会主义核心价值观、凝聚社会共识、服务治国理政定国安邦大局方面发挥出至关重要的作用，不断向着新型主流媒体的目标奋进。

二是广电政策有效引领广电事业构筑多元化功能体系。我国的广电事业作为一种服务社会与公众的社会文化事业，其功能体系是多元化的，既需要开展宣传、表达舆论、传播信息，又需要提供娱乐、丰富生活、服务人民。这种多元化的功能体系体现出工具性和价值性二合一的特征。这一特征在新时代的广电政策中表现得十分明显，即一方面广电政策注重突出广电事业的工具性，要求其在宣传党和政府路线、方针、政策，表达和维护人民群众利益，服务群众信息需求和文化娱乐需求方面发挥重要作用；另一方面广电政策也在强化广电事业的价值性，要求其在传播主流意识形态，弘扬社会主义核心价值观的同时，也要在反映、表达社会公众利益和情感方面不断强化，要时刻以人民为中心，彰显民生情怀、贴近百姓视角。

新时代的广电政策体系的规范与创新，有效地推动了我国广电事业的快速发展，对广电媒体社会功能的发挥起到了积极的促进作用。但也要看到，目前我国的广电政策体系中依然存在一些需要关注的问题。

一是政策工具使用不均衡。命令性工具使用过多，激励工具和象征与劝诫工具使用频次较低，而能力建设和系统变革工具则很少被使用。这种不均衡状况会限制广电政策效力的发挥。政策制定者需要了解不同政策工具的作用机理和优缺点。每种政策工具都有其适用范围，要依据不同管理领域的需求选择不同的政策工具来实现政策目标。命令性工具的较多使用反映出政府为促进广电事业健康、有序发展而加强政策约束和引导管理的积极努力，但命令性工具的过多使用也会造成政策包容性过低、基层主动性和能动性受限等问题。未来，应该更多考虑广电政策工具的适用性和针对性，适当扩大能力建设工具、激励工具、象征与劝诫工具和系统变革工具的使用范围，并注重进一步优化政策工具组合，发挥多重工具的整体效能。

二是管理政策存在碎片化问题。分析发现，新时代，我国广电政策体系中行政命令、规章制度和规范性文件居多，统筹性法律少。对广电事业各领域各层面的管理整体上呈现出零散、碎片化状态，政策的系统性、体系性不明显。值得期待的是，2021 年 3 月 16 日国家广播电视总局发布《中华人民共和国广播电视法（征求意见稿）》，这标志着我国首部广播电视法即将诞生，意味着国家将注重以法律形式来加强对广电业的管理。这部法律的出台，将从权威性和系统性方面为我国的广电管理政策赋能，广电管理政策的执行力度将获得大幅提高，广电管理的效能也将随之提升。

（作者刘艳婧系内蒙古大学文学与新闻传播学院副教授、2019 年广西大学国家社科基金重大项目“百年中国共产党新闻政策变迁研究（1921—2021）”课题组成员）

论无产阶级新闻工作党性观的发展进路及意义

韦千鹏

摘要：党性是马克思主义政党区别于其他政党的最为显著的标志，党性原则贯穿于无产阶级专政国家的各项事业当中，是新闻工作的根本原则。本文主要从三个方面论述无产阶级新闻工作党性观的发展进程，重点论述其中国化进程。论文认为党性原则是无产阶级新闻事业的根本原则，是新闻媒体坚持“四个不能变”的有力保障，是维护无产阶级政党和人民根本利益的本质要求。

关键词：党性；新闻党性；发展进路；意义

党性是政党根本性质的最集中体现，也是阶级性的最高表现形式。无产阶级新闻工作党性原则是马克思主义党性观在新闻工作中的具体表现，也是无产阶级专政的社会主义国家新闻事业最鲜明的特征。在中国知网输入主题词“新闻党性”进行检索，剔除与主题不相关的文章，共有38篇关于“新闻党性”的研究文章。这些文章的研究焦点如次：（1）探讨新闻工作党性原则的内涵和时代特征；（2）探讨新闻实践中如何遵循党性原则；（3）探讨新闻工作党性与人民性的辩证关系。具体文献篇目信息如下：

表 1 以“新闻党性”为主题词进行研究的文献分类

研究焦点	篇数	篇名	作者	来源刊名	年份
新闻党性的内涵与时代特征	1	论无产阶级新闻党性的基本内涵	徐人仲	新闻爱好者	1997
	2	无产阶级新闻党性的基本特征	项德生	郑州大学学报（哲学社会科学版）	1993
	3	论新闻党性与新闻真实	矢衡	长沙水电师院学报（社会科学版）	1992
	4	新时期新闻党性的具体体现	徐人仲	新闻与写作	2000
	5	“三个代表”——新闻党性原则的新内涵	李光照 王树茂	声屏世界	2001
	6	建国后新闻党性原则的变革	高金萍 孙利军	新闻知识	2002
	7	新闻党性原则的继承和发展	罗耀南	新闻天地（论文版）	2007
	8	回溯新闻党性原则的理论依据和基本要求	张媛媛	新闻天地（论文版）	2009
	9	胡锦涛对新闻党性的创新思想	张少元 蒋晓丽	青海社会科学	2009
	10	新时期“新闻党性”的内涵和时代特色	徐人仲	中国记者	2009
	11	试论新闻党性原则的时代特色	杨晓冬	攀登	2010
	12	浅析新闻党性原则的发展轨迹	范国平	中国广播	2011
	13	建国后新闻党性原则的变革问题解析	陈龙	会议论文集	2016
	14	马克思主义经典作家的新闻伦理思想探析	张曦	伦理学研究	2016
	15	新闻党性原则的继承与发展	高杨文	北京印刷学院学报	2018
	16	中国共产党新闻党性思想构建的历史进程与时代内蕴——以党管媒体原则为例	叶盛世	安阳师范学院学报	2019
	17	回溯新闻党性原则的理论依据和基本要求	任碧鑫	新闻研究导刊	2020
	18	回溯新闻党性原则的理论依据和基本要求	张媛媛	新闻天地（论文版）	2009
	19	马克思主义新闻观作为网络舆情治理根本遵循的理论依据	唐启方	传播力研究	2020

表 1 以“新闻党性”为主题词进行研究的文献分类（续）

研究焦点	篇数	篇名	作者	来源刊名	年份
新闻实践中如何遵循新闻党性原则	1	在市场经济条件下怎样坚持新闻党性原则	丁柏铨	新闻与传播研究	1994
	2	市场经济条件下新闻党性的几点思考	刘见初	新闻与写作	1994
	3	坚持新闻党性原则需要正确处理的几个问题	罗德成	新闻窗	1994
	4	市场经济与新闻党性原则	李文彬 王桂兰	青年记者	1996
	5	必须坚持新闻党性原则	肖平	军事记者	2004
	6	坚持新闻党性原则 坚持正确舆论导向	袁健	发展	2006
	7	站在新的历史高度坚持新闻党性原则	周树春	中国记者	2009
	8	如何办好党报摄影专版	孙福义	记者摇篮	2012
	9	从“八项规定”看新时期怎样落实新闻党性原则	刘珍	新闻传播	2013
	10	“走转改”与新闻党性原则	吴风	新闻爱好者	2013
	11	政党政治与新闻党性原则——新中国六十年新闻史的理论反思	吴风	山西大学学报（哲学社会科学版）	2013
	12	坚守新闻“党性”，发正社会“舆声”	贾世平	新闻传播	2014
	13	新形势下再谈新闻党性原则	易燕	新闻窗	2014
	14	《布尔塞维克》报的“党性”实践研究（学位论文）	张晓露	陕西师范大学	2014
	15	新闻党性原则对新闻工作者的最基本要求	耿向阳	记者摇篮	2021
研究焦点	**篇数**	**篇名**	**作者**	**来源刊名**	**年份**
新闻党性与人民性的辩证关系	1	关于新闻党性和人民性的辩证关系	李世同	贵阳师专学报（社会科学版）	1990
	2	提升引导力传播正能量——谈地方党报时政新闻党性与人民性的统一	兰峰	福建理论学习	2013
	3	从研究范式和政治分析模式角度谈新闻党性和人民性关联	刘立娟	湖南大众传媒职业技术学院学报	2016
	4	马克思主义新闻观与中国网络舆情管理研究（学位论文）	金飞	湖北大学	2018

综上可知，涉及新闻工作党性问题的研究，既有在理论内涵上的分析探讨，也有在新闻实践中的应用研究，但却没有有关新闻工作党性原则的溯源及其发展进路的系统论述。对新闻工作党性观发展进程进行探赜索隐，有助于全面系统了解不同时期新闻工作党性原则的内容及其意义，同时也为新闻工作党性内涵的不断拓展和深入铺开道路。故本文拟对此问题作些探讨。

一、新闻工作党性观的形成及意义

（一）马克思恩格斯关于“党性”的论述

1846年，恩格斯在《德国公民手册》年鉴上发表了《“傅立叶论商业的片段”的前言和结束语》，文章首次使用了“党性”这一概念，即“德国的‘绝对的社会主义’真是可怜得怕人……而这种社会主义，由于自己在理论领域中没有党性，由于自己的‘思想绝对平静’而丧失了最后一滴血、最后一点精神和力量”[①]。这里，恩格斯使用“党性”一词，主要是指责德国的绝对的社会主义理论家毫无阶级立场，对现实的社会状况茫然无知，只是利用空想的、毫无现实意义的空话去指导德国的无产阶级革命，这是没有阶级立场、没有党性，没有一点精神和力量的具体体现。

同样，他在给马克思（1853年3月11日）写的信中是这样评价拉萨尔的，“除克路斯外，拉萨尔比他们所有的人都能干得多，这一点当哈茨费尔特伯爵的财产最终并入国家财产的时候，会特别明显地表现出来。他有他的怪癖，可是也有党性和抱负，而他的那些卑下的、从属的情欲和私事（他将在为公的借口下永远醉心于这些东西），是众所周知的。”[②]这里，恩格斯使用“党性”仍是指涉拉萨尔的阶级立场问题。

到1863年1月2日，马克思在给恩格斯的信中写道：“在巴黎，在社会党内，党性和团结精神仍然占着统治地位。甚至象卡诺和古德肖这样的人，都声称在最近的运动中必须推崇布朗基。”[③]这是马克思第一次使用“党性”，同样指涉无产阶级的阶级属性和立场问题。

---

① 恩格斯：《“傅立叶论商业的片段”的前言和结束语》，《马克思恩格斯全集》（第2卷），北京：人民出版社，1957年，第659页。

② 《马克思恩格斯全集》（第28卷）（上），北京：人民出版社，1973年，第229－230页。

③ 《马克思恩格斯全集》（第30卷），北京：人民出版社，1975年，第305－306页。

由此，笔者认为马克思恩格斯将“党性”视为一种原则或取向，即工人组织在实际的运动中如果没有坚守“党性”原则，没有以工人、农民等无产者的实际需要为取向，就无法使报刊发挥其作为革命运动的喉舌作用，更无法担负起宣传和捍卫革命真理、批判和驳斥敌对思想观点的使命。马克思恩格斯将“党性”视为党内团结的重要指标，认为只有坚守党性才能保证党的“纯洁”。

（二）马克思恩格斯党性观在报刊实践中的体现

马克思恩格斯的一生始终伴随着报刊的实践活动，他们在无产阶级党报党刊性质、任务、作用以及与人民关系问题上，始终把党刊党报工作视为指导无产阶级革命实践的重要斗争武器。他们认为党刊的任务“首先是组织讨论，论证、阐发和捍卫党的要求，驳斥和推翻敌对党的妄想和论断……其次，它应该探讨，立即实现民主制的可能性究竟有多大，党有哪些手段可以采取，当它还很软弱不能独立活动的时候，它应当联合哪些党派”[①]。

恩格斯在 1879 年 8 月 4 日写给奥古斯特·倍倍儿的信中也指出“党需要的首先是一个政治性机关报”[②]，并强调“当我们（马克思恩格斯）答应撰稿时，指的是真正的党的机关报，我们的诺言仅仅适用于这样的机关报，而不适用于冒充党的机关报的赫希伯格先生的私人报纸”[③]。

由此可知，马克思恩格斯认为无产阶级政党必须通过创办政治性机关报，用以论证、阐发和捍卫党的政治主张，并以此来宣传、教育、组织和指导无产阶级的革命运动。

马克思恩格斯的党报思想是他们在五十多年的报刊实践活动中总结而来的，究其要点，主要是“党的政治性机关报必须由党来领导，必须正确地宣传党的思想和党的主张，必须坚持作为无产阶级的群众性舆论工具的独立性，必须调节和处理好党的领导机关、党报和无产阶级群众三者之间的关系，必须紧紧依靠人民，并且由工人自己提供资金、掌握钱袋”[④]。

由此看来，马克思恩格斯认为党报的领导权和财政权必须牢牢掌握在党的手里，只有这样才能保证党的独立性和纯洁性，才能真正成为人民精神的千

① 《马克思恩格斯全集》（第 4 卷），北京：人民出版社，1958 年，第 301 页。

② 《马克思恩格斯全集》（第 34 卷），北京：人民出版社，1972 年，第 360 － 361 页。

③ 同上。

④ 郑保卫、童兵编著：《马克思恩格斯报刊活动年表》，北京：人民出版社，2019 年，第 7 页。

呼万应的喉舌。这些都是马克思恩格斯在具体的报刊实践活动中的斗争总结，也是他们的战斗风格，更是无产阶级鲜明党性在报刊活动中的有力体现。

（三）马克思恩格斯关于无产阶级新闻工作党性观的意义

马克思恩格斯关于无产阶级党报的性质、使命、任务、作用以及党报与党领导机构的关系的论述，是他们在长期的报刊实践和革命活动实践中所形成的经验总结，其丰富的思想内涵，是世界无产阶级党报工作的思想指南，在各国无产阶级政党的建设和成长中发挥着巨大的指导作用，更是马克思主义新闻观的重要组成部分。马克思恩格斯通过“党派性、人民性、真实性”等概念，论述了党报在宣传党的纲领、政策、立场上的导向作用。他们认为党报作为党指导运动的喉舌，必须始终和党的方向、人民群众的利益保持一致，党报必须成为党的旗帜和坚强斗争的阵地。

可以说，马克思恩格斯的党报思想是其无产阶级报刊党性观的雏形，虽然他们没有正式提出“报刊党性”这个概念，但他们却是无产阶级新闻工作党性原则的奠基人，他们的宝贵精神遗产也成为列宁继承和深入阐发党性原则的坚实基础。

二、列宁对无产阶级新闻工作党性观的深入阐发及意义

（一）列宁对无产阶级党性思想的阐发

列宁作为坚定的马克思主义者，他的一生都在继承和发展科学的社会主义理论，并结合俄国的实际情况，最终形成了列宁主义思想，为世界无产阶级革命指明了方向。列宁使用的“党性”概念主要有两方面意义。

第一，从哲学范畴上界定“党性”的基本概念。1894 年，列宁在批判俄国民粹主义时首次使用到“党性”一词，并指出“唯物主义本身包含有所谓党性，要求在对事变做任何评价时都必须直率而公开地站在一定社会集团的立场上”。[①] 1908 年，列宁在论述“认识论中的实践标准”问题时，批判地认为恩斯特·马赫就是一个登峰造极的诡辩论者，因为“他把对人们的谬误、人类的种种‘荒唐的梦’（如相信鬼神之类）的科学史的和心理学的研究，同真

① 《列宁全集》（第 1 卷），北京：人民出版社，1984 年，第 363 页。

理和‘荒唐’在认识论上的区分混淆起来了”。[①]同时，列宁还指责像马赫一样的所有资产阶级教授们所喜爱的思想，就是“科学在唯物主义反对唯心主义和宗教的斗争中是无党性的”，[②]这些教授正如约·狄慈根所说的，就是“用生造的唯心主义来愚弄人民的有学位的奴仆”。[③]在这里，列宁对这些现代资产阶级教授们所喜爱的思想持批判的态度，他强调了马克思主义者必须对“马克思的理论是客观真理”持肯定态度，并由此得出结论：“沿着马克思的理论的道路前进，我们将愈来愈接近客观真理（但决不会穷尽它）；而沿着任何其他的道路前进，除了混乱和谬误之外，我们什么也得不到。”[④]

从这些表述可以看出，列宁强调任何的哲学学说都不能脱离特定的阶级立场而独立存在，并主张通过“党性”来区分唯物主义与唯心主义。他反复强调“马克思恩格斯在哲学上自始至终都是有党性的，他们善于发现一切‘最新’流派对唯物主义的背弃，对唯心主义和信仰主义的纵容”[⑤]。因此，列宁认为在社会主义革命斗争中，无产阶级革命家必须始终站在历史唯物主义的角度，站在无产阶级和广大人民的阶级立场之上，这即是坚持自己党性的具体体现，更是从哲学上丰富和发展了马克思主义的“党性”观。

第二，从阶级属性上界定无产阶级政党的“党性”观。1903 年，俄国社会民主工党第二次代表大会后，曾经为建党立过汗马功劳的《火星报》被孟什维克派把持，成为他们的“小组机关报”，并拒绝执行二大通过的党纲，甚至还把列宁和布尔什维克所维护的“党的组织”和“党性原则”诬蔑为“瓦解组织”和“宗派主义”。为了捍卫党性，表明自己的立场，列宁认为必须把多数派联合起来，同少数派的“小组习气”作斗争，他在《进一步 退两步》（1904 年）中主张建立一个集中的、组织严密的、纪律严格的、坚持党性的无产阶级政党。

为了进一步强调“党性”对阶级斗争和建立无产阶级政党的重要性，列宁在《社会主义政党和非党的革命性》（1905 年）中明确指出“非党性是资产阶级思想。党性是社会主义思想。这个原理总的来说适用于整个资产阶级社会”。[⑥]同时强调“严格的党性是阶级斗争高度发展的伴随现象和产物。反过

①②③《列宁选集》（第 2 卷），北京：人民出版社，2012 年，第 99 页。

④ 同上书，第 104 页。

⑤ 同上书，第 231 页。

⑥ 《列宁选集》（第 1 卷），北京：人民出版社，2012 年，第 676 页。

来说，为了进行公开而广泛的阶级斗争，必须发展严格的党性。因此，觉悟的无产阶级的政党——社会民主党，完全应该随时同非党性作斗争，坚持不懈地为建立一个原则坚定的、紧密团结的社会主义工人政党而努力”。[①]而“严格的党性则是使阶级斗争成为自觉的、明确的、有原则的斗争的条件之一”。[②]

列宁反复强调坚持党性不能仅仅停留在口头上，更要见诸行动中，他在《再论党性和非党性》中说：“正因为我们维护党性是有原则的，是为了广大群众的利益，是为了使他们摆脱资产阶级的各种影响，是为了最最明确地进行阶级组合，——正因为如此，我们必须竭尽全力并密切注意使党性不仅仅停留在口头上，而且要见诸行动。”[③]这里，列宁认为“党性”就是一个政党及其党员的政治觉悟问题，如果党性基础薄弱，那将会使这个党淹没在群众之中，这是十分危险的。因此，党性基础的薄厚对无产阶级政党的前途命运是极为重要的。

（二）列宁党性观在无产阶级新闻事业中的体现

1899年，列宁在多篇文章中都提到要创办“党的机关报”和“全党机关报”，他认为“创办全俄政治报应当是行动的出发点，是建立我们所希望的组织的第一个实际步骤，并且是我们使这个组织得以不断向深广发展的基线”。[④]并强调所创办的报纸必须是“政治报纸”，如果没有政治机关报的话，那么在现代欧洲就不能有配称为政治运动的运动。列宁在《党的组织与党的出版物》（1905年）中论及“党的出版物的原则”问题时指出，写作事业对于社会主义无产阶级而言，不能被视为个人或集团的赚钱工具，更不能是与无产阶级总的事业无关的个人事业。他强调“无党性的写作者滚开！超人的写作者滚开！写作事业应当成为整个无产阶级事业的一部分，成为由整个工人阶级的整个觉悟的先锋队所开动的一部巨大的社会民主主义机器的‘齿轮和螺丝钉’。写作事业应当成为社会民主党有组织的、有计划的、统一的党的工作的一个组成部分”。[⑤]

在这里，列宁系统地阐述了无产阶级新闻事业党性原则所涉及的四方面问题，即“明确了新闻事业与党的整个事业的关系；明确了新闻事业的服务对

---

① 《列宁选集》（第1卷），北京：人民出版社，2012年，第672页。

② 同上书，第678页。

③ 《列宁全集》（第19卷），北京：人民出版社，1988年，第109页。

④ 《列宁全集》（第5卷），北京：人民出版社，1986年，第6页。

⑤ 《列宁全集》（第12卷），北京：人民出版社，1987年，第93页。

象；明确了新闻事业坚持党性原则的行事准则；明确了新闻事业同党的领导的关系”[①]。由此看来，列宁始终认为报纸的使命就是“集体的宣传者、鼓动者和组织者”，无产阶级革命宣传必须通过报纸宣传马克思主义、抵制资本主义、揭露腐朽的沙皇政府，把广大人民群众的政治热情点燃起来，勇敢地投身于革命斗争中，与鼓吹无党性的现象作坚决的斗争，使无产阶级政党具有深厚的群众基础，这即是党性在新闻事业中的具体体现。

（三）列宁无产阶级新闻工作党性观的意义

列宁作为俄国十月革命的导师，又是马克思主义坚定的追随者，同时也是无产阶级党报思想的创立者。他在丰富的新闻工作实践中继承和发展了马克思恩格斯的党报理论，并形成了列宁主义党报的党性原则思想，其内容不仅涵盖了无产阶级革命斗争阶段的报刊斗争思想，还包括无产阶级政党在执政建设时期的新闻舆论思想，这就极大地丰富了马克思主义新闻思想体系，为世界无产阶级新闻事业指明道路和方向。同时，列宁把马克思主义的科学思想同俄国的具体革命实践相结合，创造性地提出了一系列科学的社会主义思想理论（即列宁主义思想体系），极大地丰富了世界无产阶级革命的精神财富，为马列主义思想传入中国提供了有力的支撑。

三、无产阶级新闻工作党性观在中国的发展进程及意义

（一）无产阶级新闻工作党性观在中国的初步传播与发展

俄国十月革命的胜利，不仅建立了世界上第一个无产阶级执政的国家，而且它也给中国带来了马克思列宁主义，为中国共产党的建立提供了思想和理论指导。随着五四运动的发展和不断深入，一些无产阶级性质的报刊应运而生，如陈独秀主编的《新青年》月刊、李大钊和陈独秀一起创办的《每周评论》、毛泽东创办的《湘江评论》、李达主编的《共产党》月刊、蔡和森（瞿秋白）主编的《向导》周报等就是其中的代表。

马克思列宁主义就是在这些进步刊物的译介、传播与宣传中，不断地进入中国社会，并掀起一场向俄国学习的革命浪潮，使“中国产生了完全崭新的文化生力军，这就是中国共产党人所领导的共产主义的文化思想，即共产主义

① 《马克思主义新闻观十二讲》，北京：高等教育出版社，2019年，第67页。

的宇宙观和社会革命论”。[①]中国共产党正是在马克思列宁主义的指导下，于1921年7月在上海成立。

中共一大规定：“杂志、日刊、书籍和小册子须由中央执行委员会或临时中央执行委员会经办……无论中央或地方的出版物均应由党员直接经办和编辑。任何中央地方的出版物均不能刊载违背的方针、政策和决定的文章。”[②]就这样，中国共产党在建党之初已明文规定党的出版物必须由党员来经办，在编辑上必须遵循党的意志。中国共产党人深知报刊在宣传马克思列宁主义、党的政策方针、工作部署方面具有重要的导向作用，同时报刊也是党和人民群众紧密联系的重要渠道。因此，中国共产党的新闻事业从一开始即积极创办报刊。

（二）中国共产党人对无产阶级新闻工作党性观的深入阐发

1. 思想上坚持马克思列宁主义的科学理论和实事求是的科学态度是新闻工作党性观的根本点

新闻事业作为无产阶级和社会主义事业的重要组成部分，其健康发展需要科学理论的指引，同时须伴随着外部社会环境的变化而不断进行调整和创新。中国共产党新闻事业历来强调党性原则，并坚定不移地把马克思列宁主义及其中国化的思想成果作为自己革命事业的行动指南。从毛泽东、邓小平、江泽民、胡锦涛到习近平等党的领导人都十分注重党的思想和理论建设。

毛泽东强调解决中国革命的理论问题和策略问题，就是要把马列主义理论同中国革命的实际运动结合起来，就是要把革命气概和实际精神结合起来，用马克思列宁主义的理论和方法，对周围的环境做系统而周密的调查和研究。从这种态度中找立场、找观点、找方法，这就是“有的放矢”的态度、“实事求是”的态度。毛泽东把这种态度视为党性的表现，他认为“粗枝大叶、自以为是的主观主义作风，就是党性不纯的第一表现；而实事求是，理论与实际密切联系，则是一个党性坚强的党员的起码态度”。[③]

---

① 中共中央文献研究室、新华通讯社编：《毛泽东新闻工作文选》，北京：新华出版社，2014年，第60页。

② 中国社会科学院新闻研究所编：《中国共产党新闻工作文件汇编》（上），北京：新华出版社，1980年，第1页。

③ 中共中央文献研究室、新华通讯社编：《毛泽东新闻工作文选》，北京：新华出版社，2014年，第78页。

1950年，邓小平在《在西南区新闻工作会议上的报告》中指出报纸必须同实际、同群众有密切的联系，这样报纸才能摸到社会的脉搏，听到党和政府所听不到的情况。1978年，邓小平在听取吉林省常委汇报工作的谈话中指出如何高举毛泽东思想旗帜问题，他强调，“两个凡是”不是高举毛泽东思想的旗帜，这样搞下去是要损害毛泽东思想的，毛泽东思想的基本点就是实事求是，就是把马列主义的普遍原理同中国革命的具体实践相结合，毛泽东思想的精髓就是实事求是。邓小平后来在《思想路线政治路线的实现要靠组织路线来保证》中强调“党性也包括联系群众、艰苦朴素、实事求是等等”[①]。

江泽民在《舆论导向正确是党和人民之福》的讲话中指明，“党的新闻事业与党休戚与共，是党的生命的一部分”，并强调“要把新闻舆论的领导权牢牢掌握在忠于马克思主义、忠于党、忠于人民的人手里”。

胡锦涛在2003年的全国宣传思想工作会议上也指出，切实做好新形势下的宣传思想工作，是坚持和巩固马克思列宁主义在意识形态领域指导地位的需要。

习近平的许多重要讲话中都强调坚持党性的重要性和必要性，他特别指出宣传思想工作就是要巩固马克思主义在意识形态领域的指导地位，巩固全党全国人民团结奋斗的共同思想基础。习近平强调马克思主义是时代精神的精华，也是整个人类精神的精华，中国共产党人要用马克思主义观察时代、把握时代和引领时代，因而马克思主义就是科学的理论、人民的理论和实践的理论。

总之，中国共产党始终把思想和理论建设放在首要位置，并将马克思主义的基本原理同中国革命与建设的具体实践相结合，创造性地提出了一系列符合中国国情，具有中国特色的社会主义科学理论。

2. 政治上积极贯彻党中央的决策路线和相关部署是坚持新闻工作党性原则的根本保证

1959年，毛泽东在同新华社社长、《人民日报》总编辑吴冷西谈话时指出，“报纸办得好坏，要看你是政治家办报还是书生办报。我是提倡政治家办报，但有些同志是书生，最大的缺点是优柔寡断……办报也要多谋善断，要一眼看准，立即抓住、抓紧，形势一变，要转得快。”[②]这里，毛泽东强调要“政治家办报”，就是要求新闻工作者要具有很高的政治思想理论水平，忠实于无产

---

① 邓小平：《邓小平文选》（第2卷），北京：人民出版社，1994年，第192页。

② 吴冷西：《忆毛主席——我亲身经历的若干重大历史事件片段》，北京：新华出版社，1995年，第141页。

阶级革命事业，对党的纲领、路线、方针、政策都要有深刻的认识，能够从政治上总揽全局，抓住工作中的要害，使新闻宣传工作密切配合国内外的政治局势，为党和国家的工作大局服务。

1979 年，邓小平在党的理论工作务虚会上强调，要在本世纪内实现中国的四个现代化，前提就是必须在思想政治上坚持四项基本原则，走出一条中国式的现代化道路。1980 年，邓小平在《目前的形势和任务》中论及如何实现“安定团结”时，强调了报刊的任务就是“要大力宣传社会主义的优越性，宣传马克思列宁主义、毛泽东思想的正确性，宣传党的领导、党和人民群众团结一致的威力，宣传社会主义中国的巨大成就和无限前途，宣传为社会主义中国的前途而奋斗是当代青年的最崇高的使命和荣誉。总之，要使我们党的报刊成为全国安定团结的思想上的中心”[①]。而在谈论怎样坚持和改善党的领导时，他强调“必须加强党的纪律性”，并指出“党报党刊一定要无条件地宣传党的主张”。[②]

1989 年，江泽民在全国新闻工作研讨班上发表的讲话中指出，新闻工作是党的整个事业的一个重要组成部分，必须坚持党性原则，坚持工人阶级和人民群众的根本利益的原则，要求新闻宣传在政治上必须同党中央保持一致，各级党报要这样，部门的和专业性的报纸也要这样。

胡锦涛强调在新闻宣传工作中要高举旗帜，坚持鲜明的党性原则，牢固树立政治意识、大局意识、责任意识和阵地意识。

习近平强调坚持党性，核心在于“坚持正确政治方向，站稳政治立场，坚定宣传党的理论和路线方针政策，坚定宣传中央重大工作部署，坚定宣传中央关于形势的重大分析判断，坚决同党中央保持高度一致，坚决维护中央权威”[③]。

3. 组织上服从党的领导是坚持新闻工作党性原则的具体要求

1942 年初，毛泽东在中央政治局上一针见血地指出《解放日报》没有充分表现应有的党性，不是“党报”而是“社报”，他强调“党报是集体的宣传者与组织者，是党的最尖锐武器，对内外影响很大……党报要宣传党的政策，

---

① 邓小平:《邓小平文选》(第 2 卷), 北京: 人民出版社, 1994 年, 第 255 页。

② 同上书, 第 272 页。

③ 习近平:《论党的宣传思想工作》, 北京: 中央文献出版社, 2020 年, 第 15 页。

要反映群众。党性是阶级性的彻底表现。党报要有坚强的党性，代表党的利益，无论发表什么消息和文章，都要首先考虑对党是否有利”[①]。4 月 1 日，在毛泽东的指导下，《解放日报》提出改版后的报纸方针即增强党性、群众性、战斗性和组织性，强调党报要在一切篇幅上（每篇论文、每条通讯、每个消息）都能贯彻党的观点、党的见解，使党报成为实现党的一切政策、一切号召的尖兵和倡导者。

邓小平强调党报党刊一定要无条件地宣传党的主张，“中央决定了的东西，党的组织决定了的东西，在没有改变以前，必须服从，必须按照党的决定发表意见，不允许对党中央的路线、方针、政策任意散布不信任、不满和反对的意见。”[②]

江泽民强调在新的历史时期要有效地抵御外部敌对势力的分化图谋，宣传思想工作“要以科学的理论武装人，以正确的舆论引导人，以高尚的精神塑造人，以优秀的作品鼓舞人”[③]。

胡锦涛强调要把坚持正确的舆论导向放在新闻宣传工作的第一位，因为舆论引导正确，利党利国利民；舆论引导错误，误党误国误民。他要求新闻工作者必须牢固树立政治意识、大局意识、责任意识和阵地意识，自觉主动地为人民服务、为社会主义服务、为党和国家工作大局服务。

习近平强调党的新闻舆论工作要把坚持正确政治方向放在第一位，要“牢牢坚持党性原则，牢牢坚持马克思主义新闻观，牢牢坚持正确舆论导向，牢牢坚持正面宣传为主”。他认为“党性原则是党的新闻舆论工作的根本原则。党管宣传、党管意识形态，党管媒体是坚持党的领导的重要方面”[④]。并明确地指出党的媒体必须姓党，必须成为党和人民的喉舌，必须在思想上政治上行动上同党中央保持高度一致，必须坚持党性与人民性相统一。同时，习近平还强调要把党管媒体的原则贯彻到各类媒体当中，要把各级各类媒体都置于党的领导之下，虽然领导方式可以有所区别，但不能让党管媒体的原则被架空。

---

① 吴冷西：《回忆领袖与战友》，北京：新华出版社，2006 年，第 10 页。

② 邓小平：《邓小平文选》（第 2 卷），北京：人民出版社，1994 年，第 272 页。

③ 江泽民：《在全国宣传思想工作会议上的讲话》，北京：人民出版社，1994 年，第 10 页。

④ 习近平：《论党的宣传思想工作》，北京：中央文献出版社，2020 年，第 181 – 183 页。

（三）无产阶级新闻工作党性原则中国化的意义

毛泽东作为党的第一代领导集体的核心与代表，他的革命生涯始终伴随着丰富多彩的报刊活动实践。毛泽东创造性地把马列主义的党报理论运用于中国共产党的新闻工作实践当中，指导着中国的无产阶级革命和社会主义建设。他提出的一系列党报思想和原则是毛泽东思想的重要组成部分，为新中国新闻事业的发展确定了基调和奠定了理论基础。

在市场经济快速发展，社会经济生巨大变化之时，邓小平针对新形势提出党报党刊必须旗帜鲜明地宣传四项基本原则，排除资产阶级自由化思想的干扰，使之成为维护国家安定团结的思想中心。

江泽民则针对新闻界出现的资产阶级新闻观进行了批判，既纠正了新闻工作中出现的形形色色的质疑和否定马克思主义的倾向，又捍卫了马克思主义新闻思想的基本原理与方法，同时还丰富和充实了马克思主义新闻思想内容，进一步巩固了马克思主义新闻思想体系的主导地位。

胡锦涛针对网络信息化时代媒体发展的新特点和新趋势，系统地阐述了党的媒体如何适应时代和媒体发展的需要，如何在新形势下坚守党的工作原则和舆论引导作用。他提出新闻工作要体现“以人文本”，坚守“三贴近”原则，把新闻宣传纳入党的执政资源，把提升舆论引导能力列为党的执政能力建设的重要内容。

习近平历来重视意识形态领域的工作，特别就宣传思想和新闻舆论的工作发表了一系列重要讲话。这些讲话思想深刻、高屋建瓴、内涵丰富，是党中央和习近平总书记对宣传思想和新闻舆论工作所作的顶层设计和长远规划，为新时期国家的宣传思想和新闻舆论工作指明了政治方向，规划了行动路径，确定了工作原则，落实了责任实体。习近平总书记的一系列讲话，是马克思主义中国化的最新成果体现，具有划时代的意义，它标志着“中国共产党人的宣传思想和意识形态观进入一个新的历史阶段，在党的宣传思想和意识形态工作史上具有里程碑意义”①。就新闻党性而言，习近平总书记在 2013 年 8 月 19 日的全国宣传思想工作会议上就旗帜鲜明地强调，“坚持党性，核心就是坚持正确政治方向，站稳政治立场”，“坚持人民性，就是要把实现好、

① 郑保卫：《学习习近平宣传思想工作重要论述 筑牢新时代意识形态政治阵地》，《中国广播电视学刊》2021 年第 2 期，第 19 页。

维护好、发展好最广大人民根本利益为出发点和落脚点，坚持以民为本，以人为本”，“党性和人民性从来都是一致的、统一的”。[①]2016年2月19日，习近平总书记在党的新闻舆论工作座谈会上就用了“48字要求”定位了党的新闻舆论工作的职责和使命，并强调“要承担起这个职责和使命，坚持正确政治方向是第一位的”，具体就是要做到“四个牢牢坚持”，而“牢牢坚持党性原则”就排在首位。[②]这些重要论述既强调了党性原则是党的新闻舆论工作的根本原则，是关乎旗帜、道路和国家政治安全的重要保证；又丰富和发展了马克思主义新闻观的党性原则，是党的新闻舆论事业健康发展所必须始终坚持的根本理论观点。

四、结语

新闻具有意识形态属性，新闻事业是社会上层建筑的重要组成部分。任何社会的新闻活动都要受到这个社会占有统治地位的政治思想与国家政治制度的指导和制约。政治体制决定着新闻体制，新闻事业是整个国家事业的重要组成部分。

在我国，新闻事业是整个中国特色社会主义事业的有机组成部分，也是党的执政资源。我国是无产阶级专政的国家，国家各项事业都必须以马克思列宁主义、毛泽东思想、邓小平理论、“三个代表”重要思想、科学发展观和习近平新时代中国特色社会主义思想为根本遵循。坚持新闻工作党性原则是马克思主义新闻观的精髓，是指导和建设社会主义新闻事业的根本性原则。因此，不论是传统媒体时代，还是互联网智媒时代，都需要始终坚持“党管媒体”的原则，一切新闻媒体都须自觉接受党的领导，牢牢坚持党性原则，在思想上政治上行动上同党中央保持高度一致。实践证明，只有坚持党性原则，才能确保社会主义新闻工作的正确政治方向，才能确保整个社会的正确舆论导向。

（作者韦干鹏系陕西师范大学新闻与传播学院博士生，北部湾大学人文学院新闻系讲师）

① 习近平：《论党的宣传思想工作》，北京：中央文献出版社，2020年，第15页。

② 同上书，第181页。

编后语

此书是2021年5月22日至23日，由全国31个省区市60余所高校的新闻与传播学院和研究机构在广西大学共同主办的“中国共产党百年新闻思想与新闻实践学术研讨会”的论文集。我们从大会发言和专家学者所提交的论文中选择了30篇文章，分为“马克思主义新闻观及其中国化”“中国共产党百年新闻思想与新闻实践”“中国共产党百年红色新闻足迹”“中国共产党百年新闻政策变迁与发展”和“其他”5部分结集出版。

书稿系统梳理和全面论述了马克思主义新闻观及其中国化和中国共产党百年新闻思想与新闻实践，以及中国共产党百年红色新闻足迹和中国共产党百年新闻政策变迁与发展，从中可以看出中国共产党百年新闻事业和新闻思想的历史进程、历史贡献、历史经验、核心观点和思想精髓，这将有助于我们牢记传统、不辱使命，守正创新、继续前进，为繁荣发展中国特色社会主义新闻事业和新闻思想提供理论基础与实践指导。

为保证书稿顺利出版，编辑部成员做了许多细致工作，论文作者积极配合，五洲传播出版社领导和编辑给予许多指导帮助，在此向他们表示真诚感谢！

由于时间紧迫，加之水平所限，书稿编辑过程难免会有疏漏与错讹之处，还请读者批评指正。

郑保卫

2021.8.28

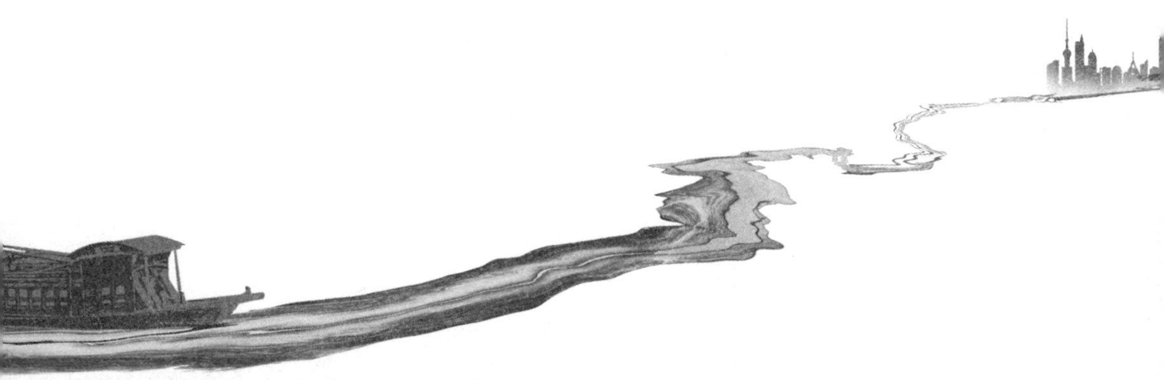

附录

附件一：
大会主旨报告与演讲者名单及发言题目

1. 徐光春：中央马克思主义理论研究和建设工程咨询委员会主任、河南省委原书记
   题目《怎样学习研究践行马克思主义新闻观》
2. 陈锡添：《深圳特区报》原总编辑、《东方风来满眼春》作者
   题目《邓小平考察南方报道〈东方风来满眼春〉的写作与感悟》
3. 郑保卫：广西大学新闻与传播学院院长
   题目《中国共产党新闻思想百年发展的历史进程》
4. 马胜荣：新华社原副社长兼常务副总编辑、重庆大学新闻学院名誉院长
   题目《1+1 视角：新华社参考报道简析》
5. 黎 攀：广西日报社（广西日报传媒集团）副总编辑
   题目《传承精神财富牢记初心使命守正创新做好新时代党的新闻舆论工作》
6. 罗以澄：武汉大学新闻与传播学院原院长
   题目《谈谈马新观学习与研究中应关注的几个话题》
7. 刘建明：清华大学新闻与传播学院教授
   题目《推进社会主义理论宣传的科学化》
8. 丁柏铨：南京大学新闻传播学院教授
   题目《与时俱进的百年中国共产党新闻思想》
9. 雷跃捷：中国传媒大学传播研究院原院长
   题目《马克思主义新闻观中国化的当代探索》
10. 程曼丽：北京大学国家战略传播研究院院长
    题目《北京大学新闻学研究会与马克思主义在中国的传播》

11. 张　昆：**华中科技大学新闻与信息传播学院原院长**
　　　　　中央民族大学新闻与传播学院特聘院长

题 目 《中共领袖百年新闻宣传思想之演变》

12. 邓绍根：**中国人民大学马克思主义新闻观研究中心主任**
　　　　　中国新闻史学会联席秘书长

题 目 《百年寻根：中国共产党新闻舆论工作党性原则的确立》

13. 丁　骋：**广西大学新闻与传播学院副院长**

题 目 《论新民主主义革命时期中国共产党新闻政策的变迁发展及其价值意义》

附件二：
中国共产党红色新闻足迹专场论坛主持人与发言者名单

1. 程曼丽：北京大学新闻学研究会执行会长
   北京大学国家战略传播研究院院长 （主持人）
2. 陈开和：北京大学新闻与传播学院院长助理
3. 陈建云：复旦大学新闻学院副院长
4. 徐新平：湖南师范大学新闻与传播学院教授
5. 陈信凌：南昌大学新闻与传播学院院长
6. 郭小良：延安大学文学与新闻传播学院新闻系主任
7. 乔云霞：河北大学新闻传播学院教授

附件三：
马克思主义新闻观教育全国新闻学院院长（书记）论坛发言者名单

1. 徐江善：黑龙江大学新闻传播学院院长
2. 陈作平：中国传媒大学新闻传播学部新闻学院党委书记
3. 唐　兴：广西大学新闻与传播学院党委书记
4. 方增泉：北京师范大学新闻传播学院党委书记
5. 张　昆：中央民族大学新闻与传播学院特聘院长
6. 刘明洋：山东大学新闻与传播学院常务副院长
7. 周德仓：西藏民族大学新闻传播学院院长
8. 朱　杰：西北民族大学新闻传播学院院长
9. 卿志军：海南师范大学新闻传播与影视学院院长
10. 黄　葵：贵州师范大学传媒学院院长

附件四：
中国特色社会主义新闻学学科建设全国新闻学院院长（书记）论坛发言者名单

1. 韩立新：河北大学新闻传播学院院长、教育部新闻传播学科教学指导委员会委员
2. 董天策：重庆大学新闻学院院长
3. 支庭荣：暨南大学新闻与传播学院院长
4. 廖圣清：云南大学新闻学院院长
5. 李世举：宁夏大学新闻传播学院院长
6. 陶喜红：中南民族大学文学与新闻传播学院院长
7. 吴定勇：西南民族大学新闻传播学院院长
8. 王仕勇：重庆工商大学文学与新闻学院院长
9. 徐　健：南宁师范大学新闻与传播学院院长

附件五：
大会主题发言者名单及发言题目

主题发言一：中国共产党新闻思想与马克思主义新闻观

1. **朱至刚：四川大学新闻学院教授**
   题 目《延安新闻学再认识：从何谓“理论”的角度》
2. **王晓岚：河北省社会科学院新闻研究所研究员**
   题 目《中国共产党早期党报管理思想及其新时代传承与发展》
3. **陈富清：《中国广播电视学刊》编辑部主任**
   题 目《全面系统学习中国特色社会主义理论关于新闻工作重要论述》
4. **陈　飞：国防大学军事文化学院军事文化传播系副主任**
   题 目《新时代军事新闻传播事业发展概况及主要特点》
5. **齐爱军：上海大学马克思主义新闻观研究宣传教育基地教授**
   题 目《百年中国特色新闻学话语体系：生成、演进与创新》
6. **张晓红：中国传媒大学党报党刊研究中心副主任**
   题 目《百年党刊：中共思想建党的主阵地》
7. **刘鸣筝：吉林大学新闻与传播学院副院长**
   题 目《马克思主义新闻观教育的路径研究》
8. **马　梅：安徽师范大学新闻与传播学院副院长**
   题 目《和而不同：中国选秀综艺中女性媒介形象的多元建构与底层逻辑》
9. **曹云雯：云南大学新闻学院党委副书记**
   题 目《问题、语境、技巧：中国新闻奖评论获奖作品赏析框架的反思》
10. **唐远清：中国传媒大学协同创新中心副主任**
    题 目《构建“网上网下同心圆”：理论逻辑与实践路径》

11. **李宏刚：新疆大学新闻与传播学院副院长**

题 目《抗战前期中国共产党在〈新疆日报〉的新闻实践活动及其舆论影响力分析》

主题发言二：中国特色社会主义新闻学学科建设与发展

1. **肖燕雄：湖南师范大学新闻与传播学院副院长**

题 目《“群众政治家”与政治家办报》

2. **苏俊斌：厦门大学新闻传播学院副院长**

题 目《星星之火，可以燎原！中央苏区红色宣传的社会网络研究》

3. **毛湛文：中央民族大学新闻与传播学院副院长**

题 目《民族院校专业思政教育路径探索》

4. **张宏邦：西安交通大学新闻与新媒体学院副院长**

题 目《建国以来共产党新闻思想人民性的历史演进》

5. **张治中：西南政法大学新闻传播学院副院长**

题 目《新闻传播“三全育人”试点院系人才培养的战略思考与实践》

6. **陈晓伟：郑州大学新闻与传播学院副院长**

题 目《“勿忘人民”的中国新闻学：郑州大学新闻与传播学院学科建设探索》

7. **李 欣：浙江传媒学院新闻与传播学院副院长**

题 目《新文科视域下卓越新闻传播人才培养机制实践》

8. **赵永华：中国人民大学新闻学院教授、中俄新闻教育高校联盟召集人**

题 目《中国共产党建党前后苏联在华的新闻活动及对中国革命的影响》

9. **吴世文：武汉大学新闻与传播学院副院长**

题 目《中国公共话语中的印度互联网：历史及其比较》

10. **张丽萍：内蒙古大学文学与新闻传播学院副院长**

题 目《抗战时期边疆民族地区共产党报刊的舆论动员与政治认同建构》

11. **王 斌：中国人民大学马克思主义新闻观研究中心副主任**

题 目《中共早期宣传策略的调适与党报理论形成的先声》

附件六：
分论坛发言者名单及发言题目

分论坛一：中国共产党百年新闻事业形成与发展的历史进程及实践经验

1. **樊亚平、张 姣：兰州大学新闻与传播学院教授、研究生**

   题 目 《延安〈解放日报〉的“完全党报”之路——中国共产党党报党性原则的形成、确立与落实》

2. **汪 磊：广西大学新闻与传播学院教授**

   题 目 《中国共产党早期新闻电影纪录片研究》

3. **何国梅：中南民族大学文学与新闻传播学院副教授**

   题 目 《战时中国共产党形象的视觉塑造与历史书写——以〈晋察冀画报〉为个案》

4. **金 石：西藏民族大学新闻与传播学院副教授**

   题 目《论马克思主义在西藏的早期传播》

5. **赵 莹：山西大学新闻学院副教授**

   题 目 《“以报代教”——太岳革命根据地的新闻教育》

6. **褚金勇：郑州大学新闻与传播学院副教授**

   题 目 《被报道的纪念：〈人民日报〉七一报道中的纪念活动与仪式传播》

7. **刘小妮：华南理工大学新闻与传播学院讲师**

   题 目《马新观指导下的典型人物报道中的性别视角——以张桂梅报道为例》

8. **梁雨杨、汪苑菁：广西大学新闻与传播学院研究生、讲师**

   题 目 《从“谋求和平”到“坚决抵抗”：抗战后延安〈解放日报〉社论反内战宣传研究》

9. 付红安：重庆工商大学文学与新闻学院讲师

题 目《全面抗战时期党刊对青年群体的宣传策略与沟通机制——以中共南方局〈战时青年〉为例》

10. 薛　强：广西大学新闻与传播学院副教授

题 目《建党百年之际浅谈如何讲好中国共产党故事》

11. 董翊宸：陕西师范大学新闻与传播学院讲师

题 目《马克思异化理论视角下的数字劳动与信息生产》

12. 陈建萍：玉林师范学院文学与传媒学院教师

题 目《精神交往论与传播学经验学派理论范式比较》

分论坛二：中国共产党百年新闻思想传承与发展的历史贡献、当代价值及未来发展

1. 索格飞：上海外国语大学新闻与传播学院讲师

题 目《中国共产党百年外宣思想发展变迁综述》

2. 刘　洁、杜　娟：华中科技大学新闻与信息传播学院教授、博士生

题 目《〈晋绥日报〉》反“客里空”运动群众路线的当代价值

3. 张　垒：中央民族大学新闻与传播学院教授

题 目《从实践创新到实践理念：试论中国共产党百年新闻宣传的理论逻辑——兼论中国特色新闻学的创新重点》

4. 何国平：广东外语外贸大学新闻与传播学院教授

题 目《百年中国新闻学的学术进路、理论成就和创新空间》

5. 裴永刚：西南政法大学新闻传播学院教授、博士生导师、传播学系党支部书记

题 目《习近平新闻舆论观下媒体参与城市管理探析》

6. 黄春平：深圳大学传播学院教授

题 目《中国共产党新闻事业史料整理研究刍议》

7. 张艳红：中国政法大学光明新闻传播学院副教授

题 目《中国近代法制新闻报道的内容分析与立场考察》

8. 季为民、刘博睿：中国社会科学院新闻与传播研究所副所长、中国社会科学院大学新闻传播学院博士生

题 目《中国共产党新闻理论的百年发展脉络与演进逻辑》

9. 邓宇航：深圳大学传播学院博士生

题 目《从上海到瑞金：中共早期通讯员制度的历史生成与转变》

10. 杨　欣：广东技术师范大学文学与传媒学院实验中心主任

题 目《论李大钊新闻观在中国共产党百年新闻思想中的历史地位》

11. 张金凤：河北大学新闻传播学院新闻系副主任、副教授

题 目《多元与统一：晋察冀边区党报发展管窥》

12. 韦干鹏：陕西师范大学新闻与传播学院博士生

题 目《新闻“党性”的发展进路及其意义》

13. 黄敬茹：湖南师范大学博士生

题 目《新中国成立前中国共产党新闻大众化思想的演进》

分论坛三：马克思主义新闻观中国化百年演进与发展的理论价值及实践意义

1. 朱清河：上海大学马克思主义新闻观研究宣传教育基地主任、教授

题 目《中国共产党“党管媒体”的百年实践与历史经验》

2. 赵建国：暨南大学新闻与传播学院教授

题 目《解放战争时期中国共产党对新闻政策的探索：以香港〈华商报〉为中心》

3. 杨向东：青海师范大学新闻学院教授

题 目《马克思主义新闻观在“部校共建”新闻学院课程体系直通进路的核心探索》

4. 李谢莉：西南民族大学新闻传播学院副教授

题 目《论智能手机环境下〈马克思主义新闻思想〉的教学创新——基于“主体间性”教理念的运用与思考》

5. 黄国春：广西民族大学传媒学院副教授

题 目《马克思主义新闻观：智媒时代新闻传播人才培养的灵魂坚守》

6. 陈　明：中南民族大学文学与新闻传播学院广电专业主任

题 目《马克思主义新闻观教学创新路径研究》

7. 田茫茫：吉林大学新闻与传播学院副教授

题 目《马克思主义新闻观指导下的新闻采写教学研究》

8. 宗益祥：南京大学新闻传播学院助理研究员

题 目《论马克思中学时代的启蒙主义新闻观——兼论马克思新闻思想史研究的方法论自觉》

9. 李　颖：贵州师范大学传媒学院新闻系主任

题 目《在党史学习教育中坚持用马克思主义新闻观立德树人》

10. 刘大明：西南政法大学新闻传播学院副教授

题 目《历史、理论与现实：习近平新时代新闻舆论工作的职责使命观解读》

11. 李彩霞：山西大学新闻学院副教授

题 目《主流媒体在公共卫生事件中的动员——兼论马克思主义新闻观在中国的实践》

12. 梁文慧：上海外国语大学新闻与传播学院研究生

题 目《从“非典”到“新冠”：中国重大事件对外传播中的变与不变》

分论坛四：百年中国共产党新闻政策变迁与发展

1. 尤　红：南京师范大学新闻与传播学院教授

题 目《新时代中国共产党新闻政策的当代价值研究》

2. 李仕生：广西大学新闻与传播学院副教授

题 目《社会主义革命和建设时期中国共产党新闻政策的变革与发展》

3. 陈瑞群：广西大学新闻与传播学院副教授

题 目《我国传媒产业演化路径及新旧动能转换突破点——基于1979—2019年面板数据的实证研究》

4. 张　明：广西大学新闻与传播学院副教授

题 目《论陆定一“应当纠正宣传工作中的形式主义”的当代意义》

5. 祁　涛：河南大学新闻与传播学院副教授

题 目《思想指导的组织建设与有组织的思想传播——对列宁党报建党思想的逾媒介学解读》

6. 钱　婕、付亚男：山东师范大学新闻与传媒学院副教授、研究生

题 目《“全党办报”：对毛泽东关于办好〈广西日报〉的指示信的研究》

7. 叶　俊：中国社会科学院新闻与传播研究所助理研究员

题 目《改革开放时期中国共产党新闻政策的改革与发展》

8. 孙　菲：黑龙江大学新闻传播学院讲师

题 目 《毛泽东关于〈普遍地举办《时事简报》〉通令的颁布背景、主要内容及实践意义——写在通令颁布 90 周年之际》

9. 谢建东：云南大学新闻学院讲师

题 目 《中国共产党互联网思想的形成与发展》

10. 党　琼：广西大学新闻与传播学院助理教授

题 目 《新时代中国新闻政策嬗变研究》

11. 赵新宁：农民日报社记者

题 目 《关于新闻媒体机构的政策图谱》

12. 王　青：中国人民大学新闻学院博士生

题 目 《论中国共产党新闻事业百年发展的历史经验》

13. 尹延永：广西大学马克思主义学院博士生

题 目 《大革命时期瞿秋白的报刊实践与报刊思想》

14. 张喆喆：民政部政策研究中心科研助理

题 目 《习近平新闻伦理观》

分论坛五：新闻学术期刊的政治担当与学术品质

1. 刘松柏：中国记协《三项学习教育通讯》执行主编
2. 魏清荣：福建人民出版社副社长、副总编
3. 郑　瑜：《新疆画报》总编辑、《当代传播》原主编
   《新疆日报》总编室原主任
4. 潘可武：中国传媒大学学报《现代传播》副主编
5. 陈富清：《中国广播电视学刊》编辑部主任
6. 覃咏梅：广西日报社《新闻潮》主编
7. 邹　晶：《陆军航空兵学院学报》主编
8. 李　蕾：《新闻与写作》副主编
9. 赵　金：《青年记者》副主编
10. 王熙元：人民出版社中国理论网编辑
11. 李佳咪：《新闻与写作》编辑
12. 覃　哲：广西大学《文化与传播》编辑部主任

附件七：
共同主办研讨会新闻与传播学院及研究机构名单

上海交通大学媒体与传播学院、上海大学新闻传播学院、上海大学马克思主义新闻观研究宣传教育基地、上海外国语大学新闻与传播学院、山东大学新闻传播学院、山东师范大学新闻与传媒学院、山西大学新闻学院、广西师范大学新闻与传播学院、广西民族大学传媒学院、广东外语外贸大学新闻与传播学院、中国人民大学马克思主义新闻观研究中心、中国传媒大学新闻传播学部、中国传媒大学党报党刊研究中心、中央民族大学新闻与传播学院、中国政法大学光明新闻传播学院、中南民族大学文学与新闻传播学院、天津师范大学新闻传播学院、云南大学新闻学院、内蒙古大学文学与新闻传播学院、北京大学新闻与传播学院、北京大学新闻学研究会、北京师范大学新闻传播学院、北京外国语大学国际新闻与传播学院、四川大学新闻学院、兰州大学新闻与传播学院、辽宁大学新闻与传播学院、宁夏大学新闻传播学院、华中科技大学新闻与信息传播学院、华东师范大学传播学院、华南理工大学新闻与传播学院、吉林大学新闻与传播学院、西安交通大学新闻与新媒体学院、西南政法大学新闻传播学院、西南民族大学文学与新闻传播学院、西北大学新闻传播学院、西北民族大学新闻与传播学院、安徽大学新闻传播学院、安徽师范大学新闻与传播学院、西藏民族大学新闻与传播学院、延安大学文学与新闻传播学院、苏州大学传媒学院、武汉大学新闻与传播学院、郑州大学新闻与传播学院、河北大学新闻传播学院、河南大学新闻与传播学院、陕西师范大学新闻与传播学院、青海师范大学新闻学院、复旦大学新闻学院、南京大学新闻传播学院、南京师范大学新闻与传播学院、南昌大学新闻与传播学院、南宁师范大学新闻与传播学院、重庆大学新闻学院、重庆工商大学文学与新闻学院、贵州师范大学传媒学院、浙江大学传媒与国际文化学院、浙江传媒学院新闻与传播学院、海南师范大学新闻传播与影视学院、清华大学新闻与传播学院、清华大学马克思主义新闻学与新闻教育改革研究中心、深圳大学传播学院、厦门大学新闻传播学院、湖南师范大学新闻与传播学院、湖南大学马克思主义新闻观研究中心、黑龙江大学新闻传播学院、新疆大学新闻与传播学院、暨南大学新闻与传播学院